'세대'란 무엇인가?

카를 만하임 이후 세대담론의 주제들

울리케 유라이트 · 미하엘 빌트 엮음 | 한독젠더문화연구회(박희경 외) 옮김

한울
아카데미

이 도서의 국립중앙도서관 출판예정도서목록(CIP)은 서지정보유통지원시스템 홈페이지(http://seoji.nl.go.kr)와 국가자료공동목록시스템(http://www.nl.go.kr/kolisnet)에서 이용하실 수 있습니다. (CIP제어번호 : CIP2014026363)

Ulrike Jureit / Michael Wildt (Hg.)

Generationen

Zur Relevanz eines wissenschaftlichen Grundbegriffs

Hamburger Edition

GENERATIONEN: Zur Relevanz eines wissenschaftlichen Grundbegriffs
by Ulrike Jureit & Michael Wildt (edited)

역자 서문

세대라는 말은 익숙하게 다가오고 쉽게 생각된다. 우리는 누구나 자신이 어떤 세대에 속한다고 알고 있다. 가족 안에서는 부모세대 혹은 자식세대에 속하며, 사회에서는 기성세대나 청년세대로 불린다. 때로는 어떤 역사적인 사건을 경험했는가에 따라서 굳이 자신이 속한다고 느끼지 않더라도 전후세대, 4.19세대, 386세대 등으로 정해지기도 한다. 다른 한편 한 세대 안에서도 경험을 어떻게 해석하고 어떠한 태도를 취하고 행동하는가에 따라서 88만원 세대가 되기도 하고 N세대로 분류되기도 한다. 이렇듯 특정한 세대에 속하는 세대귀속성과 세대들 간의 구별은 계층, 젠더와 더불어 우리가 사회적 정체성을 인식하는 기본 범주이다. 그런데 세대가 항상 이런 역할을 했던 것은 아니었다. 할아버지와 손자의 생활이 다르지 않았던 전통적 봉건사회에서 세대는 계보학적 순서와 가계의 계승을 뜻했다. 누구의 자손이며 누구의 아버지라는 세대의 뜻은 오늘날에도 여전히 유효하며 세대교체의 주기를 30년으로 보는 상식적인 의미로서 통용된다. 하지만 오늘날 세대라는 개념이 인식의 규범, 행동 양식, 감정의 회로가 공통된 특정 집단을 지칭한다면, 이 세대 개념은 계승보다는 차이와 발전을 중심으로 하는 근대적 역사의식에 근거한 것으로서, 개인의 운명이 대가족제도의 질서와 지평을 벗어나고 청소년기가 한 개인뿐 아니라 사회의 발달에 결정적이라는 인식과 함께 형성되었다.

오늘날과 같은 의미를 갖는 세대 개념의 초석을 놓은 이는 독일의 사회학자인 카를 만하임이다. 1차 세계대전의 엄청난 후폭풍을 겪었던 독일에서는 급격한 사회 변동을 전쟁 이전과 이후로 나누어서 분석하려는 세대담론이 격렬했었다. 이 시기에 쓰여진 만하임의 「세대 문제」(1928~1929)는 세대에 대한 고전적인 이론으로 부상하였고, 그 영향은 이 책의 여러 글에서도 드러난다. 19세기까지 세대담론을 주도했던 실증주의적 관점은 세대가 30년 혹은 15년을 주기로 해서 교체된다고 보았다. 그런데 만하임은 세대를 생물학적으로 이해하거나 시간의 양적인 흐름에 따라서 나누는 것에 반대했다. 그는 사람이 태어나서 성장하고 노쇠한 후 죽는 것이 세대 규정에 있어서 중요한 생물학적 측면이지만, 같은 시기에 태어났다고 해서 자동적으로 한 세대가 되는 게 아니라고 말한다. 사람들은 어떤 특정한 역사적인 사회문화적 공간 안에 태어나는데, 이는 마치 특정 계급 안에 태어난 것처럼 이미 주어져 있는 사회화 과정의 잠재적인 가능성과 함께 한계 속에 놓이는 것을 뜻한다. 만하임은 이를 '세대위치'라고 규정하면서 더 이상 생물학으로 치환되지 않는다고 말한다. 한 세대위치에 속하는 사람들은 시대를 같이 경험하고 역사적인 사건들에 공통적으로 참여하게 된다. 경험을 공유함으로써 그들은 서로를 알든 모르든 상관없이, 그리고 현실적으로 관계가 생겨나지 않더라도 연대감이 형성될 수 있는 "운명공동체"가 된다. 만하임은 이를 "세대연관(Generationenzusammenhang)"이라고 불렀다. 한글로 '실제세대(영어로는 generation as an actuality)'로 번역되는 이 말은 일반적으로 사회 변동 과정에 참여하고 일정한 영향을 미치는 광범위한 집단으로서의 세대를 적시하는 개념이다. 경험을 공유하는 실제세대 안에서도 그 경험을 동일한 방식으로 인식하고 해석하는 사람들 사이에는 보다 더 구체적인 결속이 일어난다. 이들은 사회정치적인 입장을 공유하고 또 통일된 행동방식으로 스스로를 표출하는 '세대단위'를 구성하는데, 한 실제세대에는 여러 세대단위들이 있다.

지난 20세기 마지막 십년 이후 현재까지 전 지구적으로 세대 문제가 새롭게 주목받고 있다. 소위 문명갈등의 위기 앞에서 인구 축소를 염려하는 서구 세계와 여전히 인구폭발 상황에 있는 비서구 세계 간의 인구학적 갈등, 국민국가적 정체성의 일부인 사회복지제도의 암묵적 전제였던 '세대간 연대계약'에 대한 의문, 또한 포스트 핵가족 시대 개인의 정체성과 친밀성 문화의 변화 등이 이러한 새로운 관심이 생겨난 중요한 이유라고 할 수 있다. 독일의 경우, 동서독이 통일된 1990년 이후 연금과 복지를 둘러싸고 세대 갈등이 큰 이슈가 되었고, 골프 세대, 앨리 세대, 68세대, 89세대, 베를린 세대 등등 전통적인 세대 개념으로서는 분석이 어려운 세대 현상들도 나타났다. 뿐만 아니라 세대와 세대의 관계가 비판적인 단절과 새로운 시작의 성격을 가질 뿐 아니라, 의도하지 않더라도 어떤 무의식적인 유산은 세대와 세대를 이어서 상속된다는 새로운 관점도 제기되었다. 세대 개념에 대한 비판적인 재검토를 포함하여 세대 연구의 필요성이 전면적으로 다시 대두된 것인데, 이 책은 이러한 시대적 배경에서 수행된 세대 연구의 한 결과물이다.

현재 한국 사회에도 386세대, 신세대, 88만원 세대, 삼포세대, 촛불세대, 이케아 세대, N세대, P세대, 인디 세대 등 다양한 세대 현상이 생겨나고 있으며, 이 과정에서 세대라는 용어는 종종 이현령비현령 식으로 사용되고 있다. 세대를 만드는 관점도 다양해서 세대로써 사회정치적인 변화를 이끌어내려는 입장이 있는 한편, 매체의 발달에 따른 소비문화의 트렌드를 지칭하려는 입장도 있다. 또한 이러한 현상에 주목하고 세대를 그 대상으로 포함하는 개별 연구들도 등장하고 있다. 하지만 세대를 분석의 범주로서 성찰하는 '세대 연구'적인 관점은 사회학의 범위 밖에서는 아직 찾아볼 수 없다. 세대라는 말이 온갖 맥락에서 과잉 사용되고 있는 와중에 아직까지 분석적 범주로서 세대 개념에 대한 공론이 제대로 형성되지 못하고 있는 것이다. 이 책은 세대 연구의 상황을 비판적으로 검토하고 향후 세대 연구에서 고려되어야 하는 문제들을 다각적으로 제시하고 있다. 비록 연구의 대상이 독일에 국한되지만 어떻게 세대 개념이 사회문화를 분석하는 범주의 역할을 하는지 보여주기 때문에 세대 연구의 필요성이 부각되고 있는 우리 사회에 시의성 있는 선행 연구의 역할을 할 수 있을 것이다. 나아가 이 책에는 사회학자, 역사학자뿐 아니라 문예학자, 문화학자, 정신분석학자 등이 참여함으로써, 세대 문제가 단순히 한 분과학문의 연구 대상을 넘어 다양한 분과학문들이 각각의 관점과 문제의식을 갖고 기여할 수 있는 포괄적인 문제임이 드러난다. 이로써 세대 연구가 갖는 학문적인 잠재성을 짐작할 수 있거니와, 지금까지 세대 개념을 분석의 범주로 인지하지 않은 연구자들에게도 좋은 자극이 될 수 있을 것이다.

이 책의 번역은 독일 문학, 독일 문화, 독일학 분야 연구자들이 모인 '한독젠더문화연구회'가 2011년과 2012년에 함께 읽고 토론했던 독회의 결실이다. 번역에 참여한 연구자들이 좁은 의미의 역사학, 사회학 전공자는 아니지만 학제 간 연구에 대한 평소의 진지한 관심과 지식, 그리고 독일

사회와 문화 전반에 대한 다양한 배경지식에 힘입어 이 책의 번역에 뛰어들 수 있었다. 번역에 최선을 다하였지만 혹시 오역과 오류가 남아 있다면 전적으로 역자들의 책임이다. 마지막으로 독회 중에 카를 만하임의 이해에 도움을 주신 채연숙 선생님께 감사드리며, 번역에 참여하지 못했으나 독회를 함께 하셨던 연구회의 모든 선생님들께 깊은 감사를 드린다.

2014년 8월

박희경

차례

3부 영웅적 세대와 탈영웅적 세대

4부 세대와 집단적 소통

일러두기

- 역자주는 본문 하단에, 원주는 각 필자의 글에 딸린 미주로 처리했다.
- 미주에 제시된 긴 문헌 명칭들은 줄여 표기했다. 저자명, 문헌 약칭, 알파벳 숫자(쪽수)로 출처를 표기했으므로, 문헌의 전체 제목이나 서지사항 등은 본문 이후 참고문헌 목록에서 확인할 수 있다.

예) 미주의 Bude, *Deutsche Karrieren*, 36 이하 → 참고문헌에 제시된 Bude, Heinz. *Deutsche Karrieren. Lebenskonstruktionen sozialer Aufsteiger aus der Flakhelfer-Generation*, Frankfurt am Main 1987의 36쪽 이하.

- 참고문헌 목록의 Ders. 또는 Dies.는 동일 저자를 표기한 약어이다.

세대들

울리케 유라이트Ulrike Jureit/미하엘 빌트Michael Wildt

I.

생식성(生殖性, Generativität)▶, 세대들 안에서의 삶은 일상적인 경험이다. 모든 사람은 부모가 있으며 대부분의 사람들은 자식도 갖기 때문에, 누구나 보통 삼대를 경험하는 생물학적 사실은 개인적이고 사적인 경험에 속한다. 이 때문에 '세대'라는 말은 개인의 인생사와 사회를 매개하는 개념으로 자연스럽게 우리가 사용하는 언어에 자리 잡고 있다. 라인하르트 코젤렉Reinhart Koselleck은 "생식성은 말하자면 선험적인 정의(定義)로서, 여기에 인간의 생식과 번식의 경험과 함께 통시적으로 계승되는 세대의 현실과 그 작용이 상응한다"라고 말했다.[1] 더 나아가 '세대'의 형성은 근대

▶ 생식성은 원래 개체의 번식을 통해서 생물학적으로 세대를 이어가는 현상을 뜻하는데, 발달심리학에서 중년 이후 후손을 양성하고자 하는 심리적인 성향을 의미하게 되었다. 그 결과 생물학적, 심리적, 사회적으로 세대를 이어가면서 살아가는 복합적인 인간적 현상을 지칭하는 용어로 사용되고 있다.

유럽의 성립, 대가족의 분화, '청소년기'가 인성발달의 중요한 단계로 인식되기 시작한 것과 밀접히 연관되어 있다. 오귀스트 콩트Auguste Comte와 존 스튜어트 밀John Stuart Mill은 정치적 사회적 변화가 괄목할 정도일 때는 그 바탕에 새로운 세대의 성장이 자리 잡고 있다고 보았는데, 19세기의 통계학자들은 그 주기를 대략 30년으로 잡았다.[2)]

'세대들'은 점점 더 사회의 주도적 위치를 차지하려는 '자연스러운' 요구를 지닌 듯 보이는 사회적 행위자들로 이해되었다. '세대'는 신분, 계층, 계급과 함께 사회문화적인 규범과 질서의 범주로서 그 지위를 요구하는 사회적인 집단성 개념 및 집단화 개념으로 발전했다. 그 후 가계(家系)와 관련된 세대계승이 사회로 전용되는 것, 정치권력을 가지려는 '젊은 세대'의 요구 및 "새로운 문화 담당자의 지속적인 대두"(카를 만하임Karl Mannheim)가 세대 개념의 의미에 속하게 된다.

'세대'는 사회학적인 기본 개념이다. 카를 만하임의 범례적인 논문 「세대 문제」가 1928년 출간된 이래로,[3)] 그리고 양차 세계대전 사이에 각종 세대를 구상해내는 기획들이 최고조에 다다랐던 이래로, 거의 십 년마다 사회학자나 칼럼니스트들은 새로운 '세대'를 발견했다고 믿곤 했다. 사회가 이전에는 '신분'이나 '계급'과 같은 범주들로써, 나중에는 '남녀의 성차'로써 구조화되었다면, 어느덧 '세대'가 최소한 이와 견줄 만한 지위를 갖게 된 것이다. 세대담론은 사회정치적 논쟁들 및 주제들의 일부분이며 또한 학문적으로 세대를 구축하고 규정하려는 노력의 일환이기도 하다. "골프 세대", "앨리 세대"▸, 68세대, 89세대, "베를린 세대", "걸프전쟁 세대"

▸ 이 책에 수록된 카스파 마제의 글 「다채로운, 그러나 평이한—탈영웅적 세대를 이해하기 위한 주해」 참조.

등 이즈음 세대와 관련해서 부여된 명칭들의 과도한 사용은 세대 연구의 의미 혹은 그 무의미에 대해서 마땅히 숙고해야 할 당위성을 보여준다. 왜냐하면 세대라고 이름 붙이면서 생식성이나 계보학(Genealogie)을 의미하는 경우가 흔히 있기 때문이다. 나아가 동년배집단과 세대가 어떻게 의미심장하게 구분될 수 있을까도 질문해봐야 한다. 세대에 대한 말들은 무엇을 설명하고 무엇을 감추는가? 세대를 연구해야 할 요청은 어떻게 정당화되는가? 세대 개념의 다양한 사용 방식들이 하나의 총체적인 구상으로 통일되는가? 그리고 역사를 세대의 역사로 해석하려는 도발의 본질은 어디에 있을까?[4)]

세대 연구는 어떤 통일된 이론적 배경과 방법을 포괄하지 않는다. 사회학자, 역사학자, 교육학자뿐 아니라 문화학자, 문예학자, 정신분석학자 등이 연령 및 동년배집단에 특수한 해석의 범주들을 적용한다. 이처럼 다양하고 종종 방법론적으로 숙고되지 않은 적용의 결과, 개념의 조망이 어려울 뿐 아니라 연구 주제들의 비균질성은 이보다 더하다. 이 책은 한편으로는 그동안 연구들이 도달한 이론적이며 방법론적인 범위를 소개하면서, 또한 새롭게 제기되는 문제들과 구상들로써 그 폭을 확장하고자 한다. 다른 한편 이 책에서는 독자적인 것으로 인식되어온 연구 분야들이 상호 연관적으로 또 논쟁적으로 논의될 것이다. 물론 특수한 개별 학문 분야들의 차이가 배제되어서는 안 되며 그렇게 될 수도 없다. 그렇다고 해서 각양각색으로 사용된 개념들을 단순히 열거하지도 않을 것이다. 오히려 연령을 기반으로 공동체가 구성되는 특성에 주목할 텐데, 이로써 세대 개념이 갖고 있는 분석적인 잠재력이 드러날 수 있을 것이다.[5)]

이런 관점을 통해서 '세대'가 무엇보다도 정체성을 나타내는 개념임이 명확해질 것이다. 세대가 정체성 개념일 때, 사회화의 조건들이 개인뿐 아니라 집단에도 지속적이고 동일한 형태로 영향을 미치는 것으로 파악된다. 이로써 어떤 전형적인 속성을 갖는 사고, 감정, 행동을 설명할 수 있을 것으로 보인다.[6] 왜냐하면 '세대'에 대해서 묻는다는 것은 개인을 넘어서서 연령에 따른 특유한 초개인적인 표본들을 찾아서 연구하는 것을 뜻하며, 이로써 어떤 본질적이며, 적지 않은 사람들에게는 심지어 개인으로서 그룹과 맺는 관계에 비추어 유일하게 중요한 요소를 표시해주기 때문이다. '세대'는 또한 경험의 개념이다. 세대는 "사회적 공간 안에서 생식적으로 자리매김되는 것"[7]만을 서술하는 데 그치지 않고, 연령대 특유의 체험 층위에 기반을 둔 공동체를 의미하기 때문이다. 이 공동체는 사건들과 삶의 내용들을 하나의 동일한 의식 층위로부터 인지하고 해석하는 데서 비롯한다.

체험과 경험의 측면과 더불어 '세대'는 또한 행위 범주를 나타낸다. 이에 따르면 개인적인 그리고 집단적인 인지 및 해석의 기본 구조들이 특수하면서도 사회적으로 중요한 행동들로 귀결된다. 이를 다시 역으로 추론하자면, 행위자들이 어떤 세대귀속성을 갖고 있는가를 통해서 당면한 역사적인 사건들 및 역사적 변동을 더 잘 설명할 수 있다는 의미다.

정체성의 형성, 집단과의 연계, 경험의 공동체, 행동의 중요성. 이 네 측면들이 '세대들'에 대한 언설의 성격을 규정하고, 또한 세대를 해석해야 한다는 요구를 특징짓는다. 나아가 라인하르트 코젤렉이 "근대에 나타난 시간화 경험"이라고 표현했던 것이 상당히 중요하다. 코젤렉에 따르면 생물학적으로 규정되고 출생 연도에 따라서 시간적으로 다르게 축적된 경험들은 사회적인 단위라는 틀 안에서 하나의 공통된 표식을 얻는다.[8] 이 지속적으로 전진하는 과정은 일회적인 경험뿐 아니라 반복된 경험들도 포함한다. 이러한 경험들을 함께 거치고, 경우에 따라서는 함께 고통스러워하고, 경험들을 모으고, 규정하고, 제도화하는 과정들이 역사를 만든다. "세대들이 시간적으로 겹쳐지면서 필연적으로 연속되는 것은 항상 새로운 배제를 동반한다. 그리고 통시적인 내적, 외적 규정들을 동반하고 또 세대 특유의 경험 단위가 있기 이전 혹은 그 이후로 나뉘게 된다. 이러한 배제들이 없이는 역사가 있을 수 없다. 세대의 교체와 후속 세대들의 등장은 시간적으로 유한한 지평에서는 전적으로 중요하다. 역사는 이 지평이 그때그때 이동하고 발생학적으로 겹침으로써 일어난다."[9] 따라서 '세대'는 역사의 기본 개념이며, 혹은 시간적인 질서와 규칙의 개념이라고 할 수 있다.

하인츠 부데Heinz Bude는 그의 논문[10]에서 세대 개념의 분석적 영향력을 개괄하고 있다. 부데는 이를 위해서 작가인 빈프리트 G. 제발트Winfried G. Sebald에 힘입어 각인된 개념인 "시간고향(Zeitheimat)"을 차용하여 1940년경에 태어난 독일인들의 생활정서를 특징짓는다. 그것은 전쟁 중에, 운명에 내던져지고 파괴와 우연이 지배하는 현실 속에서 생겨난 한 세대의 근원이다. 세대 현상이 국제적이고 또한 근대적이긴 하지만, 독일의 경우 특수한 강조점들이 있다. 1900년대에 나타난 '청년세대' 개념은 청년과 세대를 하나로 보았고, 완전히 새로운 시작에 대한 권리와 역사적인 상황 속에 내던져진 상태의 공존을 뜻했다. 세대는 단절의 개념이자 분리의 개념, 그리고 관철의 개념이 되었다. 불연속성으로 인한 동시성의 경험은 집단이 갖는 책무의 성격도 변화시켰다. 이때부터 혈통과 계승이 아니라 연금과 보험이 세대와 세대 사이의 관계를 규정한다. 복지국가가 계보학에서 세대로의 전환을 제도적으로 표현하게 된 것은 당연한 귀결이었다. 부데의 테제는 이러하다. 국가와 민족이 사회적인 지속성을 보장하는 관련 단위들로 작동하던 동안에는 시간적인 투자의 논리와 사회적 균등의 논리, 즉 '세대정의(世代正義, Generationengerechtigkeit)'가 안정적이었다. 하지만 국가와 민족이 신뢰할 수 없다고 드러나면 개인적인 생애시간, 집단적인 세대시간, 국가적인 제도시간 사이에 균열이 생긴다. 불연속성과 우연성의 기원이 더 이상 전쟁이 아니라 복지국가인 것이다.

II.

차이의 범주로서 '세대'는 종종 역사적인 대사건들이 그 효과를 나타내는 지점에서 생산적인 것으로 증명되었다. '정치적인 세대'는 그들의 연령에 고유하고 결정적인 정치적 사회적 사건들에 따른 경험을 기반으로 그들만의 자기 이해를 갖고 표현하며, 이로써 같은 사건들을 다른 방식으로 인지하는 나이 든 세대들로부터 자신들을 확연히 구분한다.[11] 쉽게 생각할 수 있듯이 1차 세계대전은 그런 대표적인 단절 시기가 되었고, 이때 다수의 '세대들'이 형성되었다. 사회학의 연구에서는 아직도 세계대전이 사회적인 대변혁과 세대 형성 간의 인과관계를 보여주는 핵심적인 예시로 다루어진다.[12] 전쟁 이후 수년은 20세기의 그 어느 시기보다 더욱더 세대 개념을 사용해서 젊은 병사들, 늙은 병사들 및 징집되진 않았으나 어린이 혹은 청소년으로서 전쟁을 겪었던 이들의 상이한 경험들을 묘사했다.[13] 양차 세계대전들 사이의 시기가 세대 개념에 의해서 지배되었던 만큼, 이 시기에 오늘날까지 영향력을 미치는 카를 만하임의 논문이 출간된 것은 우연이 아니다.

만하임의 문화사회학적 연구는 막스 베버Max Weber의 '계급' 개념에 기대어 '세대'를 사회학적 연구에 이용하고자 하는 포괄적인 구조화 모델(Ordnungsmodell)을 제시한다. 만하임은 1920년대에 주류를 이뤘던 생물학적인 세대이론들로부터 등을 돌렸다. 그리고 빌헬름 핀더Wilhelm Pinder가 전개한 예술사의 이론적 단초였던 '동시적인 것의 비동시성'을 포착하여, 비슷한 연령대의 동년배집단이 특수하게 겪는 역사적 사건들의 경험을 그 생성적 '위치'로 소급했다. 만하임에 따르면 사람들은 특정한 세대위치에 있고 거기서 맘대로 떠날 수 없으며, 세대위치는 개인에게 특수한 가능성들을 열기도 하고 한계들을 부과하기도 한다. "사람들이 동시대에 태어났다는 사실이나 유년기, 성년기, 장년기가 시기적으로 일치한다는 사실이 사회적 공간 내에서 공통 위치를 구성하지는 않는다. 오히려 같은 시기에 출생하기 때문에 같은 사건들 및 삶의 내용 등에 참여한다는 가능성, 그리고 나아가 동일한 종류의 의식층을 지니고 참여할 가능성이 공통된 위치를 구성하는 것이다."[14]

만하임에 따르면 연령에 따라 특수한 '체험층'들을 경험함으로써 공동의 세대적 운명에 참여하는 것을 뜻하는 관계성이 생겨난다. 이것의 '세대적인 모습'은 '세대단위들'에 의해서 기획되고 윤곽이 잡힐 수 있는데, 세대단위들은 제각각 차별적일 뿐 아니라 대립적일 수도 있지만 서로서로 연결된다. "세대단위들은 공통적으로 겪지만 상이하게 해석되는 사건 맥락에 다양한 개인들이 느슨하게 참여하는 것을 뜻할 뿐만 아니라, 또한 이들의 통일적인 반응을 뜻한다. 그리고 이와 유사한 의미로 특정한 세대위치로 연결되어 있는 개인들 사이에 형성된 울림과 그 표현들을 뜻한다."[15] 이로부터 만하임은 독문학자 율리우스 페터젠Julius Petersen에게서 어휘를 차용하여 주도적 세대 유형, 전향적 세대 유형, 억압된 세대 유형을 도출했는데, 이는 한 세대 안에서도 균질하지 않은, 심지어 극과 극처럼 대조적인 사회상들이 있다는 사실을 일깨운다.[16] 하인츠 부데에게는 세대들이 "내적인 동질성을 보인다. 같은 식의 생활정서와 삶의 태도는 출생 연도가 비슷한 사람들을 한 세대로 묶는다.…… 연구자가 할 일은, 상이한 그룹들 사이에서 나타나는 상충하거나 심지어 적대적이기까지 한 성향들에 가려져 있지만, 그들 사이에 존재하는 공통된 생활감정의 층위를 발굴하는 데 있다. 한 세대가 스스로에 대해서 내리는 자기 해석들은 분분하지만, 이것들을 통합하는 해석 욕구가 무엇인지 밝혀야 하는 것이다".[17]

만하임의 분석적인 제안은 수많은 연구에 방향을 제시하는 역할을 했다. 오늘날까지도 '세대'는 사회적인 변동의 과정을 체계화하고 해석하는 데서, 특히 역사적인 역동성을 설명하는 데 있어서 영향력이 큰 범주로 여겨진다. 그러나 연구의 실제에서는 만하임의 구상이 완벽히 이용된 적이 거의 없다. 연구의 시선은 종종 생애사적으로 결정적인 시기가 청년기에 있다는 식으로 좁혀졌고, 인생의 이후 국면들을 위한 태도와 입장이 청년기에 결정되는 것으로 여겨졌다.[18] 하지만 세대로써 오직 연령의 특성에 주목하거나 동년배집단에 중점을 둔 연구만이 옳다고 여기는 사람은 세대 개념의 이론적인 잠재력을 놓칠 뿐 아니라, 나아가 질적인 세대 연구가 정치적 프로세스 및 문화적 프로세스를 설명해내고자 하며 따라서 생물학적 연구나 생애주기사 연구에 그치지 않는다는 사실을 오해하는 것이다. 시대에 대한 증언, 연령 특유의 인지 모델, 삶의 스타일 분석 등은 만하임 이론의 핵심이 아니라 전제일 따름이다.

비슷한 연도에 출생한 사람들이 역사적인 일들을 같은 생애시간적인 관점에서 인지한다는 것은 명백하면서도 평범한 사실이다. 특수한 '세대위치'를 확인하면서 만하임은 유사한 태도와 감정과 사고방식을 실제세대가 생겨나기 위한 조건으로 보았으며, 필연적인 결과로 보지 않았다.[19] 그러니까 연령 특유의 이해와 해석이 정치적이고 역사적인 중요성을 갖는가에 따라서 동년배집단 개념과 세대 개념이 결정적으로 차이가 난다.

미하엘 빌트Michael Wildt는 '세대' 개념과 결합되는 정치적인 요구에 주목하고, 토마스 페인Thomas Paine의 글에서 출발하여 '세대'를 새로운 시작의 범주로 연구한다.[20] 근대의 시간 개념으로서 태어난 '세대'는 18세기 말에서 19세기 초만 하더라도, 일생 동안 사회적인 행복에 다다를 수 있다는 혁명적인 약속에 실제로 현실적인 차원을 부여할 수 있었다. 이런 생각은 20세기 중반 민족사회주의자들▶이 전체주의적인 기획을 구상하고, 세계사와 개인의 생애를 같다고 동일화했을 때 그 오만함에 이르게 되었다. 2차 세계대전 이후 세계의 시간과 개인의 생애는 다시 분리되었으나, 자본주의에 내재한 가속화의 역학은 여전히 건재하며 이와 함께 개인의 인생사적인 의미 지평을 한 세대의 시간 틀 안에서 파악하기는 점점 더 불가능해진다.

하인츠 키트슈타이너Heinz D. Kittsteiner는 그의 논문에서,[21] 한 세대의 정치적-문화적 목표를 나타내기 위해서 만하임이 아리스토텔레스로부터 차용했던 '엔텔레키(Entelechie)' 개념을 주목하고, 만하임의 논지를 확장하여 한 세대뿐 아니라 20세기의 삼대에 걸친 '영웅적 세대들'의 '기본 과제'를 연구한다. 구체적으로 키트슈타이너는 1889년생인 마르틴 하이데거Martin Heidegger가 각각 1911년과 1910년 태어났으며 나중에 나치 가해자가 된 튀빙겐 대학의 급진적인 두 대학생 마르틴 잔트베르거Martin Sandberger와 에리히 에어링거Erich Ehrlinger와 1933년 11월에 아마도 만났을 것이라는 예시를 든다. 이 세 사람 사이에 있었던 세대를 뛰어넘은 '대화'를 통해 이 '영

▶ 민족사회주의(Nationalsozialismus)는 독일의 민족사회주의노동자당이 표방했던 파시즘과 인종주의를 조합한 강령과 정치운동을 가리킨다. 나치즘 혹은 국가사회주의로 번역되기도 한다. 그런데 국가사회주의는 마르크스 사상에 기반하여 공산주의나 사회주의 정당 등의 혁명 혹은 정치운동을 뜻하기 때문에, 반공산주의였던 민족사회주의와는 완전히 다르다.

웅적 세대들'을 묶는 '기본 과제'를 알 수 있다. 그것은 '영원한 독일'로서, 곧 시민적이며 평준화하는 자유주의적인 근대에 맞서서 독자적인 '독일적' 형식을 세우고 폭력을 불사하더라도 실현하려는 공동의 노력이었다.

마크 로즈먼Mark Roseman은 활시위를 더욱 크게 당겨서 세대를 "상상의 공동체"22)로 연구한다. 로스만은 18세기 이래 독일에서 제기된 세대에 대한 공시적이고 통시적인 규정을 살피고, 구조적인 정의(定義)와 역사적이며 정치적인 정의 사이의 관련성을 분석한다. 전자는 생애의 한 시기에 자식 세대가 부모 세대와 맺는 입체적이고 긴장된 관계를 주시하며, 후자는 특정한 동년배집단이 어떤 특별한 사건들을 공통적으로 체험했다는 사실로 인해 결속력을 느낀다는 점에 주목한다. 로스만에 따르면 정치적 문화적 개념으로서 세대는 다채로운 투사면을 제공했지만, 이는 행위자들이 실제적으로 공동의 동년배집단에 속했는가 혹은 연령 특유의 경험을 내세워서 세대라고 정의내렸는가와는 무관했다. '청년'과 연계되는 희망과 불안은 청년성이 세대의식으로서 형성되기 전에, 일차적으로 근심 걱정이 많은 성인의 세계 속에서 생겨났다. 물론 공통된 생활 조건과 동년배집단의 경험이 있어야 했지만, 독일에서 '상상의 공동체'로서 세대에게 큰 의미가 부여되는 것은, 로스만에 따르면, 세대적 단절과 갈등을 반복적으로 야기했던 독일적인 문화적 연속성에 의해서만 설명될 수 있다.

III.

철학자 만프레드 리델Manfred Riedel이 1969년 『현대사회에서 세대 문제의 변화』에서 밝혀낸 바에 따르면, 세대 개념은 산업화 이전 사회에서는 계보학적이고 생성적인 순서를 의미했을 뿐이었다. 그러다가 프랑스 혁명 때부터 '세대'라는 말로써 개개인들의 동시성을 사회적이며 역사적인 맥락 안에서 표현하게 되었다.[23] 피에르 노라Pierre Nora의 연구도 이에 상응하는데, 근대적인 세대 개념은 민주주의와 역사의 가속화가 낳은 딸이라고 한다.[24] 이때부터 혈통과 계보가 더 이상 세대를 결정하는 원칙이 아니게 되었고, 나중에 태어난 이들이 자기들을 하나의 세대로 만듦으로써 정치적으로 세력화했다는 것이다.

근대부터 세대성과 세대의 관계는 대개 연속성과 불연속성의 관계로 표현된다. 에드문트 후설Edmund Husserl은 하이데거가 선언했던 "자신의 세대 안에서 그리고 자신의 세대와 함께하는 현존재의 숙명"에 반대하여, 모든 개인은 신체적이고 유기적인 생식성 외에 인격적인 생식성을 갖는다고 말했다. 이는 곧 "누구나 동시대인과 공유하는 현재와 인류적인 차원으로 열려 있는 지평에서 존재할 뿐 아니라, 또한 생식적인 맥락 안에서 자신을 인식한다"는 말이며, 사람은 이전-이후-모델 안에서 자신의 위치를 찾는다는 것이다.[25]

지그리트 바이겔Sigrid Weigel은 최근에 다수의 가족소설 및 세대소설들에서 기원에 대한 향수와 이에 저항하는 방어가 나타나는 데 주목하고, 이를 시간적인 방향 설정을 향한 소망으로 해석한다.[26] 1945년 이후에 태어난 이들의 가족사가 종종 비밀을 둘러싸고 있으며, 그 비밀이 전쟁시기와 나치시기에 연결되어 있다는 점을 눈에서 놓치지 않으면, 이러한 계보학적 탐사의 귀환이 그리 놀랍지 않다. 바이겔의 입장에서 이는, "어떤 섬뜩하고 두려운 유산을 가정"하는 것이다. 계보학적 탐사가 아니라면 이 끔찍한 유산은 "추상적으로 머물 것이며, …… 희생자와 가해자에 대한 도덕적 담론에 의해 왜곡된다".[27]

이로써 세대담론이 독일의 과거극복과 관련해서 갖는 의미가 나타나는데, 바로 세대 개념이 기억의 범주가 된 것이다. 한편에서는 이른바 제2세대, 제3세대라는 식의 용어로써 시기를 구분하기도 하고, 다른 한편에서는 '초세대성'으로 계보와 단절이 통합되기도 한다. 초세대성은 전통적인 세대 개념과는 달리 '문명 단절'의 경험이 후속 세대로 전달되는 것도 나타내기 때문이다.

세대와 계보학의 관련성에 대해서 비판적으로 사유되지 못하는 경우가 종종 있듯이, 세대를 기획하고 구성하고 묘사한 것이 대다수 남성들이었다는 사실 역시도 거의 숙고되지 못했다. 크리스티나 베닝하우스Christina Benninghaus는 만하임에서 유래하는 세대 모델을 성별적인 기호화의 측면에서 살펴보고, '세대'가 일반적으로 시민계급의 배경을 지닌 자기표현의 능력이 있는 남성들을 가리켰음을 보여준다.[28] 특히 양차 세계대전 사이의 기간에 세대 개념은 남성들이 자신을 담론화하기에 적합한 범주로서 호황을 누렸다. 베닝하우스에 따르면 '젊은 세대'라는 남성적인 기획은 "연장자 남성의 정치적 영향력뿐만 아니라 여성의 영향력을 제한하는 데 목표를 둔 전권위임의 전략이었다".[29] 1920년대의 세대담론은 당시 근본적으로 변화하고 있었으며, 근대화의 사회적 긴장 지대이기도 했던 남성과 여성의 젠더 관계를 보여준다.

세대 연구는 이와 같이 계보학적 측면, 생식적인 측면 및 성별관계적 측면에 대한 성찰이 없이는 제대로 충족되지 않는다. 그런데 사회학적인 연구들에서는 자주 이 점이 보완되어야 할 아쉬운 부분으로 남았다. 사회학은 생식적인 혹은 생물학적인 재생산에 관한 논의를 등한시한다. 사회학은 만하임과 함께 사회의 범주를 도입함으로써, 지그리트 바이겔이 강조한 바와 같이, 생물학적인 것의 직접성을 피하고자 했던 것이다.[30] 이로써 사회학적인 평가는 만프레드 리델의 지적처럼 세대 개념의 애매모호함에 빠지게 되었다. "사회학적 방법은 세대 개념의 발생학적인(자연적인) 의미의 밑에는 역사적인 의미를 깔고, 개념의 역사적인 의미의 밑에는 발생학적인 의미를 깐다."[31]

계보학, 젠더, 세대의 관계가 문제적으로 되는 것은 세대가 집단적이라고 규정되기 때문이 아니라 ― 이 점은 계보학적 기원에 대한 생각에서도 마찬가지다―, 집단성(Kollektivität)과 공동체화(Vergemeinschaftung)가 동일시되기 때문이다. 세대 연구가 공동체화로의 걸음을 내디딜 수 있을 때는 동질성(Homogenität)을 구성 모델로서 가정할 때이다. 따라서 공통성(Gemeinsamkeit)은 특정한 동년배집단은 대략 같은 시공간에 태어나 사회화되었다는 사실에 근거해서, 입장과 태도의 일치성(Konformität)을 찾는 가정에서 비롯되는데 이는 문제가 있는 가정이다. 사회학적 연구의 대상인 다른 영향들도 분명히 동년배들에게 미치는데, 사회학적 세대 연구에서는 이 영향들이 도외시된다고 라이너 렙지우스Reiner Lepsius는 비판적으로 지적한다.[32] 나아가 렙지우스는 세대구상이 사회화 연구, 생애 연구, 전기 연구와 더불어 문화 분석을 위한 의미 있는 도구일 수 있다는 데 회의적이다. 이로써 그는 정치적인 가계적으로 정의된 세대 모델에 근본적으로 의문을 제기할 뿐 아니라, '복지국가 세대'의 형성을 둘러싼 논의가 분석적으로 잘못되었다고 본다. 렙지우스는 세대 개념이 주로 연역적으로 사용되는 것을 원칙적으로 비판하면서 세대 개념의 가능성을 문화적인 방향성에 대한 연구에서 찾는다. 이 입장에서는 '세대'가 정치적인 문화 연구의 범주로 이해되는 듯하다. 이 경우 문화적으로 새로운 표현과 흐름의 역학을 개념적으로 파악하기 위해서는, 정치 엘리트들의 분석에 중점을 두어야 한다고 렙지우스는 말한다.

이와 같은 이견들이 있는 한편, 자기지시성(Selbstreferentialität)의 위험도 있다. 물론 세대는 무엇보다도 20세기에 자신을 주제화하는 대단히 강력한 범주이다. 정치적 문화적으로 사회를 주도하려는 그룹은 보통 '세대'로서 자신을 묘사한다. 이로써 그들의 동일한 생물학적 위치, 그들이 겪은 공통의 경험 및 나이든 이들을 대체하려는 근거 있는 요구에 사람들의 주목을 끌려고 하는 것이다. 이런 의미에서 헬무트 셸스키Helmut Schelsky의 『회의적인 세대』만큼 담론에 큰 영향을 미친 책도 드물 것이다. 하지만 셸스키는 1920년부터 1930년까지 태어난 사람들에 대해서 썼다기보다는, 자기 자신과 1910년 무렵에 태어난 자기 세대에 대해서 쓴 것처럼 보인다.[33)]

세대에 대해서 이야기하려면 우선 누가 누구에 대해서 말하는지 밝히는 게 중요하다. 카를 만하임의 논문이 출판된 시기가 사람들이 '세대'라는 개념을 자기가 누구인지 설명하는 자기 묘사의 범주로서 사용하기 시작했던 때였음은 우연이 아니다. 그때 당시 청년이 일종의 프로그램으로 격상되었는데, 아마도 1960년대만이 이와 비교될 수 있을 것이다. 청년은 전통적인 아버지-아들-갈등의 의미에서가 아니라, 낡은 세계가 무너진 이후 새로운 세상을 바라는 기획이었다. 새 세상에 대한 청년의 요구가 갖는 절대성과 그 호소력은 낡은 세상의 몰락을 통해 정당화되었다. 불연속성, 과거로부터의 결별 및 미래적인 것을 향한 시선이 이 세대의 특별한 표식이 되었다. (자기) 해석을 진지하게 받아들이고 스스로를 묘사하는 범주를 분석의 범주로 사용하는 것이 용이할 수 있지만, 이렇게 할 경우 방법론적인 난제가 생긴다. 이것이 분명해지는 것은 자기 규정과 외부 규정이 어긋날 때인데, 학자들이 '89세대'라는 세대를 찾아냈지만, 정작 이들은 전혀 세대이고 싶어 하지 않는 것이 그 사례일 것이다.

거꾸로 스스로를 강하게 세대로 규정하고 또 이를 사회적으로 인정하게 되면, 어떤 한 그룹의 자기양식화(Selbststilisierung)에 넘어가버릴 위험이 없지 않다. "모든 연령, 모든 세대는 자신들을 위해서, 그들보다 앞선 세대들이 그러했듯이, 자유롭게 행동하고 또 마땅히 어떤 경우에라도 그렇게 할 자유를 가져야 한다." 이 문장은 미국의 저술가이자 정치가인 토마스 페인이 1795년에 출판한 『정부의 제1 원칙』에 나온다. 모든 세대는 자신들을 위해서 행동할 배타적인 자유를 갖는다는 말이다.[34] 이로써 세대가 혁명과 급진적으로 연계되었다. 위 인용문에서 드러나듯이 젊은 정치가들이 모인 그룹이 낡은 것을 광범위하게 해체하고 급진적으로 변혁하여 새로운 정치질서를 만들려는 요구는 세대를 창출할 수 있을 뿐만 아니라, 동시에 역사적이며 정치적인 사건을 만들 수도 있다. 그러면 이 사건이 세대를 정초하는 것으로 간주된다.

이로써 인식론적인 문제가 생긴다. 다름 아니라 그것이 무엇인지 비로소 연구되어야 할 것이 이미 주어진 것으로서 전제되는 것이다. 게다가 모든 차이들과 모순들을 뚫고 세대 구성원들이 몰두하는 공통된 주제를 발견해야 하는 어려움이 있다. 이때 어딘가에 더 깊숙이 있는 결합체는 찾아지지 않은 채, 그것은 이러저러하다고 주장되기만 할 수도 있다. 그 결과 세대 연구자는 정작 그가 연구하고자 하는 대상을 스스로 생산하게 되는 것이다.

IV.

사회학적으로 정향된 세대 연구는 학제적으로 반박되기도 한다. 정신분석학이 세대 개념을 수용할 때, 지식사회학적 이론이 갖고 있는 진보에의 믿음에 대한 비판도 함께 이루어졌다. 사회학이 세대 개념을 만하임적인 의미에서 무엇보다도 '단절의 범주'[35]로 이해한다면, 정신분석학적인 세대 연구는 연속성의 측면을 강조한다. 사회학적인 연구는 사회의 생물학적인 갱신의 주기를 강조한 반면에, 세대와 세대 간에 작동하는 과정이 갖는 핵심적 의미를 오인했다는 것이다. 연속성의 측면에서 볼 때 결정적인 것은 체험의 동시성이 아니라 오히려 통시적으로 결정되는 세대 경험이다.[36]

이런 비판에는 학문의 이론적인 차이들이 반영되어 있다. 홀로코스트 생존자들의 자녀들에 대한 유디트 케스텐베르크Judith Kestenberg의 연구를[37] 시발점으로 세대 개념을 수용하고 발전시킨 정신분석학은 가족심리학 및 개인심리학 이론들로부터 역사적인 경험들이 전이 과정들을 통해서 세대를 거치면서 계승된다는 이론을 도출했다. 이로써 정신분석학적인 세대 개념에는 자라나는 세대가 담당할 문화적 개혁과 혁신이 아니라, 프로이트의 개념을 빌리자면 '감정유산'이 중심에 놓인다. 즉 "세대들 간에 심리적인 연속성이 일어난다는 것을 얼마나 믿을 수 있는지, 그리고 심리적인 사태들을 다음 세대로 전이하기 위해서 한 세대가 어떤 수단과 방법을 사용하는가"[38]가 중요하다.

초세대성(Transgenerationalität)은 에리카 크레이치Erika Krejci가 쓴 논문의 출발점이기도 하다.[39] 크레이치는 정신분석학적인 관점에서 세대를 연구하는데, 이에 따르면 주체가 형성되는 과정은 가족 내에서나 사회적으로 세대들이 연속되는 맥락에서 일어난다. 크레이치는 부모를 심리적으로 대표하는 내적 대상들로부터 탈동일시가 일어나지 않을 때, 어떻게 부정적인 속박이 행동을 결정짓는 요소가 되는지 보여준다. 이와 구조적으로 유사한 조건들이 20세기의 전반기에 전쟁 중 태어난 사람들 및 전후에 태어난 이들의 자아 발달에 작용했고, 또 세대 형성에 근본적으로 중요한 역할을 했다고 볼 수 있다.

위와 같은 "세대들의 텔레스코핑"(아이데 페임버그Haydée Faimberg)를 통해서 세대귀속성과 공동체화 과정 외에 세대와 세대 간의 관계도 주목을 받게 된다. 쿠르트 뤼셔Kurt Lüscher는 이 시대에 맞게 세대 문제에 접근하기 위한 열쇠로 '양가성' 개념을 제안한다.[40] 세대관계를 연대(連帶)로 보자는 요구에 선을 그으면서, 양가성 테제는 세대적인 관계들 내의 갈등적이고 모순적인 차원들에 초점을 맞춘다. 이로써 뤼셔는 분과 학문의 이론적인 차이와 경험적인 차이를 넘어서, 세대 연구의 공통성에 합당한 학제적이고 포괄적인 제안을 하려고 한다.

V.

역사학과 역사사회학에서 만하임의 모델은 예나 지금이나 지배적이다. 그래서 한스 예거Hans Jaeger는 안드레아스 슐츠Andreas Schulz와 마찬가지로 다음과 같이 주장한다. 즉, 역사적인 세대 개념은 역사상 같은 형태로 조용히 흘러가는 시기를 분석하는 데 적합하기보다는, 오히려 세대 개념이 지니는 해석적인 가치는 전쟁, 혁명, 자연재해 혹은 경제공황과 같이 거대하고 전 사회에 엄습하며 분열시키는 역사적인 사건들이 일어나는 시기에 입증된다. 이런 사건들이 닥쳤을 때 사회 구성원들은 어떻게든 입장을 정해야하기 마련이기 때문이다.[41] 역사적으로 한 시대를 끝내고 새로운 시대를 시작하는 동기가 되는 중요한 사건들은 시대정신을 가르는 것과 마찬가지로 경험들을 분리하며, 또한 해당 사건을 다르게 받아들이고 해석하는 데 따른 정치적인 결론들도 가른다.

그렇다면 세대들은 정치적으로 의미 있는 방식으로 지속적으로 자신을 전개하기 위해 역사적으로 큰 사건들을 필요로 하는 것일까? 여기에 답하기 위해서 고려될 수 있는 사건들을 떠올려보면 주목할 만한 발견을 하게 된다. 다름 아니라 1차 세계대전이 한 세대를 만들어냈던 것에 비하면 민족사회주의, 2차 세계대전, 독일 통일, 2001년의 9·11사태는 모두 이에 필적할 만한 세대 형성을 하지 못했다는 사실이다. 전쟁 경험이나 전후 경험을 포함해서 큰 사건 그 자체로서는 세대를 형성하는 인지 및 해석의 규범을 역사의 무대에 등장시키지 않는다. 전면적이고 모든 생활 영역을 변화시키는 체제의 변혁이 일어나서 기존의 질서가 해체되고 정치적, 사회적, 경제적, 문화적 방향이 새롭게 설정될 때 세대 형성이 나타나는 것으로 보인다. 9·11 사태 이후에는 많은 것이 그전과 같았고, 1989년 이후의 사회변동도 최소한 서독의 경우 제한적이었다. 동독은 사실상 완전히 변화해야 했지만, 자체적으로 새로운 질서를 정립하는 기회를 갖지 못했다. 여기서 요구되었던 것은 적응력이었고, 세대적인 사회 모델이 필요하지 않았던 것이다.

2차 세계대전도 세대를 만들어내었으나 1차 세계대전과는 그 방식이 완전히 달랐다. 민족사회주의 체제는 1945년 정치적, 도덕적, 경제적으로 완전히 파산했는데, 그 규모가 너무나 포괄적이어서 어떤 세대도 전후 십 년 동안 정치적인 권력을 정당하게 장악하거나 독자적인 사회 모델을 제시하고 새로운 시작을 선언할 수 있는 상황이 아니었다. 민주주의는 외부로부터 주어지고 설립되었고 세대에 의해 주도된 프로젝트가 아니었다. 전후의 일정 기간은 민주주의를 습득하는 과정이었고, 1960년대 말에 이르러 뒤늦긴 했으나 비로소 세대교체를 통한 실제적인 사회 변혁이 가능하기에 이르렀다.

평화로운 시기는 세대가 형성되는 데 좋은 조건이 아니라고 결론을 내릴 수도 있을 것이다. 이 점을 두고 사람들이 세대를 형성하는 과정에 중요한 것으로 점점 더 다른 연관성들을 찾는 게 그다지 이상해 보이지 않는다. 그럼에도 역사적 정치적 사건들 대신에 상품을, 혹은 차별화하는 결정적인 차이의 경험이 차지했던 자리에 대중매체를 놓은 시도는 여전히 만하임적인 세대 모델에 빚지고 있다. 탈영웅적인 세대의 문제를 살피는 카스파 마제Kaspar Maase는 '골프 세대'와 '앨리 세대'의 사례에서, 매체를 통해 세대적 정체성 형성을 위한 소재들이 생산될 때 어떤 다양한 영향력들이 함께 작동하는지 보여준다.[42] 대량소비, 마케팅, 광고 기술 및 중산층 지향성이 오늘날 40세 이하인 사람들의 사회문화적인 경험을 알려주는 일단의 표제어들로 언급되고 있다. 점점 더 마케팅 및 각종 사회여론조사 종사자들이 집단적 정체성에 대한 욕구에 서비스를 제공하는 '세대 모델의 제공자'들이 되는데, 이때 정체성은 피상적일 뿐, 공동의 행동은 거의 중요시되지 않는다. 마제가 보여주는 것은 탈영웅적인 세대들이 사회적 커뮤니케이션의 생산물이라는 것이다. 이때 커뮤니케이션은 사회적 세계의 질서에 복무하며, 사람들로 하여금 어디에 자신을 위치시킬지 제안하고, 미적 경험의 원천들을 마련한다. "확장일로의 출판 관련 시장은 지속적인 차별화와 상품의 짧아진 순환 주기들이 만들어내는 역학에 힘입어, 개별적인 경험의 원재료로부터 감각적인 세대 형상의 창조를 매개한다."[43] 이로써 폭발적인 분출과 새로운 출발이라는 수사학을 가졌던 의미에서의 세대들은 과거에 속하게 되었다.

아직 다루어지지 않은 체계적이고 문화사적인 문제 제기는 차치하더라도 지금까지 살펴본 바에서 명백해지는 것은, 역사적인 사건이나 시장의 브랜드 상품이 그 자체로서 의미가 크다기보다는 이러한 것들에 의미를 부여하는 집단적인 (자기) 이해가 세대 형성에서 중요하다는 점이다. 그런데 이러한 인식은 이상하게도 이제까지 연구에서 주목받지 못했다. 특정한 그룹들, 대개는 소수의 그룹이 스스로를 세대로 이슈화하고 차별되는 세대단위로서 정치적이며 문화적인 공동의 요구들을 표현하려는 경우, 이는 그들이 속한 동년배집단 내에서뿐만 아니라 연대나 배제 혹은 반대 기획 같은 성격을 띤 역학을 사회 전반에서 불러일으킨다. 수긍하든지 반대하든지 간에, 자기들 고유의 사회혁신 프로그램을 들고 권력을 위임받으려는 요구는 사회 전체에서 인지될 때 비로소 중요해진다. 해당 세대 특유의 자화상이 (매체에 의해서) 확산되고 받아들여짐으로써 비로소 그들의 사회적 대표성에 관한 의문은 뒤로 물러나게 된다. 따라서 결정적인 것은 얼마나 많은 사람들이 처음에 참여했는지가 아니라, 얼마나 많은 사람들이 새로운 기획을 설득력 있게 여기는가 하는 것이다.

크리스티나 폰 호덴베르크Christina von Hodenberg는 정치적 세대와 공론의 연관관계를 서독 저널리즘의 '45세대'의 사례에서 연구하는데,[44] 세대의식을 가진 행위자들이 대중매체적인 담론의 장에서 수행한 역할을 주목한다. 연구의 대상은 1920년에서 1930년 사이에 태어났으며 1945년 이후 자기들을 '기만당한' 세대로 느꼈던 저널리스트 그룹이다. 이들에게는 혁명적인 이데올로기에 대한 회의뿐 아니라, 민족과 국가에 대한 거리감도 생겨났다. 크리스티나 폰 호덴베르크는 이러한 태도가 저널리즘적인 실천 과정에서 계몽적이며 정부 비판적인 태도로 이어졌으며 '시대비판'이라는 명목하에 주류적인 흐름을 형성했다고 본다. 이들은 민족사회주의의 범죄적 성격에 대해서 대중들을 계몽하고 싶어 했으나 '동조자', 방관자, 수혜자들을 고발하지는 않았다. 이러한 세대적인 해석 모델을 갖고 있던 '45세대'는 전후 독일에서 대중매체 공론을 견인하는 동력이 되었다.

연령 특유의 공동체가 갖는 형식을 분석할 때 핵심은 상호이해의 언어적, 아비투스적, 상징적 형식들을 담론 과정으로서, 즉 세대를 형성하는 매체들로서 연구하는 것이다. 이렇게 할 때 어떻게 세대에 특수한 해석 및 태도의 모델들이 협상되고 성취되는지 드러날 수 있으며, 또한 어떻게 한 쪽이 그 모델들을 체화하고 사회적으로 실행에 옮기며 다른 쪽은 그것을 수용하고 받아들이는지 드러날 수 있다. 하보 크노흐Habbo Knoch는 세대를 만들어내는 이미지의 역할을 살피고, 사진의 다양한 차원들을 연구한다.[45] 시민계층의 가족들에서 여러 세대에 걸친 전통의 형성에 동반된 것은 계보학적인 연속성을 만들었던 가족사진과 초상사진이었다. 또한 현대적으로는 이미지, 영화 혹은 음악이 매체적으로 생산된 기억을 통해서 세대를 기억공동체로 확립할 수 있다. 상당한 정도로 감정을 불러일으키는 이미지들은 감정공동체들을 형성하는 데 용이하다. 이미지는 크노흐의 말처럼 "감정적인 약어"로서 "공유된 감정"이라는 세대 구성원들의 소통에 크게 기여한다. 일례로 경찰의 총격을 받은 대학생 베노 오네조르크Benno Ohnesorg를 찍은 순교이데올로기적인 사진은 68세대 운동의 도상학적 기억에 편입되었을 뿐만 아니라, 동시에 행동하라는 강력한 호소를 표현한다. 이미지는 다양하게 연결될 수 있고, 다차원적으로 코드화될 수 있으며, 동일한 정체성을 만들어내고, 자기를 넘어서는 지시 기능을 갖는 약어로서, 세대에 대해서 이야기할 때 더 이상 외면할 수 없다.

VI.

특히 무엇보다도 시간 그 자체의 문제가 '세대'에도 깔려 있다. 한 세대에 소속된 구성원들은 나이가 들고, 세대를 만들어냈던 역사적인 사건과의 시간적인 거리는 멀어지며, 그 후에 뒤따르는 경험들이 더 중요해진다.

세대의 결속은 점점 침식하고, 증발하고, 회상 속으로 사라지며, 지난 시절의 공통성에 대한 기억이 되는 것이다. 되돌아 반추할 때면 인생의 단면들은 새롭게 해석되고, 무게감이 달라지거나 또는 다른 식으로 조합된다. 한 세대의 내러티브는 사춘기에 생긴다는 보편화된 가정은 거의 논의되지 않지만 최소한 이론적으로 수정될 필요가 있어 보인다.

죽음의 피할 수 없는 숙명이 세대에도 해당한다. 그런데 이 사실이 때로는 세대의 사회적 형성에 있어서는 엄청난 문제처럼 보이기도 한다. 많은 세대 구성들은 은연중에 고전적인 생애이론을 따른다. 유년기와 청년기 이후에 성숙의 중요한 시기가 따르며, 성장해가면서 사람들은 그들의 경험을 집단적인 행동으로 옮기기 시작하고, 마침내 성숙기로 접어들고 가족과 사회에서 결정을 내리는 지위를 차지한다는 것이다. 한번 권력의 정상에 다다르면, 오래도록 지속하고 싶은 유혹이 확실히 있는 듯하다. 젊음을 프로그램으로 승격시켰던 20세기 독일의 정치적인 세대들이 천년제국을 선언했던 것은 분명 시사적이다. 그리고 민족사회주의의 범죄를 망각에서 끄집어낼 것을 요구한 세대가 자신들의 기억을 기념비와 비석에다 문자 그대로 화석화하려는 현재의 과거극복정치 또한 그들의 세대시간을 연장하려는 노력을 가리킨다.

울리케 유라이트Ulrike Jureit는 '학살된 유럽 유대인들을 위한 추모비'의 사례를 들어 세대를 기억공동체로 설명한다.[46] 이를 위해 집단적 기억의 개념을 정신분석적인 세대구상 및 정치적인 세대구상과 연계시킨다. 이때 희생자와의 동일시 및 유일성 테제(Singularitätsthese)가 세대에 특유한 기억의 양상으로 입증되는데, 이것들은 찬반으로 갈리고 여전히 지속되는 논쟁에도 불구하고 사회 전반에 관철될 수 있었다. 그래서 베를린에 세워진 위 추모비에서 세대적인 과거 해석이 사회화되는 것을 추적할 수 있다.

구성원들의 자연스러운 노화에 맞서서 고유한 세대시간을 꾀하는 세대들의 노력이 있기도 하다. 한 세대를 회고적으로 구성하는 것도 이에 해당하는데, 특정한 동년배집단의 출생 시기를 시작점으로 해서 종종 관습적인 생애이론을 따른다. 이 경우 어떤 하나의 세대가 형성되는 특수한 시간이 밝혀지기보다는 오히려 은폐된다. 어떤 세대의 구성원들은 아주 젊은 나이에 권력의 지위를 차지할 수 있고 정치적으로나 문화적으로 결정적인 변화들을 일으킬 수 있다. 하지만 이전 세대들이 쌓아놓은 사회적인 아성과 오래도록 맞서고 충돌한 후에야 비로소 권력에 접근할 수도 있다. 때로는 심지어 노년층의 견고한 지속력에 깨지고 부서져서 꿈꾸던 권력의 지휘부에 서지 못한 채 그냥 늙어버리기도 한다.

끝으로 세대는 내적인 시간뿐 아니라 외적 시간의 영향 아래 있다. 외적인 시간의 역학과 변형 능력은 사회적이고 문화적인 조건들을 변화시키며, 이로써 자기구성(Selbstkonstruktion) 또는 그 지속성에 오래도록 영향을 미친다. 일례로 이십 년 전에는 어떤 한 세대를 형성할 수 있었던 것이 오늘날에는 유효하지 않을 수 있다. 그러므로 실제세대는 한평생 지속된다고 보는 생각이 통상적이지만, 실제세대도 사라지지 않는지 검증되어야 할 것이다. 68세대만 하더라도, 지난 35년간 이 세대의 의미는 무척 크게 또 몹시 모순적으로 변화했다. 어쩌면 어떤 특정한 출생 연도의 사람들에게는 그들이 연금 수령 시기에 겪는 경험들이 청년시절의 경험들보다 세대의 측면에서는 더욱 영향력이 있을 수도 있는 것이다.

그러므로 한 세대가 구성해내는 내적인 시간은 외적인 시간과 일치할 필요가 없다. 오히려 '노인들'의 '때늦은' 퇴장을 요구하는 것과 같이, 사회적인 시간 및 정치적인 시간에 영향력을 행사하려는 요구를 정당화하기 위해서 내적 시간은 외적 시간과 다르게 기획된다고 가정해야 할 것이다.

그런 만큼이나 세대를 기억공동체로서 규정하는 것은 시간 안에서 존재한다는 문제, 시간을 어떻게 구분하고 시대를 나누는가 하는 문제, 시간의 역동성을 어떻게 볼 것인가 하는 문제들에 특별한 관심을 기울이는 것을 의미한다.

이로부터 도출되는 것은 청년기, 성년기, 노년기라는 생식에 따른 시간 구분에 대한 근거 있는 불신이다. 그런데 시간에 대한 이러한 통념이 사회적인 범주인 '세대'에 자연스러운 특징인 양 간주되고 있다. 시간성과 세대의 관계에 있어서 역사시간, 인생시간, 세대시간을 구별하는 것은 당연히 의미가 있다. 이제는 시간의 세 형식을 단수형에서 복수형으로 변형하고, 세대를 한 사회의 역동화 요소로 파악하고 연구할 뿐 아니라, 세대 고유의 역학, 세대 고유의 시간과 시간 기획들을 주시하는 것 또한 요구된다.

〈박희경 옮김〉

주

1) Koselleck, *Zeitschichten*, 107.
2) Riedel, "Generation" 참조.
3) Mannheim, "Das Problem der Generationen"; 또한 Matthes, "Karl Mannheims »Das Problem der Generationen« neu gelesen"; Zinnecker, "Das Problem der Generationen" 참조.
4) 일례로 괴팅겐 대학교 역사학과에 개설되었던 박사학위 강좌 '세대와 역사'가 있다. 이에 대해서는 Weisbrod, "Generation" 참조.
5) 최근의 연구 상황에 대한 개괄서들은 다음과 같다. Schulz/Grebner, "Generation und Geschichte"; Schulz, "Individuum und Generation"; Corsten, "Biographie, Lebenslauf und das »Problem der Generationen«"; Daniel, "Generationengeschichte"; Roseman, Introduction, in: Roseman (Hg.), *Generation in Conflik*; 또한 최근 논문집들은 다음과 같다. Reulecke (Hg.), *Generationalität*; Burkart/Wolf (Hg.), *Lebenszeiten*; Kohli (Hg.), *Generationen in Familie und Gesellschaft*.
6) 이에 대한 비판은 Niethammer, "Sind Generationen identisch?" 참조.
7) Mannheim, "Das Problem der Generationen", 526.
8) Koselleck, *Zeitschichten*, 35~41 참조.
9) 같은 책, 107.
10) Heinz Bude, "Generation im Kontext", 이 책, 43~65.
11) 다음을 참조할 것. Fogt, *Politische Generation*; Peukert, *Die Weimarer Republik*, 25~31; Best, "Geschichte und Lebensverlauf"; Herbert, "Drei politische Generationen im 20. Jahrhundert".
12) 이에 대해서는 예를 들어 다음을 보라. Wohl, *The Generation of 1914*; Bessel, "The 'Front Generation' and the Politics of Weimar Germany"; Rusinek, "Krieg als Sehnsucht".
13) 예를 들어 다음을 보라. Gründel, *Die Sendung der Jungen Generation*; Dingräve, *Wo steht die junge Generation?*; Matzke, *Jugend bekennt: So sind wir!*
14) Mannheim, "Das Problem der Generationen," 536.
15) 같은 글, 547.
16) 같은 글, 559.
17) Bude, *Deutsche Karrieren*, 36 이하.
18) Renn, *Lebenslauf-Lebenszeit-Kohortenanalyse*; Autsch, "Haltung und Generation" 참조.

19) Mannheim, "Das Problem der Generationen," 550.
20) Michael Wildt, "Generation als Anfang und Beschleunigung", 이 책, 217~243.
21) Heinz D. Kittsteiner, "Die Generationen der 'Heroischen Moderne,'" 이 책, 273~302 참조.
22) Mark Roseman, "Generationen als 'Imagined Communities,'" 이 책, 244~272.
23) Riedel, *Wandel des Generationenproblems in der modernen Gesellschaft*, 11~16.
24) Nora, "Generation," 528.
25) Riedel, "Generation," 276 참조.
26) Sigrid Weigel, "Familienbande, Phantome und die Vergangenheitspolitik des Generationsdiskurses," 이 책, 149~173.
27) 같은 글, 156.
28) Christina Benninghaus, "Das Geschlecht der Generation," 이 책, 174~214.
29) 같은 글, 207.
30) Weigel, "Generation, Genealogie, Geschlecht" 참조.
31) Riedel, *Wandel des Generationenproblems*, 17.
32) M. Rainer Lepsius, "Kritische Bemerkungen zur Generationenforschung," 이 책, 66~77.
33) Kersting, "Helmut Schelskys 'Skeptische Generation' von 1957."
34) Paine, *Dissertation on First Principles of Goverment*, 261; 또한 이 책에 실린 미하엘 빌트의 글을 참조할 것.
35) Bude, "Qualitative Generationsforschung" 참조.
36) Schneider, *Trauma und Kritik*, 30 참조.
37) Bergmann (Hg.) *Kinder der Opfer, Kinder der Täter* 참조.
38) Freud, *Totem und Tabu*, 176.
39) Erika Krejci, "Innere Objekte. Über Generationenfolge und Subjektwerdung," 이 책, 113~148.
40) Kurt Lüscher, "Ambivalenz," 이 책, 78~109.
41) Jaeger, "Generationen in der Geschichte" 참조. 안드레아스 슐츠도 최근에 "세대들은 역사적 변동을 설명하기 위한 보편적인 해석의 범주로 적당하지 않다"고 했다. 그러나 베르너 베스트Werner Best에 대한 울리히 헤르베르트Ulrich Herbert의 연구를 가리키면서 다음과 같이 말한다. "한 세대 안에서 공동체나 그룹들이 형성될 수 있다. 이들의 내적인 결속은 나이든 세대로부터 자신을 구별짓고, 공통된 시간 경험과 시대 체험에서 영향을 받으며, 언어와 제스처 및 아비투스에서의 일치 같은 특징들을 통해 설명된다"(Schulz, "Individuum und Generation," 413).
42) Kasper Maase, "Farbige Bescheidenheit. Anmerkungen zum postheroischen

Generationsverständnis," 이 책, 303~335.

43) 같은 글, 330.

44) Christina von Hodenberg, "Politische Generation und massenmediale Öffentlichkeit," 이 책, 370~405.

45) Habbo Knoch, "Gefühlte Gemeinschaten. Bild und Generation in der Moderne," 이 책, 406~440.

46) Ulrike Jureit, "Generationen als Erinnerungsgemeinschaften," 이 책, 339~369.

1부

세대에 대한 개념적 논의

맥락으로 보는 '세대'

전쟁 세대에서 복지국가 세대까지

하인츠 부데Heinz Bude

I.

빈프리트 G. 제발트Winfried G. Sebald, 2001년 12월 자동차운전 중에 심장병으로 사망한 작가, 무엇보다도 한 민족을 살해한 독일을 피해 떠났던 "망명자들"의 흡인력 있고 혼란스러우며 체념적인 모습을 알 수 있게 해준 작가, 1999년 『문학과 공중전』에 대한 취리히 강연을 통해 종전(終戰) "잿더미"에서 태어난 서독의 기원을 두고 최근 논쟁에 불을 붙였던 작가, 1944년에 태어나 생애의 대부분 시간을 영국에서 보낸 작가 제발트는 사후에 발표된 어느 인터뷰에서 자기 자신과 그 동년배를 위해 "시간고향"이라는 표현을 사용했다.[1] 이 표현으로 작가는 기이한 현상을 가리키고자 한다. 즉 전쟁이 끝났을 때 겨우 한 살이었고 유년기와 청소년기를 이른바 전쟁의 직접적인 영향권에서 멀리 떨어진 알프스 북쪽 끝자락에서 보낸 그가 오늘날까지도, 전쟁 사진이나 다큐 영화를 보기라도 하면 결코 직접 체험하지 않은 이 사건들로부터 이내 어두운 그림자가 자신에게 드리워지고 그 그림자 밑에서 절대 나오지 못할 것 같은 느낌이 들곤 한다는 사실 말이다. 파괴의 이미지들은 그에게 마치 고향의 느낌 같은 것을 불러 일으켰다. 어쩌면 그 이미지들이 제발트의 생애 첫 몇 해의 현실을 그 어떤 것보다 강력하고 포괄적으로 재현했기 때문일지도 모른다.[2)]

그가 장소가 아니라 시간에서 자신의 고향을 찾았다는 것은, 감동적이든 아니든 그가 사진이나 영화의 이미지들을 볼 때 떠올린 세대감정을 표현하는 것이다. 이 이미지들은 그가 벗어날 수는 없는 뭔가를, 그리고 대략 비슷한 연배들과 공유하지만 명백히 언급되지 않는 '우리'라는 감정의 토대인 뭔가를 말하기 시작한다. 작가는 전쟁 기간에 유년기를 보냈다는 태생적인 문제를 다루고 있는데, 이는 카를 만하임에 따르면 1940년경 태어난 사람들의 "문제가 되지 않는 삶의 자산"[3)]으로 규정될 수 있다.

제발트의 "시간고향"이라는 표현 및 이와 관련하여 그가 전후문학사에 개입한다는 사실은 또 다른 이유에서도 세대 현상을 설명하려는 우리의 질문에 대해 많은 것을 시사해준다. 제발트는 그의 세대가 어설프면서도 완고한 자기 오해로 인해 빠지는 망각에 대항하여 이의를 제기해야 한다고 생각했다. 그에게 중요한 문제는 낯설고 이해할 수 없는 독일 민족을 이해하는 것이었다.[4)] 즉 유럽 유대 민족을 말살한 가해자라는 의식을 가지고 있으면서도 여전히 종말론적 경험을 무시한 채 이전처럼 계속 살아가기로 도피한 민족을 말이다. 근본적으로 제발트는 자신의 세대에게 그들의 끔찍한 기원을 기억하도록 요구하고 있다. 이는 치욕적이고 금기되어온 가족의 비밀을 폭로하는 것과 같다.[5)]

제발트에게서 관찰할 수 있는 최종적인 세 번째 요소는, 극도로 우연적이어서 이해할 수 없었던 현실, 내던져지고, 파괴되고, 살아남아야 했던 현실로 그가 자기 세대의 삶의 감정을 되돌리고 있다는 것이다.[6)] 그러므로 그의 세대가 겪어야 했던 역사의 단절, 나중에 보면 근거가 없지는 않더라도 체험 순간에는 나락으로 떨어지는 듯했던 그 역사의 단절이 2차 세계대전 때 태어난 이들의 세대결속의 근원이다.

"시간고향"이라는 제발트의 표현에서 우리는 만하임의 세대 개념과 관련지어 세대 현상의 본질적인 특성 몇 가지를 읽어낼 수 있다.

첫째, 세대는 만하임의 말로 표현하자면, "유사한 위치"[7]에서 생긴다는 것이다. 다시 말해 역사 과정의 특정한 한 단면에 나란히 참여하는 것을 토대로 한다는 의미다. 제발트의 자기 서술에서 이는 1944년부터 1950년을 일컫는데, 이 시기에 관련되는 기억의 형식은 과거를 성찰적으로 전유하는 방식이 아니라 오히려 성찰 이전의 몰입, 연상, 표상 같은 것들에 좌우되는 형식이다. 제발트에겐 이를 위해 이미지 매체가 특히 중요하다. 이 매체는, 다시금 만하임의 용어로 표현하자면, "첫 인상들의 주도적인 영향력"[8]을 포착한다.

두 번째로, 세대는 특정한 "체험 층위"[9]를 통해서 이루어진다. 그러나 이 체험 층위는 처음부터 고정되는 것이 아니라 한 세대에 속한다고 느끼는 동년배들이 살아가는 시간 속에서 변형된다. 한 세대의 형성과 등장에 영향을 끼치는 "첫 인상들"과 "근원적인 모티프들"이 무엇이었는지는 항상 추후에 해석, 교정 그리고 조정되기도 한다. 이때 간접적으로 전유된 기억과 스스로 떠올린 기억 사이의 관계들은 불분명해진다. "체험 층위"는, 프로이트의 말을 빌리자면, 역행적인 혹은 미래전망적인 의미를 지니는 "은폐기억"[10]의 구조를 지닌다. 어쩌면 이전 시기에 형성된 기억의 흔적이라고 말하는 것이 더 나을 것이다. 이 기억의 흔적은 이후 시기에 생겨나는 인상들 및 사유와 연동되어 있다. 그래서 제발트는 흔적 찾기 작업을 어떤 실존적인 출발점까지 끌고 가려고 한다. 이 지점이야말로 그의 세대를 서독의 첫 저항세대 또는 홀로코스트의 제2세대라고 해석하는 주도적인 경향 안에서 은폐된 지점이기 때문이다.

세 번째로, 세대는 압도적인 우연의 체험과 관련이 있다. 제발트에게 그런 체험은 뭔가 끔찍한 것으로부터 빠져 나갔다는 것이다. 그러니까 실제 일어난 것과 다를 수 있는 가능성을 인식적으로 작업하는 것으로서의 우연이 아니라, 이해할 수 없는 파괴[11]의 침입, 그리고 절대적인 황폐화[12]의 침입으로서의 우연을 의미한다.

이러한 현상학을 반박할 수는 없을 것이다. 세대들은 존재한다. 이미 사람들이 한 세대에 속한다고 느끼고, 그렇게 표현하기 때문만으로도 이미 세대는 존재한다. 이러한 개념으로 사태의 본질을 포착할 수 있다는 것을 어느 누구도 반박하지는 못할 것이다. 그러나 이 현상이 곧 '세대' 개념을 사회학적인 혹은 역사적인 기본 개념으로 도입하는 것을 정당화하는가?

II.

오토 브룬너Otto Brunner, 베르너 콘체Werner Conze, 라인하르트 코젤렉Reinhart Koselleck이 편집한 『역사의 기본 개념』 사전을 여기에 관련시킨다면, 대답은 의심의 여지없이 '아니오'이다. 역사와 관련된 현대의 개념들을 수집한 이 사전에서는 기이하게도 세대에 관한 글이 빠져 있다. 사실 만프레트 리델이라는 적합한 저자를 찾을 수도 있었을 텐데 말이다.[13] 이것이 독일에서 출판된 책이라는 점은 이상한 일이다. 왜냐하면 다소 과장하자면 독일은 세대의 나라라고 부를 수 있기 때문이다. 아무튼 독일은 오늘날까지 계급의 나라인 영국이라든지, 언제나 변함없이 공화국의 이념으로 영예를 누려온 프랑스와는 다르다. 물론 이때 프랑스에도 계급이 있고 영국에도 세대가 있지 않은가 혹은 독일도 하나의 공화국이지 않은가라고 묻는 질문이 중요한 것이 아니다. 오히려 한 나라의 정치문화에 지배적인 정향 개념, 즉 사회적으로 중요한 논쟁들이 어떤 식으로든 관계를 맺어가는 정향 개념이 문제가 된다. 독일과 다른 나라들의 차이도 여기에 있다. 그래서 우리에게는 사회 전체의 전환점들이 아주 당연히 세대교체와 연결된다든지(예컨대 서독의 경우 전환점들은 1945년, 1968년 그리고 1989년이 될 것이다[14]), 사회문화적 상태를 설명할 때도 어떤 세대가 물러날 생각은 안 하고(예컨대 20세기 초 "빌헬름 제국 세대"[15]와 20세기 말 "서독의 회의적 세대"[16]처럼) 지나치게 오래 우위를 차지하고 있다는 식으로 설명하게 되는 것이다.

그렇긴 하지만 세대 현상은 국제적이고 현대적인 현상이다. 20세기 초 "1914년 세대"[17]는 스페인, 이탈리아, 독일에서와 마찬가지로 영국과 프랑스에도 있었다. 테마는 어디나 동일했다. 지루하고 평화롭고 스스로 의심하며 믿음이 없는 19세기와 결별하고 민족주의적이고 미래주의적이며 군사적인 현대에 관심을 쏟는 것이 그 테마였다. 사람들은 '이성' 대신에 '에너지'를, '교양' 대신에 '스포츠'를, '성찰' 대신에 '행동'을 원했다. 그 점에서는 이탈리아의 주세페 프레촐리니Giuseppe Prezzolini와 필리포 토마소 마리네티Filippo Tommaso Martinetti, 영국의 지그프리트 사순Siegfried Sassoon과 루퍼트 브룩스Rupert Brooks, 아가톤Agathon, 또 프랑스의 앙리 마시Henri Massis와 알프레드 타르드Alfred Tarde, 독일의 발터 플렉스Walter Flex와 아르놀트 브로넨Arnold Bronnen사이에 차이가 없었다. "1914년 세대"에겐 전쟁이 생의 문제였다.

그러나 이러한 초유의 전환점에서 독일은 독일 특유의 강세를 부여했다. 19세기에서 20세기로 전환하던 무렵 독일에서는 "청년세대"라는 개념이 나타나고 이는 청년과 세대가 어떻게 교환 가능한 개념으로 되는지를 보여준다. '청년'은 절대적으로 새롭게 시작할 권리를 의미하고, '세대'는 철저히 유일무이한 역사적인 상황으로 내던져짐을 의미한다. 자신들 말고는 그 누구도 그토록 공평하고도 단호한 태도로 현재의 영향과 요구를 체험하지는 못하기 때문에 "젊은 세대"는 스스로 이 새로운 시기의 전위부대라고 인식했다.[18)]

독일에서 유래한 이 의미론적 혁신은 세대 현상이 내포한 현대성의 이유 세 가지를 구체적으로 보여준다.

첫째, 프랑스 혁명의 메시지를 독일 낭만주의 강령과 연결시키는 이념적인 복합체가 있다.[19)] 혁명이라는 원칙의 의미가 미래를 위해 과거가 부정될 수 있다는 것이라면, 독일 관념론의 체계철학 붕괴에서 유래하는 사상의 흐름은 삶과 실존의 문제가 정신과 역사의 문제보다 우위에 있음을 주장하는 것이다. 콩도르세Condorcet가 작성한 「인권선언」 30조▸에 의하면, "어떠한 세대도 미래의 세대를 자기 고유의 법칙에 따르게 할 권리가 없다". 그리고 1875년 딜타이Dilthey의 글에서도 다음과 같은 구절을 읽을 수 있다: "그런 식으로 파악한다면" — 다시 말해 몇 시간, 몇 개월, 몇 년, 몇 십 년과 같은 체계에 따라 외부로부터 관찰된 관념을 근거로 파악하는 것이 아니라, "내면적으로 측정하는" 관념을 근거로 파악한다면 — 하나의 세대란 개인들의 좀 더 긴밀한 집단을 이루게 되는데, 이 개인들은 그들의

▸ 프랑스 철학자, 수학자이자 계몽정치가였던 콩도르세(1743~1794)는 프랑스 혁명사상의 근간인 '인간과 시민의 권리 선언문'을 라파예트 등과 함께 작성하였고, 특히 교육 기회의 평등, 공교육의 개혁, 지속적인 성인교육, 여성의 참정권, 노예제 반대 등을 주장하였다.

감수성이 예민한 시기에 나타났던 거대 사건과 변화들에 깊이 각인됨으로써, 이에 더해지는 다른 요인들이 다양하더라도, 하나의 동질적인 전체로 연결되어 있는 존재들이다. 세대 개념에서 미래가 자주 동원되는 것은 "존재의 무한 결핍"(셸링Schelling)이라는 현상과 함께 생각될 수 있다. 왜냐하면 역사를 중단시킬 수 있는 힘은 현실적이고 구체적인 것으로 회귀하는 데서 나오기 때문이다.[20)]

두 번째로 이러한 이념들을 조직하고 확산시키기 위해서는 특정 제도들이 필요하다. 후세대의 경우에 학교와 병역의 의무가 그것이다. 이는 그들의 고유한 자기 이해와 더불어 동년배집단 형성을 가능하게 해준다. 프리드리히 H. 텐브룩Friedrich H. Tenbruck은 청년들이 학교나 병역 의무를 통해 제도적으로 거주집단 및 지역집단에서 벗어나는 현상을 지적했다. 이를 통해 "젊은이"는 가족과 지역공동체의 범주로부터 나와 공공사회로 나아간다.[21)] 학교의 지도와 군대의 훈련을 통해서 동년배의 남성 그룹이 생기고, 그들은 청년으로서 고유한 권한을 요구한다. 따라서 고전적인 세대이론에 따르면, 인생에서 여러 실험을 해볼 수 있는 이 단계가 세대의 자기 이해를 형성하는 데 매우 중요하다.

세 번째로, 이러한 이념과 제도들 이외에 특정 관심이 있어야 세대 개념이 관철될 수 있다. 그 이면에는 특히 독일에서 세기 전환기 무렵에 나타난 인구학적 혁명이 있었다. 이 혁명은 청년들로 하여금 자신들의 인구가 다른 세대보다 많다는 사실만으로도 다른 사람들보다 당당하게 권리를 요구할 만한 정당성이 있는 것처럼 느끼게 해주었다. 자세히 보면, 1920년대에 첨예해진 두 가지 발전이 문제였다. 즉 한편에서는 도시 주민들이 두드러지게 젊어지면서 공급 과잉의 노동시장에서 일자리를 찾지 못하는 두려움이 문제가 되고, 다른 한편에서는 새로운 소시민 생활공동체의 이상에 따라 극도로 줄어든 출산율과 그에 상응하는 두려움, 즉 사멸하는 민족에 속하게 된다는 두려움이 문제였다. 이 두 가지가 청년세대의 관철 의지를 강화했고, 이들은 유년기에 전쟁을 겪은 "잉여" 세대로서 바이마르 공화국의 세계관을 표방하는 전위부대였다.[22] 새로운 이념은 유사한 영향의 경험뿐만 아니라 공동의 관심을 지닌다는 감정과도 연결되어 있기 때문에, 20세기의 세대는 어떤 사태에 같이 동원될 수 있는 사람들이라는 개념처럼 되었고, 이 개념이 19세기에 나타난 계급과 민족이라는 개념을 압도했다.

이론적으로는 현대적인 세대 개념과 관련해서 다음과 같은 결론이 나온다.

첫째, 세대는 역사적으로 보아 어떤 중요한 전환점을 경험했다는 사실에 좌우되는 단절의 개념이다. 동일한 것의 지속이 중요한 것이 아니라, 다른 것을 통한 재생이 중요하다. 앞서 가는 세대에겐 아주 중요한 문제로 나타나는 것이 이후 세대에겐 완전히 당연한 것으로, 전혀 흥분할 만한 것이 아니게끔 여겨질 수 있다. 그들이 그때그때 부딪히는 문제는 아주 다른 것이다. 그들은 다른 적에 대항하고 다른 도전들을 느낀다. 세대들의 역사는 이데올로기적인 방향 전환, 문화적인 새로운 단초들, 사회적인 변동으로 특징지어진다. 따라서 한 세대는 우선 다른 세대와의 구별을 통해 자신들의 정체성을 확인한다.

둘째, 세대는 한 사회의 지배적인 주류 문화에 관련된 분파 개념(Sezessionsbegriff)이다. 이 개념은 새로운 활동의 시작을 약속한다. 세대들 간의 싸움은 사회를 나이 들고 자리 잡힌 사람들의 진영과 전진하고 개척하는 사람들의 진영으로 나눈다. 젊은이와 노인들 간의 논쟁에 개입하지 않으려는 다수의 사람들은 하나의 입장을 취하도록 요구받는다고 느낀다. 지배력 있는 세대를 편들 것인가 혹은 신선한 바람을 가진 세대를 편들 것인가? 세대들의 이런 상황은 사회 전체를 위해 지금시기(Jetztzeit)에 유효한 개념은 무엇인가라는 질문을 던진다.

셋째, 마지막으로 세대는 어떤 것을 관철하는 것과 관련된 개념이며 젊음의 활력을 중시한다. 그 이면에는 늙음과 젊음이라는 역동적인 도식이 있다. 이 도식은 사회 변화가 가속화될 경우에 위와 아래라는 정태적 도식보다 우위를 갖게 된다. 이 점도 이미 만하임이 강조했던 것이다. 그는 새로운 문화담지자가 지속적으로 등장하는 이유가 사회적 계급관계의 변화에 있다기보다는 오히려 세대 변천이라는 생명 관련 계기들에 있다고 보았기 때문이다.[23] 사회 변천의 이러한 형식은 훨씬 더 급진적으로 형상화될 수 있다. 왜냐하면 아마도 다른 이유로 인해 나타났을 변화조차도 항상 새롭게 등장하는 문화담지자들이 추진하는 것처럼 설명할 수도 있기 때문이다. 이들에게는 역사적으로 앞선 시대에 전유된 것, 그리고 이전 상황으로 환원되는 것은 더 이상 그때와 똑같이 중요하게 여겨지지 않는다. 이전 세대들의 변화 업적들도 새로운 각 세대의 평가나 처분에 맡겨진다. 사람들은 청년기의 무지와 교만으로 과거를 폄하하고 미래에 헌신하는 것이다.

따라서 현대의 세대 개념은 "헤겔에서 니체"[24]로 옮겨가면서 생긴 반진화론적인 개념들의 복합체에 속한다. 세대 개념은 그래서 20세기 초에 나타난 역사성(Geschichtlichkeit)의 개념에 가깝다. 왜냐하면 세대 개념은 조화를 이루고 통합을 지향하는 보편사(Universalgeschichte)의 붕괴를 출발점으로 삼고 있기 때문이다. 자크 데리다Jacques Derrida의 해체주의를 상기시키는 핀더의 유명한 표현, 즉 "동시적인 것의 비동시성"이라는 표현은 사회의 자기현존이 전방위적으로 드러난다는 관념을 종식시킨다. 현재 그 자체와 함께 주어져 있는 차이야말로 열린 미래를 위한 가능성의 토대로 보인다. 이념사적으로 세대 개념은 실존 개념, 실천 개념, 그리고 대화 개념과 같은 계열에 속한다. 이 개념들은 모두 사회 자체를 주제화하는 형식이 원형처럼 닫힌 형식이라는 관념을 깨뜨린다. 기본적으로 사회를 조망할 수 없다는 배경을 전제하면서도, 모든 세대는 새로운 것 속에서 전체적인 것이 무엇인가라는 답변 불가능한 질문을 던진다.

이러한 현상들이 생겨나는 기반이 특히 독일의 발전 과정에서 확인된다고 하더라도, 이러한 현상이 글로벌하게 나타난다는 사실은 달라지지 않는다. 한 세대가 동일시할 수 있는 어떤 모습을 취하자마자, 그 모습은 여러 나라에서 동시적으로 발견된다. 1968년의 세계적 운동이 그 최초의 예는 아니다. 이미 낭만주의 혁명 이후의 첫 세대가 최소한 유럽적인 현상이었다.[25] 이는 "1914년 세대"와 마찬가지로 양차대전 중간 시기의 정치적 청년세대에게서, 전후시기의 회의적 세대에게서, 1956년과 1958년 사이에 빌 헤일리Bill Hailey나 제임스 딘James Dean과 함께 제멋대로 굴었던 "불량 청소년들"에게서도 나타난다. 그들이 영국에서는 "테디 보이스(Teddy-Boys)"로, 덴마크에서는 "레더 자켄(Laeder-Jakken)"으로, 스페인에서는 "가베로스(Gaberros)"로, 오스트리아에서는 "플라텐브뤼더(Plattenbrüder)"로, 프랑스에서는 "블루송 누아르(Blouson Noir)"로, 소련에서는 "훌리건스(Hooligans)"로 불렸다.[26] 매번 문제 인식과 그 표현 형식들이 각나라 사이에 놀랄 만큼 일치하는 경험을 하게 된다. 이러한 일치 현상은 그들의 상호의존성 때문으로 볼 수 없지만, 그럼에도 이런 현상은 개별 사회의 경계를 넘어서서 나타난다. 이는 사회화하면서 받은 인상과 영향의 체험과 관련이 있다. 이런 체험에서 밝혀진 바는, 사회적인 출신이나 민족적인 기원으로는 눈에 띌 정도로 분명히 차이가 있는데도 어떤 공통적인 역사적 상황이 있었다는 것이다. 세대들이 각각의 사회사 속에 나타나는 과정은 서로 완전히 다른 방식으로 진행되지만, 그럼에도 이들은 최초의 글로벌화 과정들을 보여주고 있으며, 이 과정들은 여러 사회를 가로지르기도 하고 그것을 넘어서서 진행되기도 한다.

따라서 문제가 되는 것은 불연속성으로 인한 동시성의 경험이다. 상이한 사회에 속한 사람들은 어떤 역사적 단절의 충격 속에서 새로운 시작이라는 공통점을 느끼며 서로를 이해하게 된다. 사람들이 끝내고 싶어 하는 상황도 대개는 서로 다르고, 불편함을 느끼는 이유들도 거의 서로 다르겠지만 그들은 어떤 것에 대한 도발이나 체념 속에서 서로 동질감을 느끼게 된다. 이러한 도발이나 체념이 과거적인 것과 현재적인 것의 차이를 표현해주기 때문이다.

독일에서 집단적인 자기 이해의 문제가 세대 갈등과 결합되어 있다는 것은 분명히, 널리 알려진 독일 사회사의 "지체 현상" 및 "특수한 길"과 관련이 있다. "지체된 민족"에게는 자기 이해의 전통을 만들 근거점인 "황금기"라는 것이 없다.[27] 독일은 대단한 혁명을 일으킨 적도 없었고, 그 역사에서는 통합적인 시기도 없었다. 어떠한 전통도 생생하게 살아 있지 않은 경우에는 사라지는 시간 자체에 관계해야만 한다. 따라서 독일인들은 역사의 민족이 되었고, 이때 "역사의식"은 허구적으로 고안되었다. 따라서 역사의식은 계급투쟁의 상황이나 공화국의 변이 형태보다는 세대들, 세대의 제반 상황에 따라 그 역사의 시기를 구분한다.

여기에서 세대 개념은 독일 역사의 특수성에 관련되지만, 20세기 유럽 역사의 발전을 고려하자면 세대 개념은 계보학에서 동시성으로의 전환을 포함한다. 즉 우연에 민감하고, 동년배 체험 층위에서 자신을 이해하고, 그리고 동갑내기 증대로 인하여 "제도화 할 것"을 요구하는 현상들이 나타남과 더불어 세대의 행위자 개념 및 귀책 개념이 정당화된다. 세대의 이 개념은 지금시기(Jetztzeit)의 세대관계에서 미래를 열고 과거를 수정한다는 견지에 따라 "젊은 세대"에게 우월권을 인정한다. 한 세대에서 다음 세대로 이어지는 과정에는 전달, 발전, 계승에 대해 언급될 수 없다. 아주 반대로, 이러한 이해에 맞게 세대들 간의 교류에서 지배적인 어휘들은 오히려 경계 지우기, 대립시키기 같은 것들이다.

이것이 항상 "세대 갈등"의 형식으로 일어나는 것은 아니다. 나이 든 사람들에 대한 젊은 사람들의 기피는 지친 무관심으로, 어깨를 으쓱하며 손사래를 치는 것으로 표현될 수 있다. 그러나 이 두 변이 형태에서 세대의 연속은 시간 연속의 일직선적인 특성과는 다르다. 새로운 세대의 등장은 아무튼 대부분 뭔가 새로운 것에 대한 주장과 연결되어 있다 — 그저 반어적 부활에 지나지 않는 경우라도 그렇다. 흥분한 비판의 형식이든 냉정한 회의의 형식이든 연속성의 기대감이 단절된다. 극작법은 달라질지 몰라도, 그 효과는 항상 동일하다. 나이 든 사람들은 구식처럼 보이고 젊은 사람들은 신식처럼 보인다.

그렇지만 이리하여 한스 블루멘베르크Hans Blumenberg[28]의 말로 표현하면 역사시간의 본질적인 제도성(Institutionalität)이 문제가 된다. 이는 곧 한 세대의 생애시간(Lebenszeit)이 모든 사물의 척도가 아니라는 점, 오히려 세대의 경계를 넘어선 자유재량과 전통들이 그 경계를 뛰어넘어 수용되어야 한다는 점에서 비롯한다. 세대들 간의 불연속성이 지배하는 세계에서 제기되는 문제는 아직 너무 젊거나 혹은 이미 너무 늙어서 스스로를 돌볼 수 없는 사람들을 위한 의무는 어떻게 되는가 하는 것이다. 그러나 이는 더 이상 현대적 현상으로 보이지 않는 계보학적 세대 개념의 이해와 관련된 주제이다.

III.

세대를 연속 사슬의 한 일부로 이해하던 데서 역사적 흐름 속의 한 그룹으로 이해하는 방향으로 나아간다면, 당대가 이 집단에게 부여하는 의무와 관련하여 두 가지 결론을 생각할 수 있다. 한편에서는 개개인의 세대계승이 가족 단위의 세대계승(Generationenfolge)으로 대체됨으로써 혈통개념이 축소된다. 핏줄과 소유의 관계로 이루어진 그룹을 규정하는 것은 출신 혈통과 태어난 순서가 아니라 부양과 보험이다. 가족은 현대화 이론이 오랫동안 믿어왔듯이 핵가족으로 제한되지는 않지만, 단지 3-세대-연속에서만 경험할 수 있다. '시민 비극' 드라마 장르에서나 '시민교양소설'의 서사에서 가족은 갈등의 무대로 나타난다. 여기에서 부모와 자녀 세대 사이의 관계, 그리고 이와 연결되어 남성과 여성 사이의 관계가 폭발하거나 양가적인 개인화의 장으로 발견된다. 다른 한편에서는 젊음과 늙음의 대립 그리고 그 안에서 가족 내 남편과 아내의 대립적 위치가 사건을 주도함으로써 혈통에 대한 이해가 강화된다. 계보학이 동시성으로 전환됨으로써 유기체적인 전승이라는 생각이 역사적인 전환이라는 생각으로 대치된다. 세대들은 더 이상 동일한 본질이 연속적으로 이어지는 것이 아니라 다른 종류의 새로운 시작이다. 젊은이들은 노인과의 끈을 늘 다시금 잘라낸다. 그들은 우선적으로는 자신과 '젊은 세대'에, 그 다음에야 그들의 선조와 '노인 세대'에 의무감을 느끼기 때문이다.

여기에는 일반적인 역사적 가속화의 경험만이 구체화되는 것이 아니라, 계보학적 원칙의 파기에 대한 제도적인 배경도 있다. 그 배경도 한편으로는 프로이센 법전(1794)에서 결혼을 민법적 계약관계로 정의한 것이고, 또 다른 한편으로는 나폴레옹 법전(1804)에서 새로운 상속 법규가 도입된 것이다. 이 법규에 따르면 형제자매는 상속의 권한이 동일하고 상속권 박탈은 금지되었다. 그래서 세대교체의 오이디푸스적인 드라마화가 이해된다. 모든 결혼계약으로 새로이 입증되는 상속이 문제이고, 형제자매 사이의 상속 분배는 결코 확실하지 않다. 여기서 상속은 일단 소유를 의미한다. 그렇지만 그 다음으로는 공직이나 지위, 능력과 직업적인 전문성, 그리고 결국에는 취향과 문화적인 수준도 함축하고 있다. 이로써 만하임이 제기한 "생명 관련 계기들"[29]이 그 사회적 중요성을 획득한다. 연결이 더 이상 자명하지 않고 늘 새로이 생산되어야 하기 때문에, 세대교체는 가치관 변화의 특성과 관련이 있다. 가치관의 변화는 세대들 사이의 역사가 단절되는 결과로 이어진다.

가족 내에서 "세대에서 세대로" 불꽃 없이 타들어가던 "계보학적인 불확실성"[30]은 19세기 말 복지국가의 창안을 통해 하나의 제도적 해결책을 발견한다. 국가가 훌륭한 가장(家長)이 된다. 이를 두고 비스마르크Bismark는 연금보험을 도입하기 위한 그의 유명한 글에서 "국가와 그 기관들은 영원히 변하지 않는, 즉 사멸하지 않는 인격체들로 생각될 때만 가능하다"[31]라고 표현한 바 있다. 가족은 이로써 세대계승 문제에 대한 부담을 덜게 된다. 왜냐하면 역사 상 교체되는 경우와는 다른 국가가 노인들을 부양하는 의무와 젊은 세대를 양육하는 의무를 떠맡기 때문이다. 그 후 미래 보장을 위한 "윤리적 경제"는 더 이상 가족, 친족관계 혹은 지역공동체가 아니라, 복지국가로서의 민족국가에 맞추어진다.[32]

현대적인 세대 개념의 역사에서, 출생 연도를 중심으로 한 세대 형성의 공시적 관점이 계보학적 세대관계의 통시적 관점을 누르고 전면에 등장했다는 것은 한편으로는 전쟁, 혁명, 인플레이션 같은 20세기 사회의 총체적 사건들의 엄청난 규모 및 강도와 관련이 있다. 이러한 사건들은 항상 새로운 이데올로기적 전환 그리고 세대들끼리나 세대 내에서의 첨예한 갈등으로 이어졌다. 다른 한편 이때 사람들이 쉽게 잊는 바는, 바로 이 정치적 이데올로기적인 진동이 자유주의적, 신분질서적, 권위적, 보편주의적 요소들로 이루어진 지방과 정부 특유의 혼합을 거쳐 복지국가의 진화를 촉구했다는 점이다. 이 다양한 요소들이 새로운 종류로, 다시 말해 국가적으로 매개되고 제도적으로 보장된 (혈통)계보학, 세대 간의 통시적인 연대의 계보학을 갖추었다.

그래도 이러한 계보학은 정당하고 신뢰할 만한 가정, 즉 단체적인 연맹이자, 민족이요, 계급 혹은 사회 시스템으로서 시간적 연속성을 책임지는 민족국가 통일체, 관행적이고 사회적 의무와 부담을 책임질 수 있으며 재생가능한 민족국가 통일체라는 가정에 토대를 두고 있다. 그러나 바로 이 가정이 오늘날 확실하지 않게 되었다. 정치적, 가정적, 문화적 그리고 경제적 세대들의 관계에 대한 질문에서 배제되었거나 소홀히 다루었던 계보학적 측면이 다시 거론되는 이유가 여기에 있다.[33] 경계를 넘어 확장된 청년기와 불연속적인 세대관계들의 세계에서 누가 무엇에 대해 의무감을 갖는가?

IV.

복지국가의 이론은 일반적으로 토마스 H. 마셜Thomas H. Marshall[34]의 간접적인 역사철학과 관련이 있다. 이 이론에 따르면 세대 사이를 매개하는 복지국가의 진화는 200년에 걸친 평등의 역사에 속한다. 18세기에는 시민의 자유권을 발견하고 19세기에는 정치적 참정권을 관철시킨 후 20세기에 사회적 참여권을 획득함으로써 완성을 이룬 평등의 역사 말이다. 그러나 이로써 마셜의 자유주의 사상의 단초를 잘못 이해할 수 있는데, 마셜은 부양의무를 국가가 담당하는 논리에서 출발했다기보다는 오히려 개인이 스스로 책임지는 것을 가능하게 하는 논리에서 출발했다. 이런 점에서 마셜의 복지국가 이론은 계보학적인 역사시간의 대리인으로 요구될 수 없다. 이성적이고 신중하며 앞을 내다보는, 자유로운 세계의 국민에겐 전체를 위한 자신의 의무란 자기 자신과 그의 가족으로 축소된다. 모두가 그렇게 자신과 자신에게 딸린 식구들을 돌보면, 보이지 않는 손에 이끌리는 것처럼, 그리고 개인의 생애를 넘어서는 역사시간이 저절로 이루어진다.

계보학적인 의무가 사회적으로나 정치적으로 문제가 될 때는, 복지국가의 사회적 형평성 논리가 그 국가를 떠받치는 그룹들을 위한 시간적인 투자 논리(zeitliche Investitionslogik)를 포함한다는 점이 인식될 때이다. 이는 역사의 불연속성을 발견하거나 그것과 대결하는 경우에도 마찬가지다. 그렇다면 사회적인 연속성의 보장을 위한 관련 단위가 생성되어야 하고, 이를 통해 투자적인 선급(先給)행위와 연대적인 요구권 보장의 맥락도 분명해져야 한다. 지속적이고 절대적인 시간은 역사적인 진화와 개인적인 미래 대비의 방향성을 규정하는데, 이 시간의 유효성을 더 이상 믿을 수 없으면, 보편 역사 및 개인적인 전기보다 더 오래 지속되는 거시적이며 전체적인 것이 보장되어야만 한다.

다시금 독일의 전통을 살펴본다면, 우선 그것은 불멸의 국가였고 그다음엔 불멸의 민족이었다. 그래서 비스마르크에게는 개인들의 교체가 국가적인 제반 상황들에서 중요하지 않았다. 왜냐하면 국가를 윤리적인 인간으로 인격화했던 것은 역사 너머의 국가적 정체성과 영속성이었고, 이것이 세대들의 보장을 끊임없이 지속할 수 있게 했기 때문이다. 그런데 이 사멸할 수 없는 국가는 협력 기관들로 구성되어 있었다. 이 기관들은 국가 이전의 요소들로서 동일한 국가의 표상에 흡수되었지만, 이 국가는 결국 헬무트 플레스너Helmuth Plessner가 기술했듯이, 민족국가로서의 정치적 이념이 확실하지 않았다.[35]

이러한 불확실성이 비스마르크적인 불멸의 국가에서 히틀러적인 불멸의 민족으로 전환하는 데 근거를 제공했다. 이 민족은 인플레이션에 따른 파산의 상황에 직면하여 당시의 모든 생산적이며 재화를 창출하는 능력의 총합임을 입증하였는데, 당시 자기의 현재를 스스로 책임질 수 있을 정도였다. 1952년 게르하르트 마켄로트Gerhartd Mackenroth의 "단순하면서도 명징한 문장", 즉 "모든 사회비용은 늘 현행 시기의 민족소득에서 지불되어야 한다"[36]는 문장도 민족을 돈이 아닌 오직 재화의 형태로 저축하는 확실한 현재적 능력체(Jetztgröße)로 전제했다. 왜냐하면 민족을 한 단위로 상정하고 끌어들일 때만이 활동적이며 소득이 있는 중간 세대가 비활동적인 젊은 세대와 노인 세대를 위한 부담을 떠맡는 "세대계약"이 보장되기 때문이다.

국가뿐만 아니라 민족도 신뢰할 수 없는 집단으로 밝혀지면, 시간적 투자 논리와 사회적 형평성 논리의 전체 맥락이 그 합법적인 타당성을 상실한다. 연령 정당성은 세대 정당성과 경쟁하게 된다. 연령 정당성은 모든 연령대의 사회 구성원들이 공동의 자원에 대해서 동일한 요구권을 갖는다고 주장하고, 세대 정당성은 집단적인 생애결산 비교를 끌어들이면서 연금 납입과 연금 지출의 정당한 조정을 요구하는 것이다. 이로써 영속적인 국가나 생산적인 민족에 근거한 복지국가의 정당성에 부담이 주어진다. 개인적인 생애시간, 집단적인 세대의 시간 그리고 국가 제도들의 시간 사이에 틈이 벌어진다. 이것이 가족적, 정치적, 문화적, 경제적 세대들 사이에 계보적인 의무를 합법화하는 다른 근원이 있는가 하는 질문을 던진다.

V.

20세기 전반부에는 세대들이 본질적으로 1차 세계대전과 2차 세계대전에 관련된 참전 세대와 전후 세대였다면, 지난 세기 후반부에는 복지국가가 세대를 형성하는 맥락으로 나타난다. 1945년 이후 오랜 평화의 시기 동안 비슷한 연도에 태어난 자들의 삶의 상황은 — 아무튼 유럽, 오스트레일리아, 뉴질랜드를 보면[37) — 복지국가의 보장사업, 부양사업 그리고 장려사업 성과의 건설과 해체를 통해서 규정된다. 전쟁, 혁명, 인플레이션 같은 분기점들보다는 오히려 연금 개혁, 교육 개혁, 사회보조 개혁을 통한 법제화가 전후시기의 사회복지국가 세대의 특성이다. 물론 복지국가의 발전은 일반적인 산업 발전과 밀접한 연관성이 있다. 그것은 사회정치적인 조처를 위한 자원 공급에만 해당하는 것이 아니라 무엇보다도 사회정치적인 연합을 통한 정당성의 보장과 관련된다. 현재에 이루어지고 있는 변모, 즉 민족사적으로 뿌리를 내린 사회복지국가에서 글로벌하게 정향된 경쟁국가로 변모함으로써, 연속성의 기대감과 권한 보장을 토대로 했던 인생 설계가 흔들리고 있다.

1970년대에는 '성장의 한계'가, 1980년대에는 '사회복지 축소'가 거론되었음에도 불구하고 복지국가에서 세대는 1990년대에 비로소 공적인 주제가 되었다. 이는 복지국가의 약속이 지켜지지 않을 듯한 느낌과 관련이 있었다. 1957년의 대대적인 연금 개혁을 목도한 세대들에겐 복지국가가 어제의 비교적 낮은 보험료로 오늘 비교적 높은 소득을 받는, 사회적으로 보장된 삶의 지평을 보증하는 것을 의미했다면, 1990년대의 다양한 연금개혁 세대들은 노년보장 정책의 전략 대상으로 간주되었다. 이 노년보장 정책에서는 오직 한 가지만 확실했는데, 바로 이 세대가 세대 간 연대 협정의 실제 지불인들일 테지만, 사실 그들 자신이 노년이 되었을 때도 이 협정이 여전히 유효하다는 근거에서 출발할 수는 없다는 점이다. 세대 간의 공정성이라는 표현으로써 이미 납입한 금액과 예상되는 지불 금액 사이의 불균형에 대한 불평이 생겨나고 있다. 그러나 이런 불평의 배후에 연간이자수익에 대한 개인적 이기심만 도사리고 있는 것은 아니다.[38] 오히려 무엇보다도 복지국가의 정책적 조정이 보여주는 "단기주의"에 대한 불편함을 표현하는 것이다. 정치적인 판단 영역에서 노년보장 조처를 제외하려는 제안들이 계속 반복적으로 제시되고 있는 현상은 이와 관련된 민주주의 정책에 대한 회의가 증대하고 있음을 시사한다. 그 이래로 제도적인 시간 단위와 개인적인 시간 단위를 동시적으로 작동시키는 것은 연금보험에서나 복지국가의 보장기구 전반에서도 곤란한 문제로 드러난다.[39] 복지국가 발전의 목적은 삶의 운명의 예측 불가능한 위험을 생애시간의 계산 가능한 위험[40]으로 변화시키는 데 있기 때문에, 복지국가에서 민주적인 합법성에서 생겨나는 변동성(Volatilität)▸, 갑자기 두드러지는 이 변동성이 세대 특유의 실망을 표출했음에 틀림없고, 이 실망은 오늘날까지도 계속되고 있다. 2차 세계대전 이후 복지국가 구성 단계의 세대들에겐 그 복지국가의 업적이 사회적으로 보장된 삶의 지평을 열었다는 데서 성립한다면, 복지국가의 위기 단계에서 등장한 세대들에겐 이 복지국가가 일차적인 불확실성의 원천이자 이차적인 불공정의 원천이 되었다.

사회정치적인 조치들이 불연속적이고 모순적이기 때문에 늘 반복적으로 행복한 세대와 타격받은 세대들이 생겨난다. 사람들이 사회복지 축소

▸ 주가, 이자율의 변동을 측정하는 개념으로 안정성과 반대되는 의미. 평균으로부터 멀어진 정도(표준편차), 위험, 불안의 정도를 나타냄.

와 요구권 제한의 형태로 지속적인 하락 노선에 적응할 수 있다면, 이는 역설적이게도 다시금 기대감을 갖게 하는 데 기여할 것이다. 그러나 문제는, 원칙적으로 요구권이 있는 이들을 위해 늘 새로운 과도기적 규정들이 만들어지고, 불이익을 받은 그룹들을 위해서는 특권이 만들어지는데, 이것이 후세대들에겐 어떠한 것으로도 정당화될 수 없는, '일찍 태어나서 받는 축복'처럼 느껴진다는 점이다. 이른바 돼지주기▸로 되돌아오는, 즉 공급을 맞추기 힘든 교사 수요 및 조기 퇴직에 관한 규정도 여기에 속한다. 복지국가의 장기적 계약관계와 연령에 따라 경험하는 단기계약 연속 사이에 모순이 생기면서 20세기 전반기의 참전 세대와는 다른 후반기의 사회복지국가 세대가 형성된다. 불연속성과 우연의 원천은 더 이상 전쟁이 아니라 바로 복지국가이다.

VI.

결론적으로 다시 한 번 1940년경에 태어난 제발트의 세대가 언급되어야 할 것 같다. 이 세대에서 바로 참전 세대에서 사회복지국가 세대로의 변천이 잘 관찰될 수 있기 때문이다. 일반적으로 68세대로 불리는 오늘날 65세인 사람들은 원래 서독 복지국가의 혜택을 누린 동년배집단이다. 이후 세대들이 질투어린 마음으로 확인하듯이, 그들에게 서독 복지국가는 보험대행업일 뿐만 아니라 하나의 고용 기계였다.

▸ 돼지고기의 시장 공급량과 가격의 관계에서 비롯된 농축산업 경제 용어. 수요와 공급의 시간차 때문에 수요와 공급과 가격의 균형점을 찾기 힘든 시장의 상황을 나타낸다.

그러나 그들은 전후시기의 사회복지국가 첫 세대, 즉 철두철미 요구권을 생각하는 것으로 특징지을 수 있는 세대를 형성할 뿐만 아니라 동시에 어린 나이에 공중전의 우연에 내맡겨진 2차 세계대전의 마지막 전쟁 세대이다. 그래서 그들을 마지막 "뜨거운" 전쟁 세대로, 전후에 발전한 "쿨한" 사회복지국가의 첫 세대라고 부를 수 있다.

이로써 세대 연구의 또 다른 장이 예고된다. 문제는, 어떻게 전쟁 세대와 사회복지국가 세대의 맥락이 우선적으로 형성되는지 그러고 나서 어떻게 이 두 세대의 교체가 형상화되는지, 그로부터 복지사회의 계보학적인 의무 논리를 위해 어떤 결론이 도출되는지 하는 것이다. 이러한 터널의 마지막에는 물론 세대 개념의 좀 더 넓은 이해가 암시되고 있다. 세대는 역사적인 경험공동체, 기억의 공동체일 뿐만 아니라, 더 이상 계보학적인 의무집단이 아니고 생물정치학적인 인구의 범주이다.

〈김연수 옮김〉

주

1) Hage im Gespräch mit Winfried G. Sebald, 36.
2) Sebald, *Luftkrieg und Literatur*, 83.
3) Mannheim, "Das Problem der Generationen," 538.
4) Sebald, *Luftkrieg und Literatur*, 47.
5) 같은 책, 18.
6) 같은 책, 34.
7) Mannheim, "Das Problem der Generationen," 526.
8) 같은 글, 537.
9) 같은 글, 535 이하.
10) Freud, *Über Deckerinnerungen*, 531~554.
11) Sebald, *Luftkrieg und Literatur*, 34.
12) 같은 책, 20.
13) Riedel, *Wandel des Generationenproblems*.
14) Broszeit (Hg.), *Zäsuren nach 1945*.
15) Doerry, *Übergangsmenschen*.
16) Bude, "Politik der Generation."
17) Wohl, *The Generation of 1914* 참조. 여기에서 "1914년 세대"라는 표현을 사용함으로써 어느 정도 강조점이 이동되어, 전쟁을 통해 각인된 것을 강조하기보다는 오히려 전쟁을 강조하는 것, 이것을 특정 세대의 특징으로 받아들여야 한다.
18) Koebner·Janz·Trommler (Hg.), "Mit uns zieht die neue Zeit"
19) Nora, "Generation."
20) Rintala, *The Constitution of Silence*.
21) Tenbruck, *Jugend und Gesellschaft*.
22) Peukert, *Die Weimarer Republick*, 87~100.
23) Mannheim, "Das Problem der Generationen," 530 이하.
24) Löwith, *Von Hegel zu Nietzsche*.
25) Spitzer, *The French Generation of 1820*.
26) Grotum, *Die Halbstarken*.
27) 이 점을 두고 독일 민족의 전기 작가 중 탁월한 두 명의 의견이 일치하고 있다. 즉 헬무트 플레스너Helmut Plessner의 『지체된 민족(Die verspätete Nation)』 그리고 노르베르트 엘리아스Norbert Elias의 『독일인들에 대한 연구(Studien über die Deutschen)』가 그것이다.

28) Blumenberg, *Lebenszeit und Weltzeit*, 83.
29) Mannheim, "Das Problem der Generationen," 531.
30) Weigel, "Generation, Genealogie, Geschlecht," 183.
31) Manow, "Individuelle Zeit, institutionelle Zeit, soziale Zeit," 198.
32) Kohli, "Moralökonomie und 'Generationenvertrag.' "
33) Kohli/Szydlik (Hg.), *Generationen in Familie und Gesellschaft*.
34) Marshall, *Bürgerrechte und soziale Klassen*.
35) Plessner, *Die verspätete Nation*.
36) Mackenroth, Die Reform der Sozialpolitik.
37) 미국에서 2차 세계대전 이후 베트남 전쟁이 세대를 규정하는 사건 맥락 및 경험 맥락으로 엄청난 역할을 한다. 개발도상국가나 제3세계의 나라들에서는 21세기에 들어서야 비로소 복지국가 흉내 내기를 시작한다. 과거 사회주의 국가의 권위주의적인 복지국가 발전은 다시금 독자적인 역사를 기록한다.
38) Nullmeier, "Über eine neuerliche Rentenreform" 참조.
39) Manow, "Individuelle Zeit, institutionelle Zeit, soziale Zeit" 참조.
40) Kohli, "Die Institutionalisierung des Lebenslaufs."

세대 연구에 대한 비판적 제언

M. 라이너 렙지우스M. Rainer Lepsius

I.

최근에 논의된 복지국가 위기와 세대 형성 사이의 관계 맥락은 여러 가지 점에서 의아하게 생각된다. 예를 들어 하인츠 부데가 연금·교육·사회보조 개혁을 통한 법제화가 전후시기 사회복지국가 세대의 특징이라고 말한다면, 그는 세대계약을 말 그대로 이해하고 있는 셈이다.[1)] 이것을 의아하게 생각하는 까닭은, 그 말이 세대 갈등과 관련된 것이 아니라 '부양계층들(Versorgungsklassen)' 사이의 갈등과 관련되어 있기 때문이다. 세대 연구의 이러한 새로운 장치가 꼭 긍정적인 방향 전환인지는 불분명하다. 왜냐하면 그렇게 구성된 '세대들'은 사실상 부양 요구에 대한 재정적 지원에서 생겨난 범주이기 때문이다. 예전에는 연금이 가족의 재산에서 나왔고, 가족 간의 관계들은 대부분 상속의 순위와 결혼 내지는 이혼의 거부를 통해서 정해졌다. 가족의 재산은 독립적으로 직업활동을 하는 사람들이 독자적인 삶을 영위하기 위한 경제적인 토대였다. 물론 여기서 문제가 되는 것은 축적된 부의 의미로 말하는 재산이 아니라, 생산력의 의미로 말하는 재산이다. 다시 말해 스스로 재정을 책임지기 위해 개인적으로 자유자재로 운용할 수 있는 생산수단이라는 의미의 재산을 말한다.

복지국가는 하나의 혁명이었다. 왜냐하면 복지국가는 가족의 비축과 소비력과 재산에의 종속을 더 이상 개인 생존을 위해 중요한 실존 문제로 만들지 않았기 때문이다. 시민계층은 정치적 지배라는 타이틀을 토대로 확립된 계층이 아니라 개인적으로 일하여 얻은 수익을 토대로 자리잡은 계층이다. 이 시민계층은 시장의 이윤을 통한 경제시민계층이거나, 아니면 교육을 통한 자격증 취득에 사적으로 재정을 투자하고 그 이후 다시 직업시스템에서 수익을 뽑을 수 있었던 교양시민 계층이다. 이중적인 특성을 지닌 이 시민계층은 개인적으로 운용할 수 있는 수단의 투입으로 자녀들의 미래를 결정한 계층이다. 그러니까 문제는 가족의 경제 단위를 통해서 기능하고 빈부의 사안도 가족의 문제로 여기게끔 하는 재정 시스템이다.

그러나 이것이 세대와 관련이 있는가? 아니 오히려 경제체제 및 사회질서와 관련이 있는 것은 아닌가? 전체 시스템은 오직 연령별 그룹과의 관계만을 획득한다. 왜냐하면 시간이 지나면서 나타나는 이러한 변화는 구조적 특성에 상이한 정도로 영향을 미치기 때문이다. 시민계층이 더 이상 결정적이지 않다. 왜냐하면 시민계층에 의해 축적된 국민총생산(Sozialprodukt)의 자유처분권과 무관한, 주민 대중을 위한 실존 형식이 있기 때문이다. 게르하르트 마켄로트Gerhard Mackenroth가 국민총생산에서도 경제활동으로 획득된 것만 분배될 수 있다고 말했을 때, 그의 말은 아주 옳았다.[2)] 그것은 이러한 단위로 경제화된 국민총생산에 관련되고, 국민총생산은 분배 요구의 긴급성 정도에 따라 상이한 수혜자들에게 분배된다.

여기에 연결되는 질문은, 누가 어느 정도로 이 국민총생산에 기여하는가, 그리고 그 기여분에서 누가 자신의 연금으로 다시 받아 가는가라는 문제이다. 우리는 항상 '이중적인' 연금과 관련된다. 그 하나는 일을 하지 않는 젊은이, 그러니까 노동시장에 나타나기 이전의 젊은이들이 받는다. 또 다른 하나는 더 이상 일하지 않는 노인에게 지불된다. 문제는 노인부양 체계가 아니라, 스스로 사회적 생산에 직접 기여하지 않는 사람들의 부양 체계이다.

그래서 내 생각으로는 복지국가의 문제는 세대에 따라 체계화할 것이 아니라, 재정지원 권한, 재정지원 의무, 부양 권한의 문제로 파악해야 한다고 본다. 아이들에게는 아동지원금과 무상교육 제도가 있는데도 본질적으로는 여전히 가족을 통해서 재정지원이 이루어지고 있다. 아동교육의 1차 비용은 사회화되어 있지 않다. 대신에 노인지원은 아주 고도로 사회화되어 있다. 다시 말하자면, 사회에 의해 자금이 조달되고 있다. 그럼에도 노인들이 그들의 연금으로만 사는 것은 아니다. 많은 이들이 이자소득을 가지고 있거나 개인 소유의 집을 가지고 있다. 복지 수준은 이 사회에서 상당히 향상되어서, 과거의 사회보장 체계를 규범적인 요소로 지속시키는 것이 잘못이 될 정도이다. 개인적으로 자유로이 감당할 수 있는 소비 수준도 19세기보다 5배 혹은 6배가량 높아졌다. 근본적으로 보면, 일반적인 생활수준의 현저한 증대로, 비스마르크 시절에 일컬어졌던 "지원이 필요한 자들을 위한 부양"이라는 개념을 다시 철회할 수도 있을 것이다. 그 대신에 우리는 그 부양책을 국민부양(Staatsbürgerversorgung)으로 확대 운용하는데, 이는 자기 인생을 경제적으로 영위할 수 있는 사람에게는 과잉부양(Überversorgung)을 의미한다.

세대 논의에서 '세대계약'이라는 닳고 닳은 표현을 사용하는 것은 따라서 설득력이 없다. 누가 이 계약을 맺는가? 누가 세대를 대표하는가? 이는 오히려 상이한 공급 수단과 분배 수단을 사용하는 국민정책과 관련이 있다.

II.

위의 질문에 이어 세대 개념에 대한 일반적인 비판을 생각해볼 수 있다. '세대'는 아주 명확하게 규정되지 않은 개념이어서, 이 개념으로 온갖 연상을 다 할 수 있을 정도이다. 따라서 우선적으로 몇 가지 연구 관점들을 구분할 필요가 있다. 첫째로, 폭넓고, 규모가 크며, 매우 성공적인 사회화 연구가 있다. 이 사회화 연구는 해마다 사회문화적 '야만인들이' 이 사회에 들어오고, 가정에서, 학교에서, 직업활동을 통해서, 때에 따라서는 일정 기간 합숙훈련을 받는 병역 의무를 통해서 사회화되어야만 한다는 상황에 기반을 두고 있다. 이것은 연속적인 과정이다. 왜냐하면 우리는 영원히 사회화될 필요가 있기 때문이다. 그런데 이 연속적인 사회화 과정에서 어떤 한 세대가 결코 문제시되지는 않는다. 대학 관계자는 이런 경험을 학기마다 하기 마련이다. 즉 말쑥하고 상냥한 사람들이 매학기 끊이지 않고 온다. 그들에게 늘 되풀이하여, 뒤르켐Durkheim은 기계적인 연대와 유기적인 연대를 구분했고 이러한 구분은 아주 의미가 있다고 이야기한다. 이미 그런 이야기를 자주 했지만, 해가 바뀌면 다시금 젊은 사람들이 오고 그들은 역시 그것을 모른다. 이런 현상을 세대와 어떻게 관련지어야 할지는 불분명하다. 대학 선생으로서 나는 항상 출생 연도로 자신을 표현하는 사람들을 대면한다.

둘째로, 더 큰 연구 맥락이 있다. 즉 생애 연구가 그것이다. 삶의 기회가 동등하지 않다는 견지에서 이루어지는 코호트(Kohorte)▸에 대한 경험

▸ 로마제국 시기에는 코호트(Kohort)가 '보병대'와 같은 '군대의 단위'를 의미했지만, 오늘날 사회학, 생명과학, 생물학 등 학계에서 자주 사용되는 개념이다. 사회학에서는 주

적 연구이다. 이 연구는 사회구조의 견고한 표상들이 역동적으로 움직이는 것이며, 사회구조는 끊임없이 변하고 있음을 보여주었다. 예를 들어 여성 인구의 교육 기회가 현저하게 변했음을 우리는 확인할 수 있었다. 그 밖의 결과로는, 가장 큰 사회적 불평등의 하나로 볼 수 있는 현상, 즉 직업교육을 받지 않은 사람들은 직업교육을 받은 사람보다 수입이 훨씬 낮다는 것이다. 결과적으로 제시될 수 있는 바는, 1920~1930년대에 교육받은 사람들의 직업 기회는 양차 대전 사이에 교육 상황이 좋지 못해서, 1940~1950년대에 교육받은 사람들보다 훨씬 더 나빴다는 점이다. 여기에서 세대의 상황이 전제되는데, 높은 소득을 목표로 삼는 그들의 기회라는 측면에서 볼 때, 그 상황은 30년 후 직업교육을 받았던 다른 세대의 상황보다 훨씬 열악했다는 점이다.

또 다른 사례를 보자면, 1924년생인 남성의 사망률은 전쟁 탓으로 1928년생에 비해 훨씬 높다. 이것은 개인 및 그 개인의 인지나 판단 또는 개인의 가치관과는 무관하다. 이것은 결코 개인과 관련 있는 것이 아니라, 집단적으로 정해진 삶의 기회의 문제이며, 개인은 "세대위치(Generationslagerung)"(카를 만하임)에 의하여 운명적으로 여기에 편입되는 것이다.

이렇게 해서 다음과 같은 문제가 제기된다. 사회화라는 지속적인 문제를 놓고, 또 집단적으로 규정된 삶의 기회의 제한이나 특권화 문제를 놓고 세대 개념이 필요할까? 혹은 결정적인 효과들 그 자체로 보아야 할 것인가? 예를 들어 삶에 대한 기대, 소득, 교육의 기회는 시간이 지나면서 바뀐다. 이것이 페스트나 전염병이나 혹은 전쟁의 침해를 받지 않는 한, 이러

로 비슷한 시기에 출생하여 공통의 사건을 체험하면서 성장하여 기억이나 경험을 공유하는 사람들의 집단, 즉 동년배집단을 의미한다.

한 발전은 강도 높은 단절 없이 진행된다. 이 발전이 연속적인 한, 그것은 세대에 귀속시키기에 그다지 효과적이지 않다. 왜냐하면 세대의 개념을 일반적으로 이해하자면 시대 구분을 의미하기 때문이다.

세 번째 영역으로 개인을 사회문화적 영향력과의 관계가 아니라 개인적으로 처리된 체험들, 비합리적인 것들, 그리고 포기한 것들과의 관계에 따라 연구하는 전기 연구를 들겠다. 여기에서는 개개인의 처리 능력, 극복 능력, 그리고 의미 부여에 초점을 맞춘다. 우리가 복지국가의 조건 아래에서 영위하는 삶의 통속성은 믿을 수 없을 정도이다. 여기엔 누군가를 실존적으로 호명하는 것도 전혀 없고, 혹은 유일한 '영웅적인' 순간도 없다. 사람들은 실존적이고 도덕적인 가치를 부여할 삶의 지평을 필요로 한다. 전후 독일에서는 민족사회주의의 범죄 내용과 전사(戰死)의 가능성으로 인해 그와 같은 인식이 생긴 듯하다. 바로 거기에 참여했던 자들을 위해서가 아니라 후손들을 위해서. 이 후손들은 상상된 체험공간으로서 이 경험들을 반복하고, 그 체험공간으로부터 상상된 자기 개인화를 만들어낸다.

III.

세대 연구로 되돌아가보자. 사회화·생애·전기 연구 이외에 세대 연구는 문화 분석의 수단이어야 할 것이다. 그렇기는 하지만 여기서 문화 분석은 연령과 관련이 있다기보다는 문화적 방향의 차별화와 관련을 맺는다. 문화적 방향의 차별화는 상이한 경험 맥락에 귀속되고, 그 맥락들로부터 사람들은 그들의 행동방식과 심성을 이끌어낸다. 정치적 문화 연구와 문화적 방향의 연구가 지닌 이러한 과제에 기본적으로 세대 개념이 도움이 된다.

그러나 그 연구 수행이 실제로는 어떠한가? 우리는 극단적인 정치적 전환점들을 가지고 있다. 특히 독일에서 엄청난 차별대우 결과를 낳았던 전환점들 말이다 — 제국, 바이마르공화국, 민족사회주의, 전후시기, 서독/동독 등이 그것이다. 흔히 전제되는 점은, 특별히 행동에 관련된 심성들이 이런 경험의 맥락들과 연결되어 있다는 것이다. 그러한 심성들은 사회적으로 표현되지 않는 한 별 의미가 없는 태도들이기 때문이다. 그와 같은 행동의 변화들 역시 관찰 가능하다. 예를 들어 1933년 정권 교체 이후와 같이 말이다. 다만 이러한 행동의 변화는 세대 특유의 현상이 아니라 일반적이며, 그리고 단순히 기본적인 제도의 변화로도 행동방식들이 변한다는 것을 보여줄 뿐이다.

그에 반해, 특정 행동방식을 연령별로 구분하는 작업은 그다지 설득력이 없다. 예를 들면, 서독은 제국(1871~1918)의 세대에 힘입어 세워졌다. 아데나워Adenauer(1876~1967)가 그 상징적인 존재이다. 그러나 서독은 민족사회주의 세대에 의해 유지되었다. 이것이 항상 되풀이하여 분노를 야기했다. 그러나 그들이 아니면 대체 누가 한단 말인가? 오히려 더 중요한 질문은 그들이 정상적이고 민주적인 공동체를 건설했는가라는 것이다. 그렇다. 서방연합국의 감시 아래서 그 공동체는 제법 순조롭게 이루어졌다. 이 동년배들은 거기에 걸맞은 세대 특유의 유년기 특성을 소유하지 않았다. 다시 말해, 민주주의는 뒤늦게 학습될 수도 있는 것이다. 그리고 1945년 독일 정치문화의 붕괴에 대한 인지는 너무나 명백해서 나이가 더 많은 연배들도 그것에 영향을 받았을 정도이다.

일반적인 제도의 변화를 불러일으키는 사건들도 있다. 그러나 이 사건들은 연령별 코호트와 특별히 관계되지 않고 모두에게 해당된다. 거기에서 하나의 세대를 왜 만들어내야 하는지는 전혀 이해할 수 없다. 오히려 문제가 되는 것은 경험의 맥락이고, 이 맥락에서 행동과 관점의 변화가 강요되거나 권고 받게 되고, 또는 좋은 기회라는 이유로 목적에 합당해 보이거나 가치 신념 때문에 구속력을 가지기도 한다. 결과적으로 그것은 세대형성과 아무런 관련이 없다.

그러나 다수의 집단적인 사건들이 오직 특정 연령의 코호트에만 귀속되는 것이 아니라면, 우리는 분명히 사회적 경제적 변화의 대부분을 세대 특유의 문제와 무관한 것으로 분류해야만 할 것이다. 예를 들어 인플레이션, 화폐개혁 및 전쟁 경험 모두 세대 특유의 문제가 아니다. 전쟁 경험이 전선에서 싸웠던 남자들의 경험에 관한 것이 아닌 한, 그것은 세대 특유의 문제가 아닌 일반적인 경험의 맥락들에서 이해되어야 한다.

우리가 역사적인 사건들을 세대 형성의 근거로 삼을 때 특정한 사건들의 구조를 선택하는데, 그 선택은 필연적인 것이 아니라 구성된 것이다. 세대를 특징짓는 사건 구조들의 범주는 항상 사후적으로 만들어지는 범주이다. 우리는 그것을 항상 나중에 선택하고 회고적으로 한 사건을 바라본다. 따라서 우리는 소수 혹은 다수의 코호트들을 통해서 세대결속을 정의하는데, 코호트의 크기와 규모는 우리가 규정한 것의 결과이다. 나 자신도 '고사포부대 보조원 세대'에 속한다. 불행한 카테고리다. 왜냐하면 '고사포부대 보조원 세대'라고 최대한 산정할 수 있는 기간은 2년 반에 불과하기 때문이다. 그에 반해 10년, 혹은 어쩌면 20년 이상 확장되는 세대로 정의되는 세대결속도 있다.

이로써 다음 질문이 제기된다. 세대위치에서, 즉 시간 맥락적인 상황의 기술에서 어떻게 세대결속이 생겨나는가? 말하고자 하는 바는, 이렇게 생각된 세대결속들의 인지와 사회화로의 전이다. 코호트 체험의 사회화는 기본적으로 사건 자체가 일어난 지 오래된 이후에야 비로소 효과가 나타나고 조직화를 통해 유지된다. 조직화되지 않으면, 일차적으로 사람들 간의 근접한 연상으로만 남아 있지, 그 이상은 아니다. 한 예를 들자면, 실향민 단체들은 기억의 맥락을 조직화하는 데 기여한다. 즉 이 기억의 맥락은 해당 경험자들에겐 실존적으로 무의미해졌지만, 계속해서 매년 깃발을 꽂고 행진하며 보여줌으로써, 행동의 맥락에서는 상대적으로 중요성이 적으나 기억의 맥락에서는 고도로 조직하여 보존되는 것이다. 기억의 맥락들은 조직화되고, 어쩌면 제도화될 수도 있다. 예를 들어 한 공공조직의 자기 정당성을 위하여 그와 같은 사건들을 이용함으로써 조직화되고 제도화될 수 있는 것이다. 이스라엘에서 홀로코스트를 제도화하는 아주 특별한 사례를 생각해보라. 또한 더욱 흥미로운 사례는 미국에서의 홀로코스트 제도화이다. 미국의 홀로코스트 박물관들은 소수자들의 특별한 의식(意識)을 정당화하기 위해 제도화된 기억 맥락과 관계가 있다.

IV.

그러니까 세대는 종종 하나의 귀속 작업에 지나지 않는다. 그리고 어떤 과정을 거쳐 이런 귀속의 중요성과 기능이 실제로 나타나는지를 먼저 자세히 규정해야만 한다. 나는 이러한 단선적인 세대 귀속 작업에 우호적인 사람이 아니다. 왜냐하면 아무튼 내가 보기엔 자세한 진술이 빠져 있기 때문이다. 주어진 사회화의 맥락에서 어떤 요소들이, 어떠한 행동을 위하여 그리고 어떠한 사람들을 위하여 중요한지에 대한 자세한 진술이 없다. 당연히 전체 코호트, 그러니까 우리가 한 세대라고 부르는, 출생 연도가 동일한 모든 사람들이 그 세대를 특징짓지는 않기 때문이다. 이것은 항상 소수자 특성에 지나지 않고, 예를 들어 계층, 종교 그리고 출신에 따라 구성되어 있다. 전체 사회구조 차별화는 세대화의 과정이라는 견지에서도 존재한다.

내가 세대 연구에 대해 회의적으로 보는 만큼, 나는 이 개념이 문화 엘리트, 특히 정치적 엘리트를 분석할 때 아마도 적합한 것이라고 생각한다. 여기에서 우리는 특별한 가치관을 그들의 직업적인 활동의 토대로 삼는 사람들과 관계한다. 예를 들어, 작가, 화가, 예술가, 그리고 정치가도 가치관계로 규정된다. 이러한 가치관은 어쩌면 전기적인 단계와 연결된 것인가? 그것이 오랜 시간 동안 유효한가? 그것은 특유한 종류의 그룹이나 네트워크가 형성되도록 작용했는가?

한 세대의 사건이 반드시 동일한 반응을 가져오는 것은 아니다. 그러나 이것은 아주 상이한 반응 형식들을 위한 동일한 정당화 기능을 할 수는 있다. 예컨대 민족사회주의자와 공산주의자들은 1929~1933년 위기 상황에 처했던 자본주의 경제의 비합리성에 동일하게 반응했다. 이러한 면에서 세대 개념은 사실 흥미로울 수 있을 것이다. 카를 만하임은 소규모의 문화 엘리트를 세대 관점에서 연구해야 한다고 말한다. 즉 그가 명명하듯이, 지도하는 자, 전향자, 억눌린 자와의 관계에서 연구해야 한다는 것이다.[3] 물론 세대 그 자체에 근거해서 질문을 던질 수 있다. 지도적인, 전향적인 그리고 억눌린 문화적 엘리트들이 도대체 어디에 있는지 말이다. 물론 여기서 '억눌린'이라는 개념은 추방을 의미하는 것이 아니라 이 엘리트들이 체제 내에서 자신을 관철시킬 수 없었던 경우를 의미한다. 그들의 계승자는 어디에 있는지? 마찬가지로 그들이 방향을 전환했는지? 그들이 뭔가 다른 것을 원했는지? 더 긴 시간을 넘어서서 자기 이해를 규정한 규범 발신자는 누구인지? 규범을 보냈지만 아무도 설득하지 못한 그 행위자는 어디에 있는지?

그러한 연구 전략은 문화적인 특성의 역동성을 유념할 것이고 결국 연령별 코호트들의 교차에 이를 것이다. 예를 들어, 억눌린 엘리트가 이후 시점에 지도적인 엘리트로 전환될 수 있다. 물론 이런 경우 항상 떠오르는 질문이 있다. 누가 독일 학생운동에 지적 영향을 끼쳤는가? 그것은 부분적으로는 헤르베르트 마르쿠제Herbert Marcuse였고, 프랑크푸르트의 환경이었고, 약간은 체 게바라Che Guevara와 마오쩌둥毛澤東이기도 했다. 즉 아주 상이하게, 대부분 훨씬 나이가 많은 사람들이 그 발신자였다. 그들이 어떤 한 맥락에서 수용되었고 거기에서 다른 문화 엘리트에 의해 생산된 아주 고유한 혼합을 경험한 것이다. 그래서 우리는 68세대와 당시 학생이었던 그 계승자를 가지고 있다. 규범 발신자가 곧 그 규범의 담지자는 아닌 것이다. 담지자가 곧 그 계승자도 아니다. 계승자는 세대를 구성하고 그로써 폭넓은 영향력을 생산해내는 자들이다.

현재 내가 보는 것은 본질적으로 연역적 방식이다. 즉 귀속의 규칙을 제시하지 않고 특성 부여하기와 모호하게 정의된 세대위치가 그것이다. 이로써 무엇인가가 설명되었다는 가정이 깔려있는데, 사실상 그럴 수 없다. 왜냐하면 그것은 순수한 연역이기 때문이다. 그래서 나는, 카를 만하임이 세대 현상과 관련하여 역사적 역동성의 요소로서 기술한, 마지막 몇 문장들 중 하나를 이 글의 마지막 문장으로 삼고자 한다. "여기에서 중요한 모든 구성 요소들의 고유성을 엄격하게 그리고 미리 분석함으로써만, 그러한 문제 제기가 해결될 수 있다."[4] 다시 말하자면 연역은 아니다.

〈김연수 옮김〉

주

1) 이 책에 실린 하인츠 부데의 글, 60 참조.
2) Mackenroth, "Die Reform der Sozialpolitik."
3) Mannheim, "Das Problem der Generationen," 555 참조.
4) 같은 글, 565.

양가성 — 세대 문제의 이해를 위한 하나의 시도1)
오늘날 세대 문제의 의미

쿠르트 뤼셔Kurt Lüscher

최근 이삼십 년간 '세대'에 관한 출판물들이 증가해왔다. 그것은 이 문제에 대한 관심이 커지고 있다는 것을 나타낸다. 내 논문은 이러한 사실에서 출발한다. 출판물들이 증가하는 만큼 세대 개념의 의미도 다양해지는데, 많은 이들은 이것을 부정적으로 평가한다. 그러나 나는 다양하게 사용되는 세대 개념들이 내용적으로 어떤 공통점을 갖는지 살펴볼 필요가 있다고 생각한다. 그럼으로써 일종의 통합학문적인 세대이론을 구상할 가능성이 열릴 수도 있다. 나는 적어도 세 가지 담론을 구분하는 것이 가능하며 또한 유용하다는 입장이다. 계보학적 또는 친족적 세대담론, 교육학적 세대담론, 그리고 사회문화-역사적 세대담론이 그것이다. 이 세 가지 담론은 모두 개인 또는 집단 행위자들, 그 행위자들에게 부여된 행위 능력이나 정체성, 그것에 수반하여 경험되는 차이, 갈등 영역, 모순의 경험들을 다룬다. 이런 요소들은 세대 문제에 대한 최근의 논의에서 중요한 출발점들이다.

이 논문은 사회과학과 문화학적 세대 연구의 토대로 간주되는 카를 만하임의 논문(1928/1964)에서 출발하는 동시에 그 지평을 확장하고자 한다.[2] 만하임은 무엇보다도 사회문화-역사적이라고 할 수 있는 세대 개념에 관심을 가졌다. 계보학적 세대관계, 즉 친족적인 세대관계에 대해서는 부차적으로만 언급했는데, 아마 당연한 것으로 전제했던 듯하다. 그런 의미에서 또 다른 세대 개념, 즉 교육학적 세대 개념도 당연시했다고 볼 수 있다. 세대를 만드는 것은 청소년기의 경험이라는 슈프랑거Spranger의 명제를 만하임이 수용한 것을 보면, 교육학적 세대 개념은 함축적으로 전제되어 있는 셈이다.

더 나아가 나는 이론적 고찰과 경험적 연구 결과들을 근거로, 세대의 계승 및 실제 세대관계를 통해 형성되는 정체성을 분석하려면 양가성 경험이라는 특별한 주제를 다뤄야 한다는 주장을 펴고자 한다. 양가성은 아마도 인간의 공동체적 삶에 근본적인 것으로, 그것이 시사해주는 인간상과 사회상은 오늘날 특히 선호되는 공리주의적 사유, 즉 효용의 극대화에 초점을 맞추는 사유의 대안이 될 것이다.

세대담론

세 개의 세대담론을 구분하자는 제안은 주제에 대한 백과사전식 서술들 및 그 서술들을 체계화하려는 여러 시도들에 근거를 두고 있다. 이 점은 다른 기회에 자세히 논하게 될 것이다.[3] 세 담론의 특징을 요약하자면 다음과 같다.

• 계보학적 세대담론: 이 서술의 출발점은 인간이라는 종을 특징짓는 현실, 즉 아이들은 '어른들'의 관리와 보살핌, 그리고 교육에 장기간 의존한다는 사실이다. 이런 상황에서 사회적인 어머니 역할과 아버지 역할이,

그리고 이에 수반되는 친족제도가 형성되었다. 세대의 계승을 서술하면서 현재를 과거 또는 전통으로부터 이해할 수 있게 되었다. 개인 생애의 시간구조와 사회발전의 시간구조 사이에는, 계보학적으로, 즉 가족과 친족을 통해 매개되는 유사성들이 있다는 점이 상정된다. 세대 체험이란 생각은 숙명성과 연결된다. 더 나아가 최근에는 세대를 인구학적 변동과 체계적으로 연관짓고 있다. 계보학적 세대 개념이야말로 근본적 개념이라는 견해는 그래서 나름대로 일리가 있다.

• **교육학적 세대담론**: 어린 사람들을 기존의 세계로 인도해야 하는 어른들은 경험과 지식과 규범에 의지해서 ― 그때그때 상황에서 그 의미를 해석해가며 ― 부분적으로는 자연스럽게, 부분적으로는 의식적인 방식으로 그것들을 전수한다. 교육학적으로 세대를 확립하는 데는 두 방식이 모두 중요하다. 이런 교육학적 이해는 단순하나마 이미 고대에도 있었다. 교육학적 세대 이해는 계몽주의 시대에 교육학의 거장들 사이에서 크게 부상했다. 여기서 세대 개념은 주로 새로운 그리고 열린 미래로의 도약을 주창하는 데 사용되었다. 세대는 진보의 맥박으로 통했다. 그래서 창조적인 세대들, 그리고 그 세대의 탁월한 대표자들이 주목을 받았는데, 특히 예술과 학문에서 그랬다. 교육학적 세대 개념의 바탕에는, 교육은 아마 "점점 더 개선될 것이며, 다음 세대는 인류의 완성에 한 걸음 더 다가갈 것"[4]이라는 칸트의 생각이 있었다. 이런 이념은 세대 모델에 기댄 모든 유형의 지식 전수에서 구체화된다. 이것은 "세대학습(Generationenlernen)"[5]이라고 부를 수 있겠다. 이것과 밀접한 관계에 있는 것이 "생식성(生殖性 Generativität)"▸에 대한 생각들이다.[6]

▸ 보통 중년 이후에 나타나는 후손 양육 및 후진 양성의 욕구.

• 사회문화-역사적 세대담론에서는 세대가 사회적 실체라는 생각이 지배적이기에, 세대는 종종 사회적 계급과 비교된다. 여기서는 경험을 공동으로 소화한다는 뜻의 학습을 포함해서, 상호 영향을 주고받는 과정들이 중요하다. 생애주기 연구의 판단들을 차용하면, 만하임이 강조한 청소년기의 결정력에 대한 생각을 확대할 필요가 있다. 일반적으로 강렬한 사건들을 소화하는 방식이 연령대별로 상이하며, 그런 차이가 서로 다른 세대를 형성해준다고 봐야 할 것이다. 전쟁, 위기, 사회적 과도기나 변혁기, 그리고 집단적 트라우마를 경험하는 사건들이 거기에 해당한다. 이런 사건들은 이중의 불확실성을 갖는다. 이런 것들은 숙명적이며, 동시에 사건의 어떤 현실이 어떤 사회적 그룹에게 실제로 영향을 미쳐, 특정 세대를 만들어주었다고 할 만큼 그 정체성을 결정하는지 잘 알 수 없다.[7] 최근에는 그 밖에 노동시장의 변동과 국가 복지의 조직도 중요한 요소이다.[8] 인구 구성의 양적 변화 및 그로부터 생겨나는 세대 간의 긴장이나 갈등은 최근 특히 주목받고 있다. 이와 유사한 것으로는, 특히 매체 분야의 기술 발전이 세대를 결정한다는 주장과 분석들이 있다.[9] 여기서 한 걸음만 더 나아가면, 소비 행태와 생활양식을 세대소속성과 연관지으려는 시도들이 있다.[10]

이와 같이 다양한 세대담론들을 고찰해보면, 개념의 다의성이 기회일 수 있음을 알게 된다.[11] 세대 개념은 여기서는 대충만 언급한, 사회적이며 역사적인 맥락과의 연관성을 숙고하도록 자극을 줄 뿐 아니라, 담론들 사이의 상호 연관성을 설정해보도록 요구하고 있다. 이런 시도는 인식을 발견하는 방법으로도 유용할 뿐 아니라, 세대 개념을 '해석의 틀'로 규정하는 것에도 부합한다. 그러나 앞으로의 작업을 위해서, 서로 다른 세대담론에서 강도는 다르지만 중요한 역할을 하는 차원과 요소들을 설명하는 것이 필수적이다. 그런 의미에서 다음의 개념 틀을 제시하고자 한다.

• 세대 개념은 핵심적으로, 집단 또는 개인 행위자를 한 사회, 국가, 사회조직, 그리고 가족 내에서 그가 갖는 사회-시대적 위치와 관련해서 규정하고,[12] 그들에게 특별한 정체성('세대 정체성')을 부여하는 데 사용된다.[13] 세대 정체성은 행위자들의 생각과 감정, 의지와 행위가 출생 연도, 나이 또는 해당 사회집단에 속했던 기간, 또는 역사적 사건들의 해석에 의해 결정되는 사회적 관점들을 따른다는 데서 드러난다. 달리 말하자면, 어떤 방식으로 그리고 어느 정도로 세대소속성이 정체성의 구성에 영향을 미치는가 하는 문제를 다루는 것이 중요하다.

• 정체성의 구성과 그 '발현(enactment)'을 '세대' 형성의 핵심으로 보자는 제안은 다음과 같은 주장으로 귀결된다. 특정한 한 세대에 속한다는 사회적 사실 및 그 의식에는, 개인의 생애나 사회의 역사에 따른 결정적인 경험이나 변화들이라는 측면에서 다른 세대에 속한 사람들과는 다르다는, 그래서 감정과 생각, 지식과 실천에서도 다르다는 사회적 사실과 의식이 깔려 있다. 그러니까 세대에 소속되었다는 경험은 차이의 경험을 동반하는 것이다.

• 이로부터 세대들 사이에, 또는 상이한 세대의 소속원들 사이에 개인적 관계들, 그리고 집단적 사회적 관계들이 맺어진다는 것 역시 추론할 수 있다. 모든 다른 (미시사회적이거나 거시사회적인) 관계들과 마찬가지로, 이 관계들은 둘이나 그 이상의 세대들에 속한 사람들 간에 상호적이며 재귀적인 지향, 영향, 교환, 그리고 학습의 과정을 통해 형성된다(세대 간 관계). 더 나아가 한 세대가 표출되는 데는 그 세대 구성원들 간의 관계가 중요할 수 있다(세대 내 관계). 세대관계의 형식과 동력은 주관적 공통점과 차이점에 대한 경험, 주어진 제도적 조건들이 만들어내는 역동성, 행위하

는 가운데 나타나는 과제들, 그리고 관계의 형성 그 자체로부터 유발된다.

• 따라서 한 사회 및 그 부문에서 사회적 관계들의 형성은, 세대 간 그리고 세대 내 관계들의 형성 역시도 사회적 논리의 형식들, 즉 관계논리라고 말할 수 있는 특정한 규칙에 따라 진행된다는 가정은 타당하다. 이것은 세대를 만들어내는 질서의 표현이라고 이해할 수 있다.[14)]

이런 개념 틀로부터 세대 분석에 관해 (적어도) 두 가지 주제군을 도출해볼 수 있겠다. 첫째는 세대 구성의 문제이다. 즉 세대는 어떻게 생겨나는가, 또한 — 세대 구성원 자신들 그리고 다른 사람들에 의해 촉발되는 — 세대에 고유한 정체성의 부여는 어떻게 진행되는가. 여기서 중요한 것은 특수한 체험과 경험, 그리고 그에 대한 개인적 그리고 집단적 해석과 수용이다. 이 과정에서 필수적인 차이의 확인은 두 번째 주제군을 건드린다. 즉 세대 간의 관계는 어떻게 형성되는가 하는 문제로 이어진다. 이 두 주제를 함께 묶어보면, 특정 분야를 넘어서 사회적 공동체 조직의 중요한 특성들을 서술해줄 만한 이념들이 눈에 들어온다.

양가성 — 핵심 개념

이 절은 도입부에서 언급했던 명제로 시작해보겠다. 세대소속성 및 세대 간 관계의 형성은 양가성 경험을 수반하는데, 더 나아가 오늘날의 사회적 조건들 아래서 이런 경험들이 더 촉진된다고 추정하는 명제이다. 이를 위해서는 양가성 개념에 대한 더욱 심도 있는 설명이 필요할 것이다. 설명은 개념사를 배경으로 이뤄질 것이다. 개념사가 흥미로운 이유는, 확립된 사유 틀의 형식적 내용적 한계를 극복하기 위해서 — 이미 앞선 고찰에서 드러나듯이 — 이 개념이 옛날부터 사용되었음을 밝혀주기 때문이다.

우리가 아는 바로는, 양가성 개념은 놀랍게도 1910년 이후 비로소 도입되었다. 이 개념이 포착하려는 현실 상황이 문헌들, 특히 문학 작품에서는 이미 훨씬 전부터 묘사되고 있었지만 말이다. 이 새로운 단어를 만든 이는 스위스 정신과 의사인 오이겐 블로일러Eugen Bleuler이다. 블로일러는 베른에서 1910년 11월 26일과 27일에 열린 '스위스 정신과의사협회 정기 동계대회'의 회의에서 이 개념을 처음 사용한 것으로 보인다. 이 회의 기록은 취리히 정신병자보호소 주립 감독관인 리클린F. Riklin 박사가 작성했는데, ≪정신의학-신경학 주간지≫와 ≪정신분석 중앙지≫에 동시에 발표되었다. 그 기록에는 취리히의 블로일러 교수가 둘째 날에 양가성에 대한 강연을 했다고 쓰여 있다. 그리고 다음과 같이 요약되어 있다. "감정적인 양가성이 있다. 동일한 생각에 긍정적인 감정과 부정적인 감정이 수반된다.…… 의지적인 양가성이 있다.…… 어떤 것을 원하면서 동시에 원하지 않는다. 또는 그 반대의 것을 원한다. 지적인 양가성이 있다.…… 어떤 것을 긍정적으로, 동시에 부정적으로 평가한다.……"[15] 이 최초의 서술에서 이미 양가성의 상이한 범주들이 서로 구분되고 있다.

더 나아가 체계화의 관점에서 중요한 건, 블로일러가 이 개념을 오늘날의 시각에서는 '정체성'과 관련된 내용으로서 눈여겨본다는 점이다. 다만 그가 다룬 것은 우선적으로는 이른바 거부증이라고 하는 한 병리적 증후였다. 하지만 이미 1914년에 오면, 일상적인 경험 방식들, 그리고 문학의 서술 형식들을 끌어들이고 있다. 후자와 관련한 블로일러의 말을 보자: "양가성은 문학의 가장 중요한 추동력 중 하나이다. 동시에 그것은 문학적 창조력에 길을 열어준다."[16]

이 개념의 초기 서술에 내포된 다양한 관점들은 그 이후의 개념사에서 일부는 강화되었고, 일부는 더 세분화되었다. 이 개념이 심리내적으로뿐 아니라, 상호작용의 과정에서, 즉 미시사회적으로 그리고 어떤 면에서는 거시사회적으로도 겪게 되는 역동적 모순의 경험들을 일컫는 데 적합하다는 통찰이 바로 그런 경우다. 블로일러의 1914년 논문에 나타나는 양가성 개념의 "중립적", 즉 분석적 이해는 일부 정신분석학적 저서들에 수용되었다. 여기서는 양가성을 인정하고 견뎌내는 것을 바람직한 능력으로 이해하면서, 부분적으로 매우 긍정적인 의미를 부여한다. 문학 연구는 이 개념을 수용하면서, 양가성 경험이 작가가 표현하는 것일 뿐만 아니라 독자가 추구하는 것일 수도 있다는 생각을 하게 되었다.[17] 회화 예술의 표현에 대해서도 유사한 지적이 가능할 것이다. 더 나아가 양가성 경험을 사회적 맥락에서 설명하려는 제안들도 있다.[18]

정신분열증에 대한 정신의학적 진단에 이 개념이 사용될 경우, 양가성 경험은 "해가 된다는" 함의를 담고 있다. 이런 부정적 함의는 나중에 — 적어도 부분적으로 — 이 개념의 일상적 의미에 흡수되었다. 또 다른 분과 학문의 수용에서도, 예를 들면 사회학에서도 그런 현상이 나타난다. 이로 인해 양가성을 불편하게 여기고, 그것을 외면하려는 경향이 어느 정도 존재하기도 한다. 하지만 양가성에 대한 인식과 경험이 성찰과 행위로 나아가도록 자극을 준다는 것을 생각하면, 개념적으로 그런 제약은 극복될 수 있다. 이처럼 전적으로 실용적인 시각에서 보면, 양가성은 행위의 역동성, 따라서 관계 형성의 역동성으로도 이어진다. 여기서 유념할 것은 양가성을 — 모호하다는 의미에서 — 다의성 및 유보적 태도와 구분하는 일이다. 양가성은 대립하는 힘들이 서로 분리해 나가려는 역동적 흐름을 보인다. 양가성 경험들을 진단하는 것으로 이 흐름이 그냥 지양되는 건 아니다. 진단은 그 상황이 삶에서 실천적으로 관리되어야만 한다는 것을 알려주는 것이다.

여기서 세부적으로 서술할 수는 없지만,[19] 개념사에 대한 좀 더 확대된 분석을 배경으로, 그리고 이 글의 주제를 염두에 두고, 다음 요소들을 양가성의 핵심으로 정리할 수 있을 것이다.

(1) 개인적인 행위 영역과 집단적인 행위 영역의 역동성 안에서 서로 맞서는 정반대의 구조나 힘의 경험.[20]

(2) 개인 행위자와 집단 행위자의 (자의 및 타의로 규정된) 정체성을 위한 중요한 경험과 행위들이라는 판단.[21]

(3) 행위자가 행위 영역에 존재하며 그 영역으로부터 개인 행위와 집단 행위의 특수한 과제들과 그 행위에 대한 성찰의 과제들이 파생되는 한, 대립은 해소할 수 없다는 생각.[22]

(4) 양가성의 경험과 그 경험의 처리는 심리 상태, 사회적 관계의 논리, 그리고 권력과 통치권의 질서를 포함해서, 사회적 공동체의 조직에 따라 체계적으로 달라진다는 가정. 또한 그런 만큼 양가성 경험의 전형적 유형들을 알 수 있다는 가정.

종합적으로 형식적인 정의를 내려보자면, 다음과 같이 정리할 수 있겠다. 개인이나 집단 정체성의 구성에 중요한 감정과 사유, 행위와 의지, 그리고 관계 맺기에서 서로 반대로 추동하는 대립적 요소들이 공존하면서, 특정 기간 동안 혹은 지속적으로 해소될 수 없다고 판단된다면, 그것은 양가성이라 말할 수 있다. 이 판단은 이해 당사자 또는 제삼자(예를 들어 정신치료사, 학자)가 내릴 수 있다.

세대양가성: 해석 틀, 연구 가설, 모듈—그 방법론과 연구의 현황

세대이론과 양가성이론이라는 두 개의 개념적 줄기가 어떻게 서로 연관지어질 수 있을까? 이 질문에 대한 답을 찾으려고 할 경우, 우리는 상이한 방법론들이 적용되는 하나의 영역에서 움직이게 된다. 단순하게 보면 이 방법론들은 세대양가성 이념 및 그 이념에 전제된 가설들을 이용하는 방식에 따라 규정될 수 있다. 정신과학과 문화학적인 전통에는 해석 틀로서의 세대양가성 개념이 우선적으로 부합한다. 이 경우는 법칙적인 정의와는 무관하며, 그 대신 개방적으로 논지를 펼친다. 개념의 내용을 대략 아는 것으로 전제하며, 동시에 특정한 사태에 적용하면서 개념의 지평을 넓히는 식이다.

연구 가설로서 이 개념을 사용할 때는 전혀 다르다. 연구 가설은 명확한 정의에 근거한 작동 절차를 갖는다. 그리고 세대라는 범주 또는 세대 간 관계라는 범주에만 집중한다(주로 계보학적-가족적 세대 범주이다). 연구 가설은 양가성의 어떤 차원이 파악되고 또한 — 양적 연구의 틀 안에서 — '측정'될 수 있는지를 확정해놓는다. 이때 '양가성'은 '변수'로, 예를 들면 사회적 환경이나 심리적 만족과 같은 다른 변수들과 계량적 관계에 놓일 수 있는 그런 '변수'로 이해된다.[23] 진단학적 작업에서 특징 목록이 작성되는 경우에는, 다른 방식의 '작동 절차'가 마련될 것이다.[24]

유형학의 도움으로 진행하는 작업들은 해석 틀과 연구 가설 사이에 놓을 수 있을 것이다. 이런 작업들은 넓고 개방적으로 개념을 사용하는 해석 틀 방식과 연구 가설의 세분화, 정밀화, 그리고 경우에 따라 수량화를 결합하려는 노력을 그 바탕에 깔고 있다. 이것은 특히, 다양성은 이론적-체계적으로 정리될 수 있다는 가정하에, 할 수 있는 한 정확하게 관찰 가능한 사실에 접근한다는 것을 의미한다. 이런 시도는 자주 일반화를 그 수단으로 삼는다. 물론 이론적으로 더 엄격하고 만족스러운 것은, 보편적인 이론적 전제들을 근거로 유형들을 도출해내는 것이다. 이에 대해서는 나중에 보겠지만, 도식의 형식으로 설명하는 것이 좋을 것이다.[25)]

일반적 전제: 세대 개념의 이가(二價)적 기본 구조

양가성 경험을 분석하기 위한 충분조건은 아니지만 필수적인 조건은 이중적인 또는 — 여기서 말하는 식으로는 — '이가적(bivalent)'인 구조가 확인 가능하다는 것이다. 이런 구조는 한편으로는 '발생(genesis)-산출(generatio)-생식(Zeugung)'의 계통을, 다른 한편으로는 '씨족(genos)-종족(Gattung)'의 계통을 따라 형성되었다. 요컨대 어떤 연속체의 맥락 속에서 새로운 것이 발생했다는 것이다. 내쉬Nash의 말로 설명해보자면 이렇다. "아이가 태어나면, 그와 동시에 부모와 자식을 분리하는 새로운 세대가 생겨난다 — 씨는 씨족이다(gonos ergo genos) — 바로 이 개념으로부터 시간 속에서 끊임없이 이동하는 출발점이라는 역설이 도출된다."[26)] 여기서 새로운 것의 생성과 그 필연성에 대한 통찰이 표현해주듯이, '유동성'이 언급되고 있다. 이런 견해는 유라이트Jureit와 빌트Wildt가 이 책의 서문에서 표명했던 생각, 즉 세대는 — 집단적인 행위자로서 — "세대의 운명에 참여"함으로써 구성된다는 생각과 서로 통한다. 이것은 내적으로 어떤 모순을 지닌 사건이다. 부데는 세대에 대한 이러한 이해를 "단절개념(Unterbrechungsbegriff)"으로 규정한다.[27)] 그러나 세대의 계승을 통해 형성되는 연속성 역시 강조한다. 바이겔Weigel은 — 일반화하면서 — 세대 개념의 자리는 문화와 생물학의 교차점에 있다고 주장한다.[28)] 이런 이중적인 구조는 이미 언급한 시간이론적 관점을 넘어서, 사회문화-역사적으로 세대 개념을 사용하는 경우에도 확인할 수 있다.

이가적인 기본 구조는 분명히 계보학적 세대 개념의 특징이다. 하지만 교육학적 세대담론의 주제이기도 하다. 여기서는 한편으로 교습자와 학습자 간의 차이를 강조하고, 다른 한편으로 이들을 공통의 문화에 소속시키는 것을 강조하니 말이다.[29)] 예를 들면 리글레Liegle는 다음 내용을 주목한다. "계몽주의 이래 아동기를 교육 대상화하는 실제 형식들은 언제나 그 형식들 내부의 모순/양가성에 대해서도 같이 논의해왔다.

• 교육(Erziehung/Bildung)은 자율성의 개발에 기여하고자 한다. 하지만 교육은 대체로 타율적이라 할 수 있는 조건 아래서 그것을 수행한다.

• 교육은 보편주의를 주장한다. 그러나 동시에 각각의 주어진 사회에 대해 보수적인 기능을 담당한다.

• 교육은 아동들을 성인 사회의 삶을 향해 나아가도록 준비시켜야 한다. 그러나 사회적으로는 전반적으로 고립된 가운데 그것을 수행한다."[30)]

그러므로 호니히Honig는 "유아적"인 것과 "어른다운" 것의 구분이 "세대질서"를 생산하는 척도라고 본다.[31)] 실제로 핵심 문제는 삶의 상황이 변화하는 가운데 아동과 성인의 차이를 지속적으로 조직해내는 일이다. 차이들은 경계가 모호해지거나, 변화하며, 또 역전될 수도 있다. 그러나 차이가 없어지지는 않는다. 이것이 아동에 대한 양가적 이해가 생겨나는 토양인데, 이런 양가적 이해는 전형적인 아동정책들에 반영된다.[32)]

이런 맥락에서 뵈니시Böhnisch가 주목한 멘니케Mennicke의 논지는 중요하다. "산업적 현대"에서는 "해방과 적응"의 관계가 핵심이다. 말하자면 산업적 현대에 수반되는 개인화의 과정에서 개인은 강압적 규범의 속박을 덜 받게 되지만, 동시에 삶에 적응할 수 있도록 제도가 주는 규칙들은 약화되었다. 정확히 옮겨보면, "…… 산업자본주의 사회는 개인을 한편으로는 해방시켰고, 다른 한편으로는 개인화된 삶에서 주체적인 행동 능력을 개발할 수 있는 사회적 관점을 제공하지 않는다". 이른바 산업화론은 기회와 위기의 동시성을 지적한다. 뵈니시는 양가성을 함축하는 이 딜레마가 자본주의의 "이용의 논리"에서 오는 것으로 본다.[33] 사회적 세대역동성에 관해서는 그는 다음과 같은 견해를 내세운다. "21세기 초, 노동사회의 탈구조화와 분절화는 명백하게 세대관계의 탈구조화를 가져왔다"(같은 글, 76). 세대 간 경쟁이 더욱 강화된 것은 이런 현실의 표현이라는 것이다. 하지만 사회의 인구학적 구성만이 급격하게 노년 쪽으로 기운 것은 아니라고 지적한다. "청년들을 압박하는 것은" 무엇보다 "디지털화된 경제구조"라는 것이다. 기술 및 시장의 발전이 가속화되면서, 사람들은 가능한 한 신속하게 양질의 일자리를 없애려 들고 있다. 그리고 이것은 교육 기간 단축을 외치는 요구로 이어지는 것이다. 청소년들은 일종의 "자립성의 덫"에 빠지게 된다. 즉 청소년들은 한편으로 가능한 한 빨리 자립적이 돼야 하고, 다른 한편으로 청소년기의 역동성을 억눌러야만 하는 것이다.[34]

사회문화-역사적인 담론 내에서 최근의 한 중요한 연구 경향은 세대 고유의 집단정체성 형성에 결정적일 수 있는 트라우마를 다루는 것이다.[35] 이 맥락에서 스멜서Smelser는 분명하게 양가성 개념을 끌어들인다. 심리적 트라우마는 한편으로는 억압되고, 다른 한편으로는 끊임없이 다시 기억되는데, 바로 이런 점이 양가성과 상관이 있다.[36]

세대 갈등과 양가성 경험

과거 연구논문들에서는 세대 간의 관계가 주로 적대적으로 묘사되곤 했다. 세대를 혁신의 힘으로 파악할 경우, 그런 서술은 일리가 있다. 이러한 세대 이해의 뿌리는 계몽주의자들의 사상, 그리고 문화적, 사회적, 경제적 변혁에 대한 그들의 관심에서 찾을 수 있다. 사회과학적 세대 이해에서는, 더 나아가 계급투쟁의 변증법을 진보적 사회발전의 법칙성으로 여기는 계급이론이 중요하다. 문화 개념의 확장은 사회적 계급에서 세대로 관심이 이동하는 데 유리한 영향을 미쳤다. 다른 한편 갈등은 자연발생적이고, 불가피하며, 늘 다시 반복되는 것으로 해석되기도 한다.

역사적 사회학적 저술에서는 (세대) 갈등을 기능적으로, 즉 사회적 체계들을 유지하고 발전시키는 데 필수불가결한 것으로 해석하려는 경향이 뚜렷하다. 이런 주장들은 사회적 사건과 행위 방식들을 사후 관점에서 필연적인 것으로 서술하는 위험을 갖는다. 그에 반해 갈등에 내포된 양가성들을 다양하게 해석할 수 있는 가능성은 간과된다. 그래서 최근의 생물학에서 논의되는 갈등 경험의 전제들을 특별히 주목할 필요가 있다. 생물학이 말하는 전제들을 보면 — 생물학적 환원주의로 오해하지 않는다면 — 오히려 사회문화적인 해석의 필수성, 그리고 인류학적으로 주어진 사실들의 구성이 중요하다는 점을 시사하고 있다. 달리 말하면, 우리는 그곳에서 양가성 경험의 생물학적-인류학적 전제들을 찾을 수 있다.

트리버스Trivers의 서술은 근본적인 것으로 받아들여진다.[37] 부모와 아이의 관계에 대해서, 그는 양측이 모두 생존하려는 자신의 본능을 따른다는 명제를 내세웠다. 이런 맥락에서 부모를 행위자로 바라보면, 부모는 자신을 성공적으로 재생산하기 위해서 모든 것을 감수할 것이라고 충분히 가정할 수 있다. 그 결과 아이는 부모가 자신의 필요를, 게다가 다른 후손을 고려해서 내주려고 했던 것보다 더 많이 요구할 수 있게 되는 것이다(이것은 더 나아가 형제들끼리 경쟁관계가 형성될 수 있다는 것을 시사한다). 이런 상황을 양가성 발생의 전제로 생각해볼 수 있다. 후손에 대한 인간의 씨족 중심적 태도가(이 점은 동물의 경우도 마찬가지인데) 모순적인 방향으로 흐를 수 있으며, 또 그렇게 된다는 견해를 뵘Boehm은 트리버스보다 더 분명하게 내세운다. 뵘에 의견에 따라, 바로 이 점을 양가성을 파생시키는 하나의 보편적인 딜레마로 본다면 유용할 것이다.[38]

부모되기와 모성에 관한 현대의 사회생물학적 해석들은 큰 영향력을 발휘하고 있다. 흐르디Hrdy의 서술에 따르면, 부모는 모든 자식들을 결코 동일한 정도로 돌보는 것이 아니다. 부모들은 오히려 새 아이에게 할 '투자'를 다른 아이들을 위한 투자와 연계해서 저울질한다. 그 결과 새 아이를 소홀히 하거나, 극단적인 경우에는 유아 살해에 이를 수도 있다. 이런 견해는 대중적인 애착이론 저술에서 대변되는 타고난 모성애라는 표상을 상대화한다. 오히려 이미 고대에도 다양한 모자관계의 모습이 존재했던 것 같다. 모자관계는 사회-생태학적 생활 조건의 차이와 상관이 있고, 더 나아가 아이마다 다를 수 있다. 그 밖에 중요한 요소로 첨가할 것은, 아이의 욕구에 대한 지식과 육아 및 교육에서 파생하는 효과들이다. 양육과 교육은 부분적으로는 통속적 믿음에 뿌리를 내리고 있으며, 또한 의학, 심리학, 교육학의 발전 및 경제적 정치적 관심에 따라 영향을 받는다.[39]

이로써 전통적인 모성 이해와 구별되는 견해가 도출된다. 전통적 모성 이해에 따르자면, 근원적인 생식 기능[혹은 모자(母子)라는 근원적 이자관계]은 오로지 생물학적으로 결정되는 특별한 애착의 지배를 통해 해석되고 규범화되어야 할 것이다. 마찬가지로 '모성애'는 단지 사회적 구성의 결과라는 주장도 거부되어야 할 것이다. 이런 거부가, 모성애는 사회적 신화 또는 이데올로기로 여성을 수단화하는 도구였으며 종종 오늘날도 여전히 그렇다는 견해를 평가절하하는 것은 아니다. 모자관계에서 갈팡질팡하는 감정과 태도가 충분히 나타날 수 있다는 것은 모성의 사회적 구성론과는 다른 것이다. 이 지점에서 양가성이론의 관점을 통해 다양한 사회적 현실과 그 모순적인 역동성에 접근할 수 있다는 것, 따라서 이 관점이 좀 더 현실성이 있다는 점이 드러난다.

파커Parker는 “어머니의 사랑—어머니의 증오. 양가적 모성의 힘”이라는 의미심장한 제목의 한 정신분석학적 논문에서, 양가성에 대한 대응이 갖는 사회적 의미의 또 다른 중요한 측면을 조명한다. 그녀가 주장하는 내용은 다음과 같다. 개념으로나 경험으로나 모자관계를 근본적으로 양가적인 것으로 이해한다면, 그 관계는 사적으로나 사회적으로 언제나 다시 조직되어야 하는 것임이 분명해진다. 이런 역동성을 인정하고 실제로 살아낼 수 있다면, 그것은 개인이나 사회의 발전을 위한 근본적인 잠재력이 될 수 있다. 그러니까 고유한 방식으로 어떤 문화적 기여를 할 수 있다. 양가성이론의 관점은 여성을 어머니 역할에만 가두지 않으면서도 여성의 고유성을 인식하는 데 기여한다. 전통적 젠더 이해에서는 간과되었던, 사회적으로 창조적인 기능, 다양한 문명적 기능을 모성이 수행한다는 것을 우리는 인식하게 될 것이다.[40)]

세대관계에서의 양가성

세대 개념의 이중가치(Bivalenz)에 내재된 양가성 경험의 잠재력은 가족의 맥락에서 특히 분명하게 드러난다. 작동 절차는 서로 다르지만, 양가성 개념을 연구 가설로 사용하는 대다수의 논문들이 이 범위에 들어온다. '양가적'이라는 수식어가 일상적 언어로 사용되며, 일상 언어에는 해당 사태에 대한 또 다른 통상적인 서술들도 있다는 점에 착안해서, 이런 용법이 세대관계에 대해 어떤 평가를 함축하는지 직접 묻는 연구도 있다. 이런 연구에서는, 세대관계는 갈팡질팡하는 면에 대한 감정적이고 인지적인 이해가 있음이 전반적으로 드러난다. 한편 양가성은 간접적으로 확인되기도 한다. 이와 관련된 양적 방법들은 핵심적으로, 동일한 차원에서 두 개의 극단이 강도 높게 확인되면, 그래서 "대립적"이면, 양가성이 존재하는 것으로 결론내릴 수 있다는 판단에 근거한다.[41] 양가성 경험은 정상적인 일상 상황에서 나타난다.[42] 하지만 생애주기의 과도기들과 맞물려 나타나기도 하는데, 예를 들면 부모 집으로부터의 이주와 독립,[43] 그리고 이혼과 같은 특수한 스트레스 상황이 그렇다.[44] 역할을 둘러싼 맥락들 간의 체계적 차이들이 확인될 수도 있다. 예를 들면 부모-자식 관계에서도, 건강한 아이냐 심리적 질병 또는 약물 중독이 있는 아이냐,[45] 또는 동성애 경향을 지닌 인간들이 "커밍아웃"하는 상황이냐에[46] 따라 비교할 수 있다. 조부모 역할과 연관된 양가성 역시 주목을 받고 있다.[47] 그 밖에도 다음 세대로 이행하는 과정에서는 상속하기와 상속받기의 특수한 양가성이 확인된다. 게다가 이 양가성은 사회적인, 특히 법적인 제도화와 결부되어 있다.[48]

['돌봄(caring)'이라는 넓은 의미에서] 양육의 조직에 관한 연구는 가족관계의 조직이란 맥락 내에서, 하지만 동시에 그 맥락을 넘어서 고찰해야 한다. 양육은 실제적으로 주로 여성의 영역이자 여성의 책임으로 규정되기 때문에, 이 부분에서 성별 정체성의 강조와 연관해서 특수한 형식의 양가

성 경험이 나타난다. 양육자의 관점에서 보자면, 한편에서는 인간적 애착 및 도덕적 의무에서 오는 책임감과 다른 한편에서는 개인적 발전에 대한 욕구 간의 양가성을 경험한다. 더 나아가 원가족에 대한 충성과 현재의 배우자에 대한 충성, 또는 다양한 사회적 의무 사이에서 양가성을 경험하기도 한다.[49] 피부양자의 관점에서 보자면, 의존성과 그로 인해 자주적인 삶의 영위를 제한하고 복종해야 한다는 사실 그리고 자신의 삶을 기억하면서 생기는 자주성에 대한 소망 사이에서 양가성이 발생한다.[50] 피부양이 필요한 기간이 불확실하다는 사실은 일생 동안 이어지는 관계에 내재한 예측불가능성들을 강하게 부각시킨다. 그러면서 생겨나는 긴장과 그에 대한 대응은 상당한 정도로 양육의 사회적 조직 및 그것을 관장하는 정책 분야의 영향을 받는다.

세대 분석의 현황에 대해 비판적으로 말해야 할 점들이 있다. 미시사회적, 중간사회적, 거시사회적 차원에서 사회적 역동성을 설명하는데, 세대라는 해석 틀에 내재된 잠재력은 지금까지 너무 적게 활용되었다. 세대 개념을 이론적으로 세분화할 수 있는 가능성들도 마찬가지로 충분히 활용되지 못했다. 세대 개념을 활용한 연구에서 존재론적 경향이 주류를 이룬 것이 그렇게 된 하나의 이유일 것이다. 사회문화-역사적인 적용에서 주 관심이 대부분 세대의 존재를 증명하고 그 형성 과정을 연구하는 데 향해 있었던 것이다. 그에 반해 계보학적-가족적 담론에서는, 세대 역할로 구체화된 만큼 세대의 존재는 당연하게 받아들여진다. 따라서 관심은 세대 간 관계의 조직에 있다. 여기서 세대관계의 조직이 세대 체험에 미치는 영향에 대해서는 별로 숙고하지 않는다. 교육학적 분석에서는 세대가 일종의 질서구조라는 견해가 지배적이다. 하지만 모든 세대담론에는 발전의 계기 역시 내포되어 있다.

양가성의 유형들

지금까지 서술한 내용을 배경으로, 여기서는 이론에 근거한 양가성 경험의 유형론을 수립하기 위한 모듈을[51] 제시해보고자 한다. 모듈의 목적은 앞서 언급했던 양가성의 본질적 요소들을 적절히 포착하는 것이다. 동시에 상이한 양가성 경험의 가능성을 — 경험적 연구에 중요한 일인데 — 사전에 제시할 수 있어야 할 것이다.

출발점은 사회적 관계 이론이다. 우리는 사회적 관계를 '재귀적 상호작용'으로 본다. 즉 행위자는 그들의 상호작용에서 기존의 행동방식에 재귀적으로 의지한다고 가정한다. 이것은 사회적 관계가 하나의 '체계' 내에서 움직인다는 의미다. 따라서 사회적 관계들을 분석할 때, 두 개의 차원을 구분해볼 수 있다. 개인적-주관적 차원과 구조적-제도적 차원이다. 이 두 차원은 최종적으로 '개인성(또는 주관성)'과 사회성['전체사회성(Gesellschaftlichkeit)']이라는 긴장의 장(場)의 존재를 시사한다. 이런 시각은 조지 허버트 미드George Herbert Mead가 발전시킨 자아 혹은 정체성의 이해로 이어진다. 미드의 견해는 실용주의적-상호작용론을 따르는 사회학에서 광범위하게 인정을 받았다. 이에 따르면 정체성은 주관성과 제도화라는 두 개의 차원이 (상상을 통해) 서로 교차해 엮이면서 구성되는 것이다.[52] 이 두 개의 차원은 서로 긴장관계를 이루는 힘으로 생각할 수 있다. 이 긴장관계는 완전하게 해소될 수 없으며, 그 자체로 '자아'의 역동적 발전의 전제가 된다.

이 긴장의 장은 양가성 형성의 일반적인 전제로 볼 수 있다.[53] 이런 긴장의 장이 (세대 분석에서 나타나는) 역동적 관찰 방식으로 출현한다면, 저 두 차원 각각에 양극을 지닌 긴장의 장을 배열해볼 수 있을 것이다. 그 경우 주관적 차원은 친밀성과 (역동적) 동화['일치(Konvergenz)'] 대 낯설음과 (역동적) 멀리하기['차이(Divergenz)']라는 긴장의 장이 지배하는 것으로 생각될 수 있다. 제도적 차원은 지속과 유지['재생산(Reproduktion)'] 대 변화와 갱신['혁신(Innovation)']이라는 긴장의 장으로 서술해볼 수 있다. 이런 방식으로 (주관적 대 제도적이라는 이분법에 따라) 양가성 경험의 발생을 초래하는 조건들의 두 번째 차원을 말할 수가 있다.

따라서 본 모듈은 이론적으로 또 하나의 가정을 포함하고 있다. 즉 주관적-개인적 차원과 제도적 차원은 각각 그 나름으로 양가성(의 가능성)을 지닌다. 이런 의미에서 우리는 이중으로 양가적인 정체성 구성 또는 경향(Prävalenz)을 말할 수가 있다. 이것은 경험적으로는 양가성 경험의 이중적 특징으로 나타난다. 이때 개인적 차원과 제도적 차원 사이에서 형성되는 긴장의 장은 '인류학적' 영역의 것이다. 두 번째 영역에서는 이 두 개 차원에 대해 가정한 양극성들은 생물학적-개인적, 아니면 역사적-제도적 규정 또는 실행의 시도로 나타난다.

더 나아가 양가성 경험은 행위자들과 하는 (치료 목적의) 대화 중에, 그리고 아래 세 가지 '대화의 장' 또는 관계 범주 아래 체계적인 연구를 하는 동안, 행위자 스스로 인식할('드러낼', 의식할) 수 있다는 점에서 출발하는 것이 생산적이라는 주장이 있다.

— 자기 자신과의 내적 대화에서

— '중요한 타자'와의 대화에서(예를 들면 부모-자식 관계)

— '일반화된 타자'와의 대화에서(사회적 기대, 집단적 정체성 이해).

도식으로 정리해보자면 다음과 같이 나타낼 수 있다.

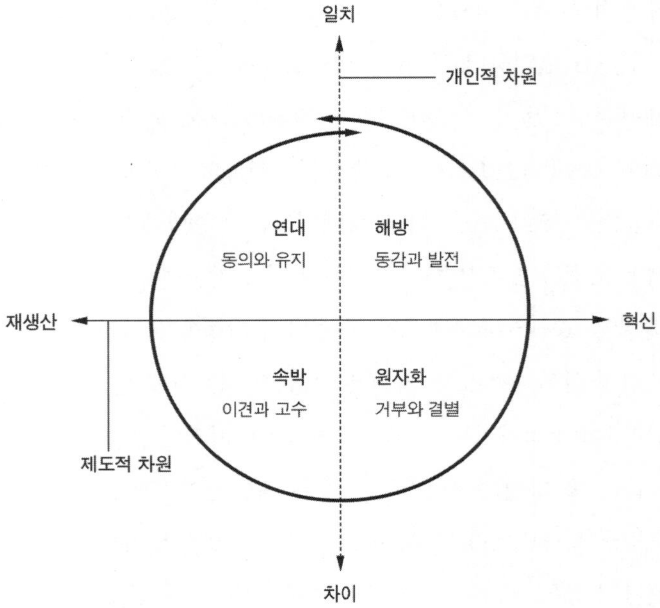

위의 유형들은 세대관계, 그 관계에 등장하는 양가성들, 그리고 그것을 처리하는 전략들의 '사회적 논리'의 특징을 요약한 것으로 이해하면 된다. 여기서 '사회적 논리'란 한 사회에서 일반적으로 관찰되는, 즉 제도화된 관계조직의 가능성들을 최대한 형식적으로 서술한 것을 말한다. 이런 가능성들은 구체적인 행위의 장들, 그리고 사회적 상황들에서 행위 규범으로 발현된다. 예를 들면 앞의 도식은, (세대관계에서) "연대"가 양가성들을 처리하는 하나의 형식으로 이해될 수 있다고 가정하는 것이다. 이런 양가성들은, 개인적 긴장의 장이라면 사실 그 무게가 (주관적 동화라는 의미에서) 일치 쪽에 놓여 있다. 하지만 미미한 정도라 할지라도 (주관적 거리두기라는 의미에서) 차이의 힘이 여전히 발휘되는 것이다.▸ 동시에 (계승된 형식을 지키고 고수한다는 의미의) 재생산이 (갱신과 변화라는 의미

의) 혁신보다 더 중시된다. 동의를 통해 그 유지를 추구하는 행위 규범들, 그럼으로써 개인적 차이와 발전의 역동성이 억압되는 그런 행위 규범들에는 이런 긴장들이 드러난다. 양가성이 명백한 문제로 부각되는 건 아니라는 추정은 맞다 — 유사한 방식으로 다른 양가성 영역의 특징도 설명해볼 수 있을 것이다. 관계의 역사 또는 치료가 진행되는 가운데, 소속된 유형이 변화할 수도 있다.

언급했던 경험적 연구들을 참조해볼 때, 현재의 분석 수준에서 종합적으로 다음과 같이 유형별 특징을 정리해 볼 수 있겠다.

a) '연대(Solidarität)'는, 개인적 애착과 전통적 관계 형식에 대한 지향이 우세하고 그것이 자발적인 상호 지원으로 드러나는 영역에 존재하는 양가성 경험을 포착한다. 이 경우는 형식적 평등이라는 의미에서 정의를 추구한다. 언급했듯이, 여기서는 유대를 매우 강조하면서 양가성을 억압하는 경향이 있다. 하지만 양가성은 잠재된 채 남아 있다. 왜냐면 실제의 삶에서는 순수한 형태의 재생산도 일치도 존재하지 않기 때문이다.

b) '해방(Emanzipation)'에서는 정서적인 애착과 공통의 인식('일치')이 우세한 가운데, 제도의 변화에 대한 의지('혁신')가 동시에 존재한다. 모든 참여자들은 상호의존성을 간과하지 않으면서도, 일반적으로 개성의 발전을 목표로 삼는다. 다만 개성의 발전이 무엇인지는 매번 다시 논의될 수 있다. 또한 양가성 경험들은 솔직하게 거론된다.

c) '원자화(Atomisierung)' 개념은 제도적 의무를 통해서도, 관계의 역사에 대한 주관적 가치 부여를 통해서도 결속이 확보되지 못한 유형이다. 부

▸ 개인적 차원의 양극, 즉 '일치'와 '차이'를 최근에 이르러 뤼셔는 '친밀함(Vertrautheit)'과 '낯섦(Fremdheit)' 개념으로 대체하기도 한다.

모와 자식의 관계는 끊을 수 없다는 사실 말고는 공유하는 것이 전혀 없다. 하지만 바로 이 인식이 특수한 상황, 예를 들면 질병과 같은 인생의 위기 사건에서 또는 상속 질서와 관련해서는 명백한 양가성 경험의 계기가 될 수 있다.

d) '속박(Kaptivation)'의 유형은 제도상의 의무에 근거해서 상호간에 권리를 내세우고 요구하는 경우이다. 그로 인해 불안정하고 항상 복종과 군림이 교차하는 관계가, 종속적이며 결국 상호 수단화된 관계가 형성된다. 양가성 경험은 상존하나, 그에 대한 성찰이나 논의는 거의 이루어지지 않는다.[54]

세대양가성이론 발전의 현황에서 보자면, 위의 모듈은 앞 절들에서 서술했던 개념적 성찰들을 실제 연구를 겨냥해 구체화하려는 시도이다. 게다가 이런 시도의 타당성과 유용성을 입증하는 자료들이 있다. 또한 부모와 성인 자녀 간의 부양 관계에 관한 연구처럼, 유사한 유형론으로 작업한 경우들도 꼽을 수 있다.[55] 최종적으로, 여기서 서술된 생각들은 거시사회학적 분석의 틀 내에서 하나의 해석 유형으로 사용하는 것이 가능하다. 예를 들면, 계보학적 세대담론과 교육학적 세대담론이 중첩되고, 간접적으로는 사회문화적 세대담론도 교차하는 분야인 아동정책을 체계화하는 데 사용할 수 있다.[56]

전망

양가성을 세대 문제에 대한 현실적인 접근을 가능하게 할 열쇠로 이용하자는 제안은 계보학적-가족적 세대 분석 분야의 인식들에 근거한 것이다. 역사적으로나 체계적으로나 이 분야에서 근본적인 세대 개념을 찾아야 한다는 근거는 많은 만큼, 이런 접근 방식은 타당하다고 할 것이다. 하지만 더 중요한 것은 학문실용적인 관점들이다. 이 관점에서는 "구(舊)와 신(新)" 간의 관계에 주목하게 된다 — 여기서 이 개념 쌍은 구체적인 의미와 비유적인 의미 모두로 사용된다. 중요한 것은 세대 간 관계의 설정이다. 세대소속성과 세대에 특징을 부여하는 개인적 정체성, 경우에 따라 집단적 정체성은 이처럼 관계를 설정하는 식으로 개인과 집단의 행동방식에서 표현되는 것이다. 이런 시각을 따른다면, 세대 개념을 활용하는 작업이 종종 — 바람직하지 않은 — 물화와 존재론화로 흐른다는 비판을 진지하게 고려할 것이다. 비록 세대 개념이 — 거시사회학적이고 문화학적인 분석에서 종종 그렇듯이 — 해석의 틀로 사용된다 하더라도, 이렇게 한다면 분석자는 구체적으로 관찰 가능한 사실들에 주목하게 될 것이고, 그럼으로써 세대 개념은 경험적 연구에 다가갈 것이다. 서로 상이한 세대담론들 틈에 존재하는, 분과 학문을 넘어서는 잠재력을 인지하고, 이 잠재력을 그런 관계이론적인 관점에서 생산적으로 이용할 수 있을 것이다.

말하자면 형식사회학적 관점이나 인류학적 관점에서도, 관계의 형성은 사회의 존립과 발전에 필수불가결하다고 볼 수 있을 것이다. 이런 전제에 잠재된 목적론적-기능주의적인 사유나 근본주의적-결정론적인 사유의 함정을 피하려면, 관계의 형성과 관련해서 구속과 개방성, 최종적으로 강압과 자유 사이의 긴장의 장을 현실에 맞게 논의하고 거기에 잠재된 성공과 실패의 가능성을 말해줄 수 있는 그런 관념이 반드시 필요하다. 바로 이 지점에서 양가성의 이념은 매우 도움이 된다. 이 이념은 — 비유적으로 말하자면 — 세대계승의 '중단'을 생각하게 만든다. 지금까지 이어온 발전의 자명성은 의문시된다. 실패의 가능성까지도 — 이 점은 급진적 포스트모

더니즘의 감수성이다 — 염두에 두는 것이다. 아무튼 극복 불가능한 차이를 가정해야 한다는 것, 그러나 그 전제로 일반적인 유대를 생각해야 한다는 역설적인 요구가 함께 들어 있다. 이런 점에서 양가성 이론은, 고전적 이론에서 선호되는 엔텔레키 이념에 따라 그럴 듯하게 추정하는 세대역동성 이념의 존재론화에 대해서는 분명히 거리를 취하고 있다. 그런데 엔텔레키 이념은 세대의 갈등과 발전의 불가피성에 대한 많은 일상적인 말들에서 아직 남아 있다.

세대관계와 그 조직이 양가성 경험을 수반한다는, 또는 어떤 방법, 어느 정도로 양가성 경험을 수반하는가에 대한 발견술적인 가설의 효과를 검토하기 위해서는, 상이한 경험 방식과 대응 방식들을 구분하는 것이 필수적이다. 많은 경우들에서 세대 개념은 해석의 틀로서 설득력이 있을 수 있다 — 그 분석적 효용성은 이 개념의 '작동(Operationalisierung)'을 위해 노력할 때, 즉 이 개념이 체계적 관찰과 해석의 절차로 전환될 때 비로소 드러날 수 있을 것이다. 이것과 관련해서도 — 매우 다양한 분야에서 이 개념이 빠르게 그리고 다양하게 수용되는 것을 보면 — 학제 간 그리고 분과 학문을 넘어서는, 좋은 전제들이 존재하는 것으로 보인다. 그러다 보면 어떤 시점엔가는 이 개념에 인간의 교육과 관련된 함의가 있다는 것, 더불어 시대진단적인 그리고 사회정치적인 의미가 있다는 것을 발견하게 될 것이다. 그것은 맨 처음부터 지금까지 '세대 문제'의 한 핵심 요소이다.

〈탁선미 옮김〉

주

1) 이 논문의 이전 본들을 읽고 평가해준 프랑크 레트케Frank Lettek, 아멜리 부르크하르트Amelie Burkhardt, 프란츠-크사버 카우프만Franz-Xaver Kaufmann, 또한 이 글의 교정을 도운 데니제 뤼팅거Denise Rüttinger, 그리고 유용한 조언을 해준 이 책의 편집자에게 감사한다. 내가 이 논문에서 개진하는 많은 생각들은 루트비히 리글레Ludwig Liegle와의 공동 작업에서 유래한다.
2) Mannheim, "Das Problem der Generation". 이런 확장은 만하임의 저 논문이 흔히 인용되지만(아마 논문 제목도 한몫을 했을 것이다.) 제대로 분석되지 않는다는 비판이 제기된다는 점 때문에도 시도할 만한 일이다. 이 점과 관련해 Matthes, "Karl Mannheims 'Das Problem der Generation' neu gelesen"; Sparschuh, "Der Generationenauftrag"; Zinnecker, "'Das Problem der Generation'. Überlegung zu Karl Mannheims kanonischem Text".
3) Lüscher/Liegle, "Generationenbeziehungen", 특히 3장.
4) Kant, "Über Pädagogik", 196.
5) '세대학습' 개념에 대한 자세한 설명은 다음을 참조할 것. Lüscher/Liegle, "Generationenbeziehungen", 5장; Lüscher/Liegle, "Das Konzept des 'Generationenlernens'".
6) McAdams/Logan, "What is Generativity?"
7) 그렇게 보면 세대 정체성의 구성은, 아무튼 그 개별적 특징만큼은 사회적 우연성에 대응하는 과정으로, 즉 사회적으로 조건지어진 우연성에 대응하는 과정으로도 이해할 수 있다(Lüscher, "Familie und Familienpolitik im Übergang zur Postmoderne", 34 이하 참조).
8) Kaufmann, "Generationenbeziehungen und Generationenverhältnisse im Wohlfahrtsstaat"; Kohli, *The Problem of Generations*; Leisering, "Wohlfahrtsstaatliche Generationen"; Sackmann, *Konkurrierende Generationen auf dem Arbeitsmarkt*; Thomson, *Selfish Generations?* 참조.
9) 예를 들어 Meyrowitz, *Die Fernsehgesellschaft*; Edmunds/Turner, *Generations, Culture and Society*; Schäfer, *Generationen* 참조.
10) 일리스Illies가 말하는 골프 세대 및 골프 2세대 그리고 쿨만Kullmann의 앨리 세대 참조.
11) 세대 개념의 유행에 대한 바이겔의 발언은 이채롭다. 바이겔은 세대 개념이 "사실 정의내릴 수" 없다며, "그 이중적 지향성(계보학과 공시성) 때문에도 의미가 명확할 수 없다"고까지 말한다(Weigel, "Generation, Genealogie, Geschlecht", 165).

전제는 다르지만 쇼벨도 같은 결론을 내린다(Chauvel, Les rapports entre les géné rations). 하지만 바이겔은 개념사의 잠재력을 지적한다. 다른 범주의 사용과 관련해서는 Daniel, *Kompendium Kulturgeschichte*; Höpflinger, *Generationenfrage*; Kaufmannn, "Generationenbeziehungen und Generationenverhältnisse im Wohlfahrtsstaat" 참조. 이들은 모두 가족 중심의 세대 개념을 사용한다. 교육학적 개념은 소수만이 사용한다. '사회문화-역사적'인 세대 이해에 대해서는 다양한 서술들이 있다. 이와 관련해 로일렉케도 참조할 것: Reulecke, "Einführung: Lebensgeschichten des 20. Jahrhunderts—im 'Generationencontainer'?"

12) 이와 관련해서 제발트가 각인시킨 "시간고향"이라는 개념도 중요하다. 이 개념에 대해서는 이 책에 실린 하인츠 부데의 글을 보라.

13) 이런 정체성의 부여는 제삼자에 의해 일어날 수 있다. 또는 자기 규정일 수도 있다. 따라서 세대의 특징을 규정하는 과정에서도 동일한 상황이 벌어질 수 있다 — 이런 맥락에서 예를 들면 68세대의 정체성이 나중에 형성된 것이고, 또 마찬가지로 나중에 거부될 수도 있다는 부데의 설명도 흥미롭다(Bude, "Generationen im 20. Jahrhundert").

14) Honig, *Entwurf einer Theorie der Kindheit*.

15) Riklin, "Mitteilungen", 405 이하.

16) Bleuler, "Die Ambivalenz", 102.

17) 특히 작가들이 내용적이고 의미론적인 수단들을 이용해 양가성을 만들어낸다는 것을 보여주고 있다. 이런 수단들은 상황에 따라 독자들에게도 다시 양가성 경험을 불러일으키게 된다. 이와 관련해 지마의 다음 서술을 참조하라. Zima, *L'ambivalence romanesque, zu Proust, Kafka und Musil*. 내가 이런 생각을 할 수 있었던 것은 콘스탄츠 대학 독문학자인 울리히 가이어Ulrich Gaier와의 공동작업 덕분이었다.

18) 최근의 두 경우를 꼽아보자. 우선 양가성 개념의 시대진단적인 의미를 주제로 한 융에의 논문이 있다(Junge, "Ambivalente Gesellschaftlichkeit"). 그는 현대의 역설들을 양가성의 근원으로 본다. 그리고 양가성에 대한 대응 가능성들을 제시한다는 목표로 "양가성의 정치"를 주장한다. 거시사회적이고 심리분석적인 지향성을 보이지만, 유사한 방식으로 예켈리는 "모든 형태의 양가성 관용"을 성숙의 표식으로 봐야 한다는 견해를 내세운다(Jekeli, *Ambivalenz und Ambivalenztoleranz*).

19) 이에 대해서는 다음을 볼 것: Knellessen, *Ambivalenz und Doppelbindung*; Lüscher, "Conceptualizing and Uncovering Intergenerational Ambivalence"; 사회학적 이해에 토대가 되는 것으로는, Merton, *Sociological Ambivalence*.

20) 나는 양가성을 '경험' 개념과 연결시키고자 한다. 그럼으로써 양가성이 구성물이라는 점이 강조된다. 그러니까 양가성은 직접 관찰될 수 있는 것이 아니다. 그것은 행동과 (양가성 개념의 일상 언어적 사용까지 포함하는) 언표행위들에서 추론해내야

하는 것이다.

21) 다양한 정체성 개념에 대한 긴 논의 대신에, 여기서는 하나만 확인하고자 한다. 개인 행위자와 집단 행위자는 자신의 행위를 다양한 맥락 및 과제와 무관하게 지속적으로 과민하게 인지하는 관념들에 따라 조정한다. 그럼으로써 이 관념들은 책임 있는 행위를 하는 준거점이 된다. 이데올로기에 오염된 개념사를 포함해서, 세대 분석에 사용되는 집단정체성 개념에 대해 니트함머Niethammer는 유보적 입장을 표명한다. 그럼에도 특정한 저술들의 경우 집단 행위자를 논하는 것이 유의미하고 타당하다. 이들에게 공동 행위의 준거로서 하나의 정체성을 설정하는 것은 논리적이다. 특히 정체성이 관계를 통해 규정되는 경우, 즉 특수성과 동시에 차이들에 대해서도 성찰하며 또한 그 관계의 형태를 적절히 고려하는 경우에는 그렇다. 이런 시각은 니트함머의 '아젠다' 개념과 통할 수 있을 것이다(*Generationalität*, 12 이하에 제시된 주제와 밀접하다).

22) "해소할 수 없다"는 수식어는 양가성 개념에 본질적이다. 갈등 개념과의 구분에 대한 질문에는, 양가성은 결코 완전하게 정산할 수 없는 갈등이라고 답할 수 있을 것이다. 따라서 균형 추구라는 관념은 양가성 개념의 의도와는 맞지 않는다. 그러나 강조할 점은, 해소 불가능성은 길든 짧든 주목의 대상인 행위관계망 내에서 문제가 된다는 사실이다. 이 관계망을 벗어나거나, 관계망이 분석의 범위 밖으로 떨어져 나가면, 양가성에 대한 물음은 당연히 필요가 없어지는 것이다. — 양가성 개념이 포착·서술하려는 특별한 역동성, 이 개념의 특수성을 이루는 그 역동성은 무엇보다도 갈팡질팡함이라고 말할 수 있을 것이다. 심리치료 문헌에서는 종종 "동요(Oszillieren)"라고 한다(예를 들어 Simon, "Beyond Bipolar Thinking"). "줄다리기"도 은유로 사용할 수 있다.

23) 문제는 계량화이다. 양가성 경험의 빈도와 강도의 차이는 무엇인가? 언제 양이 질로 전환되는가? 이런 질문은 양적 연구에서는 쉽게 간과되지만, 양가성의 경우 매우 중요한 것이다. 게다가 양적 경험적 현실을 연구하는 방법들은 명확성을 추구한다. 서로 반대되는 사실들을 동시에 포착해야 하는 관찰은 난감한 것이다. 그렇기 때문에 연구의 장치들을 구성하는 단계에서부터 그런 사실들을 회피한다. 이에 대해서는 다음을 자세히 참조하라. Lettke/Klein, "Methodological Issues".

24) ICD-10[세계보건기구의 국제 질병 분류 기준(International Classification of Diseases)]은 양가성을 정신분열증적 부정적 증세로, 즉 충동 및 흥분과 가까운 것으로 분류하였다. 그에 반해 '정신의학의 방법론과 기록을 위한 작업공동체(Arbeitsgemeinschaft für Methodik und Dokumentation in der Psychiatrie)'는 양가성을 정서장애 중에서 "모순되는 감정, 관념, 소망, 의도 그리고/또는 충동들의 공존"으로 정의한다. 현대적 진단 매뉴얼이 양가성 현상에 대한 해법을 주기는 어려울 것 같다. 현대의 진단 매뉴얼은 순전히 서술적이고 (조건에 따라) 범주화하는 관찰 방식을 따르기 때문에, 범주와 무관하게 이해를 통해 접근하는 블로일러의 진

단 방식과는 매우 거리가 있다. 현대적 진단 매뉴얼이 양가성 현상에 대한 해법이 되기 어려운 것은 이런 점과도 상관이 있을 것이다. Burkhardt, *Die Bedeutung des Begriffs »Ambivalenz«* 참조.

25) 이 도식은 보겐과 튀르레만의 기호학적 사유에 따른 것이다. Bogen/Thürlemann, "Jenseits der Opposition von Text und Bild".

26) Nash, "Concepts of existence", 1.

27) Bude, "Generationen im 20. Jahrhundert".

28) Weigel, "Generation, Genealogie, Geschlecht".

29) 이와 관련해 흥미로운 논문집들이 있다. Ecarius (Hg.), *Was will die jüngere mit der älteren Generation?*; Liebau/Wulf (Hg.), *Generation*; Liebau(Hg.), *Das Generationenverhältnis*; Winterhager-Schmid (Hg.), *Erfahrung mit Generationendifferenz*; Schweppe (Hg.), *Generation und Sozialpädagogik*; 그 외 호니히의 논문 "Muß Kinderpolitik advokatorisch sein?"과 아동에 대한 이론적 제안 참조. 또한 다음 안내서의 첫 번째 논문들 참조(Büchner, "Generation und Generationsverhältnis"; Böllert, "Generationen"; Bock, "Generationsbeziehungen im Kontext der Kinder- und Jugendhilfe"). 대부분 논문들의 목표는 세대를 교육학적 기본 개념으로 서술하는 것이다. 개별적인 경우이지만 이런 시도에 대한 비판도 있다. Merten, "Über Möglichkeiten und Grenzen des Generationenbegriffs".

30) Liegle, "Kinderpolitik durch Erziehung", 37 이하.

31) Honig, "Muß Kinderpolitik advokatorisch sein?"

32) 아동에 대응하는 사회적 조직 및 정치적 조직에는 양가성이 수반된다는 주장은 아동사회학의 다양한 논문들에서 등장한다. 가장 분명한 경우는 예를 들면 다음과 같다. Christensen, "Difference and Similarity"; Kränzl-Nagl/Riepl/Wintersberger (Hg.), *Kindheit in Gesellschaft und Politik*; Scholz, *Die Konstruktion des Kindes*. 아동정책을 아동의 사회적 역할에 내재된 양가성들에 대응하는 것으로 해석하는 시도로는 Lüscher, "Kinderpolitik".

33) Böhnisch, "Generation und Modernisierung", 74.

34) 같은 글, 77.

35) Alexander et al. (Hg.), *Cultural Trauma and Collective Identity* 참조.

36) Smelser, "Psychological Trauma and Cultural Trauma" 참조. 이와 관련해 전쟁과 아동기 문제에 대한 최근의 연구도 참조할 것. 호이프트가 이끄는 연구팀이 이 문제를 개관하였다[Heuft 외. (Hg.), *Ambivalenz, Belastung, Traumatisierung*.]

37) Trivers, "Parent-Offspring Conflict".

38) Boehm, "Ambivalence and Compromise" 참조.

39) Hrdy, *Mother Nature* 참조. 이 맥락에서 민간 속설의 아동 이해에 관한 중요한 서

술은 여전히 다음의 연구이다. Loux, *Das Kind und sein Körper in der Volksmedizin*. 사회화의 사회학이란 관점에서 아동 역할 이해의 발전을 간략히 개관한 것으로는 다음 연구가 있다: Lüscher, "Kinderpolitik konzipieren".

40) 파커의 분석이 제기한 질문, 즉 성별로 고유한, 특히 여성만의 양가성 경험과 그것의 사회적 조건 및 결과에 대한 질문은 물론 모성에만 국한되는 것은 아니다. 그녀의 질문은 예를 들면 특수한 문화적 종교적 교육 관념에 대한 대응 및 그것의 극복 문제도 포괄한다. 양가성 주제는 암시적으로만 다루지만 세대별 고유한 상황을 명시적으로 다룬 유용한 사례연구로는, 우르줄라 수녀원 부속 인문고등학교 하제륀네 여자 졸업생들의 생애와 운명을 "자율성과 적응"이라는 긴장의 장에서 묘사한 베허의 연구가 있다. Becher, "Zwischen Autonomie und Anpassung".

41) 대립적인 양극의 예들은 다음 절에서 서술되는 모듈과 연관된 것이다. "비탄력적(unflexibel) 대 새로운 것에 개방적(offen für Neues)" 또는 "습관적(eingefahren) 대 변화무쌍한(abwechselungsreich)"(제도적 차원), "배려심(fürsorglich) 대 냉정함(kühl)" 또는 "진심으로(liebevoll) 대 피상적으로(oberflächlich)"(주관적-개인적 차원)가 있다. 그 밖에 Lettke/Klein, "Methodological Issues" 참조.

42) Lettke/Lüscher, "Generationenambivalenz"; Lüscher/Lettke, "Intergenerational Ambivalence" 참조.

43) Pillemer/Suitor, "Explaining Mothers" 참조.

44) Lüscher/Pajung-Bilger, *Forcierte Ambivalenzen* 참조.

45) Brand, *Generationenbeziehungen in Familien mit psychisch Kranken*; Rudorf, *Generationenambivalenzen in Familien mit einem substanzabhängigen erwachsenen Kind*; Burkhardt, *Generationenambivalenzen in Familien mit einem psychisch kranken Kind* 참조.

46) 이와 관련해 Cohler, "The Experience of Ambivalence Within the Family" 참조. 라우트만Lautmann의 주장에 따르면 이런 양가성은 "법제화의 양가성"으로 계속된다.

47) Mayer/Filipp, "Perzipierte Generativität" 참조.

48) 이에 대해 다음을 참조할 것: Lettke, *Erben und Vererben*.

49) Dallinger, "Der Konflikt zwischen familiärer Pflege und Beruf"; Lettke, "Pflegen wollen, sollen, müssen oder dürfen" 참조.

50) 다음의 연구는 이 문제에 대해 매우 인상적인 주장들을 펼치고 있다. 양가성 개념을 사용하진 않지만, 양가성 문제를 구체적으로 잘 보여주고 있다. Cohler/Grunebaum, *Mothers, Grandmothers and Daughters*. 그 밖에 젠더이론을 끌어들인 경우로는, Lorenz-Meyer, "The Ambivalences of Parental Care".

51) 모델이 아니라, 모듈이라고 하는 것은 우선 이것이 상이한 맥락에서 이용될 수 있는, 경우에 따라서는 더 발전할 수 있는 하나의 분석 장치라는 것을 강조하기 위해

서이다. 모듈의 이념은 "중급 효용가치"(Merton, *Social Theory and Social Structure*)를 지닌 이론화라는 이념을 따르는 것이다.

52) 인간의 개인성을 생물학적으로 주어진, 신체적 주관성의 경험과 구속력 있는 사회적 소속성의 상호작용으로 이해하는 것이 생산적이라는 통찰은, 물론 사회학적 인간상과 사회상을 인류학적으로 정초해주는 일반적인 내용의 일부이다. 미드의 저서들은 그런 통찰을 세심하게 펼쳐 보였고, 일반적으로 인정받고 있다. 이 글의 맥락에서는 무엇보다 「사회적 정체성(Die soziale Identität)」과 「정체성의 기원과 사회적 통제(Genesis der Identität und die soziale Kontrolle)」, 이 두 논문이 중요하다. 이 논문들은 정체성의 구성에 수반되는 "내적 대화"의 과정을 잘 밝혀냈으며, 이런 경험들의 사회적 맥락을 분명하게 고려했다. 미드가 양가성이 포착하려는 경험들의 가능성도 이미 생각했는지, 또 어느 정도까지 생각했는지는, 이 개념에 대한 새로운 관심의 지평에서 더욱 깊은 분석이 필요할 것이다. 여기서 미드를 끌어오는 것은 경험적 사용을 지향하는 "모듈"의 이론적 정초를 위한 것이다.

53) 자유와 종속 또는 억압, 그리고 그 파생 현상들이라는 사회이론적인 이분법을 경험적인 관찰 가능성을 염두에 두고 바꿔 표현한 것이 이 이중성이라고 할 수 있다. 이 자리에서 인간 교육과 관련된 함의들을 자세히 탐구하는 일은 포기하겠다. 그리고 환유법이랄까, 스멜서가 시도한 것인데, 사회과학에서의 "양가적인 것"과 "합리적인 것"의 대립에 국한하겠다. "사회과학에서 합리적인 것과 양가적인 것이 차지하는 영역의 광범위한 함의에 다가갈수록, 인간의 조건에 내재한 근본적인 실존적 딜레마를 다루게 된다는 점이 분명해진다. 그것은 다양한 이분법을 통해 이야기된다. ─ 자유 대 억압, 독립 대 종속, 자율성 대 종속성, 성숙 대 미숙 등. 하지만 그 이분법이 무엇이든 간에, 딜레마는 풀 수 없는 것으로 보인다. 양극은 분리된 상태나 조건이 아니다. 자유도, 또 종속도 전체적이거나 배타적으로 실현될 수는 없다. 왜냐면 하나는 다른 하나의 일부이기 때문이다"(Smelser, "The Rational and the Ambivalent in the Social Sciences", 13).

54) 이런 유형 분류가 분석적이고 중립적이지 못하다는 이견이 있다. 첫 번째 두 개의 형식은 사회적으로 비교적 바람직하다고 인정되며, 세 번째와 네 번째 형식은 사회적으로 환영받지 못하는 것이라고 지적한다. 이런 지적과 관련해서 말하고 싶은 것은, 양가성에 대한 대응은 문화와 하위문화들에서 당연히 어떤 평가를 받는다는 점이다. 그리고 그런 일반적인 평가들은 모듈에서 서술된 형식들에 대해서도 적용될 수 있다. 하지만 개별적 경우에, 예를 들어 만일 부모와 자식 사이에 큰 불화가 있다면, 비교적 부정적인 의미를 갖는 대응 방식, 특히 "원자화"가 적절할 것이다.

55) 예를 들어 Lang, "The Midlife Dilemma"; Lorenz-Meyer, "The Ambivalences of Parental Care".

56) Lüscher, "Kinderpolitik". 요약하자면, 다음과 같은 주장이다. 성인-아동 관계의 양가성들을 조직한다는 의미에서의 아동정책은 최종적으로 교육 방식의 제고를 목표

로 한다. '권위적(autoritär)' 교육 방식은 연대의 양식에 부합하며, '권위 있는(autoritativ)' 교육 방식은 해방과 부응한다. '방임주의'는 원자화와 부합한다. 위 도식은 그러나 네 번째 대응 방식, 즉 수단적인, 경우에 따라서는 아동을 악용하는 대응 방식도 있다는 것을 주목한다. 이것은 '속박'의 영역에 속한다.

2부

세대 - 계보 - 성

내적 대상
세대계승과 주체 형성에 대한 정신분석학적 고찰

에리카 크레이치Erika Krejci

'세대'라고 하면, 우리는 과거, 현재 그리고 미래로 이어지는 순서를 생각하거나 연관성과 차이들을 말하거나 수천 년을 너머 지속된 격동의 인류사를 말하곤 한다. 우리 자신을 사슬의 한 고리로 비유하거나, 혹은 계보도(系譜圖)의 이미지를 택하고, 또 맥락에 따라서는 세대 개념에서 고려되는 이런저런 관점들을 강조하기도 한다. 아이데 페임버그Haydée Faimberg는 "시간의 흐름은 세대들을 생산해내고 세대 간 차이는 되돌릴 수 없는 시간의 흐름에 연계되어 있다. 철회할 수 없는 어떤 일이 발생하는 것이다"라고 쓴 바 있다.[1] 우리가 부모의 자식이라는 것, 그리고 부모가 우리보다 먼저 있었고 우리에게 생명을 주었다는 것, 우리도 자식을 얻을 수 있으며 우리가 죽은 후에도 별일이 없는 한 자식들은 살아 있다고 알고 있는 우리의 의식은 순차적인 시간 안에서 움직인다. 우리는 인과적인 순서 안에서 생각하고 또한 개별적인 자아로서 생각한다. 그런데 이 자아-의식이 항상 있었던 것은 아니다. 그것은 역사가 진행되면서, 그리고 어떤 전제들과 맞물려 형성된 것이다. 신화적인 시간, 순환적인 시간이 지난 후, 정체성 형성의 '원죄' 후에 비로소 세대의 계승이 시작되었고, 아들은 '야곱, 이삭의 아들, 아브라함의 아들'이라는 이름과 함께 사회에서 자신의 자리를 얻었다.

전 세계에 존재하는 신화들에서 우리가 알 수 있는 것은, 태초의 세계와 인간의 시초에 대하여 고민하고, 상상하고 이야기를 지어냄으로써 닥친 일들을 맥락화하는 것이 항상 사람들의 관심사였다는 것이다. 남성이 임신 과정에서 하는 역할이 알려지지 않고 여성들이 바람이나 물에서 아기를 얻는다고 여겼던 시기에는 위대한 어머니 여신들이 하늘과 땅을 다스렸다. 남신들이 여신들을 대체한 것은 오랜 시간이 지난 후였다.

창조신화들을 보면 무(無) 혹은 무형의 상태와 혼돈의 시간에서 질서가 생겨나며, 질서와 함께 만물이 태동한다. 이로부터 갈등과 싸움이 일어나고 변천이 생기며, 때로는 멸망으로 끝나기도 한다. 한 세대 안에서 일어나는 싸움, 세대와 세대 간에 발생하는 싸움을 조율하는 것이 신화의 지속적인 주제였다. 인간의 자만심과 불손함도 반복되는 주제였다. 신화 속 이야기들이 전해주는 인간의 원형적인 상황들은 옛날뿐 아니라 지금도 유효하며, 우리의 현재적 상황에 내재한 무의식적 측면들을 밝혀줄 수 있다.

성경에서는 인류의 역사가 금지를 어기고 그 결과, "그래서 그들은 자기들이 벌거벗은 줄 알게 되었다"(창세기, 3장 7절)는 이야기로 시작한다. 이야기의 핵심은 자기 인식, 성별의 인식, 성적인 욕망의 인식에 있는데, 이 인식으로 말미암아 인간은 법을 명하는 아버지와 갈등하지 않고 자기 자신에 대한 의식이 없으며 분리라는 것이 없는 낙원에서 추방당한다.

신화들은 심리적인 것의 자기객관화(Selbstobjektivierung des Psychischen)가 처음 시작되었을 때의 증거물이다. 이는 내적이고 심리적인 현실과 외적인 현실이 점점 더 의식적으로 분리되는 것과 함께 나타났다. 후고 폰 호프만슈탈Hugo von Hofmannsthal에 따르면, "모든 인간의 가장 내적인 의식은 시간과 공간 및 자신을 둘러싸고 있는 사물의 세계를 스스로 창조할 뿐 아니라, 과거와 현재, 동물과 인간, 꿈과 현실로부터 관계의 세계를 창조한다".[2] 이로써 그는 우리 인간이 '내적인 의미'에서는 스스로 창조한 세계 안에 살고 있는 존재이며, 인간의 영혼 속에는 현재와 과거가 엮여 있다고 말해준다. 삶의 조건과 문화의 역사는 매우 다르다. 문화는 상이한 예술 형식들, 언어들, 개념들, 사유방식들을 발전시켰다. 그리고 공동체의 문화와 개인의 내적 세계를 이루는 '관계의 세계'는 너무나 다양해져서 낯선 심성들을 이해하기 위해서는 매우 세부적인 지식이 필요하다. 그와 마찬가지로 무의식적인 태곳적 유산을 안고 있는 우리 자신을 알고 이해하는 것도 어렵다.

이 글의 첫 절에서 나는 수천 세대에 걸친 심리적 구조의 형성 및 그것을 가능하게 만드는 조건들에 대한 이론의 일부를 서술하겠다. 정신분석학에서 쓰이는 '정신적 기구'라는 용어는 상호 연계된 심리적 정신적 구조들의 총체를 가리킨다. 정신적 기구는 인류의 역사에서 오랜 시간을 지나면서 분화되고 발전해왔으며, 각 개인의 성장 과정에서 다시금 그 발달의 과정을 전개하는 생생하게 살아 있는 기관이기 때문에, 우리의 심리구조는 주어진 조건에 따라서 규정된다는 것을 알아둘 필요가 있다. 외부의 자연환경에 영향을 미치고 그것을 변화시켜온 인지 영역의 높은 학습 능력에 비해, 감정의 흐름과 무의식적 환상은 좀처럼 원래의 상태에서 벗어나려고 하지 않는다. 나는 감정의 학습 과정은 감각운동의 학습 과정이나 인지적 학습 과정과 완전히 다른 법칙을 따른다는 것을 설명할 것이다. 이성적인 과정과 무의식적인 과정이 서로 다른 차이는 인간의 본유적 조건이다. 유기체의 개체발생사 안에서 종(種)의 계통발생사가 반복되듯이, 인간의 무의식에는 태고의 생활조건과 상황에 상응하는 심리적인 기능 방식과 환상이 있다. 이것은 인간의 기호 사용과 더불어 발생하는데, 기호의 사용은 상징화 능력의 습득보다 시기적으로 더 빠르다. 그래서 신화가 필요하다. 신화는 초기의 사회적이며 심리적인 구조화의 시작을 설명해주며, 그럼으로써 합리적이고 분석적인 사유로써는 알아낼 수 없는 맥락들에 대해 생각할 수 있도록 도와주는 다리 역할을 하기 때문이다.

두 번째 절에서는 완전히 다른 시간 관점에서, 즉 오로지 두 세대들 안에서, 아버지가 아들의 인격 형성에 미치는 영향을 결의론(決疑論)▸적 사례를 통해서 살펴볼 것이다. 아버지는 마땅히 태곳적 유산이기도 한 심리적 구조의 매개자이거나, 아들과 딸의 내면에 심리적 구조가 형성되는 것을 이끌고 보호해야 한다. 나는 가족 안에서 일어나는 동일시 과정을 설명하고 이와 관련하여 제도적인 차원이 갖는 중요성을 설명하겠다. 한 개인의 내부에 이성이 정립되기 위해서는 부모가 보편적으로 유효한 규범을 준수하는 것이 필요한 조건이다. 그중에서도 살해 금지와 근친상간 터부 및 세대와 세대 사이의 벽은 매우 중요한 의미를 차지한다. 이런 규범과 법은 전 사회적 차원에서 유효하다. 이를 준수하는 일이 사회적인 제도들을 통해서 관리되지 않으면 결국에는 공동체가 손상을 입는다. 따라서 두 번째 절의 요점은, 오늘날 매우 복합적인 심리적 구조가 안정적으로 유지되려면 이에 상응하여 구조화된 제도들이 지지하고 뒷받침해야 한다는 것이다. 제도는 전승되어온 지혜와 지식에 복무하기 때문이다.

세 번째 절은 지난 세기 서구인들의 자아상에 일어난 변화와 20세기를 살았던 세대들에 대해서 이야기할 것이다. 우리 자신과 우리 아이들, 부모

▸ 결의론은 구체적인 사례의 상황과 맥락을 분석함으로써 도그마에 빠지지 않고 현실적인 도덕적 판단을 이끌어내는 기술이다.

들, 조부모들이 모두 이 세대들에 속한다. 또한 개인이 소화하고 극복할 수 있는 정도를 넘어서는 트라우마 경험으로 인한 심리적 구조의 손상이 여러 세대에 걸쳐서 나타나는 것을 다룰 것이다. 나아가 그로 인하여, 또한 사회적 제도들이 개별 구성원들의 발달과 삶에 대한 책임을 다하지 못하는 결과로서, 감정의 세분화 과정들이 문화적으로 습득되었다 해도 다시 파괴되어버리는 위험을 설명하게 될 것이다.

I.

문자 기록을 남긴 시기 이전에 우선 기호의 발달이 일어났던 기나긴 선사시대가 있었다. 앨프리드 실버Alfred Silver는 인류가 상징을 개발한 것은 인류발달사의 가장 보편적인 성취이자 또한 최대의 수수께끼라고 말한다.[3] 실버는 시리아의 한 고분 발굴지를 사례로 들며 기원전 3천 년경에 도시문명이 폭발적으로 등장했음을 보여준다. 그 이전 7천 년 동안 아무런 변화가 없이 동물과 식물 모양의 조형물들을 흙으로 빚었는데, 기원전 3천 년에 점토판에 형상들을 새겨서 기호로 사용하는 변화가 일어났다. 동물들을 보이는대로 묘사했던 단계를 벗어나 동물의 형태를 기호로 사용하는 추상화 단계로의 이행과 함께 인류의 모둠살이 방식에 결정적인 변화가 출현했다. 이로부터 우리는 인간의 정신적 심리적 작용 방식에도 복합성이 커졌을 것으로 유추할 수 있다. 사회적인 심리의 발달과 개인적인 심리의 발달 간 상호작용을 세부적인 사항까지는 알 수 없지만, 그 둘이 맞물려 있다는 것은 의심할 여지가 없는 사실이다.

유아가 언어를 습득하기 이전 시기, 즉 개인의 선사시대라고 할 초기에 개별적인 감각기관에 의존했던 인지작용이 상징과 언어 같은 복잡한 기호들을 사용하는 단계로 이행하는 것을 볼 수 있다. 이 발달 과정은 아이가 맺는 최초의 인간관계가 성숙해가는 과정과 겹친다. 신생아는 프로이트가 근원적 동일시라고 불렀던 관계를 부모와 형성한다. 근원적 동일시는 현실원칙의 성립에 선행하는 쾌락원칙의 시기에 속하는데, 프로이트는 그것을 "대상과 감정적으로 맺는 관계의 근원적인 형태"[4]이며 아이의 이상(理想)인 "개인적 선사시대의 아버지"와의 동일시로 보았다. 그리고 그것은 "어떠한 대상리비도집중(Objektbesetzung)보다 더 일찍이 발생한다"[5]고 말한다. 근원적인 동일시는 심리적인 분리 이전에, 즉 주체와 객체의 구분 이전에 일어나는데, "타자의 모범에 따라서 주체가 형성되는 원초적인 형태"[6]로 이해된다. 근원적인 동일시는 전지전능과 무경계(無經界) 그리고 파편적인 현실감 등이 특징이며, 또한 분열, 내사(內射), 투사, 부인(否認) 같은 방어 및 처리 매커니즘을 갖고 있다. 이 메커니즘은 신체를 통한 섭취와 배설을 모델로 갖고, 안과 밖, 정신과 신체의 구별을 모른다.[7] 미성숙한 자아는 동일시를 통해서 대상에서 자신이 필요하고 원하는 부분들을 자신의 것으로 삼고, 싫어하거나 참기 싫거나 참기 어려운 모든 것은 자신에게 속하지 않는 것으로 거부한다. 불쾌를 초래하는 것은 분리되고 내쳐져, 마찬가지로 분열된 대상의 거부된 부분으로 투사된다. 거슬리고 불쾌한 것은 '바깥'에, 비자아(非自我, Nicht-Ich)에 귀속되기 때문에, '안'과 '밖'을 나누는 객관적인 기준이 없고 따라서 심리적인 공간도 없다. 미성숙한 자아에게 "나쁜 것, 자아에게 낯선 것, 외부에 있는 것들은 일단 다 같은 것이다".[8] 장애나 결핍으로 인해서 현실을 인지하게 되며, 생각이 발달하고 이어서 상징을 발달시키게 되면 그때서야 달라진다. 불안을 동반하는 분리와 상실은 특별한 방식으로 그 불안을 극복하도록 자극한다. 가장 초기의 분묘 발굴지에서도 출토되는 공예품들은 인간이 가까운 사람들의 죽음, 그 최종적인 분리에 따른 자아에 대한 위협을 창조적인 행위를 통해서 극복해왔음을 증명해준다.

근원적 동일시는 오늘날 무엇보다도 어머니 및 어머니의 심리적 기능들과의 동일시로서 논의되고 있다. 프로이트 이래 어머니의 의미가 매우 크게 전면에 부각되고 있다. 우리는 이 시기를 이자일체(二者一體)로 표현하고는 한다. 초기의 아버지는 독립적인 대상으로서가 아니라 어머니의 한 부분처럼 경험된다고 생각하기 때문이다. 아이가 사랑하는 아버지는 좋은 어머니와 마찬가지로 이상화되지만, 어머니에게 편입되고 귀속된다. 어머니처럼 아버지도 거슬리는 측면에서는 미움을 받는다. 그리고 투사적인 동일시를 통해서 아버지는 방해하고 괴롭히거나 두려움을 주는 모든 것의 저장소가 된다. 투사적 동일시는 최초의, 즉 언어 습득 이전의 소통 형식을 가리키는데, 이 소통 형식은 전능환상(Allmachtsphantatien)의 표현이다. 이때 타자는 심리적 자아의 어떤 부분들을 넘겨받게 된다. 마치 이 부분들이 신체적이며 떼낼 수 있는 것처럼 말이다. 그래서 이 단계에서는 부분대상들이라고 말한다. 그런데 신체와 신체의 원시적인 인지활동들에 담겨 있는 삼각형의 원칙이 — 아주 어린 유아조차도 눈과 귀로 이미 공간지각을 조합해낼 수 있다 — 부분대상 세계를 생각하는 초기의 정신활동에 나타난다. 사고력이 커지면서, 즉 주목, 인지, 판단, 추상화를 함께 작동하는 능력, 그리고 또 상징을 만드는 능력이 커지면서, 아이는 점점 무경계의 상황에서 벗어나는 동시에 심리적 공간을 갖게 된다. 이와 함께 현실을 이루는 맥락들을 점점 더 알게 되고 인정하고 참을 수 있게 된다. 그러면서 이제 **심리적 현실**의 인지도 가능해진다.

감정적으로나 인지적으로 관계를 짓고 맥락을 형성해내는 능력의 향상은 상징들의 발달을 통해서 확고해진다. 어머니가 아이가 표출하는 불안과 분노 및 애정의 갈구에 적절히 대응할 수 있으면, 아이는 모순적인 감정의 상호작용을 잘 배우게 되고, 그럼으로써 사랑과 미움을 점점 더 조절할 수 있게 되며, 궁극적으로 두 감정을 연관시킬 수 있게 된다. '심벌론(symbolon)'은 '한데 뒤섞다'라는 뜻이다. 이제부터 아이는 어머니를 좋다고 그리고 나쁘다고 경험하게 된다. 이 시점에 비로소 아버지는 어머니로부터 독립적인 대상으로 인식되고, 어머니와 다르기 때문에 아이는 아버지를 욕망하고 두려워한다. 통합과 분리를 동시에 의미하는 이러한 '변형'[9]을 통해서 비로소 '내적 대상들'이 오로지 좋아하는, 혹은 오로지 미워하는 '부분대상들'로서가 아니라 총체적인 대상으로 형성된다. 하지만 꿈 연구들에서 보듯이, 무의식 속에는 경계를 해체하려는 경향, 그럼으로써 개별 사물과 사람을 해체하려거나 또는 주관적 관계망을 수립하려는 경향, 자의적이고 오로지 자신의 감정과 환상만을 따르는 경향이 평생토록 지속된다. 그렇기 때문에 심리적인 발달, 특히 심리적 현실을 인지하는 능력은 다시 퇴보할 수 있다. 이 점은 전쟁체험이 일으키는 심리적 구조들의 손상과 관련해서 다시 이야기하겠다. 사유와 창조하는 행위는 인간이 습득한 능력들 가운데 언제든지 쉽게 퇴행할 수 있는 것이며, 무의식적 소원은 항상 유혹으로 존재한다.

여기서 나는 '내적 대상' 개념을 좀 더 설명하고자 한다. 세대와 세대의 상호관계에서는 다음과 같은 사실이 본질적이기 때문이다. 부모 혹은 부모 역할을 하는 사람들, 정신분석에서 일컫는 바로는 '대상들'이, 부모에 대한 환상 및 실제 경험에서 유래하여 부모의 대표자로서 내적 공간에 수립된다. 쾌락원칙에서 현실원칙으로의 이행을 다시 생각해보자. 결핍을 인식해야만, 그것도 꿈에서 충족 경험을 환각적으로 일깨우지 않고서 실제로 그 무엇이 '없다'고 인식할 때라야, 아이가 본능에 종속된 행동방식을 넘어서 자신의 필요에 맞게 주위 환경에 영향을 행사할 가능성이 생겨난다. 부정적인 것(das Negative)을 생각으로써 변형시키는 것이 동물과 다른 인간의 창조적인 능력이다. 인간의 창조적인 능력은 유아의 '낙원' 같은 자족적인 완벽함을 제한하는 현실을 검증하고 인정하는 것을 포함한다. 유아는 어머니를 제 맘대로 부리지 못한다. 어머니의 젖은 허기를 채워주고 빠는 즐거움을 선사하며 안정감과 위로를 주지만, 마냥 누릴 수는 없다. 원하는 걸 얻으려면 어머니를 자기편으로 만들어야 하고 소통해야만 한다. 그러기 위해서 처음에는 발버둥을 치면서 울고, 나중에는 웃고 옹알이를 하며, 그다음에는 생각을 하며 발음을 흉내 내고 마침내 말을 사용한다. 말하는 어른들 틈에서 자라는 아이들만이 말하는 것을 배운다. 어른들을 흉내 내면서 아이들은 발음과 언어규칙을 전수받는데, 이것이 그들이 사회의 구성원으로 성장하는 데 결정적인 역할을 한다. 교류하는 데 규칙과 법칙이 있다는 것도 언어로써 그리고 언어를 통해서 매개된다. 게다가 현실에 대한 우리의 시각도 우리가 사용하는 언어의 개념과 구조들에 연동되어 있다.

내적 대상의 형성은 사고력 발달, 상징 발달, 언어 발달과의 관계 속에서 일어난다. 내적 대상의 형성과 더불어 부분대상 세계도 소급되어서 상징화된다. 심리 발달, 즉 '정신적 기구'의 발달이 진척됨에 따라 내적 대상들의 성격도 변화하게 된다. 그것들은 이제 보호하고 금지하는 내면의 형상들이 된다. 아이의 심리적 발달 및 자기 인지 능력은 부모와의 소통이 얼마나 성공적인가에 달려 있는데, 여기에는 아이 내면의 정서와 감정을 소통하는 것도 포함된다. 아이가 자신의 정신적 심리적 작용에 주목하는 것을 배우기 위해서는 부모가 그것을 인지하고 배려하는 것이 필요하다.

언어 이전 단계에서 어머니와 소통하는 초기의 체험 세계는 관계의 제삼자인 아버지의 개입으로 형성되는 논리적이고 질서적인 세계가 관철되면서 억압되고 무의식화된다. 의식과 무의식의 분리는 내면세계에 총체적인 대상이 정립되는 것과 동시에 얻는 성과이다. 아버지는 어머니에 대해 성기기(性器期)의 성애가 지배하는 지극히 의미심장한 감정적 유대를 요구함으로써, 어머니를 아이와의 퇴행적인 이자일체의 관계에서 해방시키고, 이로써 어머니는 다시금 가족 안에서 그녀의 자리를 취할 수 있게 된다.[10] 또한 아버지는 아이를 어머니의 위협적인 권능에서 해방시킨다. 어머니가 아이를 자기와 다른 주체로 보지 않고 어머니 자신 및 자신의 환상과 구별되지 않는 소유물로 볼 때, 어머니의 힘은 위협적일 수 있는 것이다.

초기 어머니와 마찬가지로 초기 아버지도 막강한 권능으로써 아이를 위협한다. 부모가 마음대로 지나치게 힘을 휘두르면 아이 안에서 싹트던 주체성의 맹아가 짓밟힌다. 고야의 그림 〈자식을 잡아먹는 크로노스〉의 배경이 된 신화에서 크로노스는 아버지인 우라노스를 거세하는데, 그 자신도 아들 중 한 명에 의해 자리에서 쫓겨나리라는 예언을 피하기 위해서 자식들을 잡아먹는다. 크로노스의 이야기에서 우리는 모든 권력을 독차지하려는 아버지의 손에 후속 세대가 파괴되는 상징을 읽는다. '크로노스(Chronos)', 즉 시간이라고 쓰면, 이것은 어떻게 아버지 세대가 자식들 혹은 자식들의 미래와 삶의 토대를 붕괴하고 파괴하는지 보여주는 이미지이기도 하다. 이는 사회적 질서의 기원에 관한 프로이트의 글 「토템과 터부」(1913)가 시작되는 지점이기도 하다. 프로이트에 따르면 원시군집의 아버지는 아들들에게 살해되고, 식인적인 토템 향연에서 식육되었다. 아버지를 먹음으로써 아들들은 아버지의 힘과 능력을 체화한다. 아들들은 아버지를 미워했을 뿐 아니라 사랑했기 때문에 그들의 살해 행위를 후회하고 죽은 아버지와 자신들을 동일시한다. 그리고 아버지를 대리하는 토템 동물의 살육을 스스로 금지하고 나아가 아버지의 여자들을 포기한다. 이로써 내면화된 아버지의 이름으로 아버지 살해의 금지와 근친상간 터부라는 욕동의 제한이 문화적인 요구로서 자리를 잡았다.[11)]

이렇게 해서 모두가, 권력자조차도 금지의 터부에 속박되었다. 이 규칙들은 생활공동체 안에서 맺어지는 인간관계들의 세분화에 기여했다. 금지는 최고 어른 혹은 지배자에 의해서 체현되었고, 그는 금지가 지켜지도록 살펴야 했다. 가족 내 남성 권위자를 공격하는 것은 역모나 마찬가지였다. 알베르트 요제프 슈토르퍼Albert Josef Storfer에 따르면 그런 반란이 종종 원시종족에서 통용되던 권력교체의 형식이었다.[12)] 자식들이 성장하고 부모들이 노쇠하면서 힘의 관계가 뒤바뀌기 때문에 아버지와 아들 사이에 경쟁이 생겨났고 이를 조율할 규칙이 만들어져야 했다는 것이다.

다시 유아로 돌아가 보자. 온전한 자아로 성장하기 위해서 필요불가결한 조건은 유아가 처음부터 고유한 특성을 지닌 주체적인 존재로 받아들여지는 것이다. 이 분리는 어머니의 내면에서는 아이의 아버지에 대한 어머니의 사랑과 결속 때문에 촉발되지만, 사회에서는 아버지가 아이를 그의 자식으로 인정하고 그럼으로써 사회의 새로운 구성원으로 자리를 마련해 주는 방식으로 일어난다. 이것은 인류 역사가 한참 지난 후에 생겨났다.

아이가 성별에 관심을 갖기 시작하고 자신과 성이 다른 한 쪽 부모한테 성적인 뉘앙스를 띠는 관심을 나타내게 되면, 유아적인 형태의 세대 갈등에 이르고, 사춘기에 마침내 절정에 이르게 된다. 동성의 부모에 대한 경쟁심은 성적 흥분과 그에 동반되는 환상으로 인하여 강화되고, 아이가 부모와 맺는 관계가 성적인 전조(前兆)를 띠면서 다시금 분화된다. 그때까지 때로는 어머니와 때로는 아버지와 동일시했던 아이는 성적인 관점에서 어머니와 같거나 어머니처럼 될 것인지, 혹은 아버지와 같거나 아버지처럼 될 것인지 선택해야 하는 상황에 직면한다. 이로써 남성 혹은 여성이라는 성적 정체성이 형성된다. 아버지는 아들이 경외하는 모범인 한편 아들에게 자기가 하듯이 어머니와 관계를 맺는 것, 즉 성적인 관계 맺기를 금지한다. 이는 분노와 반항심을 일으키지만 또한 불안을 야기한다. '눈에는 눈, 이에는 이'와 같은 성서적인 형벌 법칙처럼 거세불안을 일으키는 것이다. 아이는 아버지를 두려워하면서도 사랑하기 때문에 어머니를 포기하며, 나중에 크면 어머니를 대신할 여성을 찾을 것이라고 스스로 위로하게 된다. 이와 동시에 아버지에 대한 동성애적 욕망도 있는데, 여기에는 어머니가 방해가 된다. 이 지난한 갈등이 오이디푸스 콤플렉스를 이루고 이를 극복하는 과정에서 "자아 속에 침전물을 남기는데, 그 본질은 두 개의 동일시의 형성에 있다. 이것들은 양친 부모 및 그들의 관계와의 동일시로서 서로 결합된다".[13] 이 동일시를 우리는 이차적 동일시라고 부른다. 이차적 동일시를 통해서 내적 통합이 이루어지기 시작한다. 이렇게 성립된 '초자아'가 이제 부모의 기능을 위임받아서 무엇이 허락되고 무엇이 금지되며 무엇이 옳고 무엇이 그른지 말하기 때문이다. 그러니까 부모가 이번에는 성기기의 섹슈얼한 대상으로서 내면화되는 것이며, 이는 동시에 나중에 수행할 세대 생산 과제를 준비하는 것이기도 하다.

내적 구조가 형성됨으로써 비로소 금지하고 제한하는 아버지나 부모에 대한 미움이 심리적 공간 안에 안착할 수 있게 되고, 미움이라는 강력한 감정은 행동 충동으로부터 멀어지게 된다. 이는 해결되지 않는 갈등에 빠지지 않으면서 증오를 내적 과정의 한 부분으로 인정하고, 살피고, 조절하고 타협하기 위해서 반드시 필요한 조건이다. 만일 대상에 대한 시각을 퇴행적으로 변형시킴으로써 이런 노력을 회피한다면 — 늘 상대적인 것이지만 — 내적 통일성이 손상을 입게 된다.

인간 성장의 모든 초기 발달단계들은 사라지지 않고 그 후의 발달단계들과 함께 남아 있게 된다는 점을 강조하고 싶다. 그래서 우리 안에는 상이한 정신적인 상태들이 공존하고 있으며,[14] 꿈을 꾸거나 병이 나거나 혹은 집단적인 경험 등을 통해서 과거에 거쳤던 발달단계로 되돌아가기도 한다.

중요하기 때문에, 이 상황을 나르시시즘, 나르시시즘적인 전능이라는 용어를 사용하여 다시 한 번 정리해보아야 할 것 같다. 나르시시즘은 자신이 세상의 중심이고 자신이 원하고 요구하는 대로 세상이 움직여야 한다고 믿는 환상을 가리킨다. 나르시시즘적인 사랑은 "자기 자신을 사랑의 대상으로 삼는다. 나르시시즘적 사랑은 나르시시즘적 환상과 마찬가지로 가장 본래적인 자아의 형성과 관계있다".[15] 유아가 갖는 최초의 나르시시즘은 부모의 동의와 인정을 필요로 한다. 나르시시즘은 펼칠 필요가 있다. 그래야만 언젠가 강요에 의해서뿐 아니라 마치 달걀 안이 너무 비좁아진 병아리가 알을 깨고 나오듯이 스스로 원해서 나르시시즘을 벗어난다. 하지만 그때까지는 부모가 닭이 달걀을 품고 있듯이 어린 아이의 나르시시즘적인 욕구들을 이해하고 받아주고 반응해주어야 한다. 물론 부모도 환상과 무의식적 욕망을 갖고 있다. 그렇지만 부모가 아이의 감정과 욕구를 이해하고 애정을 갖고 대응하면서, 아이가 어디까지 제 맘대로 할 수 있고 무엇을 하면 안 되는지 정확히 알려준다면, 아이의 부모에 대한 사랑과 신뢰가 강화될 뿐 아니라 아이의 내면에 자신의 선량함과 의지에 대한 신뢰가 길러진다. 여기에는 화를 내고 욕심을 부리고 공격욕을 발산해서 인간관계가 망가지더라도 다시 복구할 능력이 있다는 아이의 자신감도 포함된다. 또한 부모는 아이가 금지를 수용하고 한계를 받아들이는 능력을 강화하며, 아이가 자신을 객관적으로 바라보고 자신이 부모에게 의존하는 존재임을 견디는 능력을 강화한다. 모든 정신분석학자들은 인간의 정신적인 건강에 유아기가 얼마나 중요한 의미를 갖는지 경험상 잘 알고 있다. "우리의 자식들이 잘 자라도록 애쓰는 것은 곧 우리의 미래, 인류의 미래를 위해서 노력하는 것과 진배없다"16)고 프랑스의 아동정신분석학자 세르주 레보비치Serge Lebovici는 쓰고 있다.

'내면의 부모'가 자아 속에 형성되면서 최초의 나르시시즘은 부분적으로 극복되고, 또 부분적으로는 억압된다. 현실의 요구를 제대로 인지하고 그에 상응하는 행동을 익히면서, 아이는 부모에게는 둘만의 관계가 있다는 것을 알게 되며 이 특별한 관계에서 자신이 배제된다는 달갑지 않은 발견을 하게 된다. 이로써 아이의 자기중심주의는 아이 내면의 삼차원적 심리공간에 자리를 물려주고, 이 안에서 자아와 대상, 대상과 대상의 관계에 대한 다양한 환상들이 생겨난다. 또한 가까운 '욕동의 목표,' 일차적 동일시의 대상들이 더 멀리 떨어져 있는 다른 대상들에 의해 대체된다. 부모는 더 이상 결정적인 사랑의 대상이 아니며, 새로운 대상이 선택되어야 하는 시간의 지평이 열리는 것이다.

인성의 발달은 이와 같이 대상관계와 자기애의 긴장 속에서 일어난다. 성적인 성숙과 그에 따른 신체 변화로 인해 심리적으로도 새로운 균형을 찾고 정체성을 새롭게 정립해야 하는 과제에 직면하는 사춘기에는 기존의 대상관계들을 놓고 심각한 의문이 제기된다. 사춘기의 청소년은 어린 시절 누구보다 크고 힘센 사람으로 보였던 부모가 여느 사람들처럼 약점도 있고 잘못도 저지르는 평범한 인물이라는 것을 인정할 수밖에 없다. 이는 가족 구성원 모두에게 고통스러운 과정이다. 그때까지 지켜졌던 경계선들이 새롭게 시험되고 옮겨지거나 새롭게 정해지며, 규정들이 무시되고 도덕에 대한 생각이 변하는 등, 아동기의 세계관으로는 더 이상 충분하지 않다.

옛날에는 많은 사회에 통과의례가 있어서, 한편으로는 귀속 및 의존 욕구, 다른 한편으로는 독립 욕구와 성적 욕구 등 상호 갈등하는 욕망들에 방향성을 제시하고 청소년을 가족의 품에서 사회로 편입시키는 제도의 역할을 했다. 동년배집단에 소속되는 것은 청소년기와 같은 과도기에 귀중한 도움을 준다. 이성과 교제하는 새로운 형태들이 시도되고, 옷차림 등에서 새로운 표현 방식이 발전하며, 보고 듣는 데서도 새로운 습관들이 생겨난다. 부모는 계속해서 필요한 존재이다. 청소년들로부터 부모 고유의 권한을 부여받지 못하더라도 부모는 그들을 위해서 늘 준비하고 있어야 한다. 부모는 사춘기를 이해하는 마음을 갖는 동시에 명확히 선을 긋고 확고한 태도를 취해야 하며, 이로 인하여 관계가 잘못될 수 있음을 두려워 하지만 말고 그들 자신의 입장을 대표할 수 있어야 한다. 부모는 청소년들에게 새로운 권리와 새로운 책임을 잘 전달해야 하는 것이다. 그러면 청소년이 부모에게 반발하고 때로는 부모를 미워하더라도 내적으로 부모를 잃지 않는다. 오히려 그들은 마침내 부모가 진정으로 중요하다는 것, 그리고 왜 그런지 이유를 알게 될 것이고 자신들이 누구인지도 알아낼 수 있을 것이다. 자식에게 방향을 제시하면서도 자유롭게 둬야 하는 부모의 과제는 풀 수 없는 문제처럼 어렵지만, 질풍노도의 시기를 거친 청년은 자기 행동에 대해 더 이상 부모에게 책임을 묻지 않고 자신에게서 책임을 찾을 것이다.

오늘날 물질적인 만족이 종종 인간관계를 가꾸는 심리적인 노동을 대체하지만, 이로써 소외를 불러오는 계산적인 관점 때문에 초래된 깊은 감정적 교류의 결핍이 해소되지는 않는다. 데이비드 흄David Hume은 "이성은 열정의 노예일 뿐"[17]이라고 했는데, 이런 지혜를 무시하며 무의식의 실재를 부정하고, 태곳적 유산을 부인하는 논리는 인간의 내적 체험 가능성을 빈곤하게 하고 감성의 능력을 빈약하게 한다. 내적 대상들과 소통하고 내면의 여러 영역들과 교류하는 것만이 우리로 하여금 생의 충만함과 만족감을 곁들인 총체적인 경험을 가능하게 한다. 게다가 이 소통과 교류는 늘 갈등을 수반하지만 오히려 갈등들이 내적으로 연소될 수 있게 하는 전제조건이다. 그렇지 않으면 투사 과정을 통해 사회를 갈등들의 투쟁 장소로 만들 수 있다.

제도적인 장치들은 이렇게 형성되는 개인의 심리적 구조들을 강화하거나, 약화시킬 수 있으며 심지어 해를 끼칠 수도 있다. 수많은 세대가 인간의 모순들을 고려하여 많든 적든, 옳든 그르든 사회와 그 구성원들의 발전을 보장하려고 노력했다. 그런 후 등장한 도구적 인간은 도구적 이성에 집착하면서 인간의 본능적인 욕동과 한계에 대해서 인류가 축적해놓은 지혜를 시대착오적이라고 규정짓고 지워버리려 한다. 도구적 인간은 인간의 한계를 모르는 나르시시즘의 시선으로 세상을 바라보는 위험이 있으며, 이로써 인류의 안녕에 이바지하지 못하는 제반 관계들을 만들어 낼 위험이 있다. 나르시시즘적 세계관은 진실에 대한 진정한 구도(求道)를 모른다. 만일 쾌락원칙을 좇으면서 존재감을 높이려고 하거나 어떤 종류든 이득을 보는 게 목적이라면 우리 인간에게는 진실을 찾거나 자기 인식에 이를 여지가 없어진다. 나르시시즘적 질서는 투사, 내사, 투사적 동일시를 통해서 생긴다. 나르시시즘적인 고착에서 벗어나서 오이디푸스적 구조를 형성함으로써 비로소 진실에 대한 탐구가 시작될 수 있다. 수수께끼를 푸는 오이디푸스는 어떤 희생을 치르고서라도 진실을 알고자 하지 않았던가! 자신의 유래를 알고 싶어 하는 것은 자기 인식과 진실을 탐구하는 본

보기다. 하지만 괴테의 회의도 알아두자. "진실은 우리의 본성에 거슬린다. 오류는 그렇지 않다. 이유는 간단하다. 진실은 우리에게 인간이란 한계가 있는 존재임을 알라고 요구한다. 그런데 오류는 우리가 이런 식으로든 저런 식으로든 무한한 존재라고 아첨을 떨기 때문이다."[18)]

II.

이제 이 논문의 중간 부분인데, 앞서 언급했던 결의론의 한 모범적인 사례를 살펴보고자 한다. 배경은 1984년에 있었던 한 범행이다.[19)] 범인은 캐나다 군대 소속의 드니 로르티Denis Lortie라는 이름의 젊은 병장이었다. 그는 정부(政府) 내각을 죽이겠다면서 캐나다 퀘벡 의사당에 쳐들어갔다. 나중에 그는 "퀘벡의 정부는 내 아버지의 얼굴 같았다"[20)]며 그 이유를 댔다. 사상자가 발생한 총기난사 후 로르티는 텅 빈 의사당의 의장 자리에 앉았다.▸

정신과 의사들과 법관들의 과제는 로르티에게 그가 저지른 살인에 대해서 책임을 물을 수 있는지 여부를 판단하는 것이었다. 피에르 르장드르Pierre Legendre는 문제를 이렇게 정리했다. "살인은 어떤 이가 그 살인에 책임이 있다고 누군가 답할 것을 항상 요구한다. 그런 주체가 있거나, 주체

▸ 1984년 퀘벡에서 발생한 총기난사 범행으로서 범인인 로르티는 정규군복 차림으로 의사당에 난입했으며 무차별 난사로 세 명의 의사당 직원을 죽였고, 십여 명을 다치게 했다. 경찰이 출동했을 때 그는 의사당의 의장 자리에 앉아 있었으며, 오랜 시간의 설득 끝에 더 이상의 살상이 없이 경찰에 체포되었다. 의사당에서 설득하는 과정의 단편을 유투브 동영상으로 볼 수 있다.

가 없다면 주체를 책임에서 면제하는 심급을 요구한다. 그런데 살인에 대해 답을 해야만 한다는 것, 살인에 대해 책임을 져야 한다는 것은 어떤 의미인가? 이런 질문은 사회적 실험 프로그램을 이상으로 내세우는 현대 범죄학의 학문적인 방법론들 앞에 사멸되어 버린다."[21] 르장드르는 현장과 학문이 유리됨으로써 반드시 필요한 질문들과 문제가 제기되기 힘들어졌다고 역설한다.[22] 피고인 로르티 스스로는 재판 과정에서 자신의 행위에 책임을 질 수 있는 사람이라고, 즉 자신이 정신이상이 아니라고, 그래서 죄를 물을 수 있다고 인정해줄 것을 수차례 요구했다. 나아가 그는 자신을 주체로 인정할 것을 사법부에 요청했다. 그는 자발적으로 자신이 저지른 행위를 이해하고 자신의 범죄로 받아들이려고 노력했다. 그의 범죄 행위는 계보학적 실패가 낳은 비극적 결말이었다.

르장드르는 로르티의 행동을 설득력 있게 부친 살해라고 분석했다. 로르티는 본인 자식들에게 그의 아버지 같은 사람이 될 것이라는 불안과 싸웠고, 마침내 아버지-대리인이라 할 퀘벡의 내각 관료들을 살해함으로써 내적으로 아버지로부터 해방되려고 했던 것이다. 로르티의 경우, 자신의 의지와는 반대로 아버지와 동일시했고, 자신을 아버지로부터 분리할 수 없었다. 그의 아버지는 로르티를 포함해서 자식들한테 믿을 수 없을 만큼 심한 가혹행위를 했고, 폭행과 근친상간적 행위 때문에 수년간 감옥에 수감되기도 했다. 딸 한 명은 아버지의 아들을 낳기까지 했다. 로르티의 아버지는 어떠한 제한이나 경계도 모르는 "폐하-주체"(자크 라캉Jacques Lacan)의 극단적인 한 경우였고, 프로이트식 신화가 묘사하는 막강한 원시 군집 아버지의 체현이었다. 그는 절대군주처럼 군림했고, 세대와 세대 사이의 차이들도 무시했다. 그의 아들들은 아버지와 동일시한 결과 충분한 정도의 금지와 포기를 내면에 형성할 수 없었고, 이는 큰 불안을 낳았다.

자식들에 대한 교육적인 제스처는 아무리 사소하다 할지라도 로르티에게는 견디기 힘든 폭력으로 여겨졌다.

르장드르는 아버지라는 직책이 쉽게 와해될 수 있음을 강조한다. 아버지란 아버지라는 임무를 잘 수행하기 위해서 아이의 자리를 포기해야 하는 아들이다. "아버지가 그렇게 하지 않으면, 거꾸로 자식들이 사실상 수행할 수 없는 아버지의 직책을 수행해야 하는 어려운 위치에 놓인다."[23] 내면의 군집아버지로부터 벗어나기 위해서 현실에서 저지른 실제의 살인은 동시에 군집아버지의 무법성을 따르는 것이었다. 심리적인 과정들의 질서가 붕괴되어, 안과 밖, 공과 사의 구별을 무시하는 전능의 환상이 마법적인 방식으로 현실성을 부여받기 위해서 실행으로 옮겨진 것이다.[24] 혹은 르장드르의 표현을 빌리자면, 로르티의 살인은 전능의 날것 그대로의 표현이자 절대성에 대한 직접적 관여의 표현이다. 하지만 관계 체계의 본질은 "인간에게서 전능과의 유착을 끊어내고 그것을 금지"하는 데 있다.[25]

사건 당시 의회에서 로르티가 찍힌 비디오필름이 상소심 심리에서 매우 중요한 역할을 했다. 로르티는 비디오필름을 보는 두려움이 있었지만 자신이 저지른 사건과 대면하려고 노력했다. 그는 자기 자신을 바라보는 관객이 되었다. 사건 당시 로르티가 자신이 '연기'하는 것을 모르는 배우였다면, 이제 살인을 저지르는 자기 내면의 타자, 그 미친 사람을 바라보는 사람이 되었다. 그리고 그 사람으로부터 거리감을 얻었고, 이로써 그 사람을 '인식'할 수 있는 전제 조건을 획득했다. 살인 행위를 다시 한 번 경험함으로써, 그리고 자신의 행동으로 인식함으로써 주체가 내면의 살인자로부터 분리될 수 있었다. 처음에 로르티는 견딜 수 없는 고통 때문에 쓰러졌다. 르장드르에 따르면 "로르티는 이성에서 완전히 이탈한 상태로부터 살아난 생존자이다. 자아 상실의 상태에서 무사히 귀환한 사람인 것이다"[26]. 로르티는 마침내 자신으로부터 분리되어 제삼자의 차원에서 자신을 응시하는 것을 견딜 수 있었다. 판사의 직책이 제도로 기능하면서 로르티로 하여금 그것을 가능하게 했다. 로르티의 체험에서 판사는 분리하는 제삼자의 역할을 했고, 이는 주체의 내적 구조에 변화를 일으키는 전이의 의미를 갖는다. '원시군집의 아버지'인 생부와의 동일시가 법의 원칙에 따라 직책을 수행하는 아버지와의 동일시로 변환된 것이다. 르장드르의 말에 따르면, "이것은 법의 제의성(Ritualität)을 새롭게 평가하도록 요구한다". "법의 제의성을 통해서 주체는 스스로를 인간적인 주체로서 보고 들을 수 있는 전이의 공간 속으로 투사될 수 있다. 요컨대 법에 따라서 분열되어 있는 주체, 즉 주체의 상위에 있는 법의 이름으로 분열된 주체가 되는 것이다. 이로써 주체는 인간성에 내재된 법의 지배하에 있게 된다."[27]

이런 식의 분열은 병리학적인 다중인격과는 전혀 다르다. 다중인격의 경우는 "왼손이 하는 것을 오른손이 모르는 식"의 심리적인 상황으로서, 상식적으로 이해 불가능한 행동들 뒤에 숨어 있을 것으로 짐작될 뿐인 정신적인 상태이다. 우리는 다중인격을 트라우마적 경험에 따른 결과로 알지만, 만일 이데올로기가 '인간성에 내재된 법'을 벗어나도록 이끈다면 이데올로기의 영향 아래서도 병리적인 분열이 일어난다. 이는 제2차 세계대전 당시 폴란드의 트레블링카 수용소의 소장이자 가톨릭 신자였던 프란츠 슈탕글Franz Stangl을 인터뷰한 지타 세레니Gitta Sereny의 기록에서 볼 수 있다. 1970년 무기징역을 선고받은 슈탕글은 그의 생전 마지막이 된 인터뷰를 세레니와 했다. 인간으로서의 책임감을 묻는 질문에 슈탕글은 처음에는 늘 입에 올렸던 대로 "내가 한 일에 대해서 내 양심은 깨끗하다"는 말을 반복했지만, 긴 침묵 후 더듬거리면서 "사실 나도 잘못이 있다"[28]고 부연했다. 다음 날 그는 심장마비로 죽었다. 이는 그가 분열과 이에 따른 부인을 포기하고 자신의 죄를 인정했지만, 동시에 이를 견딜 수 없었고 그래서 더 이상 살 수 없었던 것과 관련이 있어 보인다. 1963년 프랑크푸르트에서 있었던 아우슈비츠 재판에서 프리츠 바우어Fritz Bauer 검사가 기소한 스물두 명의 피고인들 중 단 한 명도 "후회 비슷한 것을 내비치지 않았다".[29]

영국의 정신분석학자인 윌프레드 비온Wilfred R. Bion은 거짓말을 연구했는데, 거짓말로 자신의 정신을 망칠 뿐 아니라, 주변을 망치고 나아가 문화까지 왜곡시켜 거짓의 증식에 이르게 하는 거짓된 존재들이 있다는 말을 한다.[30] 쉬이 짐작할 수 있듯이 비온은 민족사회주의자들을 염두에 둔 것이었다. 우리 모두는, 이를테면 개인, 가정, 집단은 나치스라는 독물 중독의 후유증에서 많든 적든 자유롭지 못하다. 전모가 드러나지 않은 왜곡과 변형에 대한 사회적인 이해는 조금씩 부분적으로 일어나고 있다. 사울 프리드랜더Saul Friedländer는 나치즘의 환각이 지속되고 있다고 강조한다. "전지전능하고 싶은 욕망은 법에 의해 약화되고 억압되지만, 그러나 항상 현재형이다. 마찬가지로 법을 파기하려는 유혹도 현재형이다. 심지어 파멸에 이르는 위험을 감수하고서라도 그렇게 하고 싶을 수 있다."[31] 한 개인이 심리적으로 성숙하느냐, 한 집단이 내적으로 발전하느냐의 문제는 진실에 달려 있으며, 또한 실제로 존재하는 관계망들을 찾아내고 이로부터 상징체계를 확산시킬 수 있는가에 달려 있다. 이는 언제나 나르시시즘적인 상처를 견디어낼 수 있는가의 문제이기도 하다. 1961년 예루살렘에서 있었던 아이히만 재판, 1963년부터 1965년까지 프리츠 바우어가 이끌었던 아우슈비츠 재판, 1970년 트레블링카 재판 및 그 후에 있었던 재판들은 심각하게 왜곡되었던 독일의 법의식을 회복하는 데 결정적인 역할을 했다.

법조문들이 이성원칙과 직접적으로 결부되어 있음은 상이한 종류의 지식들을 연결할 때만 드러나는 관점이다. 나는 르장드르의 설명에 많은 지면을 할애했는데, 르장드르가 아버지 권위의 약화 혹은 폐지에서 개인의 해방과 문화의 진보를 찾으려는 경향에 맞서서 탄탄한 학문적 토대를 근거로 반대 입장을 설득력 있게 제시했기 때문이다. 그러한 경향은 가부장적 원칙이 영속화하는 데 대한 비판적인 대응일 수 있지만, 절대적인 관계체계에서 이탈한 폐하-주체 개념과의 관련 속에서 진지하게 재고될 필요가 있다. 공적 담론과 공적 의식에서 모든 위계적 구조가 파기되고 전통적인 지식과 경험이 폄하됨으로써, 오히려 젊은 세대가 처하게 되는 위험은 이와 같은 극단성 안에서만 측정될 수 있다. 이런 의미에서 한나 아렌트 Hannah Arendt는 "인간이 아니라 신이 만물의 척도여야 한다"는 플라톤의 말을 인용한다. 아렌트는 자동인형처럼 변모한 인간이 어느 날 "극히 민주적인 방식으로, 즉 다수결로써 인류 전체를 위해서 인류의 한 부분을 절멸시키는 편이 낫다고 결정한다면,"[32] 인류에게 속하는 인간의 권리가 위험에 처하게 된다고 경고한다.

로르티의 사례가 보여주는바, 딸과 아들의 세대가 — 르장드르는 "두 가지 성별의 아들들"이라는 전통적인 표현을 사용한다 — 심리적으로 성장하는 것은 동일시의 메커니즘에 따라서 상당 부분 결정되며 부모의 심리적인 기능 여부와 맞물려 있다. 이는 좋은 방향으로도 나쁜 방향으로도 일어날 수 있는 경험이며, 심리적인 차원에서 성경의 한 구절이 담고 있는 진실을 경험하는 것과 다르지 않다. 즉 "은혜를 천대(千代)에 이르도록 베풀며, 악과 과실과 죄를 용서할 텐데, 그 누구도 이로부터 죄 없지 아니하기 때문이다. 그러나 아버지의 악행에 벌을 면제하지 아니하고 삼대, 사대에 이르도록 그 자식과 그 자식의 자식에 보응하리라"(출애굽기 34장 7절).

III.

지난 20세기에 서구 유럽인의 자아상에 큰 변화가 있었다. 여러 가지 이유가 있으나 여기서는 그중 한 가지를 살피고자 한다. 새로운 '인간학'인 정신분석학의 발달은 무의식에 체계적인 지위를 부여했고, 이로써 근대 이성중심주의의 독점적 가치에 종말을 고했다. 정신분석이 개인과 집단 내부의 의식적 힘과 무의식적 힘 사이에 일어나는 갈등에 주목하는 까닭에, 정신분석은 심리적 공간에서 생겨나는 원초적인 충동과 욕동, 즉 신체(욕망)와 정신의 긴밀한 상호작용에 지속적으로 관심을 갖는다. 정신분석의 이러한 지식은 공적 담론에서는 거의 환영받지 못한다. 근대가 낳은 자기 확신의 입장에서는 우리 인류가 '너무도 멋지게 멀리' 내달려 왔기에, 우리의 내면에 상속된 유산이 도사리고 있다는 사실은 주목할 만한 가치가 없어 보이는 것이다. 메피스토는 이렇게 말하지 않았던가. "옛 말씀을 따르고 나의 아주머니인 뱀의 지시를 따라라. 언젠가는 네가 신과 닮았다는 사실이 두려워지리라!"(『파우스트』 1, '연구실')

실제로 우리의 지식과 능력이 진보한 덕에 우리의 선조들을 괴롭혔던 크나큰 고난과 불안은 이제 의미를 잃었다. 하지만 이런 진보가 인간 고유의 본성까지 건드리지는 못한다. 인간의 본성은 신체적으로나 심리적으로 지극히 보수적이다. 본능적이며 나르시시즘적인 욕망과 무의식적 환상의 세계에 대해서 두 눈을 감아버리거나 무시한다고 해서 그것들을 없애버리거나 또 그 영향력을 없애버릴 수는 없다. 한편에서는 대상 선택의 욕구, 즉 친숙하고 지속적이며 충만한 인간관계를 맺고 싶은 욕구, 익숙한 생활공간에 안전하게 머물고 싶은 욕구, 모순된 감정들과 욕망들을 심리적으로 정돈하도록 규제하는 질서에 종속되고 싶은 욕구가, 다른 한편에서는 모든 금지들을 위반하고 싶은 욕망, 사랑이 되었든 폭력이 되었든 간에 금지도 없고 한계도 모르는 어두운 혼돈 상태로 내닫고 싶은 욕망, 전부가 아니면 전무(全無)인 황홀한 유아독존의 세계에 머물고 싶은 욕망이 변함없이 인간의 내부에 공존한다. 역설적이지만 오늘날 학문에 대한 절대적인 신뢰는 오히려 심리적 구조의 전제를 간과하고 나르시시즘적 환상을 부추기는 방식으로 인간의 심리적 체질을 위협하는 이데올로기가 되었다.

인격 형성 과정에서 근친상간 터부 및 세대 간의 벽을 포함하는 오이디푸스적 구조는 건강한 심리를 만들어내는 조건이다. 이뿐 아니라 아이가 인생의 다양한 단계들을 거치며 일생의 사이클을 완성할 수 있기 위해서는, 그러니까 스스로 언젠가 어머니나 아버지가 될 수 있기 위해서는 합법적이며 사회적인 제도들이 필요하다. 아버지가 아이를 인정하는 행동은 어머니에 대한 아이의 귀속감과는 근본적으로 다르다. 어머니에 대한 귀속감이 생물학적으로 명약관화하다면 아버지의 인정은 자신 또한 한때 아들이었음을 알고 있는 사람에 의한 것으로서, 아이에게 마침내 사회 속에 고유한 한 자리를 마련해주는 것이다. 20세기는 인간에 대한 가공할 폄훼와 기계화된 전쟁 및 집단학살로 점철된 세기로서 원시군집의 아버지가 귀환한 듯 보인다. 구성원들은 적응해야 하고 또 적응한다. 이때 그들이 내면에서 지불하는 대가가 무엇인지 아직 다 드러나지 않았다. 20세기의 인간성 파괴를 생각한다면[33] 미래 세대들의 인간성 회복을 위해서 지금부터 노력할 일이다. 조지 슈타이너George Steiner에 따르면 "우리는 스스로를 호모 사피엔스, 생각하는 인간이라고 부르지만 1914년 이래 벌어진 사건들이 인간에게 가한 해악의 크기를 아직도 헤아리지 못하고 있다".[34) 르장드르 또한 이와 비슷하게 쇼아(Shoa)▸가 초래한 제도적 결과들, 특히 광범위한 상징파괴(Desymbolisierung)를 분석할 것을 요구했다.[35)] 그 희생자는 서구의 젊은 세대가 될 것이기 때문이다. 쇼아는 인간성의 토대를 무력화했고 전도된 의미의 정상성을 만들어냈으며 죄의식 없는 살해를 불러왔다. 슈타이너도 르장드르도 진화의 반전이라는 위험을 본다. 모든 이기적이고 근친상간적이며 공격적인 욕동들이 대방출되는 방향으로 체제상의 전회가 일어날 수 있다는 것이다. 지그문트 바우만Zygmunt Bauman 또한 그의 책 『질서의 변증법—근대와 홀로코스트』에서 유대인 학살의 조직적인 진행 과정을 세밀하게 분석한 결과 현대에서 인간성 상실의 위험을 경고한다. 학살에 가담한 개인들은 거대한 행동사슬에서 도덕적으로 따질 수 없는 아주 작은 한 부분만을 책임질 뿐, 자기 행동의 결과나 그것이 옳은지 그른지는 책임지지 않는다는 것이다. 쇼아로 인한 문화 단절은, 동시대인과의 실제적인 소통을 가능하게 하는 도덕심의 발달이 현대생활의 변화 속도를 따라가지 못함을 가리키는 끔직한 기호이다.

쇼아의 너머에도 독일을 포함해 지구 곳곳에서 수백만에 이르는 사람들이 개성의 상실 및 방향감 상실, 광포한 폭력과 상상을 초월하는 고통으로 시달리고 있다. 정신분석가들은 일차적으로 개별적인 운명을 다루며 분석의 초점은 한 개인의 삶이 갖는 고유성에 있다. 그럼에도 개별 운명의

▸ 히브리어로 재앙을 뜻하는 어휘로서 특히 나치 독일에 의해서 자행된 유럽 거주 유대인 학살을 가리킨다.

분석을 통해서 같은 세대에 속하는 많은 사람들이 공유하는 경험을 밝혀 볼 수 있다. 정신분석가들의 상담실을 가득 채운 자식 세대와 손자 세대들은 나치의 동조자와 은밀한 부당이득자들, 그리고 전사자, 피난민 혹은 폭격 피해자들을 부모나 조부모로 두고 있다. 우리 분석가나 정신과 의사들의 상당수도, 다른 사람들이 그렇듯이 지난 세기를 지배했던 혼란에 타격을 입었다. 정신분석가들은 고향을 잃거나 가족을 잃은 경험, 폭력의 경험, 나치나 반유대주의에 대한 대립적인 입장으로 생겨나는 가족 간의 갈등 및 모순된 동일화[36]의 경험과 자주 부딪힌다. 입증할 수는 없지만, 독일의 경우 아이들에 대한 기쁨, 순수한 즐거움과 다정함을 누리는 능력에 집단적인 손상이 일어났다고 나는 생각한다.

나는 전쟁 세대와 전후 세대에서 나타나는 몇 가지 전형적인 문제들을 꼽아보려고 한다. 이런 문제들은 문학에도 서술되어 있고 또 개인의 체험에서도 나타난다. 라데볼트Radebold는 전쟁 세대와 전후 세대에게서 만성적인 우울증이 증가했음을 확인했다.[37] 만성 우울증의 증상은 병을 신체에서만 찾는 의학에서는 인지되지 못하곤 한다. 때 이르게 생존 문제에 부딪히고 살기 위한 의무와 책임을 떠안아야 했던 아이들은 너무 빨리 어른이 되고 부모의 역할을 (자기네 부모들에 대해서도) 위임받았다. 아이다운 환상공간은 이렇듯이 강요된 현실에 압도당하고 속박되어서, 자기만의 소망과 감정이 반영된 환상이 제대로 일어나지 않았다. 이렇게 내적으로 속박된 사람들에게는 휴가라든지 퇴직과 같은 자유공간이 오히려 위협이 될 수 있었다.

이미 시사했듯이, 트라우마적인 경험들로 인해서 심리 기제가 나눠지고 분열될 수 있다. 정신적인 구조가 심각하게 손상을 입고, 트라우마적 사건에 대한 기억이 다른 심리적 발달 과정과 분리된 채 본질적인 변화 없이 지속적으로 남게 되는 것이다.[38] 정신병리적인 분열은 심리적 내용들에 일어난 과도한 분리를 표현한다. 그런 분열은 트라우마를 겪은 사람들의 관계 능력과 체험 능력에 잘 알 수 없는 방식으로 영향을 미친다. 그 영향은 어떤 경우에는 확연하지만, 종종 알아챌 수 없이 미묘하고 드러나지 않기도 한다. 자아의 분열은 부분적으로 생존에 기여하기도 한다. 어린아이였을 때 폭탄이 퍼붓는 지하 벙커에서 살아남았고 다음 날 아침 어머니와 함께 불타오르는 거리들을 지나 도망쳤던 한 여성은 지금까지 불을 무서워하며 성냥불조차도 켜지 못한다. 이렇듯 결코 극복되지 못하는 충격이 남긴 사소한 증상의 이면에 또 무엇이 숨어 있는지는 추측할 수 있을 따름이며, 그로부터 또 어떤 다른 영향이 인생에 작용했을지는 가늠하기 어렵다. 오늘날에는 '일견 사소한 것'들에 주목해야 한다는 걸 알지만, 강제노동 수용소의 경험, 가족의 상실, 혹은 다른 종류의 박해 경험이 한참 시간이 지난 후에 발병하는 건강상의 문제에 중요한 원인일 수 있다는 점을 독일 정신의학이 인정하기까지 오랜 시간이 걸렸다.[39] 일부는 방법적 무지가, 또 일부는 과거를 부인하는 사회적 분위기가 영향을 미쳤다. 잠복 현상을 알아내는 의학적인 방법이 없기도 했으며, 성인일지라도 심리적 기능은 지속적으로 변화한다는 데 대한 지식이 없었기 때문이었다. 로이칭어-보레버Leuzinger-Bohleber 등의 병력 연구는 2002년 트라우마의 경험이 있는 환자의 숫자가 눈에 띄게 증가했음을 보고한다.[40] 이들 중 20%는 유년기 때 가족의 일원을 잃었고, 20%는 부모와 헤어졌으며 대개 어린 나이에 분리되는 경험을 하였다. 11.3%는 성폭행을 당했음이 증명되었고, 6.3%는 신체적인 학대를 경험했다. "게다가 예상 외로 많은 환자들의 생애와 병력이 2차 대전 중에 경험했던 트라우마와 깊은 연관성이 있음을 확인했다. 우리는 연구 과정에서 자주 아버지와 어머니가 전쟁 중에 겪은 일들이 자식과 손자에게까지 드리우는 어두운 그림자와 대면했다."[41)]

에크슈테트Eckstaedt는 로렌츠Lorenz와 토매Tomä가 트라우마적 노이로제를 두고 설명한 적 있던, 두 시기에 걸친 증상발전 사례를 보고하고 있다.[42)] 첫 시기에는 무반응과 '지극히 정상상태'를 보이며 증상이 미미하거나 눈에 띄는 태도도 나타나지 않는데, 두 번째 시기에서는 비교적 사소한 동기에도 중대한 증상이 따른다. 에크슈테트는 32세의 남성이 심장발작과 불안증을 반복적으로 겪는 사례를 보고하는데, 이 남성은 다섯 살 때 누이가 소이탄에 맞아서 불타는 것을 봐야만 했었다. 라데볼트의 보고에 따르면 내상 없이 전쟁을 넘어선 여성은 거의 없는데, 후속 손상들은 한참 후에야 서서히 나타났다.[43)] 피난 시절이나 전후 시절에 남편 없이, 경우에 따라서는 여러 명의 자식들을 데리고 헤쳐 나가야 했던 어머니들은 자신과 자식들에게 마음의 문을 닫았고, 매질을 교육수단으로 택하는 도피를 했다. 이들은 내적 장애를 입고 전쟁과 포로수용소에서 돌아와 독선적으로 행동하는 남성과 다시 결혼생활을 잘 유지할 수 있는 상태가 아니었다. 부부관계의 밀도는 약화되었다. 이로써 자식들은 통합적인 동일시에 이르기가 무척 어려웠고, 내적 안정감과 정체성의 느낌을 얻기 힘들었다. 반항적 태도로 부모의 권위를 거부하는 것은 흔히 어떤 결핍에서 생겼고, 이것은 또 다른 결핍, 즉 내적 대상들과 자아의 통합을 통한 내적 응집의 결핍을 초래하기도 했으며, 이 결핍은 다시 손자 세대에도 영향을 미쳤다.

다른 사례로는 전쟁과 포로생활에서 귀향한 후 자식들을 끔찍할 정도로 때리곤 했던 한 아버지를 들 수 있다. 그는 죽기 직전에야 미안하다고 말하면서, 그가 그렇게 한 이유가 매일 밤마다 악몽을 꾸었고, 깨고 나서도 악몽에서 벗어나지 못했기 때문이라고 털어놓았다. 그의 이중현실 속의 삶은 트라우마 경험이 있는 환자들에게는 자주 관찰되는데, 여기에 대해서는 뒤에서 다시 언급하겠다. 아무튼 이 아버지의 고백은 딸이 내적으로 아버지와 화해하는 데 매우 중요했다.

전쟁에서 돌아와서 자식들을 다정히 대할 수 없었던 아버지들에 대한 보고들도 있다. “아버지는 나를 한 번도 안아주시지 않았다”라고 말하는 “전쟁을 겪은 세대”[44]의 딸도 있다. 이런 방식으로 폭력의 경험들이 아이들에게 ‘전달된다.’ 마치 먼 옛날 살해를 저질러 불가촉인 사람이 특정한 정화의식을 받기 전까지 그 누구도 접촉해서는 안 되는 터부가 드리워졌던 것과 같다. 의사들의 보고에 따르면 중증으로 중환자실에 실려 온 노인들이 갑자기 전쟁체험을 마치 어제 일인 듯이 생생하게 이야기하기 시작하는 경우가 있다. 그 경험들은 수십 년 동안 억압되었고, 기억에서 사라졌으며, 왠지 접근이 불가능해진 듯 보인다. 그런데 기력이 회복되면 전쟁경험을 말하려는 이 욕구도 사라지고 만다.

그 어떤 세대도 중요한 심리적인 사태를 다음 세대에게 숨길 수 없다.[45] 모든 사람은 자신뿐 아니라 다른 사람한테서도 의식적으로나 무의식적으로 ‘심리적 상황’을 인지하는 능력을 갖고 있다. 부모가 내적 조화를 이루지 못하고 분열을 겪거나 억압된 것을 의식에서 멀리하면, 아이들은 부모의 침묵을 통해서 그것이 트라우마적 체험이든, 애도되지 못한 상실이든 죄책감이든 알아차린다. 소통되지 않는 것도 ‘들을 수 있는’ 것이다. 만일 아이들이 상징화를 거치지 않고 침묵을 통해 분열된 인격 부분들의 경험을 받아들여야만 한다면, 이는 일차적 동일시와 유사하다. 아이들은 어떤 특정한 영역에서는 내적으로 **부모가 된다**. I절에서 내가 말했던 것을 떠올려보자. 일차적 동일시는 타자의 모델에 따라서 주체화되는 원시적인 형태로 봐야 하는데, 이 경우 모델이 되는 것은 타자의 한 부분일 뿐이다. 이것은 분열 과정들이 쉽게 다음 세대에서 계속될 수 있다는 것을 의미한다. 앞서 설명했듯이, 분열 과정은 전지전능, 무경계성, 파편적인 현실감, 제한적인 자아인식 능력 및 태도 등과 연결되어 있다. 자식이 부모를 공격자로서 경험하면서 부모와 동일시하면, 자기 비하와 파괴적인 자기 비판 또는 자기 제한이 그 자식을 따라다니는데, 이는 그가 맥락들을 이해하고 동일시를 해소하거나 그것을 변형할 때까지 그렇다. 이런 식의 구도는 물론 전쟁의 맥락 밖에도 있다. 하지만 이런 구도가 2세대와 3세대에도 쌓이는 것은 파국적인 관계들의 결과로 보아야만 한다.

무의식적인, '빌려온' 죄책감[46]의 현상이 큰 어려움을 던진다는 것은 프로이트 이래 알려져 있다. 죄책감을 극복하는 것은 애도 작업 및 나르시시즘적 태도를 포기하는 것과 항상 연동된다. 거꾸로 상실을 애도하는 과정에서 죄책감 또한 극복되어야 한다. 이 작업이 수행되어야만, 자아는 다시 자유로워지고 새로운 관계를 맺고 결속을 경험할 수 있다. 애도가 실패하거나 방해를 받으면, 부모 세대의 손상받은 관계맺기 능력을 내면화한 후속 세대가 손상된 구조, 기만적인 자기애 그리고/또는 회피의 대상인 모순된 감정 및 죄책감의 저장소가 된다. 프로이트가 각주로 적었듯이 "죄책감의 이러한 답습은 종종 포기된 사랑이 남긴 유일하고도 알아차리기 힘든 흔적이다".[47] 죄책감은 여러 세대를 거치면서 계승될 수 있다.[48] 이 모든 동일시들은 계보적인 질서의 탈선을 동반하며, 정신분석학의 도움이 아니고서는 그 연관성이 거의 인지되거나 이해되지 않는다.

아이데 페임버그는 논문 「경청을 경청하다 — 역사적 진실과 부인」에서 한 환자와 함께 두 차원의 현실을 분석해야 하는 필연성을 밝혀냈다. 분석가의 말에 '귀 기울이는' 환자와의 경험을 바탕으로, 페임버그는 환자의 머릿속에는 일종의 '귀머거리'가 있어서, 분석가의 말을 이해하는 것을 방해한다고 해석했다.[49] 이는 세대에서 일어나는 전이경험의 해석으로서,

듣고 싶어 하지 않는 부모-인물들로 인한 부인의 경험이 문제가 된다. 분석 과정 중 오이디푸스적 구조가 다시 생겨나고, 환자에게는 부모와의 동일시에서 벗어나 자기 자신의 심리적 공간에서 관계들을 펼칠 가능성, 즉 안과 밖, 과거와 현재의 분리를 실현할 수 있는 가능성이 열린다. 같은 가치를 지닌 두 현실의 존재를 인지하고 견뎌내지 못하는 것은 전쟁이나 박해와 같은 다양한 트라우마의 결과이며, '자신에게 귀 기울이지 못하는' 증상은 지금까지 알려진 것보다 더 광범위하다. 이미 일제 그루브리히-지미티스Ilse Grubrich-Simitis가 강제수용소에서 살아남은 사람들, 그리고 그들의 자식들도 겪는 이러한 두 현실의 삶에 대해 서술했던 바가 있다. 그들 인격의 어떤 부분들은 상징화하고 사고하는 과정과는 다른 방식으로, 즉 즉물적으로 구체화하는 방식으로 기능한다.[50)]

페임버그가 『세대의 텔레스코핑—동일시의 계보학』에서 제시하는 결의론적 사례들은 트라우마 경험이 있는 부모의 자식들이 겪는 전형적인 구조적 장애를 다른 관점에서 밝혀준다. 즉, 자아가 내적 대상들과 너무나 동일화된 나머지 자아 고유의 느낌이나 생각을 위한 여지가 남지 않을 수도 있다. 앞서 언급한 페임버그의 환자의 경우, 분석 과정에서 비로소 내적 부모로부터 벗어나서 더 이상 부모의 침묵이 그를 규정하지 않고, 그가 부모의 역사를 통과하여 자신이 바라는 바를 발견하고 자신의 소망을 펼칠 내적 공간을 찾을 수 있었다.

나는 트라우마를 겪은 여러 세대의 경험들, 특히 말해지지 않는 경험들을 개괄했는데, 이런 소통되지 않는 경험들은 상대적인 풍요와 안정 속에서 자란 젊은 세대의 동일시 과정과 불가분 얽혀 있다. 부모와 자식 세대 사이에서 소통되지 못한 경험들은 두 세대의 관계가 약해지는 데 일조했다. 부모와 자식 간 상호귀속감과 책임감은 더 이상 당연하지 않다. 파르치팔▶이 "아저씨, 무슨 근심이십니까?"라고 물음으로써만 안포르타스를 고통에서 해방시킬 수 있었듯이, 오늘날에도 자기 방어와 보호의 태도에 갇혀 있는 부모의 침묵을 조금이나마 깨기 위해서는 자식들이 관심을 갖고 알려고 할 필요가 있다. 부모 세대의 많은 이들은 질문받는 것을 원하지 않는다. 자식들로 말하자면 무엇을 그리고 어떻게 물어야 하는지 몰랐을 뿐 아니라, 관심의 치유력을 배우지 못했다. 오히려 많은 가족에서는 말하지 않는 것이 다른 사람을 이해하고 지켜주는 것인 양 침묵의 계약이 있었다. 건드리지 않으면 짐스러운 과거의 경험이 없는 듯 하는 태도는 공적인 영역에서도 오랫동안 있었다. 제3제국에 책임이 있는 사람들에 대한 재판들과 알렉산더 미쳐리히Alexander Mitscherlich와 마르가레테 미쳐리히Margarete Mitscherlich의 책 『애도에의 무능력』(1967)은 특히 민족사회주의 범죄를 부인하는 태도를 변화시키는 데 도움이 되었다. 그 후로 수십 년 간 지속되었고 격렬한 갈등을 동반했던 논쟁에서, 자신의 행동과 책임을 왜곡하고 부인하는 태도는 보다 더 큰 진실 앞에 시나브로 약화되었다. 이른바 독일방위군 전시회▶▶는 진실을 찾으려는 기억의 도정에서 한 단계 더 나아간 것이었다. 진실성이 없다면 후속 세대들은 그들이 무엇인가를 건설할 수 있는 튼튼한 반석을 갖지 못한다.

▶ 13세기 초반에 볼프람 폰 에센바흐가 쓴 동명의 소설 주인공이다. 파르치팔이 성배를 찾아서 모험하는 도정에서 내적으로 성숙해가는 과정을 그리고 있으며, 독일 중세기사문학의 걸작으로 꼽힌다. 안포르타스는 성배왕으로서 중병에 고통받는 인물이다.

▶▶ 함부르크 사회연구소가 기획한 순회전시회로서 1995년부터 1999년과 2001년부터 2004년에 독일 전역을 돌면서 열렸다. 이 순회전시회를 통해서 나치 시대 독일군이 소련에 대해 저지른 범죄적 행위들과 홀로코스트에 가담한 사실들이 널리 알려졌고 논쟁을 불러일으켰다.

자식 세대가 늙어가고 손자들이 질문하면서, 최근 몇 년 전부터 기존의 단죄 관점에 더해서 전쟁 경험에 따른 심리적 토양의 파괴도 논의되고 있다.[51] 폭력의 경험 및 가족, 고향, 재산을 잃은 여러 상실의 경험들은 사람과 사람뿐 아니라, 과거 인간의 삶의 일부였던 환경 및 사물들과 사람들 사이에 여러 세대를 이어오며 존재했던 친밀한 결속을 훼손했다. 이런 결속들은 토착화와 귀속감, 신뢰, 안전을 의미했다. 마르가레테와 알렉산더 미쳐리히가 관찰했던 비현실화, 모든 것 위에 드리워진 듯했던 '비현실성의 베일'[52]은 삶의 맥락들이 무참히 찢겨버린 결과로 해석되어야 할 것이다. 이제, 반백년이 지난 후 질문이 던져졌고 이야기를 풀어놓고 있다. 고통, 공포, 인고가 말로 표현되기 시작하며 사회적인 의식도 깨어나고 있다. 그러면서 나이든 세대가 겪은 고생과 그들의 삶에 있었던 헤아리기 힘든 상실에 대해서 한층 더 열린 태도가 다소간일지라도 생겨나고 있다.

정리해보자. 지금 이 순간을 사는 현대인일지라도 태곳적부터 유래하는 경험 방식과 소통 방식을 심리적인 유산으로 내면에 품고 있다. 인간관계의 복합성을 그에 합당한 방식으로 다루고자 한다면, 현대인들에게는 자기 자신에 대한 지식이 필요한데, 여기에는 무의식적 유산을 잘 고려하여 아무 생각 없이 그것을 위험에 빠뜨리지 않는 지식이 포함된다. 심리적인 구조는 개인의 발달과 집단의 발달이 맞물리면서 분화하고 발전한다. 이때 그 기능 방식이 퇴행적으로 후퇴하지 않으려면, 전체의 안녕 및 권리와 법에 충실한 제도들의 뒷받침이 필요하다. 그런데 도구적 인간의 엄청난 힘의 증가, 허상과 욕망의 과잉, 가공할 폭력 등이 오랜 시간을 거치며 발전해온 구조와 거기에 속한 문화를 위협하고 있다. 게다가 자라나는 세대들은 트라우마를 경험한 부모와 동일시함으로써 이들로부터 물려받은 심리적인 손상들과 힘겨운 싸움을 하고 있다. 그러한 손상으로 인해 이 세대들은 때로는 심리적 현실을 외면하고 물질적 관점을 과대평가하는 태도를 취할 수 있다. 이 경험들을 의식적이고 무의식적인, 사적이고 공적인 다양한 차원에서 이해의 과정을 거쳐 심리적으로 형상화하는 것은 후속 세대들이 인간적인 관계들을 성공적으로 발전시키기 위해 중요한 하나의 조건이다.

〈박희경 옮김〉

주

1) Faimberg, "Die Ineinanderrückung (Telescoping) der Generationen", 128.
2) Hofmannsthal, "Der Dichter und unsere Zeit", 453.
3) Silver, "A Psychosemiotic Model".
4) Freud, *Massenpsychologie und Ich-Analyse*, 118.
5) Freud, *Das Ich und das Es*, 259.
6) Laplanche/Pontalis, *Das Vokabular der Psychoanalyse*, 225.
7) 정신은 신체로부터 어떻게 기능할지 배우며 (가디니Gaddini, "자아는 일차적으로 신체적이다"), 정신과 신체의 차이를 알고 생각할 수 있기까지 오래 걸린다. 이것은 개인이나 인류사에 모두 해당한다.
8) Freud, *Die Verneinung*, 13.
9) Bion, *Transformationen*.
10) 많은 동화들에 등장하는 아름다운 왕비는 아기를 낳으면 곧이어 추한 이복자매에 의해서 쫓겨난다. 왕비가 그전의 모습을 되찾고 왕과 아기에게 돌아오기 위해서는 왕의 도움으로 마법에서 벗어나고 구원되어야 한다.
11) 성체성사의 경우 예수의 몸을 먹는다는 생각은 정신을 받는다는 것의 상징이다. 예수의 피와 살을 먹는 행위를 통해서 그와 내적으로 결합하게 되는 것이다. 심리가 원초적이고 신체적으로 작동하는 방식은 과거에 속하지 않고 항상 현재적이다.
12) Storfer, "Zur Sonderstellung des Vatermords".
13) Freud, *Das Ich und das Es*, 262.
14) Freud, *Zeitgemäßes über Krieg und Tod*.
15) Faimberg, "Die Ineinanderrückung (Telescoping) der Generationen", 124.
16) Lebovici, Vorwort, in: *Kinderanalyse* 1, 1993, 2.
17) Hume, *Ein Traktat über die menschliche Natur* 참조.
18) Goethe, *Maximen und Reflexionen*, 695.
19) Legendre, *Das Verbrechen des Gefreiten Lortie* 참조.
20) 같은 책, 27.
21) 같은 책, 11.
22) 르장드르는 소르본느 대학의 법학과 공법담당 교수이며 파리고등실업학교에서 종교학을 가르치고 또 정신분석학자이기도 하다.
23) Legendre, *Das Verbrechen des Gefreiten Lortie*, 37.
24) 여기에 대해서는 Bion, *Lernen durch Erfahrung*, 77 참조.
25) Legendre, *Das Verbrechen des Gefreiten Lortie*, 33.

26) 같은 책, 101.
27) 위와 같음.
28) Sereny, *Am Abgrund: Gespräche mit dem Henker*, 431.
29) Rose, "Der Staatsanwalt, der den Auschwitz-Mödern den Prozeß machte".
30) Bion, *Attention and Interpretation*, 104 이하.
31) Friedländer, *Kitsch und Tod*, 119.
32) Arendt, *Elemente totaler Herrschaft*, 52.
33) Steiner, *Grammatik der Schöpfung* 참조.
34) 같은 책, 10 이하.
35) Legendre, "Die Bresche", 29.
36) Eickhoff, "Identification and its Vissitudes in the Context of the Nazi Phenomenon"에 언급된 결의론 참조.
37) Radebold, *Abwesende Väter und Kriegskindheit*.
38) Bohleber, "Trauma, Identifizierung und historischer Kontext und Die Entwicklung der Traumatheorie in der Psychoanalyse" 참조.
39) 학문에 바탕한 단언들은 비인간적인 선입견으로 귀착될 수 있다. 이 점에 대해서는 빈에서 태어났으며 미국으로 이주했던 정신분석가 아이슬러K.R.Eissler의 작업, 「인간은 몇 명의 자식까지 죽임을 당해도 증상 없이 견딜 수 있고 정상적인 상태로 있을 수 있는가?」를 참조.
40) Leuzinger-Bohleber, "Forschen und Heilen" in der *Psychoanlayse*.
41) 같은 책, 96.
42) Eckstaedt, *Nationalsozialismus in der zweiten "Generation"* 참조.
43) Radebold, *Abwesende Väter und Kriegskindheit* 참조.
44) Lorenz, *Kriegskinder*, 296.
45) Freud, *Totem und Tabu* 참조.
46) Freud, *Das Ich und das Es*, 279.
47) 위와 같음.
48) Cournut, "Ein Rest, der verbindet" 참조.
49) Faimberg, "Dem Zuhören zuhören", 3.
50) Grubrich-Simitis, "Vom Konkretismus zur Metaphorik".
51) Koschnik, Vorwort, in: Lorenz, *Kriegskinder*.
52) Mitscherlich/Mitscherlich, *Die Unfähigkeit zu trauern*, 36.

가족의 유대, 유령 그리고 세대 논의에서 과거정치

기원의 거부와 기원을 향한 동경

지그리트 바이겔Sigrid Weigel

1. 가족이란 유대의 재발견에 대하여

집단들이 처한 상태의 사소한 전이들까지도 감지하는 지진계 같은 기록 장치라 할 신문 문예란의 최근 동향을 보면, 세대 논의의 새로운 시기가 오고 있다는 것을 알 수 있다. 세대 논의는 사실 이미 오래 전부터 시대정신을 지배해왔다. 정치 영역에서는 세대 간 계약을 두고, 사회복지국가의 전체 구조에 대해 적잖은 폭약이 될 만한 협의들이 벌어지는 반면, 동시에 일련의 영화나 문학 출판물에서는 젊은 세대가 나이든 세대에 새로운 관심을 기울이는 게 주목을 끈다.

예를 들어 볼프강 베커Wolfgang Becker의 영화 〈굿바이 레닌〉(2002)은 세대들 간의 새로운 평화를 기록한 것으로 평가될 수 있는데, 이 영화에서는 부모가 했던 자식을 위한 또 자식에 대한 걱정이 별 문제 없이 뒤바뀌어 자식이 부모의 입장이 된다. 그보다 한 해 일찍 나온 프랑스 영화 감독 에티엔 샤틸리에즈Étiene Chatiliez의 풍자적인 영화 〈탕기*Tanguy*〉(2001)에서는, 곧 서른이 되는 나이에도 "호텔 마마", 즉 엄마 집에 기거하는 아들 세대에 대해 바로 그 50대 부모가 우리가 잘 아는 그런 한탄을 하고 있지만 말이다. 이제 두 영화가 보여주는 대립적인 세대상은 부분적으로 다음과 같이 설명될 수 있다. 한 아들이 그의 엄마를 위해 79제곱미터의 집에서 구동독 일상문화의 복원을 연출하는, 노스탤지어 가득한 이야기는 바로 하나의 사회학적 명제를 확인해주는데, 그것은 바로 독일 동쪽 지역에서는 구서독 주들과 구동독 주들 간의 대립이 세대 갈등 문제를 가리고 있기 때문에 세대 갈등은 약화되어서 드러난다는 것이다.[1] 그렇다면 1989년 대중매체의 이미지 정치에서 수많은 캐리커처를 통해 유행되기도 하고 또 조롱받기도 했던 동서독의 결혼이라는 알레고리는 실패한 것으로 봐야 할 것이다. 통일 이전의 계보에 대한 기억 이미지들이 명백히 더 큰 영향력을 발휘하고 있으며, 그것들이 저 알레고리를 압도하는 한에서는 말이다. 이 경우라면 혈통에 의해 형성된 가족의 유대가 계약에 따라 새로 수립된 독일이라는 국가적 공동체보다 더 지배적인 것으로 입증될 것이다.

하지만 나이든 세대에 대한 관심이 다시 싹트는 것은 구서독 지역에서도 확인할 수 있다. 그리고 여기서도 그 관심은 독일의 과거에 대한, 다만 50년 전의 과거에 대한 탐구와 연관되어 있다. 최근에 출간된 전후에 태어난 작가들의 소설들, 동베를린에서 자란 라인하르트 이르글Reinhard Jirgl과 슈투트가르트 출생의 슈테판 바크비츠Stephan Wackwitz 같은 오십대 세대의 소설들뿐만 아니라, 1968년에 태어난 탄야 뒤커스Tanja Dückers 같은 젊은 세대 작가들의 최근 소설들 또한 세대소설이란 매체로 전쟁사와 전후사를 탐색한다. 뒤커스의 『천체(天體)』(2003)는 명백히, 나 자신의 위치가 여러 세대에 걸친 가족의 계보에 의해 큰 영향을 받고 있다는 통찰을 재발견하는 이야기다. 그리고 할아버지의 기억을 중심으로 진행되는 바크비츠의 장편 『보이지 않는 나라』(2003)는 '가족소설'이라는 명칭을 붙임으로써, 말하자면 죽은 것으로 믿었던 장르의 환영처럼 등장했다. 반면에 이르글의 소설 『미완의 인물들』(2003)은 수데텐 지역 독일인들의 추방을 그리는데, 삼대에 걸친 여성 공동체를 구성하는 인물들은 19세기에 전형적이던 서사 모델을 보여주고 있다. 이런 서사는 1900년 토마스 만Thomas Mann의 『부덴브로크가의 사람들—한 가족의 몰락』에서 정점이자 종점을 찍었고, 20세기에는 강령적인 기억 문학의 맥락에서 주변부 집단이 사용하곤 했다. 가령 여성 계보학[2]의 재구성을 위한 페미니즘적 시도나, 혹은 루르 지역에서 전승되는 가족 전설을 12세기까지 계보학적으로 거슬러 올라가는[3] 디터 포르테Dieter Forte의 삼부작에서처럼 말이다.

물론 이야기를 자연적인 계보의 서사적 틀에 담아내는 세대소설의 내러티브를 대신할 문학적 대안들이 있긴 하다. "세대에서 세대로"라는 관용구로 말하자면, 그것은 19세기 진화론을 믿던 시대에 시간화, 역사 서술, 유전이론과 같이 담론을 주도하던 수사적 표현으로 떠오른 것이었다. 하지만 현재 이런 서사에 대한 문학적 대안을 찾기 위해서는 독일어권 밖의 문학을 살펴야만 한다. 가령 라파엘 치르베Rafael Chirbes의 장편 『긴 행군』(1998)이 그 예인데, 이 소설은 스페인 내전을 겪은 세대와 68년 이후 세대의 이야기로서, 가족소설이나 세대별로 전개되는 이야기 틀을 넘어서 두 세대의 파노라마를 그리고 있다. 이 소설은 2부에 걸쳐 각각 동시적으로 편성된 일련의 이미지들을 서로 다른 가족과 계급이 살아가는 모습과 대조시킨다. 소설은 이런 방식으로 두 '정치적' 세대 간의 몰이해와 침묵을 그릴 뿐만 아니라, 끔찍하게도 그들의 이야기를 묶어주는 암묵적인 일치점들도 표현하고 있다. 이런 식으로 작가는 비동시적인 것의 동시성을 인상적인 이야기로 생생하게 그리는 데 성공한다.

이제 최근의 독일문학으로 돌아가 보자. 언급했던 조부모 세대에 대한 관심은 실제로 새로운 점이다. 지난 십년간 이미 몇몇 출판물들이 최근 문학은 독일의 과거에 관심이 없다는 견해를 반박하긴 했다. 1990년대에는 생존자들의 기억이 그들의 연령으로 인해 점점 봉인되는 것과 동시에 자신들이 묘사한, 역사적 사건에 직접 참여하지 않은 젊은 작가군의 문학이 나타났다. 나치, 쇼아, 망명, 전후 역사를 배경으로 한 무대와 사건과 인물들이 중심이 되는, 더욱이 자전성과 진정성을 넘어 허구를 의도적이고 능숙하게 삽입하면서도 정확한 자료 조사에 토대를 둔 그런 텍스트들이 나타났다. 마르셀 바이어Marcel Beyer의 『큰 박쥐』(1995)와 노베르트 그스트라인Norbert Gstrein의 『영국에서 보낸 몇 해』(1999) 같은 소설에서 픽션이 팩트에 반대인 것은 아니다[마찬가지로 즐겨 사용되지만 부정확한 어구인 '팩트과 픽션(Fakten und Fiktionen)'이 암시하는 것처럼 말이다]. 오히려 기록보관소에서 조사한 원자료들, 즉 감춰지고 억압된 역사의 흔적들, 침묵된 것들과 익숙한 것 속에 들어 있는 끔찍한 것을 이야기하도록 만드는 것은 문학이라는 허구적인 무대이다.

2. 가족의 비밀과 환영(幻影)

진정성이라는 명제의 규범과 신화로부터의 이러한 해방을 최근의 문학은 이어간다. 진정성 명제는 특히 빌코미르스키Wilkomirski의 조작된 증언▸

▸ 이른바 빌코미르스키 신드롬은 조작된 기억을 가리킨다. 빌코미르스키는 홀로코스트 생존자로서 그 고통의 기억을 적은 자서전을 출간하였다. 그러나 이후 그의 기억이 허구, 즉 조작된 것임이 밝혀졌다.

같은 그런 의심스런 작품들의 원인인 셈이다.[4] 그런 의미에서 탄야 뒤커스는 한 인터뷰에서 다음과 같이 말한다. "내가 속한 세대는 이런 테마에 냉철한 시선을 보낼 수 있는 첫 번째 세대이다. 만약 내 세대가 전쟁을 겪지 않았다는 사실 때문에 나이 든 세대가 진정성에 대해 자만하게 된다면, 나는 그것을 미심쩍게 여길 것 같다."[5] 더더욱 주목할 것은 진정성 중독에서 해방되어 역사에 몰두하는 이러한 태도는 계보학적 탐색의 귀환과 연결되어 있다는 점이다. 물론 이 최근 문학의 몇몇 작품들은 거의 자연사적인 세대계승을 통해 역사적 과정에 리듬을 주는 전통적 가족소설과는 구분된다. 이를테면 최근 소설에서 가족은 종종 비밀스러운 혹은 해명되지 않은 과거의 무대이다. 전승과 회상의 빈곳들이 바로 자기 가족의 기원을 살피는 데 특히 끔찍한 작용을 미치게 될 때 바로 그러하다.

새로운 세대소설은 종종 할아버지, 할머니들이 연루된 가족의 비밀을 둘러싼 것이다. 탄야 뒤커스의 『천체』의 주인공들은 조부모의 집을 정리하다가 나치 시대의 가족 비밀의 흔적을 찾게 해주는 자료들과 맞닥뜨린다. 그와 반대로 마르셀 바이어의 소설 『스파이』(2000)에서는 할머니의 모습 자체가 환영적인 특징을 띠는데, 할아버지의 죽은 첫 부인이 회상 금지로 인해 베일에 싸여 있고, 아이들은 이런 회상 금지 때문에 염탐꾼이 되기 때문이다. 아이들은 가족 회상의 감춰진 부분들을 판타지, 추측, 의혹들로 채운다.

"판톰(Phantom: 불어로는 le fantome, 독일어로는 das Gespenst, der Geist이다)은 그 형태가 어떻든지 간에 살아 있는 자들의 고안물이다"라고 정신분석가 니콜라스 아브라함Nicolas Abraham은 말한다. 그것은 "사랑하는 대상의 삶의 한 토막이 암전되면서 우리 안에 생긴 빈틈을 대상화해야만 하는" 고안물이다. "다시 말해 우리를 갑자기 엄습하는 것은 죽은 자들이 아니라, 다른 이들의 비밀로 인해 우리 안에 남겨진 빈틈이다."[6] 그러니까 판톰은 단순히 우리의 전통이 말하지 않는 것 혹은 어두움과 비밀스러움이 아니다. 선조들의 파묻힌 기억이거나 지하 납골실이 아니다. 그것은 오히려 전승 안에 있는 비밀스런 빈곳에 우리의 상상력이 대신 채워놓은 그 무엇이다. 그것은 우리의 판타지의 산물, 즉 픽션이다. 그러니까 판톰이란 허구는 우리의 관심이나 사랑이 향하는 다른 이의 삶과 비밀, 더 정확히는 이 다른 이가 그 자신에 대해 전해주었거나 혹은 다른 방식으로 전달해주었던 것 안에 들어 있는 어두운 지점들과 연관된다. 다시 말해 그들의 가족소설과 연관된다. 그러니만큼 판톰은 각자의 무의식이 아니라, 선조의 이야기에서 억압된 것을 가리킨다.

아브라함은 이러한 차이를 다양한 타자성(Fremdheit)의 이미지들로 포착한다. 판톰은 새로운 침입자이지, "프로이트가 '오래 알고 있던 낯선 것' 또는 무시무시한 것이라고 부르는"[7] 억압과 같은 것이 아니다. 판톰은 대상 상실에서 비롯하지 않으며, 자기 속에 무덤 하나를 숨기고 있는 그런 인물에 대해 말하는 게 아니라 그의 후대와 연관된다는 아브라함의 말을 보면, 그가 생각하는 이차적 허구로서의 판톰이라는 특성은 계보학적 근거를 갖는 것이다. 판톰의 형상 안에 숨겨진 무덤들을 구체적으로 드러내야 하는 운명이 이들 후대에게 비로소 닥친 것이다. 다른 이들의 무덤들이 말하자면 판톰의 형식으로 살아남은 자들을 덮치는 것이다. 아브라함이 인용하는 사례들에서 항상 중요한 것은 가족 내적 구도와 또 판톰들인데, 이들은 대개 나르시스적인 상처가 문제가 되어 자신의 기원을 재해석하는 부모의 가족소설과 연관된다. 예를 들면 "아버지의 가족소설은 억압된 상상의 결과물이었다". 혹은 다른 곳에서 다음과 같이 말한다. "따라서 판톰의 출현은 어머니 또는 아버지에게 상심이나 나르시시즘적인 파국을 의미했던 그것이 후대에 어떤 영향을 끼치는지를 알려준다."[8] 한스 울리히 트라이헬Hans-Ulrich Treichel의 장편 『실종자』(1998)는 바로 그런 경우를 다룬다. 이 소설에서 화자의 유년은 전쟁 막바지에 가족의 피난길에서 실종된 남자형제의 어린 시절 사진과 그의 판톰에 의해 지배된다. 그에 반해 잃어버린 아들을 다시 찾고자 하는 엄마의 열망은 가족 유사성 확인, 해부학적 측정, 유전생물학적 소견서와 같은, 나치가 저지른 인종정책의 방식에 점점 더 다가가는 기원 추적의 역동성을 발휘하기 시작한다.

그러니까 후대의 작가들에게 전쟁과 나치 시대의 과거를 직접 느끼게 해주는 끈으로서 가족 유대의 재발견은, 최근의 문학에서 알지만 이야기되지 않는 역사에 다가가는 통로로서 곧잘 기여한다. 흔적을 찾는 일을 시작하게 해주고 그 길을 동행하는 것은 흔히 사진첩에 빠져 있는 사진들이다. 그것은 숨겨진 증거물이며, 병적이다시피 보존된 기억의 파편들이며, 빈틈이 많은 기록들이다. 그런 의미에서 슈테판 바크비츠의 다시 나타난 할아버지의 사진기에 대한 이야기는 전후 독일의 길고 긴 시대에서 세대관계의 알레고리처럼 읽힌다. 오래 전에 연합군에게 압류되었으며, 한때 방위군 병사들의 소유물과 함께 창고에 있었던 그 사진기 안에는 1939년에 기록된 필름이 아직 한 통 들어 있다. 하지만 이 오래된 필름은 과거에 대해 어떤 모습도 더 이상 보여주지 못한다. 왜냐하면 그것은 "반세기의 어둠 속에 풍화되어, 해저를 지배하는 검은색만 나타내기 때문이다".[9] 그렇게 가족적 기원을 매개로 한 역사적 탐색은 손자로 하여금 선대의 기억장치에 담긴 현상될 수 없는 모습들과 대면하게 만든다. 그것은 유령 같은 현실에서 자란 경험에 상응하는 것이다. 다시 한 번 바크비츠를 인용한다. "하지만 한 시절 우리 부모님의 과거의 삶이 바다 아래 또는 파괴된 도시의 파편들 아래 놓여 있었다는 것 때문에만 내가 자란 땅이 종종 어린 나에게 유령같이 느껴졌던 것은 아니다."[10]

새로운 독일문학에서 기원의 재발견은 세대 간의 관계를 통해 과거를 자기 것으로 만드는 것, 다시 말해 역사에 의한 가족 내적 전승의 일반적인 형식에 기여한다기보다는 오히려 주체의 자리를 확보하고, 역사의 끔찍한 유산을 받아들이도록 하는 데 기여하는 것 같다. 그렇지 않으면 추상적으로 머물러 희생자와 가해자에 대한 도덕적 논의 속에서 왜곡되는 그런 역사의 유산 말이다.

3. 정체성 정치와 생활양식으로서 세대 논의

위에서 기술한 것처럼 최근 독일의 세대 논의에서 기원의 중요성이 다시 평가되는 것은 실제로 어떤 전환점을 알리고 있다. 하지만 그전에 완전히 다른 세대 개념의 호황을 확인할 수 있었다. 같은 출생 연도 집단을 가리키는 — '표식'까지는 아니어도 — 명칭으로서 세대가 그것인데, 그 이름은 어떤 집단의 특정한 정치적 문화적 아비투스를 일컫는 것으로, 이때 특정한 역사적 경험이나 상황이 그 집단의 사고와 양식을 형성한다는 것이다. 부분적으로 당시 입장 형성의 새로운 판처럼 보인 68세대의 역사적 역할을 둘러싼 논란이 최근 새로이 불거졌는데 — 세대에 대한 이야기는 또한 거의 언제나 특정한 세대관의 관점에서 나온다는 규칙에 따라서 말이다 — 그 이후에서야 비로소 시대정신에 대한 논쟁에서 거의 날마다 새로운 세대가 만들어지는 것은 아니다. 지금은 "실업 세대" 혹은 "고물 세대" — 이 말은 가령 "경력이 끊긴 학자들"[11]을 이야기한다 — 와 같은 메타포가 매체를 지배한다면, 얼마 전까지는 "X세대", "골프 세대", "동쪽 세대", "베를린 세대" 혹은 "닷컴 세대" 등이 그랬다.

플로리안 일리스의 책 『골프 세대』(2000)는 이런 논의를 베스트셀러로 만들어냈다. 이 책은 1965년에서 1975년 사이에 태어난 이들의 관점에서 1980년대를 20세기의 가장 지루한 10년으로 묘사한다. 그러니까 1968년 혁명과 독일의 가을▸ 이후 그리고 통일 이전의 10년은, 68년 이후 태어난 세대에게는 서독이 단지 안락한 둥지이긴 하나 동시에 과제도 비전도 없어 보였던 시기, 또한 이들 세대의 여가 행태는 여전히 새로운 매체 시대 이전에 머물던 시기였다. 즉 "그렇게 잘 먹고 자랐지만 방향감각은 완전히 상실한 채, 1965년에서 1975년 사이에 태어난 세대 전체가 1980년대로 더듬더듬 들어왔다".[12] 이 세대를 인식하는 표지로서 일리스(그 자신도 1971년생이다)는 옷, 특정한 소비 습관, 그리고 무관심한 생활감정을 든다. "모든 종류의 이론에 대한 골프 세대의 완전한 무관심, 실용적인 철학에 대한 경도 등은 확실히 레고 시대 말기의 전형적인 특징이었다."[13]

일리스의 책은 68세대와의 구분을 전제로 하고 있다. 그의 책이 나오기 전에 말하자면 문예란 논쟁이 있었는데, 그것은 68세대와 89세대 사이의 대립이자 30대와 50대 사이의 싸움으로 나타난 논쟁이었다. 그런 논쟁이 1994년 울리히 그라이너Ulrich Greiner의 ≪디 차이트≫지 기사에서 "세대 간의 갈등"으로 기술되었을 때[14], '세대 갈등'이란 단어의 새로운 의미가 각인되었다. 그것은 아버지와 아들의 갈등이나 엄마와 딸의 갈등이 아니라, 비교적 나이 차이가 크지 않은 동년배집단들이 서로를 구분하려다 보니 생겨난 갈등이었다. 세대 갈등의 이런 의미는 세대들의 교체와 계승이 가족 내에서 이루어지는 자연스러운 재생산의 리듬을 추월하여 점점 더 가

▸ 1977년 9월에서 10월의 서독의 정치적 분위기를 가리키는 말로, 극좌 테러집단 적군파(RAF)가 테러를 일삼던 시기를 말한다.

속화할 수 있게 해주는 전제 조건이다. 실제로 얼마 지나지 않아 '베를린 세대'가 뒤따라왔다. 이 말은 하인츠 부데가(1998년에는 ≪프랑크푸르트 알게마이네 차이퉁≫의 한 기사의 제목으로, 2001년에는 책 제목으로 사용했다) 1960년경 태어난 이들의 생활감정을 명명한 것으로, 부데는 본질적으로 이들 베를린 세대를 "저항의 주역들"인 68세대와 구분하였다. 베를린 세대는 그때까지 무대 뒤편을 차지했던 세대로서, 지금은 베를린 공화국을 '자기 것'으로 하려고 출발점에 서서 기다리고 있는 세대를 말한다.[15] 그 후 세대의 개념은 매체에서 임의의 메타포로 사용되었다. 그럼으로써 세대들의 매체상의 경쟁은 세대 갈등의 오래된 패턴, 즉 유산과 생활양식 및 삶의 형식들에 대한 협상을 대체한 것처럼 보인다.

세대와 매체 사이의 조금 다른 식의 결합을 요헨 회리쉬Jochen Hörisch가 도입하였다. 그는 1997년에 앞서 말한 '68세대와 89세대 간의 독일적 싸움(Querelle allemande)'을 "매체 세대들"이라는 제목으로 다시 표현했는데, 기술사와 정신사의 유사한 점을 찾는 식이었다. 그는 하드웨어와 소프트웨어의 발전을 사용자의 의식과 태도를 규정하는 조건으로 평가하며, 또한 컴퓨터 세대 간의 교체가 각각의 청소년 문화의 교체에도 결정적이라고 본다. 그런 점에서 회리쉬에 따르자면 한 세대를 특징짓기 위해 매체는 역사적 인덱스를 대신하게 되는 것이다.[16] 하지만 그럼으로써 세대교체의 시간적 박자는 매체 발전의 속도에 따라 정해지게 된다. 실제로 비디오 키즈 세대는 이미 인터넷 사용 세대와 아바타 세대로 교체되었다. 그들의 부모가 디지털 언어의 기본 철자를 배우기도 전에 말이다.

언급된 예들은 세대 개념을 정체성 확립을 위해 정치적으로 사용한다는 점에서 공통적이다. 그럼으로써 생활양식과 태도도 구분하게 해준다. 일리스의 '골프 세대'로 인해 이와 같은 세대 개념의 사용이 대중화되었고 아이러니하게도 동시에 개념화되었다. 이때 세대에 대한 시선이 동년배들 간의 유사성의 관찰과 조금 나이든 사람들에 대한 차이에 의해 지배된다면, 회고의 시선은 계보학에서 자신을 자리매김하는 데 기여하는 게 아니라, 기껏해야 자신의 짧은 역사를 부분적으로 향수하면서 회상하는 데 기여할 뿐이다. 일리스가 자조적으로 덧붙인 것처럼, "어른이 되진 않았지만, 희한하게도 벌써부터 회고하는 경향이 있다. 우리 중 몇몇은 스물여덟 살에 자신의 어린 시절에 대한 책을 쓴다. 유년에 대한 이야기를 통해서 한 세대 전체의 이야기를 쓸 수 있다는 허황된 믿음에서".[17)]

플로리안 일리스는 이런 표현으로 정체성 정치적인 세대 개념의 불합리성을 논증하면서 끝을 맺는데, 그 책의 출간 연도인 2000년이 세기말과 겹치는 것도 우연은 아니다. '골프 세대'가 사건들 혹은 특징적인 경험들이 부족한 세대로 규정된다면, 우리는 골프 세대를 일종의 부정적 세대 개념의 전형으로 볼 수도 있을 것이다. 왜냐하면 '골프 세대'로써, 20세기의 가장 중요한 수사라고 간주될 수 있는 세대 개념은 부정적 형식의 극에 달하기 때문이다. 이를테면 세대 개념은 특정 시기에 공통의 역사적 사건, 즉 대부분 파국적인 성격의 역사적 사건을 통해 개인의 인생사가 결정되는 코호트(Kohorte), 즉 동년배집단으로 이해되었다. 이런 세대 개념은 카를 만하임이 1928년에 쓴 논문 「세대 문제」로 소급되는데, 여기에서 1차 세계대전의 경험들이 하나의 사회학적 이론의 형식을 갖게 되었다.

4. 세대 개념의 이중적 의미와 현대에서 나타나는 계보의 망각

여기서 세대 개념은 명확하지 않은데, 왜냐하면 그 개념은 다층적 의미 차원들이 교차하는 지점에 있기 때문이다. 그것은 한편으로는 인생의 한 시기를 나타내고, 그럼으로써 어떤 나이 집단에 속한다는 것을 나타내지만, 다른 한편으로는 시간적이고 계보적인 차원도 포함하고 있는데, 그런 경우에는 세대 사이의 관계라든지 세대들의 연속이 중요하게 부각된다. 바로 세대들의 연속에서 종(種, Gattung)이 발생하기 때문이다. 'Generation'이라는 단어는 오늘날에는 더 이상 쓰이지 않지만 과거에는 창조, 발생, 혹은 생산[라틴어로는 게네라시오(generatio), 그리스어로는 게네시스(genesis)]이란 의미로 사용되었고 생물학에서는 한 유기체의 발생 혹은 생산이란 개념으로 받아들여졌다. 어원학적으로 세대는 그리스어 게노스[genos: 종(Gattung) 혹은 종족(Geschlecht)]의 어장(語場)에서 파생했는데, 그것은 또 인류, 인간의 일대(一代)로 번역될 수도 있다. 노화, 필연적 죽음, 성적 재생산이라는 정황에 근거하여 볼 때, 세대는 새로운 종족들의 발생이라는 형상으로 역사의 진행을 보장하고 그런 식으로 기원과 계승이라는 계보를 조직하는 하나의 거대한 단위이다.

그런 한에서 세대 개념에는 자연과 문화의 복잡다단한 뒤얽힘이 숨어 있는데, 세대는 발생과 진행 사이의, 가계 기원과 상속 사이의, 후세 생산과 전통 사이의, 기원과 기억 사이의 문턱을 표시한다. 그래서 문화학은 세대 개념에 무척 커다란 관심을 갖는다. 세대 개념은 또한 생물학적으로 표현되는 재생산 과정과 문화로 이해되는 전승 과정 사이의 이행을 조절하는, 계보성의 매체로 간주될 수 있다. 그러므로 세대 개념은 언제나 문화적 현상이 자연법칙의 부수 현상으로 간주되고, 역사이론적 문제가 생물학적으로 규정된 리듬의 파생물로 다루어질 위험, 즉 통시론이 인구학으로 환원되는 위험을 내포하고 있다.

하지만 현재 이 개념은 계보학적 관점에서 공시적 관점으로의 패러다임 전환을 거쳐 만들어진 의미, 그래서 이제 특정 연령층 집단 단위, 즉 세대공동체 혹은 동년배집단을 염두에 두는 그런 의미로 주로 사용된다. 이들의 유사한 관점, 삶의 양식, 태도들은 출생 연도에 따라 그리고 이력에 따라 공통적이거나 동시적인 경험에 소급되고, 동시에 다른 세대와의 구분이나 차이를 통해 규정된다. 이런 해석은 무엇보다 빌헬름 딜타이Wilhelm Dilthey의 세대 정의에서 끌어온 것이다. 그는 세대를 "그들의 감성 능력이 컸던 시기에 나타난 거대한 사실과 변화에 종속됨으로써 다른 추가적인 요소들의 상이성에도 불구하고 하나의 동질적인 전체로 묶인, 보다 결속된 개체들의 집단"[18]으로 정의한다.

출생 연도에 따라 특정한 역사적 사건에 참여함으로써 특정한 세대가 구성되는데, 이를 통해 개인은 한편으로는 한 집단의 부분이 되고 다른 한편으로는 집단의 '자연스러운' 대변자가 된다. 이런 식으로 개인의 전기가 역사의 소사(小史)가 된다. 반면 거꾸로 개인의 생애사는 다시 그 세대의 전형적인 삶의 시기들과 보조를 맞추어 이야기될 수 있다. 따라서 이런 세대 모델은 주관적 생애사와 거대 역사 사이의 상호관계로 나타나는데, 이 관계는 종종 개인의 전기와 역사의 조화로 흐르는 경향을 띤다. 이런 이야기 구조를 바탕으로 보면 집단 개념이자 정체성 개념으로서의 세대는, 일상사나 구술사로 이해되고 전기나 집단적 기억을 겨냥하는 저 변형된 역사 서술에 적합한 도구이다. 여기서 한 세대의 대표자는 목격자이자 시대의 증인으로 나타나는 것이다.[19]

이런 구상은 카를 만하임의 코호트 모델에서 이론화되었다. 만하임의 세대 개념은 '낭만적-역사적 토대 위에 있는 독일적 사고'의 산물이다. 이런 독일적 사고는 정신과학에 기원을 두는 사회학을 추구하는데, 그 근거는 딜타이다. 만하임은 "측정이 불가능하고 순수하게 질적으로 파악될 수 있는 내적 시간", 즉 "오로지 이해를 통해서만 파악될 수 있는 내적 시간성"이라는 생각을, 동시성 및 그로부터 파생하는 "현존하는 영향력의 동류성"[20]이라는 현상과 결부시킨 것이다. 만하임의 모델은 아마도 그 어법 때문에 큰 어려움 없이 마르틴 하이데거의 『존재와 시간』의 존재론적 언어로 번역될 수 있다. 그래서 만하임은 동시성을 바로 출생 연도가 같은 집단이라는 사회적 사실로 적시하는 게 아니라, "내적으로 추체험될 수 있는 시간"으로서 평가한다. 그 결과 세대의 동시성이라는 이념은 "공동운명(Geschick)", "상호존재(Miteinander-Sein)", 혹은 "함께 존재함(Zusammenvorkommen)"이라는 하이데거의 개념과 교환될 수 있다. "세대와 함께 그리고 세대 속에 있는 현존의 숙명적인 운명은 현존의 충만한 고유한 사건이 된다."[21]

이론적 관점에서 더욱 중요한 것은, 사회적 사건은 말 그대로 '자연적' 영역과 '정신적' 영역 사이의 중간 위치에 놓이는 반면에, 만하임은 사회학을 자연과 정신 사이의 매개물로서 도입한다는 사실이다. 다시 말해 '생명력 있는 것'과 '정신적인 것'을 중재하는, "사회적으로 조직하는 힘들"의 층위로서 도입한다. 이런 세 층위의 모델은 세대위치, 세대결속, 세대단위라는 개념의 세 영역에 그대로 각인되어 있다. 이런 정적인 모델을 역동적으로 만들려고 하면서 만하임의 텍스트가 사용하는 수사와 은유를 보면, 이전에 그 자신이 비난했던, 자연적 사건에서 유래하는 리듬이 분명히 귀환하는 것을 알 수 있다. 그러니까 사회적 역동성은 여기서 특히 흐름, 파동, 돌파의 형상으로 표현된다. 즉 자연 메타포로 묘사되고 있는 것이다.[22]

학문적으로 세대가 출생 연도에 따라 규정된 경험들의 사회적 단위로 규정된 것은, 1차 세계대전 이후 역사로부터 설명된다는 점은 거듭 강조되었다. 하지만 그 과정에 있었던 강한 민족적 어조는 대부분 간과되었다. 전쟁 경험의 처리와 전후 의식에서 나타나는 민족적 요소들은, 무엇보다도 그로부터 발전한 세대공동체의 이념이 베르너 크라우스Werner Krauss가 보여준 것처럼[23] 전체주의국가와도 양립할 수 있도록 일조했다. 반면 만하임에게서 나타나는 민족적 논거들은 방법론적 차원에 머물렀다. 정신과학의 방법론으로서의 이해에 기댄 사회학적 관찰 방식이 확립되는 과정에서, 말하자면 딜타이에게 잠재되어 있던 민족주의적 함의들이 드러난 것이다. 만하임에 따르면 프랑스에서는 실증주의가 자연뿐만 아니라 정신과학도 지배할 수 있었던 반면, 독일의 사정은 다르다고 한다. 독일에서는 오로지 자연과학만이 실증주의의 표현으로 수립되었다는 것이다.[24] 이렇듯 자연과학에 대해 선을 긋는 태도가 아주 잠깐 표현될 뿐이지만, 만하임의 글 전체의 토대를 이루는 "측정 가능한 것 대 해석 가능한 것(messbar versus verstehbar)"이라는 도식은 딜타이가 말한 정신과학과 자연과학의 대립에 대한 암호로 읽을 수 있다. 물론 자연과학과의 대결은 생각조차 하지 않는다. 비록 생물학적 세대 개념에서 19세기의 지식을 본질적으로 규정했던 진화론적 사고방식의 이론적 장치가 파생했음에도 말이다. 오히려 실증주의에 대한 만하임의 반대는 자연과학적 세대 개념 자체를 약화시키게 된다. 그리고 그것은 사회적인 것의 범주가 생물학적인 것의 직접성을 벗어나는 수단으로 도입된 반면, 사회적 영역에 대한 기술이 자연적 은유로 오염되는 효과를 낳는다.

그러나 이로써 세대 개념의 중요한 전사(前史)가 점점 사라지게 된다. 왜냐하면 실제로는 만하임과 딜타이에 의해 어떤 새로운 개념이 확립된 게 아니라, 1800년경 독일에 도입된 개념이 극단적으로 재정의된 것이기 때문이다. 생물학적 유전이론의 발전과 프랑스 혁명을 배경으로 '젊은 세대'를 높이 평가하면서 등장했고, "세대에서 세대로"라는 문구로서 성공을 거두었던[25] 세대 개념의 계보적 의미를 대신해, 만하임의 사회학적 재해석에서는 공시적 차원이 등장한다. 이런 공시적 차원은 사회적-분류학적 기능 또는 정체성 형성의 기능을 떠맡는다. 세대 개념의 기원을 망각하는 것은 자신의 기원을 부정하거나 거부하는 데 이 개념을 사용하기 위한 전제 조건이다. 이런 의미에서 세대 개념은 1945년 이후에도 독일에서 말 그대로 역사를 썼던 것이다.

5. 젊은 세대—1945년 이후 기원의 거부, 그리고 뒤늦게 찾아온 세대 갈등 1968

1945년 이후 독일의 과거정치에서 세대 논의는 핵심적인 의미를 가졌다. 그것은 정치적 권력과 도덕적 권력에 대한 협상이 벌어지는 무대들 중 하나였다. 어떤 세대를 대표하고, 어떤 세대에 속한다는 자기 규정은 언제나 희생자와 가해자(공범자)의 패러다임을 대체하거나 중첩시키기 때문이다. 그런 점에서 세대 논의는 이따금 죄에 대한 책임 거부와 무고함에 대한 열망이 표현되는, 은폐된 국가적 논의가 된다. 이때 수사법이 달라지고 서로 다른 구도의 세대 개념이 사용되는데, 그것은 주체의 자기 이해와 과거에 대한 주체의 관계에 나타나는 변동들의 중요한 징후이다. 세대는 기억정치의 매개물로서 작동한다.

2차 세계대전 직후 문화정치적 논의는 '젊은 세대'라는 프로그램을 통해 각인되었고 그것은 기원의 극단적 거부와 상관이 있었다. 이런 의미를 드러내는 강령적 표현은 독일 전후문학과 47그룹▸의 창립 증서인 ≪외

▸ 2차 세계대전이 끝난 후 1947년에 결성된 독일 문학가들의 그룹. 한스 베르너 리히터

칭. 젊은 독일을 위한 독립 잡지≫(1946/47)에서 볼 수 있다. 알프레트 안더쉬Alfred Andersch가 공인한 선언문 「젊은 유럽이 자신의 얼굴을 만든다」는 도입부에서 그 유명한 영점(零點)의 수사학을, 더럽혀지지 않은 출산으로 탄생한 기원 없는 젊은 세대라는 환상과 결부시킨다. 즉, "옛날에 주피터의 머리에서 아테네가 튀어나온 것처럼, 극도로 파괴된 무의 상태에서 하나의 새로운, 젊고 싱싱한, 순결한 아테네와 같은 정신이 튀어나왔다".[26) 이런 식의 젊은 세대의 구상을 전제로 작가들은 다른 비독일적 집단과의 공통성과 동시성을 통해 자기 이해를 정의하는 것이다. 방금 지나간 과거에 속했던 자신들의 위치에서 자기 이해를 끌어내는 대신에 말이다. "이런 저항으로부터 가늘고 매우 대담한 밧줄이 심연을 넘어 다른 젊은 유럽인의 집단에 이어지는 것이다. 최근 몇 년간 이들 역시 물불을 가리지 않고 온 힘을 다해 헌신했었다. 우리는 젊은 독일을 말하는 것이다.…… 소수가 저지른 온갖 범죄에도 불구하고, 연합군 병사들, 유럽의 저항조직에 있던 남자들, 그리고 최전선에 배치된 독일 군인들 사이에, 또 강제수용소의 정치 포로들과 과거의 '히틀러 청년들'(그들은 이미 한참 전부터 히틀러 청년이 아니다!) 사이에 다리를 놓는 것이 충분히 가능해 보인다."[27)

여기서 외치고 있는 통일체, 최근까지도 적대적이었던 진영들을 하나로 묶어야 하는 이 통일체에서 주목할 만하며 특징적인 점은, 통일체를 구성하는 집단을 열거하면서 무엇보다 한 그룹이 빠져 있는데, 그것은 바로 유대인과 이민자 집단이라는 것이다. 이런 점에서 세대 논의의 이 원형적

Hans Werner Richter(1908~1993) 등이 중심이 되어 창설된 이 그룹은 나치의 과거 유산에 거리를 두고 새로운 활력을 갖춘 젊은 문학자들을 발굴하는 등 문단의 큰 변화를 이끌었다.

장면에 깃든 빈틈은 바로 기원 없는 젊은 세대라는 구상, 또 서독의 건립 세대로서 자신들의 역할을 구상하면서 파괴에 대해 침묵하는 징후를 표시해주고 있다. 이런 세대구상은 미국에 대한 분명한 거리두기와 밀접히 연관되어 있으며, 그것은 우연은 아니다.

> 전체적으로 볼 때 우리는 그런 다리 놓기를 가능하게 해줄 수단으로 단 두 가지를 생각한다. 하나는 오늘날 모두가 말한다. 그것은 '재교육'이다.…… 그럼 이제 다른 한 길이 남는데, 그것은 독일의 젊은 세대가 혼자서 가야만 하는 자립의 길이다. 스스로의 힘으로 변화하는 것이다.…… 미국과 유럽은 그 역할을 전적으로 바꾼 것 같다. 즉 200년간 공화주의적 전통과 자유를 가꾸고 보호한 그 능력으로 미국은 막 유럽의 혁신을 위한 엄마의 품이 되려는 참이다. 이것이 독일에 의미하는 바는, 망명이 우리에게 결실이 되어야 한다는 것이다. 망명은 전적으로 귀향이라는 기대에서만 살아남을 수 있다. 우리는 망명 그룹이 독일의 젊은 세대와 하나가 되길 촉구하고 기대한다. 왜냐하면 이 젊은 독일 세대, 히틀러에 대한 책임이 없다는 점에서 더 나이든 사람들과 구분되는 18세에서 35세 사이의 남자와 여자들, 또한 최전선 경험 및 수용소의 경험으로 인해, 즉 '투입된' 삶이라는 점에서 더 젊은 사람들과도 구분되는 이들, 이들이 열정적이면서도 신속하게 새로운 유럽을 향해 나아가고 있다.[28)]

'젊은 세대'란 은유와 수사는 여기서 방금 지나간 과거를 완벽하게 차단하기 위한 것이다. 기원 없는 세대라는 이미지는 책임 회피에 대한 합리화가 된다. 그것은 자신들이 '젊은 유럽'의 한 부분이며 따라서 저항의 아우라에 참여한다는 환상으로 뒷받침되고 있다. 동시에 거기에는 미국의 후견(재교육)에서 벗어나야 하는, 미국의 "아이"라는 자기 규정이 표현되고 있다.

잡지 ≪외침≫의 발행인 안더쉬와 한스 베르너 리히터Hans Werner Richter는 역사적 의미에서 히틀러 청년단(HJ) 혹은 고사포부대 보조원(Flakhelfer) 세대로 불려야 하는 세대, 역사 기술에서 "백색 세대(weisse Generation)"라는 이름을 얻었던 세대의 이름으로 말하고 있다. 그러나 그들 자신과 그들이 목표로 하는 집단 사이에는 확연한 차이가 드러난다. 왜냐하면 1908년생인 리히터(이 말은 전쟁 발발 시기에 31살)와 1914년생인 안더쉬(전쟁이 시작되었을 때 이미 25살이다) 스스로는 더 이상 그렇게 젊은 세대에 속하지는 않는다. 재탄생, 갱신, 급진적인 새로운 건설, 헌신과 절제, 종교적 전쟁체험과 자유의 체험과 같은, 이들의 창립 프로그램의 주요 동기들은 청년운동과 실존주의의 격정적 표현에 닿아 있으며, 따라서 양차대전 사이 중간시대의 정신적 상태를 반영하고 있다. 이로써 역사적 기원의 모든 차이들, 그리고 방금 지나간 2차 세계대전의 파국 속에 있었던 대립적인 장소들이 무차별적으로 제거되어버린다. 모든 차이들을 균질화하는 통일체를 구성하기 위해 하나의 다른 대립관계를 절대적으로 내세우게 된다. 젊은 세대와 나이든 세대의 대립이 그것이다. 이런 점에서 '젊은 세대'는 죄라는 분할선을 따라 나누어진 기억을 숨기는 가명이며, 이 이름을 쓰면서 영웅적인 한 군인과도 같은 한 집단이 나치즘에 대한 역사적 책임으로부터 막 빠져나오려고 하는 것이다. "이 전쟁에서 더 젊은 독일인들이 보여준 경이로운 무훈(武勳, Waffentaten)과, 지금 뉘른베르크에서 재판 중인 좀 더 나이든 독일인들의 '행위'는 어떤 연관성도 없다. 적들에게조차도 존경을 받는, 스탈린그라트, 엘 알라마인, 카시노의 전사들은 다하우와 부헨발트의 범죄에 대해서는 무고하다."[29)]

그러니까 마르틴 발저Martin Walser가 자신의 전후문학 시기의 저술들을 옹호하기 위해 진술한 것처럼, 다하우와 부헨발트에 대한 인식이 전쟁 직후 시기의 문화적 담론에서 아무 역할도 하지 못했던 것은 전혀 아니다. 오히려 발저의 문학수업은, 역사에 대한 책임을 오로지 "좀 더 나이든 독일인들"에게 미루는 동시에 스스로를 무고하고 순진한 "젊은 독일"이라고 정의했던 그 그룹에 빚지고 있다. "우리는 젊은 독일을 말하는 것이다. 그것은 뭔가 잘못된 일을 대변하긴 했다.…… 하지만 지나간 일이다."[30] 이 세대를 독일과 상호적으로 대체하는 이런 수사에서, 이 연령집단은 바로 전체를 대변하며, 전체의 첫 번째 대표자이다. 이 젊은 세대를 위한 순결한 머리 출생이라는 이미지는 전쟁에서 비롯한 자신의 기원의 탯줄을 완전히 끊어내고, 그런 식으로 자신을 생식과 무관한 어떤 새로운 계보의 시작으로 정의하게 된다. 살아남은 자들과 관련된 모든 증거물은 그것이 전통을 떠올리게 하는 한, 이 세대에게는 의심스럽거나 방해가 된다. 전통 속에서는 ― 비록 망가지고 단절되었다 할지라도 ― 계보가 세대들을 넘어서는 그리고 세대를 묶어주는 기억으로 나타나기 때문이다.

이런 논의의 지평에서 68운동은 반향이자 추후에 더 격렬해진 세대들 간의 대립으로 읽을 수 있다. 1968년의 봉기와 저항이 무엇보다 세대 갈등이라는 명분 아래 일어났다면, 그런 만큼 나이든 참전 세대는 범죄자로서의 자신의 입지와 명시적으로 맞닥뜨리게 된다. 이른바 아버지 문학이 그것을 말해주고 있다. 나치 역사와 아버지 세대의 동일시가 응축된 "범죄자-아버지"라는 표현과 더불어 이른바 과거극복의 문제가 가족적 계보로 전이되었다. 이런 아버지 문학에서 아들들(과 딸들)의 공격과 탄식의 수사가 부모에게 향하면서, 그 구도는 역사적 관점에서 수상쩍은 효과를 낳게 된다. 즉 자식들이 스스로를 범죄자인 아버지의 희생자로서 규정하면서, 나치 역사의 진짜 희생자들을 대신하게 되고, 이런 방식으로 역사의 희생자들을 다시 한 번 억압하는 데 기여한 것이다.

가족적 관점과 더불어 불순함이 계보와 기원의 차원으로 회귀하게 되었는데, 이런 가족적 관점을 통해 역사를 은폐하는 징후가 되는 것은 죄와 부채의 상징 그리고 68년 세대의 논의에서 돈이 차지하는 역할이다. 운동의 반자본주의적인 감정을 실은 표현에서 진행된 돈의 악마화는 상속 부채가 있다는 생각에 대한 후속 세대의 반동적 공포 반응으로 해석될 수 있다. 후속 세대로서는 만약 그들의 기원이 이미 더럽혀져 있다면, 적어도 돈의 더러움에 대해서는 스스로를 지키고 싶었던 것이다.[31]

6. 세대 세기 – 세대계승의 텔레스코파쥬▸

1980년대 이래로, 그러니까 전쟁 사건들과 거리가 현저하게 멀어지면서, 역사는 점점 2세대 와 3세대의 서사 속에서 그려지게 되었다. 다시 말해 역사는 세대에 따라서 헤아려지고 이야기되었다. 자주 그렇듯이, 세대를 세는 것 역시 숫자 2에서 시작된다. 두 번째와 세 번째 세대로 넘어가면서, 그러니까 사후에야 비로소 첫 번째 세대가 상정되는데, 그것도 대부분 암묵적으로 일어나며, 분명하게 첫 세대라는 이름을 붙이는 것은 아니다. 그럼에도 우리는 기원의 장소에 대해 말하겠다고 나서는 이야기들을 많이 만난다. 이 이야기들은 사후의 역사가 그 근거로 소급하는 사건들, 그럼으로써 사후의 역사를 나중에 바로 역사로 평가받게 만드는 그 사건

▸ 불어로 télescopage이다. 충돌 및 융합을 뜻한다.

들로부터 자신의 기원을 써내려간다.

두 번째 그리고 또 세 번째 세대를 이야기함으로써 역사쓰기(Historiographie)의 현대적 개념이 무효화된 셈이라면, 1945년 이후의 역사는 성서적 표상에 근접하게 된다. 가해자 집단의 후손들에게서 나타나는 부모로부터 대물림된 죄의 회귀라는 생각은 원죄 개념과 가깝다. 여기서 후속 세대의 책임은 사건들로부터 직접 파생하는 것이 아니다. 그것은 전쟁과 최종 해결이라는 역사적 죄와는 간접적으로 상관이 있다. 반면에 그 책임은 1945년 이후 전후사에서 부모들이 저지른 과오들, 즉 애도와 죄의 거부로 말미암은 결과들과는 직접적으로 관련되어 있다. 해당 후손들이 침묵하고 부정된 죄의 재생산이라고 느끼는 저 전후의 역사, 그것이 비로소 1980년대 이래 정신분석가들이 사례 묘사에서 "초세대적인 트라우마화"로서 묘사하고 "무의식에 따른 민족사회주의의 지속적인 영향"[32]으로 분석한 그런 증후들을 유발한 것이었다. 초세대적인 트라우마화는 문제시되는 사건들에 직접 관여하지 않은 세대에 충격을 주는 것이니까, 프로이트에 따르면 모든 트라우마의 특징인 증후 발생의 사후성이 역사적 시간 속으로 침입하게 된 것이다. 증후 발생이 세대를 이어가며 지속되면서, 개인적 생애사라는 시간적 차원을 넘어서는 것이다. 여기서 두 번째와 세 번째 세대에 대한 논의를 특정한 출생 연도의 집단과 확실하게 연관시킬 수 없다는 것은, 세대들의 기억 속에서 전위와 중첩이 일어난다는 것을 가리킨다. 즉 무의식의 언어에서 일종의 텔레스코파쥬, 충돌 및 혼융 현상이 일어나는 것을 뜻한다. 이것은 기억 속에서 영향력을 발휘하며 세대 간의 유대를 확립해주는 계보의 왜곡된 형상이다.[33] 이런 식으로 세대 범주는 1945년 이후의 역사에서 기억의 범주가 되었다. 하지만 계보는 이제 무의식 속에 자리 잡게 된다. 전통적 역사철학적 세대 개념이 연속성과 시대 구분의 교차점을 표시하는 반면, '초세대적'이라는 형상은 그와 달리 단절과 계보를 그 안에서 통합한다. 그것은 계보 안에서의 단절이 아니라, 오히려 일종의 '문명단절의 상속'과 그 결과들에 대한 생각을 말한다.

1945년 이후의 이런 세대론의 배경에서 볼 때, 최근에 관찰되는 세대소설들의 귀환은 더 이상 정체성 정치적인 요소와 과거정치적인 요소들을 결합하는, 기원 찾기 소설로 해석될 수 없다. 세대 개념이 전반적으로 이런 중심적인 역할을 한다는 사실은 친족성의 기본 구조에 나타나는 변화에 대한 대답으로도 해석되어야만 한다. 지금까지 독일 문화의 토대로서, 또 문화의 재생산과 발전의 중개자로서 간주되어 왔으며, 이제 (체외 수정, 대리모, 체세포 복제와 같은) 복제의학과 유전공학의 성과들로 인해 의문시되고 있는 친족구조의 변화들 말이다. 미셸 우엘벡Michel Houellebecq의 소설 『소립자』(1999)의 성공은 이런 배경에서 설명될 수 있다. 이 책에서는 68년의 성혁명에 대한 기억들을 환상적인 유전공학적 관점과 성교 없는 복제를 위한 프로그램과 대비시킨다. 반면 그 소설의 은유들은 퇴행의 욕망과 모성적 섹슈얼리티의 무력함에 대한 소망을 동시에 표현하고 있다. 과거 자연적인 것으로 받아들여진 세대의 계승에 생명과학이 개입하면서, 오래된 신화들과 마찬가지로 새로운 기원에 대한 열망도 일깨우는 것이 분명하다.

〈구연정 옮김〉

주

1) Hondrich, "Katalysator Katastrophe. Der Artikel diskutiert Ergebnisse der jüngsten Shell-Jugendstudie" 참조.
2) 예를 들어 드레비츠Drewitz의 『어제가 오늘이었다(Gestern war heute)』(1978)를 보라.
3) Forte, *Das Muster*(1992); *Der Junge mit den blutigen Schuhen*(1995); *In der Erinnerung*(1998).
4) 이에 대해서는 Weigel, "Zeugnis und Zeugenschaft"를 보라.
5) Dückers, "Der nüchterne Blick der Enkel".
6) Abraham, "Aufzeichnungen über das Phantom", 691 이하.
7) 같은 글, 697.
8) 같은 글, 694, 696.
9) Wackwitz, *Ein unsichtbares Land*, 17.
10) 같은 책, 28.
11) TU intern. Zeitschrift der TU Berlin, 2002년 2/3월, 3.
12) Illies, *Generation Golf*, 18.
13) 같은 책, 20.
14) ≪디 차이트(Die Zeit)≫, 1994년 9월 16일자.
15) Bude, *Generation Berlin*, 25.
16) "오늘날 세대들은 너무나 빨리 정체성 또는 기본 틀을 바꾼다. 마치 칩(Chip) 세대처럼"[Hörisch (Hg.), *Mediengenerationen*, 14].
17) Illies, *Generation Golf*, 197.
18) Dilthey, *Über das Studium der Wissenschaft vom Menschen, der Gesellschaft und dem Staat*, 37.
19) 예를 들어 다음을 보라. Rosenthal (Hg.), *Die Hitlerjugend-Generation*; Platt 외 (Hg.), *Generation und Gedächtnis*; Bude, *Das Altern einer Generation*.
20) Mannheim, "Das Problem der Generationen", 516 이하.
21) Heidegger, *Sein und Zeit*, 384. Mannheim, Das Problem der Generationen, 517 에서 재인용.
22) Mannheim, "Das Problem der Generationen", 562 이하.
23) Kraus, "Das Ende der Generationsgemeinschaft".
24) Mannheim, "Das Problem der Generationen", 515.
25) 여기에 대해서는 다음의 글을 참조하라. Weigel, "Generation, Genealogie,

Geschlecht".

26) Andersch, "Das junge Europa formt sein Gesicht", 19.

27) 같은 글, 21 이하.

28) 같은 글, 22~24.

29) Andersch, "Notwendige Aussage zum Nürnberger Prozeß", 26.

30) Andersch, "Das junge Europa", 21.

31) 이에 대해서는 다음을 보라. Weigel, "Shylocks Wiederkehr".

32) 볼레버Bohleber의 글 제목은 다음과 같다. 「아우슈비츠 이후 두 번째와 세 번째 세대에 나타나는 민족사회주의의 계속적인 영향」.

33) 다음을 참조하라. Weigel, "Télescopage im Unbewußten".

세대의 성
1930년대의 세대적 특성과 남성성의 관계

크리스티나 베닝하우스Christina Benninghaus

'세대'의 역사에 대해 최근 발간된 책들을 살펴보면 과거에는 주로 남성들이 세대를 형성했다는 인상을 갖지 않을 수 없다. 중세의 공증인[1], 근대 초기의 관리[2], 의회 의원[3] 혹은 많든 적든 관심을 끌었던 나치 주동자들,[4] 이들 모두는 남성들로서 역사적 사건들이 특정한 출생 연도에 끼친 영향력이나 혹은 반대로 '세대'가 사회 변화 과정에서 갖는 중요성을 묻는 역사 기술에서 온통 자리를 차지하고 있다. 물론 소녀와 여성도 가끔 언급되긴 하지만 '세대'에 대한 역사 연구에서 이들은 어쩔 수 없는 주변인이다. 그리고 이 점은 그냥 간과해버릴 수만은 없는 사실이다.[5] 이는 최근 몇 년 그리고 지난 수십 년 동안 성의 역사를 중심으로 한 문제 제기가 활발해진 것을 생각할 때 우리를 점점 더 당혹스럽게 만드는 일이다.[6] 이에 따라 최근에는 기존의 세대 도식에 여성들을 포함시키려는 연구가 전반적으로 시도되고 있다. 예를 들어 리처드 베셀Richard Bessel은 '전선경험'은 물론 없지만 여성들도 이른바 '전선세대'에 속한다고 주장한다. "이들은 대부분 정상적인 성인의 인간관계와 가족관계를 형성할 기회를 전혀 갖지 못했던 세대였다. 이런 의미에서 1880~1900년에 출생한 여성들은 남성과 마찬가지로 이 세대의 한 부분을 이루고 있다."[7] 다른 학자들은 "갈등관계에 있는 세대들은 특히 주도적인 남성 행위자들과 함께 나타난다"고 말한다.[8] 이런 주장들을 보더라도 배후에 여성 행위자들이 있었다는 사실이 배제되었음을 확실히 알 수 있다. 루츠 니트함머Lutz Niethammer는 마땅히 수행되어야 할 연구의 공백을 확인하면서 "만하임이 지적한 양극화된 세대 양식의 특성을 양성관계에도 적용하여 양성 간에 더욱 깊이 숨겨진 공통적인 세대 경험의 범례들을 연구할" 것을 촉구한다.[9]

하지만 과거의 '세대들'을 연구할 때 여성들을 고려하라는 이러한 요구들이 아무리 호의적으로 들릴지라도 그 요구들은 문제의 핵심을 놓치고 있는 것 같다. 왜냐하면 여성들이 좀처럼 '세대' 연구의 대상이 되지 않는 것은 그럴 만한 충분한 한 가지 이유가 있기 때문이다. 말하자면, 과거에는 여성들이 사회적 단위인 '세대'의 대표자로 인지되는 경우가 훨씬 더 드물었기 때문이며, 여성들도 스스로를 세대의 개념으로 분명하게 인식하는 경우가 좀처럼 없었다는 것이다. '세대적 특성'이라는 표상, 즉 동시대에 출생했거나 같은 시대를 경험한 사람들이 다른 사람들(연장자나 연소자들)과 뚜렷하게 구분되는 일정한 특성을 공유한다는 가정은 역사적 관점에서 볼 때 성별과 무관한 현상이 아니다.[10] 무엇보다 과거에는 세대적 특성이 여성보다는 남성에게 부여되는 것으로 간주되었다. 그러므로 '세대'를 성의 역사적 관점에서 연구하기 위해서는 다음과 같은 어려운 문제가 생겨난다. 그것은 먼저 세대적 특성과 성이 어떤 방식으로 결합되어 있는가를 밝혀야 하는 문제다. 나아가 예를 들어 1900년경이나 1930년경, 혹은 오늘날에도 관찰될 수 있듯이 세대의 범주에 따라 사고하는 유행이 양성관계의 변화와 어떤 관계가 있는지 질문해야 한다. 말하자면, '세대'라는 범주를 해체하고 세대적 특성을 남성 특유의 양상으로서 좀 더 자세히 살펴보는 게 중요하다. 그렇다면 이제 다음과 같은 질문을 던질 수 있겠다. 과거에는 왜 특히 남성이 세대 구성원으로 인지되었으며 특정한 역사적, 정치적, 사회적 조건 아래서 한 세대의 구성원이 된다는 것에 왜 그렇게 관심을 가졌을까? 예를 들어 1930년대라는 시대의 어떤 상황 때문에 특정 남성 집단에게 자칭 세대 고유의 특성을 부여하는 것이 타당하다고 여기게 되었을까? 왜 자신과 타인을 지각할 때 국적이나 사회계층 혹은 종교와 같은 다른 특성들 말고도 세대적 특성이 거론되는가? 세대적 특성이라는 가정은 각 시대마다 특수하게 구성되는 남성성(들)에 무슨 기여를 했는가?

이 글에서 나는 '세대적 특성'의 해석 도식과 당대의 남성상 간의 연관성을 다음과 같은 연구 목표를 가지고 추적할 것이다. 1) 카를 만하임을 다시 상기하면서 1930년대에 학문적으로 정립되었고 오늘날까지 크나큰 영향력을 행사하고 있는 세대 개념이 세대를 사회적 단위로 이해하는 한 남성성을 함축하고 있음을 밝히고자 한다. 2) 19세기와 20세기 초에 어떤 메커니즘이 상상의 공동체로서 남성적 세대를 만들어내는 데 기여했는지 정리할 것이다. 3) '세대'라는 해석 도식의 특별한 유행이 양성관계의 변화, 여기에서는 특히 바이마르 공화국 시대의 남성성의 위기와 어느 정도로 연관될 수 있는지 질문할 것이다. 이 논문은 역사적으로는 1930년대에 초점을 맞추고 있다. 논문의 목표는 '세대'에 대한 역사학적 논의에 분석 범주와 기초 개념으로서 성에 대한 역사적 고찰을 접목시키고, '세대'에 관한 동시대의 논의를 성찰적이고 역사화하는 태도로 접근하는 것이 남성성에 대한 역사 연구에 기여할 수 있음을 보여주는 것이다.

나는 두 가지 방식의 '세대' 개념을 자유롭게 사용할 터인데, 이러한 방식이 그다지 큰 문제가 되지는 않을 것으로 본다. 하나는 특정 '세대들' 간의 세대 차이의 사회적 변화를 서술할 때 서술 기법상 유용하게 쓸 수 있는 '세대' 개념이다. 여기에서 말하는 '세대'란 바로 하나의 표본을 만들기 위해 의도된 '특정 동년배집단의 통합'을 말한다. 다른 하나는 개별 가족 내에 존재하는 조부모-부모-자녀 관계라는 의미에서의 '세대 간의 관계'이며 이는 물론 가족사의 중요한 연구 대상이 된다.

I. '세대'－남성 중심의 범주?

1928년에 발간된 카를 만하임의 논문 「세대 문제」[11]는 세대에 대한 사회학과 역사학 연구의 "표준 원전 텍스트"[12]이거나 혹은 "'범례적' 기초"[13]가 된다. 그러나 때로는 만하임이 이 논문으로 "세대 문제를 둘러싼 10년간의 집중적인 논의를 요약했다"[14]는 점과 동시에 바이마르 공화국 말기에 곳곳에서 거론된 '세대'라는 주제를 다루었다는 사실은 간과되었다. 그런데 1920년대 후반에 '세대'란 과연 무엇을 의미했을까? 나는 먼저 만하임의 텍스트를 가지고 이 문제를 추적하고자 한다. 여기에서 무엇보다도 본인의 관심을 끄는 것은 당시의 언어 사용에서 세대라는 것이 얼마나 동일한 성적 집단, 즉 남성적 집단으로 상상되었는가 하는 점이다.

여성 — 세대담론의 공백

만하임이 「세대 문제」에서 어느 정도로 여성을 참작했는가라는 질문을 던질 때, 우선 눈에 띄는 점은 성차는 그의 글에서 아무런 역할을 하고 있지 않다는 것이다. 약 50페이지 분량의 이 논문 어느 곳에서도 여성을 뚜렷하게 배제하지는 않았지만, '여성'이라는 말이 단 한 번도 언급되지 않은 것 또한 사실이다. 만하임은 「세대 문제」를 처음부터 여성을 고려하면서 던진 것인지, 그래서 세대에 대해서 논할 때 여성도 함께 염두에 둔 것인지 확실하게 말하지 않는다. 이와 반대로, 동년배들 간에 생길 수 있는 차이들, 예를 들면 농촌의 청소년과 도시의 청소년들 간의 차이는 다루고 있다. 만하임에 따르면 이들은 같은 세대위치에는 속하지만 같은 세대연관성은 갖지 않는다. 이는 만하임이 동년배 여자와 남자는 같은 세대의 일원이며 "같은 운명"[15] 그리고 특유한 "행동과 감정과 사고의 방식"[16]을 공유한다는 점을 전제한다는 말일까? 혹은 여성의 참정권 도입이라든가 대학입학 허가와 같은 획기적인 사건들로 인해 독자적인 여성 세대가 이미 형성된 것일까? 아니면 결국은 만하임의 생각을 따르자면 남성들만 세대를 형성했던 것일까?

만하임이 세대 형성을 두고 성차를 어느 정도로 전제하고 있는가는 그의 텍스트를 자세히 읽어보아도 금방 알기가 어렵다. 왜냐하면 만하임은 연구 대상을 표현할 때, 적어도 오늘날의 언어 사용에서 보자면, 성이 혼합된 집단을 일컫는 집합단수명사를 압도적으로 사용하고 있기 때문이다. 즉, "청소년"이라든가 "세대", "같은 출생 연도" 같은 표현을 사용한다. 나아가 그는 세대 형성 과정에 참여한 행위자를 명명할 때, 예를 들어 "문화담지자", "의식의 대표자", "교사"와 같이 종(種)개념을 의미하는 것으로 남성명사형을 사용한다. 우선 몇 안 되는 구체적인 예를 보면 만하임이 분명 세대를 말할 때 남성을 염두에 두었음을 알 수 있다. 예를 들어, 그는 '브루셴샤프트'(Burschenschaften)▸를 세대단위를 형성하는 집단으로 언

▸ 대학생학우회. 1815년 예나에서 조직된 조국애의 함양과 학생생활 향상을 목적으로

급한다. 또한 텍스트에 언급된 세대단위의 선두 주자는 다양한 세대의 대표자들로서 결국에는 실제세대에 통합되는 후발 주자들과 마찬가지로 남성들이다. 말하자면 텍스트에서는 니체Nietzsche, 텐느Taine, 빅토르 위고Victor Hugo,[17] 프리드리히 빌헬름 3세, 프리드리히 빌헬름 4세 그리고 프로이센의 "농부의 아들들"[18]이 언급된다. 그리고 여러 생애단계를 구분할 때도 아동 다음에 오는 사람은 의심의 여지없이 남자 "청년"[19]이다.

만하임이 '세대'와 남자 동년배집단을 말없이 동일시한 것은 결코 특이한 일이 아니었다. 이러한 동일시는 세대 문제를 다루고 있는 여러 텍스트들의 특징이다. 일례로 만하임과 동시대인이었던 딜타이는 한 세대의 구성원이란 "어느 정도 함께 성장한, 즉 유년기와 청소년기를 함께 보내고 남자의 힘을 보여주는 시기를 일부분 함께 보낸 사람들"[20]이라고 정의했다.

또한 바이마르 공화국 말기에 특히 민중 사이에서 널리 사용되던, 정치적 동기가 부여된 세대 개념 역시 세대는 남자들로 구성되어 있다는 전제를 깔고 있었다.[21] 혈통 나치즘 작가인 귄터 그륀델E. Günther Gründel이 쓴 『젊은 세대의 사명』이라는 책의 의미심장한 제목은 언뜻 보기에는 성차와는 전혀 무관한 것으로 보인다. "우리와 함께 새 시대가 열리고 있다. 우리와 함께 새로운 전대미문의 위대한 목표가 나타나고 있다. 오늘날 우리의 '견해'와 실행 방법이 아무리 분열되었다 해도 우리 모두는 한 가지 사실을 알고 있다. 우리, 바로 우리가 세계의 전환점에 서 있다는 사실이다. 그리고 이러한 전환점은 두 가지를 요구하고 있다. 바로 인간의 전면적인 개조와 사물의 근본적인 개조다."[22] 하지만 그륀델이 이런 말을 할 때에 남자 청년만 염두에 두었다는 사실은 그가 처음 상황을 군대 용어를

한 학생 단체. 독일어 'Bursche'는 청년남자를 뜻한다.

사용해 묘사할 때 이미 나타나 있다.

> 새로운 군대는 이미 존재한다. 하지만 그들이 지킬 전선은 아직 분명하게 정해지지 않았다.…… 희망과 반항 그리고 비굴함 사이에서 우리는 수천 개의 꿈을 꾸고 계획을 세웠으며 마침내 전투력 있는 통일체로 결집하여 사물을 형성하는 데에 강력한 영향을 끼치려는 수백 번의 시도를 했다. 하지만 여전히 구세대에 속한 현실은 출격할 때 이미 패배한 군대처럼 우리의 행렬을 또다시 흩어놓았다.[23]

젊은 세대를 군대와 동일시한다는 것은 이 세대가 젊은 남자들로 이루어져 있음을 여지없이 보여주고 있다. 그륀델은 인구의 세대층을 도식으로 나타낼 때도 여성을 포함시키지 않고 있다. 그는 "'인구 피라미드'의 왼편 반쪽"[24]만 주목하고 있다(도표 1 참조).

역사적 의미에 대한 포괄적인 분석만이 세대 개념이 어느 정도로 여성에게도 적용되었고 언제부터 그리고 누구에 의해 '세대'가 양성혼합 집단으로 이해되었는지, 그리고 이러한 사정이 오늘날 세대담론에서는 어느 정도로 중요한지를 밝혀낼 수 있을 것이다. 예를 들어 청소년 조직과 관련해서 여자 청소년들을 산발적으로는 하나의 '세대'로 보았다 할지라도[25] 1920년대와 1930년대의 작가들과 독자들은 여전히 '세대'에 관해 말할 때 특히 남자를 염두에 두었을 것이다. 과거 1920년대의 '신여성'이 우리에게 하나의 '세대'로 보인다면, 그것도 나름대로 의미는 있을 것이다. 하지만 당시의 언어 사용은 이들을 다른 개념으로 표현하고 있다. 즉, "여자 청년", "요즘 젊은 여자애들"[26], "요즘 시대의 여자애들"[27], "젊은 여사무원" 혹은 "젊은 여성 노동자", "걸" 등으로 표현했다. 1932년 『남성이 없는 세대』를

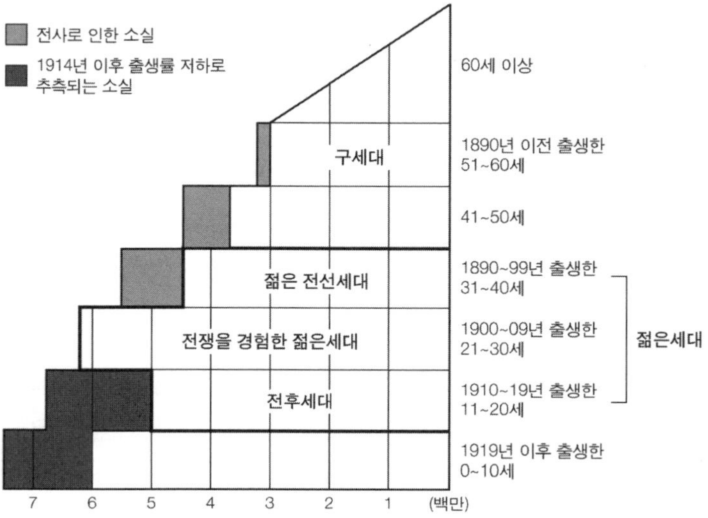

(도표 1) 자료: E. Günther Gründel, *Die Sendung der Jungen Generation. Versuc einer umfassenden revolutionären Sinndeutung der Krise*, München 1932, 61.

쓴 작가의 견해에 따르면, 이 책의 제목인 '남성이 없는 세대'란 1차 세계대전 탓으로 많아진 전쟁미망인의 세대가 아니라 남성성이 부족한 남성세대를 말하는 것이라고 한다.

남성이 없는 세대. 이는 정치와 예술, 학문, 세계관 등을 주도했던 1930년대 당시의 40대부터 60대까지의 사람들이다. 이들은 19세기의 마지막 후손들로 민주주의자이자 낭만주의자, 객관주의자, 냉소주의자, 신념을 가진 자들이다.[28]

세대적 특성과 성별 스테레오타입

당시 '세대'가 '남성세대'로 이해된 것은, 필자의 생각으로는 세대적 특성을 해석하는 도식의 기초가 되는 역사 구성과 주체 구성에서 나온 결과

다.[29] 만하임의 텍스트를 가지고 이에 대해서 좀 더 자세히 살펴보도록 하겠다.

'세대 문제'에 대한 만하임의 관심은 사회 변화 현상에서 출발한다. 만하임은 "가속화되고 있는 사회 변화를 좀 더 정확하게 이해"하려고 노력했다.[30] 그는 세대교체는 사회 변화의 근본적인 요소라고 이해했다. 이 사회 변화를 두고 그는 후속 세대 자체에 역동적인 힘과 활력이라는 특성을 부여한다. "새로운 인간들의 새로운 출현은 늘 축적된 자산을 묻어버리긴 하지만 알게 모르게 필요한 새로운 선택을 하게끔 하며 기존의 영역을 개정하고, 유용한 것을 더 이상 망각하지 말고 아직 얻지 못한 것을 욕망하라고 우리에게 가르친다."[31] 하지만 젊은 세대 구성원의 특징은 미래를 겨냥한 욕망뿐만 아니라 조형의지를 통해서도 드러난다. 이들은 "새롭게 시도하는 행위"[32]로 사회에 기여한다. 청년들은 사회의 가치와 문화적 행동양식의 대부분을 단순하게 수용하는 반면, 역사적 발전의 토대로 의심스러운 내용에는 특히 민감하게 반응한다는 것이다. 이들은 "바로 느슨하게 이해된 것을 일차적인 대립으로 체험하고 투쟁하면서 이 대립과 자신을 연결시키도록" 예정되었다고 한다.[33]

청년들이 새로운 이념에 민감한 것은 청년 특유의 심리적 성향 때문이라고 만하임은 말한다. 예를 들어, 17세의 청년들은 평생을 결정하는 "첫 경험들"을 하면서 "첫인상"을 갖게 된다. 이제 백지상태와 같은 존재에 "자기를 실험하는 삶"이 들어선다.[34] 같은 세대가 갖는 공통점은 만하임의 관점에서는 단순히 출생 시점이 같다는 데서가 아니라, 특히 민감한 이 시기에 공통적으로 각인되는 특징으로 인해 생기는 것이다. 이러한 특징이 '실제세대'의 기초가 된다고 하면, 이를 수동적으로 감내하기만 해서는 안 된다. 오히려 이것은 "같은 세대위치에 속한 개인들이 공동의 운명에 어떤 식으로든 연관되는 내용에 참여함으로써"[35] 능동적으로 생산되어야 한다. '실제세대'란 같은 연령의 개인들 간에 존재하는 것으로 "이들이 현재의 역사적 순간을 구성하는 사회적 정신적 흐름에 참여하는 한에서만, 그리고 새로운 상황을 만드는 상호작용에 능동적이면서 수동적으로 참여하는 한에서만" 존재하는 것이다.[36]

하지만 이렇게 한다고 해서 후속 세대들이 역사적 변화를 일궈내는 것은 아니다. 이 점에서 만하임은 생물학적 견해와는 거리를 둔다. 후속 세대는 개인들로 이루어진 특정 집단들이 비슷한 청년기의 체험을 공유하면서 역사적 변화 과정을 거쳐 직접 생산되는 것이다. 물론 이와 동시에 청년들은 새로운 이념을 지지하며, 쓸모없게 된 것을 제거하는 등의 방식으로 사회발전을 촉진한다. 하지만 이때 이루어지는 근대화 과정은 평화롭게 진행되지 않고 갈등을 내포한 과정이라고 만하임은 이해한다. 이런 식으로 대를 이어가는 세대들은 "세상과 자기 안에 있는 매번 달라지는 반대자에 대항해 늘 싸운다"는 특징을 갖는다.[37] 하나의 실제세대에 속하는 '세대단위들' 간의 관계 역시 서로 대립하는 특징을 갖는다. 특별한 "기본의도"를 특징으로 하면서 "또한 당파적인 입장을 갖기도 하는" 세대단위들은 단순히 서로 다를 뿐만 아니라, "상극을 이루며" 서로 대립한다. "하지만 이들은 아무리 싸운다 해도 서로 조율해 나가는 바로 그 점을 통해 하나의 '맥락'을 형성하려는 것이다."[38]

세대교체와 역사적 동력의 관계는 18세기 이래 발전한 근대적 세대 개념의 본질적인 특징이었다. 포괄적인 '세대' 개념사가 물론 아직은 정립되지 않았지만, 바이겔은 서로 밀접한 관련이 있는 개념들인 '세대'와 '성' 그리고 '계보학'이 갖는 의미의 본질은 근대의 시작과 함께 변했다고 지적했다.[39] 그리하여 19세기가 지나면서 뚜렷한 세대 개념이 형성되었다. 이것이 가능했던 것은 계몽주의와 프랑스 혁명 시기에 발전했던 새로운 시간관과 역사관 때문이었다.[40] 한편으론 미래가 점점 열려 있는 것으로 이해되는가 하면, 다른 한편으로 역사는 "조작할 수 있는" 것으로 개념화되었다. 더 나은 미래 그리고 정치적 행동을 통해 창조된 미래에 대한 기대는 젊은 세대로 하여금 미래의 잠재적인 대표자가 되게 하였고 사회 변화의 담지자가 되도록 만들었다.[41] 19세기 전반에 이미 '세대'라는 양식으로 집단을 형성하고 자기양식화를 시도한 예들이 있었다. 예를 들면 '청년독일파'가 그것이다.[42] 그리고 1900년경 유행했던 '젊음숭배문화'와 더불어 '젊은 세대'라는 자기 표현을 정치적 요구에 결부시키는 것은 점점 더 당연시되었다.

말하자면 시간 이해와 역사 이해라는 면에서 만하임의 텍스트는 근대적 사고의 근본적인 문제를 숙고하고 있다. 이러한 근대적 사고는 역사에 기초한 양성 연구가 지난 몇 십년간 지속적으로 밝혀냈듯이 확고한 양성 이분법을 특징으로 하고 있다. 만하임이 말하는 주체에 귀속되는 특성, 즉 미래지향성, 실행력, 자율성, 사회참여 그리고 투지와 같은 특성들은 만하임의 텍스트에서는 남성적인 것으로 이해되었다. 이는 계몽주의 이래 성의 고유성과 특성에 관한 담론에서 생산되었고, 19세기를 지나면서 점점 더 강력하게 확산되었던 바로 그 남성적 특성의 기준에 맞는 것들이다. 이에 대해 어느 백과사전은 다음과 같이 설명하고 있다.

남성의 정신은 더욱 창조적이며, 자기에게서 벗어나 넓은 곳을 향한다. 그것은 노력하고, 추상적인 대상들을 사용하고, 원대한 계획을 추구한다.…… 남성에게는 순수한 욕망이 솟구친다. 여성은 조용한 동경이 머무는 곳이다. 여성은 작지만 더 뚜렷하게 조망되는 행동반경으로 제한받는다. 여성은 소소한 일을 대할 때 참을성과 인내가 더 많다. 남성은 획득해야만 하고, 여성은 받으려고 한다. 남성에게는 힘이 있고, 여성에게는 선의 혹은 술수가 있다. 남성은 떠들썩한 공적인 삶에 속해 있지만, 여성은 조용한 가정의 영역에 속해 있다.[43]

이것은 1824년의 상황이다. 그리고 1933년에도 가톨릭 계열의 『헤르더 대사전』은 '남자, 남자다움'이라는 표제어를 다음과 같이 설명하고 있다.

진정한 남자다움이란 힘과 용기, (술수를 품고 지껄이지 않는) 정직한 결단, 선견지명, 진취적 의욕 …… 삶의 위급한 상황과 위험에 뛰어들 각오가 되어 있는 자세다. 특히 공적인 일에 참여하고 공동체의 과제를 위해 싸우는 것은 남자의 본성이다.…… 남자는 그 견고함이 남성의 본질과 일치하는 국가의 장식이며, 역사에 몰두하고 전쟁을 수행한다.[44]

18세기 후반 이래 여성성은 현재와 내세로 연상되는 반면, 남성성은 "현재에서 미래로 향하는 직선적이고 지속적인 발전"과 동일시되었으므로, "역사적 시간과 미래의 역사는 남성적 행위의 영역에 속할" 수 있었다.[45] 이로써 사회 변화를 목표로 하는 세대 행위의 중요한 전제 조건인 명예욕과 조급함은 남성의 특징으로 간주되었다.

시민적 양성 담론에 따라 수동적이어야 했던 여성들과 달리 남성들의 특징은 그야말로 에너지와 의지력이었다. 권력이라든가 남성들에게 나타나는 전형적인 적대감은 여성이 갖고 있는 선의나 연민과 대립했으며, 남성의 공적인 삶은 가사 영역에 집중된 여성의 삶과 대립했다.[46] 만하임이 묘사한 투쟁하면서 미래를 지향하는 주체 안에는, 전면에 부각되지는 않더라도 전형적인 남성적 특징들이 한데 어우러져 있다. 이렇게 볼 때 만하임의 논문 「세대 문제」는 당시의 이분법적인 양성관을 특징으로 하는 역사관과 주체관에 기초를 둔 것이라고 할 수 있다.

요약하자면, 만하임의 세대관은 엘리트 계급에 맞추어진 것만이 아니라,[47] 당시 남성성이라고 이해되었던 특성과 행동방식을 규범화했음을 확인할 수 있다. 이러한 남성 편향, 즉 '세대'라는 개념이 계급이나 전문성, 참여 그리고 공공성과 같은 개념들과 공유하고 있는, 즉 "남성들 및 남성적 의미를 내포한 영역의 지위, 이해, 행동의 특권화"[48]에 대해 동시대의 다른 텍스트의 예를 가지고 좀 더 자세하게 다루는 일은 본 논문에서는 불가능하다. 하지만 만하임의 텍스트를 통해 살펴본 내용만으로도 20세기 초에 전개된 학문적 세대 개념 속에 양성에 대한 어떤 표상이 각인되었는지 쉽게 느끼기에는 충분할 것이다. 이러한 표상이 여성의 생활환경과 행동방식, 경험들을 살펴보기 위해서는 그다지 적합하지 않다는 것은 놀라운 일이 아니다. 마찬가지로 울리히 헤르베르트와 미하엘 빌트의 연구가 보여주듯이, 이것이 특정 (젊은) 남성 집단에게는 설득력 있게 적용된다는 것도 놀랄 일이 아니다.[49] 여기에서 탐구된 엘리트 집단은 공적인 사건에 참여했으며, 출신성분으로 볼 때 적어도 미래에 정치권력을 가질 수 있으며 세대단위의 근간이 될 수 있을 사회적 네트워크를 소유한 집단이다. 이들이 세대 주체가 갖게 되었던 바로 그 특성을 내면화하게 된 것이다. 하지만 문제는 역사적이고 사회적인 면에서 구별되지 않은 듯 보이는 '세대'라는 개념이 이러한 사회적 순응의 조건들을 은폐하고 있다는 것이다.

여기에서 만하임의 세대 개념은 규범적으로 이해될 수 있다는 점에도 주의를 기울여야 한다. 만하임에 따르면 실제세대의 의미에서 '세대들은' 발전될 수 있을 뿐만 아니라 발전해야만 하는 것으로 보이기도 한다. 만하임이 세대위치와 실제세대를 마르크스의 용어인 계급 '그 자체'와 나란히 전개한다는 점에서 세대의 형성은 관찰 대상이 될 뿐만 아니라 바람직한 일로 보이기도 한다. "어떤 발전 단계에서 그리고 어떤 조건 아래서 자신이 속한 계급의 계급의식이 나타나는가는 역사학과 사회학의 연구 주제가 될 수 있다. 이와 마찬가지로 새로운 세대들이 세대에 맞는 자신의 진영 그 자체를 의식하고, 바로 이러한 지식을 자신의 (세대) 소속의 기초로 삼을 때, 그것은 역사학적이고 사회학적인 현상이 될 수 있다."[50] 그러므로 세대의식을 발달시킬 만한 이유가 별로 없었을 여성과 하층민처럼, 세대의식을 만들어내지 못한 사람들은 어쩔 수 없이 결함이 있는 것으로 보이고 만다.[51]

II. (남성적) 세대의 생성

분석 범주로 사용되는 '세대' 개념은 이 개념이 갖고 있는 역사적 본질과 엘리트 계층과의 연관성 그리고 남성 편향성과 좀처럼 분리될 수 없는 것 같다. 하지만 이 점과는 무관하게 '세대'는 1900~1930년의 시기에 매우 유행했던 중요한 원천개념을 간과해서는 안 된다. 이 시기에는 특정 집단에게 세대 정체성을 부여하는 것이 아마도 당연했던 것으로 보인다. "누가, 언제, 어떤 논거로, 어떤 관찰에 근거해서 특수한 세대 형태를 발견했다"[52]고 생각했는가, 혹은 한 세대의 구성원으로 행세했는가라는 불가피한 질문은 다음과 같이 성의 역사적 차원으로 확장될 수 있다. 즉, 왜 특히 남성이 세대 구성원으로 인지되었는가? 그리고 그들은 왜 자신들을 세대 구성원으로 묘사했는가? 세대적 특성의 표상이 확산될 수 있기 위해서는 어떤 전제 조건들이 충족되어야 했는가?

독일어권의 연구에서 '세대'란 일반적으로 '특정하게 각인된 인상과 경험의 결과물'로 이해된다. 이미 만하임은 세대교체를 통해서 생겨나는 하나의 균일한 역사적 사건들의 리듬이 있다는 생각을 분명히 거부했다. 대신 그는 다음과 같이 '세대'를 '체험공동체'로 이해했다. "같은 시기에 시작된 한 세대의 유사한 위치에 대해서는 …… 공유할 수 있는 사건과 체험 내용에 잠재적으로 참여했을 때에 한해서만 말할 수 있다."[53] 이렇게 생각한 것은 만하임뿐만이 아니었다. 전간기▸ 프랑스 작가들이 세대교체를 하나의 규칙적인 현상으로 보았던 반면, 독일 쪽에서는 사건과 체험, 특히 청년기 체험의 의미가 강조되었다.[54] 이러한 관점은 그 후 수십 년이 지나도 전혀 변하지 않았다. 예를 들어 1977년 한스 예거Hans Jaeger는 "역사적 세대 리듬이 있다고 추정하는 맥박가설(Pulsschlag-Hypothese)"이 아직도 좀처럼 주목을 받지 못하고 있는 것에 비해 그 반대 가설인 "각인가설(Prägungs-Hypothese)"은 만하임이나 딜타이가 살던 시대와 마찬가지로 여전히 효력을 갖고 있다고 단정했다.[55] 또한 최신 역사 연구들도 각인가설을 일반적으로 수용하고 있다. 예를 들어 베른하르트 기젠Bernhard Giesen은 한편으론 제도를 통한 각인과 다른 한편으론 사건을 통한 각인을 다음과 같이 구분한다. "한 사회 내에서 하나의 세대에 관해 말할 수 있으려면, 우선 이 사회에서 동년배집단 구성원들에게 민감한 사춘기 동안 가정 밖에서 공동의 체험을 중재하는 제도가 마련되어야 한다. 두 번째는 이 구성원들을 친밀하게 상호 접촉하도록 해주는, 그래서 이들이 가족과는

▸ 戰間期. 1차 세계대전 종결부터 2차 세계대전 발발까지의 시기를 말한다. 즉, 1919~1939년까지의 시기다.

다르게 세대의 일원으로서 서로를 느낄 수 있는 그런 제도가 필요하다. 마지막으로, 앞서간 세대와는 다른 체험을 중재하는 제도가 필요하다." 그러므로 하나의 세대의식이 형성되기 위해서는 근본적인 공동체험이 반드시 필요하다는 것이다. 예를 들면 "승리한 전쟁이나 패배한 전쟁, 이주, 추방, 사회운동, 정치운동 혹은 문화운동에 참여함으로써 갖게 되는" 공동체험과 같은 것이다.[56] 이 가설에 따르면, '세대'가 상상의 공동체로서 생성될 수 있으려면 어떤 전제 조건이 필요하다는 것이다. 하지만 이러한 생성 조건은 그 자체가 문화의 산물이다. 그것은 무의식적으로 생겨나는 것도 아니고 성과 무관하지도 않다.

청년기의 제도화

19세기에 남자 청년들의 동갑집단 체험은 무엇보다도 학교와 대학에서 이루어질 수 있었다. 여기에서 특히 중요했던 것은 19세기에 와서야 동갑 학급 수업이 가능해졌다는 것이다. 이는 학교 밖의 사회관계 역시 점점 더 동갑의 원리에 따라 조직되도록 만드는 데 기여했다. 그리하여 이제 좀 더 좁은 의미에서 동년배집단들(peer groups)이 생겨나게 되었다.[57] 대학에서도 수업을 통해서보다는 향우회나 학우회와 같은 조직을 통해서 결속이 이루어졌다. 이런 조직들은 "미숙한 젊은이는 남자로 성장해야 한다"라는 식으로 "미래의 삶을 준비하는 시기"에 있는 남자 청년들을 지원하는 기능을 했다. 여기에 "진정성과 형제애로 서로를 품는" "우정 서클"이 도움을 주었다.[58]

상급학교와 대학 외에 특히 군대는 사회적 지역적 차이를 넘어 동갑집단을 결속하는 장이었다. 19세기 초에도 여전히 뜨거운 논쟁이 되었던 일반인의 군복무 의무화는 점점 당연한 것으로 정착되었다. 군대는 점점 더 여자들과는 완전히 차단된 남자들만의 공간에서 남자들이 결속하도록 도왔다.[59] "그러나 군대는 남자들이 결속할 수 있는 매개체일 뿐만 아니라, 더 나아가 징집된 젊은이들을 비로소 남자로 만드는 곳이었다. 그것은 아직 성적으로 불분명한 존재를 뚜렷하고 분명한 진짜 남자로 만드는 일종의 '성년이 되게 하는 기관'인 셈이었다."[60]

19세기 내내 남자 청소년들에게는 중요했던 학교와 대학, 군대와 같은 사회제도들은 동갑집단 경험을 가능하게 해주면서 세대적 의식을 형성하는 데 기여했다. 이 제도들은 각각 특유한 방식으로 청소년기의 공동경험을 예측하든 회상하든, 아무튼 기억할 만한 것으로 만드는 '추억문화'를 생산해냈다. 그리고는 '청소년기'를 과도기와 준비기라고 규정했다. 준비기로 보는 것은, 예를 들어 병역 의무, 선거권, 협회 관련법 그리고 노동자보호 영역에 대해 나이에 따라 다른 규범을 세우고 이로써 청소년들과 성인의 법적인 위상을 구분하는 법규정의 성과이기도 했다. 19세기 말경에 생긴 '청소년학'과 청소년을 위한 특별 복지조치와 여가 프로그램은 청소년기를 생의 한 시기로 더욱 뚜렷하게 부각하기 위한 결정타였다. 이렇게 볼 때 청소년기의 제도화라고 말할 수 있는 충분한 근거가 마련되는 것이다.[61]

이러한 청소년기의 제도화 양상에서 중요한 점은 여자 청소년을 위한 제도화가 남자 청소년보다 훨씬 뒤에 가서야 이루어졌다는 것이다. 상류층의 여아 교육은 부모의 개인적인 사안이었다. 19세기 말경에야 소녀들을 위한 고등교육기관이 생겼다. 대학의 문은 20세기로 넘어갈 때까지 닫혀 있었다. 또한 소녀들의 사교모임은 동갑의 원리에 따르기보다는 가족관계나 이웃관계에 맞추어졌다.[62] 청소년학과 청소년복지가 소녀들에게 겨우 시행된 것은 여성운동 때문이었다.[63] 법적 차원에서도 여자 청소년과 성인 여성 간의 차이는 모호했다. 여자들은 나이와 무관하게 정치적으로는 미숙하고 군복무를 할 수 없으며 노동력으로서 "보호해야 할" 존재로 남아 있었다.[64] 군대와 견줄 수 있는 '여성성의 학교'는 이들에겐 없었다.

한마디로 19세기의 소녀들에게는 세대 형성 과정을 위한 제도적 전제가 마련되지 않았던 것이다. 하지만 20세기 초, 특히 바이마르 공화국 시기에 상황은 달라진다. 이제 소년들과 소녀들의 '청소년' 시기는 제도화 면에서는 균등해진다. 그리하여 소녀들의 고등교육과 여자 청소년들의 직업교육을 위한 법적인 틀이 마련되었다. 소녀들도 점점 청소년복지와 청소년학의 대상이 되었다. 이들이 조직한 동갑 및 동성 청소년 그룹도 점점 더 늘어났다. 법적인 면에서만 보면 한편으로는 여성의 참정권 도입이, 다른 한편으로는 병역 의무화의 폐지가 여성과 남성의 삶의 간격을 좁히게 된 것이다. 더 나아가 「제국청소년복지법」(1922)이라든가 「청소년재판법」(1923)과 같이 '청소년기'를 성과 무관한 범주로 정의하는 법들이 생겨났다.

이제 여성의 삶에도 청소년기는 더욱 뚜렷하게 각인되었다. 하지만 청소년기의 제도화 정도는 남성보다는 약했다. 그리고 실제 교육이나 삶의 기회뿐만 아니라 문화적 모범상에서도 바이마르 공화국 시대의 여자 청소년은 남자 청소년과는 매우 이질적인 집단이었다. 사회적 출신성분이 같아도 여자들의 교육 방식과 직업훈련 방식은 남자들과는 매우 달랐으며 남긴 흔적도 뚜렷하지 않았다.[65] 또한 젊은 여자들의 취업 가능성은 지역적 차이가 대단히 컸다.[66] 이와 동시에 바이마르 공화국 시기에 여자 청소년들의 외관과 생활양식은 매우 다양했다. 정치적, 문화적, 종교적으로 다양한 남자 청소년 집단이 당시의 기준에 따라 비슷한 생활양식과 '독일 청년의 모습'을 형성해갔다면, 여자 청소년에게는 통일된 모범상이 없었다.[67] 바이마르의 여론도 양성관계의 문제를 격렬한 논쟁거리로 삼았다. 분을 바르고 화장하는 것은 많은 이들로부터 환영을 받았지만, 아주 싫어하는 사람들도 많았다. 여성, 게다가 결혼한 여성의 취업도 마찬가지였다.[68] 한마디로 여자 청소년들을 연장자들과 구분 지으면서 공동의 특성을 갖는 '젊은 세대'라고 말하는 것은 바이마르 공화국에서도 여전히 요원한 일이었다.[69]

세대를 형성하는 사건들

세대는 청소년기의 중요한 공동체험에서 생겨난다는 생각은 두 가지 면에서 성적 코드를 가지고 있다. 첫째, 이 생각은 하나의 주체상을 요구하는데, 주체상이란 청소년과는 반대로 성인에게서 확고한 인격으로 이미 지화된 것이었다. 하지만 계몽주의의 이상인, 자율적이면서 내면에 의해 인도되는 인간관은 성과 무관하지 않았다.[70] 루소가 말한 "두 번째 출생"은 남성에게 가능한 것이었다.[71] 둘째, 만하임에 따르면, (독일) 역사의 긴 단계를 거치면서 세대 형성에 결정적이었던 사회적-정치적 사건에 참여할 수 있는 권리는 남성의 특권이었다. 여성은 정치 영역에서 입지가 없었다. 예를 들어 민족적인 해석 도식을 수용하면서 여성의 정치적 재량권의 한계가 확장될 수 있긴 했지만, 공적 영역에서 여성이 활동하는 것은 계속적인 합법화가 필요했다.[72]

"권력 유희"(피에르 부르디외Pierre Bourdieu)에서 여성이 배제되었다는 사실은 세대를 형성하는 사건의 원형으로서 분명하든 불분명하든 1920년대의 세대를 구상하는 데 결정적인 사건에서는 특히 중요했다. 그것은 바로 전쟁이었다.[73]

1차 세계대전은 전체 국민에게 영향을 끼쳤지만, '전선체험'은 남자들만이 할 수 있는 것이었다. 이들에게는 살인이라는 전쟁의 주요 업무가 부과되었다. 이로써 전쟁은 성차를 강조하는 동시에 허물어뜨리기도 했다.[74] 전쟁은 여성에게 사회와 정치에 참여할 수 있는 다양한 가능성을 제공했지만, 또한 특별한 방식으로 여성이 "다르게" 보이도록 했다. 보수주의자인 발터 그래프Walter Graef는 다음과 같이 확언했다. "전쟁이야말로 남자와 여자가 전혀 다른 방식의 과제와 목표를 갖고 있음을 깨닫도록 가르쳐야 했다.…… 전쟁은 오래된 성차를 다시 복구했다.…… 즉, 남자는 다시 남자가 되었고 여자는 다시 여자가 되었다."[75]

역사 연구는 1차 세계대전의 경험에 크게 주목했다. 이는 군인들의 체험 사이에 엄청난 차이가 있음을 드러내주었고, 이후 전쟁이 얼마나 다양하게 재해석되었는지를 보여주었다.[76] 이와 함께 전투신화, 추모제, 전쟁소설에 대한 수많은 연구들은 이미 전쟁 중에, 예를 들면 전사한 학생들의 편지 출판 등을 통해 '전선전투원 세대' 구축을 추진하기 위해 특히 1920년대 중반부터 얼마나 많은 사회적 비용이 들었는지를 보여주었다. '랑에마르크의 날'▸을 기념하는 것은 1925년 만프레드 폰 리히트호펜▸▸의 두 번째 장례식과 마찬가지로 그러한 비용에 한몫했다.[77] 기억문화가 그려낸 1차 세계대전의 모습에서 전선과 전선전투병은 특별하게 취급되었다.[78] 반대로 후방에서 전쟁을 도왔던 여성들과 같이 남성성을 강조하는 모습에 부합하지 않은 체험이나 집단은 외면당했다.[79] 바로 1차 세계대전

▸ 1914년 1차 세계대전 중 벨기에의 랑에마르크에서 벌인 전투. 투입된 예비군의 손실이 컸던 독일제국은 이 전투를 미화하기 위해 랑에마르크 신화를 만들어냈다.

▸▸ Manfred von Richthofen. 1차 세계대전 때 활약한 유명한 독일의 추격기 조종사.

의 '전선체험'이 말해주는 것은 만하임이 세대 형성의 토대로 요구했던 "연대할 수 있는 사건과 체험 내용에 참여하는 것"이 여성들에게는 주어지지 않았다는 사실이다.

여성을 전쟁체험에서 배제하는 것은 결코 혈통 민족주의 작가들에게만 해당되지 않았다. 1928/29년에 발간된 에리히 마리아 레마르크Erich Maria Remarques의 베스트셀러 소설 『서부전선 이상 없다』의 경우도 마찬가지였다.[80] 그는 이미 헌사에서 '세대'를 (젊은) 참전 집단과 동일시하고 있다. "이 책은 고소하는 책이어도 안 되고 고백록이어도 안 된다. 다만 아무리 포탄을 피했다 해도 전쟁에 의해 파괴된 한 세대에 관해 보고하는 시도여야 한다."[81] 여기에서 전쟁이라는 파괴 작업은 이러한 세대의 남성에게만 해당되는 것이었다. 레마르크 소설에 등장하는 여성 인물들은 시종일관 다른 세계에서 온 사람들로 묘사된다. 집에 남아 있는 사람들은 전선체험에 대해서는 아무것도 모르며, 이들에게는 어떤 것도 이야기해줄 수 없다. 여자 간호사들 역시 전쟁에서 제외되었다. 아무리 부상병들을 병원으로 후송해 날라도 이들은 전쟁의 영향을 받지 않는다. "나는 활기차고 젊은 그녀를(적십자 간호사) 바라본다. 말끔하게 씻은 …… 세련되고 깨끗한 모습이다. 멋지다."[82]

1930년경에는 '세대'라는 범주에 대해 많은 생각을 했던 시기다.[83] 이 주제를 가진 정치적 글이나 소설은 적어도 출판계에서는 큰 관심을 모았다. 아주 유명한 한 예로 그륀델의 『젊은 세대의 사명』을 꼽을 수 있는데, 이 책에 대해 한 해 동안 40편 이상의 서평이 나온 데다가, 잡지만이 아니라 일간지에도 실렸다.[84] 그륀델의 텍스트의 경우 발행부수가 1만 2천 부로 좀 적은 편이라면, 레마르크의 『서부 전선 이상 없다』는 최단 시간에 세계적인 명성을 얻은 소설이었다. 불과 몇 개월 만에 무려 50만 부 이상이나 팔렸으니 말이다.[85] 이 소설이 한 세대를 다루고 있으며, "회색군중 속에 있는 한 사람이 …… 모두를 대변"하고 있다는 바로 이 점을 아마도 울슈타인 기업은 선전했을 것이고, 또한 그 점 때문에 이 소설이 다양하게 수용되기도 한 것 같다. 어쨌든 서평과 독자들의 편지가 이를 시사해주고 있다.[86] 자신을 세대 구성원으로 규정하는 것은 바이마르 공화국 시대에는 문화 엘리트 계층의 남자들에게는 특이한 일이 아니었다.[87]

당시 사람들이 '세대'를 순전히 남자 집단으로 생각한 데는 그럴 만한 이유가 있었다. 여기에는 특히 청소년기의 제도화와 같은 장기적인 발달 과정과 함께 엄청난 문화적 비용을 들여가면서 1차 세계대전을 집단 성인식으로 해석한 것 등이 기여했다. 이러한 비용이 필요했던 것은, 사회 전체가 겪으면서 다양한 연령층의 남자들을 군인이 되게 했던 사건을 "세대를 형성하는 사건"으로 만들기 위해서였다.

III. 세대담론과 남성성의 위기

역사 연구에서 결코 간과되지 않았던 것은 인간이 스스로를 그리고 타인에 의해 '전선전투원 세대' 혹은 '전쟁을 겪은 젊은 세대'와 같은 세대 구성원으로 범주화하거나 범주화되는 것이 특히 남자 교양시민의 관심의 대상이었다는 점이다.[88] 하지만 이 확실한 사실에 대한 해석은 더 이상 확장되지 못하고 있다. 이에 우리는 다음과 같은 질문들을 던져보아야 한다. 무엇이 이 남자들로 하여금 자신을 세대 구성원으로 그려보도록 했을까? 전선전투부대와 전쟁을 겪은 청소년을 '세대'로 만들어낸 사건들이 정말 있었을까? 아니면 오히려 "체험"을 끌어들인 것이 성차를 주장하고 권리를 표현하도록 한 것일까?[89] 세대담론은 누구를 겨냥한 것이었을까?

1920년대에 구상된 '전선전투부대'라는 세대 유형은 차가움, 냉혹함, 객관성 같은 특성을 갖는다. 차가운 인물로 자기를 양식화하는 것은 "감정적이고, '사안' 대신에 너무 지나치게 사람 중심이라고 비판받았던 구세대 집단"과 거리를 두게 하는 데 도움이 되었다.[90] 하지만 그것은 다른 형태의 남성성의 품위를 해치는 동시에 성차를 드러내기에도 적합했다. 한 예를 들자면, 에른스트 카알Ernst Kahl은 1930년에 '전선전투원 세대'를 "순수하게" 남아 있는 엘리트 계급으로 구성했다. 이 계급은 "열등한 피조물", "불량배", "버릇없는 사내 녀석들"로 이루어진 "불안정한" 군중과 대립되는 집단이었다. "우리는 검증된 세대이며, 희생당한 세대다. '불안정한' 세대가 아니다! …… 우리가 겪어보지 못한 것은 아무것도 없다. 고난도 죽음도 우린 다 겪어보았다. 하지만 우리의 영혼은 순수함을 잃지 않았다. 그 어떤 천박한 것에도 때묻지 않았다. 우리는 흔들리지 않는다. 우리는 전쟁을 체험했기 때문이다."[91] 전쟁을 통해 단련된 전선전투부대의 남성성은 지저분하고 성적인 면이 강조된 현시대와 대립되었다. "고향에 돌아왔을 때 우리가 발견한 민중은 에로스 신에 빠져 있었는데, 그들은 오늘날까지도 이 신을 섬기고 있으며, 아마 계속해서 섬길 것이다."[92]

피에르 부르디외는 성년식의 의미는 이미 성년식을 치른 사람과 아직 치러야 하는 사람들 간의 차이를 나타낼 뿐만 아니라, 참여자들과 이 의식에서 원칙적으로 제외된 사람들 간의 차이를 나타내는 데도 적합하다는 점을 지적했다.[93] 이 명제를 세대담론에 적용해본다면, 세대적 특성과 남성성의 관계, 어머니의 부정 그리고 양성질서의 미래, 이렇게 세 가지 양상으로 구분 지어 생각해볼 수 있겠다.

세대적 특성과 남성성

1930년대 시민계급의 지식인들이 사용한 '세대'라는 범주는 정치적인 연관성을 갖는 것이었다.[94] '세대'는 "경제학 및 사회과학의 이론과 모델, 예를 들면 계급의 범주에서 사고하는 것을 …… 자연에서 도출된 생물학적-유전학적 모델"과 대립시키는 데 사용될 수 있었다.[95] 그러니까 세대주의와 혈통 민족주의는 일맥상통하는 것이었다. '세대'를 말하는 사람은 으레 '청소년의 계급투쟁'도 주장했다. 하지만 세대담론은 사회적 차이뿐만 아니라 성차도 그대로 받아들였다. 세대담론은 위계적 양성질서를 내포하고 있었는데, 이 질서 안에서는 남성들만 역사를 만드는 주체가 될 수 있었다. 이는 두 가지 전략으로 구분해볼 수 있다. 한 가지는, 일반인을 대표하는 것은 남성이라는 것이다. 이와 같은 점은 남성만을 이야기하는 텍스트에서 '사람'이라는 말이 많이 나오는 경우를 보면 알 수 있다. 다시 레마르크의 예를 들어보면, 소설의 중심이 되는 부분에서 주인공은 자신의 전쟁체험을 다음과 같이 결산하고 있다.

> 나는 젊다. 나는 스무 살이다. 하지만 인생에 대해서 아는 것이라곤 절망과 죽음, 두려움 그리고 가장 무의미한 피상성이 고통의 심연과 얽혀 있는 것뿐이다. 나는 민중들이 서로 반목하고 침묵하고 무지하고 어리석고 순종하고 무죄한 살인자가 되는 것을 본다. 나는 세상에서 가장 영리한 두뇌가 모든 것을 더욱더 교활하면서 더 오래 지속되게 하려고 무기와 말을 만들어 내는 것을 본다. 그리고 여기저기 전 세계에 있는 내 나이 또래의 모든 사람들이 나와 함께 그것을 본다. 나의 세대가 나와 함께 그것을 경험한다.[96]

"여기저기 …… 내 나이 또래의 모든 사람들이 …… 나의 세대가" 라는 표현에서 여자도 포함되어 있다고 추측하는 것은 다음 문장을 볼 때 착각이다. "만일 우리가 일어나 그들 앞에 서서 해명을 요구한다면 우리 아버지들은 어떻게 할까? 전쟁이 없는 시대가 오면 그들은 우리에게 무엇을 기대할까? 몇 년 동안 우리가 한 일은 살인이었다. 그것은 우리가 존재하면서 처음으로 가졌던 직업이었다. 삶에 대해서 우리가 아는 거라곤 죽음뿐이었다."[97]

여기에 여성의 삶과 체험은 완전히 배제되어 있다. '세대'라는 집합체에 여성은 없다. '인간'이라는 집단에서도 아마 마찬가지일 것이다.[98] 이와 같이 "힘 있는 편의 관점을 일반적인 것으로 객관화하는 것"은 양성관계를 지배관계로 고정시키려는 고전적인 전략이다.[99]

다른 한 가지는, 1930년경의 작가들은 남성 중심적으로 정의된 '세대'를 양극화된 성별 질서의 일부로 만들기도 했다.[100] 집단주체인 세대가 미래지향성, 활동 욕구, 내적 충동과 같은 남성적 특성으로 무장하면서 당대 여성적인 의미를 내포한 '군중'의 상극으로 기능하게 된다. 근대의 상징인 '신여성'은 '신세대'의 일부로 인지되지는 않는다. 보수주의에 따르면 신여성에게는 미래지향성과 내적인 목표를 추구하는 실행의지가 결여되어 있다.[101] 대신 '신여성'은 현재지향적이고 소비지향적이며 쉽게 유혹당할 수 있는, 한마디로 주체가 아닌 대상으로 간주된다. 그녀는 레뷔 무희로서 아무런 영향력이 없는 분주하고 탈개인화된 역동성의 상징이다.[102] 그륀델은 "아무리 '속도감'이 있어도 전혀 역동적이지 않은" "오늘날"을 "정신없이 많은 일들이" 일어나지만 의미 있는 사건은 아무것도 일어나지 않는 세상이라고 말한다.[103]

세대와 군중, '신세대'와 '신여성', 미래지향성과 현재고착성, 행동의지와 향락에 중독된 피상성, 이러한 이분법적 대립으로 인해 세대담론에서 여성성의 근대적 형태들은 철저하게 폄하되었다. 그리하여 그륀델에 따르면 "젊은 세대의 사명"에는 전통적인 양성질서의 회복도 들어간다. "'재치가 넘치는 해방된 여성'은 오늘날에는 매력을 상실했다. 그 대신 '정이 넘치는 헌신적인' 여성이 요구된다. 이 여성은 완전한 여성이자, 오로지 이렇게 되기만을 추구하는 그런 여성이다. 이로써 그녀는 그 어떤 해방된 남자 같은 여자보다 정말로 더 나은 존재가 된다! …… 나는 이 점이 그 무엇보다도 중요하다고 생각한다. 우리와 함께 시작된 변혁은 다시금 여성에게 순수하게 여성적이기를 강조하고 있다.…… 미래의 여성은 어머니가 됨으로써 비로소 자신의 완성을 열망하게 될 것이다."[104]

어머니의 부정

세대담론은 '세대'를 구체화시켰던 남자들에게 일정한 특성을 부여했다. 이 남성들은 객관적이고 추진력이 있고 의지가 강하고 희생할 용기가 있어야 했다. 즉, 이런 식으로 사물을 주도해 나가야 한다. 그러나 (젊은) 남자들은 이러한 특성을 어떻게 갖게 되었을까? 앞에서 언급한 텍스트들의 기능은 여성이 아무런 역할을 하지 못하는 남성성의 생성사를 이야기하는 것이기도 하다. 일련의 텍스트들은 청소년들을 뿌리가 없는 모습으로 묘사했다. 이들에게 각인된 것은 부모나 주변 환경이 아니라 청소년기의 체험, 여기에서는 특히 1차 세계대전과 혁명이라는 체험이었다. 카를 추크마이어Carl Zuckmayer는 『서부전선 이상 없다』에 대한 서평에서 '전선 전투원 세대'에 관해 다음과 같이 썼다. "이것은 우리가 전선에서 경험했던 바로 그 전쟁이다. 어린 나이에 아주 특정한 세대가 된 바로 우리가 말이다. 이 세대에게 전쟁 이전의 삶은 없었다. 형식도 없었고 내용도 없었다. 전쟁에 의해 태어났고 전쟁으로 부서진 세대다. 그리고 전쟁이 끝났어도 전사자들과 함께 계속 살아가는 유일한 새로운 시작의 세대다."[105] 그리고 에른스트 윙어Ernst Jünger는 다음과 같이 장담했다. "우리는 시민의 냉혹한 진짜 적이기 때문에 시민의 부패는 우리를 즐겁게 한다. 정작 우리는 시민이 아니다. 우리는 전쟁과 내전의 아들들이다."[106]

세대가 형성되는 징후는 가정이나 사회적 환경이 미칠 수 있는 뚜렷한 영향력을 부정하기에 적합했다. 이미 서술한 대로, 카를 만하임은 출신 환경으로 인한 무의식적인 각인의 출발점을 개인에게 두는 경향이 상당히 강하지만 실은 세대 형성의 결정적인 요인은 청소년기의 공동체험으로 본다. 세대 형성은 청소년들이 정치와 사회 영역에서 갖게 되는 "첫인상들"에 근거해 이루어졌다. 아버지가 청소년들의 상대자로 그래도 가끔씩은 언급된다면,[107] 어머니의 경우는 만하임도 전혀 다루지 않고 있다.

이러한 사실은 시민문화가 수십 년에 걸쳐 자녀 교육에서 어머니가 갖는 의미를 제거해버렸다는 점을 볼 때 주목할 만하다. 물론 어머니의 양육이 특별한 방식으로 아동이나 소녀들에게 중요하다는 것은 말할 것도 없다. 하지만 여러 사회적 문맥에서 행해지는 모성의 지나친 미화에도 불구하고 만하임을 비롯한 다른 저자들에게서 모성의 영향력은 완전히 배제되고 있음을 알 수 있다. '세대'에 관해서 말하자면, 남자는 결국은 남자들의 결사의 산물로 나타났다.

의용군들의 회상에서도 어머니나 부인은 극히 주변적으로만 언급되었다는 점도 여성의 영향력이 경시되었음을 나타낸다.[108] 『냉정의 행동론』을 표방한 플레스너Plessner 역시 이 책의 저자인 레텐Lethen이 착각했듯이, 자신의 "학자공화국 입문 회상"에서 자신의 어머니를 전혀 생각하지 않고 있다. "아이는 유기체 덩어리로 아버지의 무대에 놓인다. 어머니는 처음부터 그 자리에 없다."[109]

울리히 헤르베르트가 인용한 베르너 베스트Werner Best의 미출간 자서전(1947/49)은 남자 청소년의 독립심을 연출한 좋은 예라고 할 수 있다.

> 인생관과 인생 설계에 대해 끝없는 대화를 나누는 청소년 연맹의 도보여행과 집회는 이를 혼자서 추구하는 사람에게 하나의 틀과 만남의 가능성을 제공해주었다. 이것은 아마도 그 전 세대에도 그 후 세대에도 없었을 것이다. 노선이 다른 '청소년운동단체'와의 접촉 또한 편견 없이 이루어졌으며 우리의 사고를 확장시키고 심화시켰다.…… 1918년 이후에, 감성을 강조하는 반더포겔-생활로부터 혼란스러운 시대의 정치적 삶으로 뛰어들게 된 청년운동 덕분에 나의 세대는 '세계관'과 정치관 그리고 그 원리를 스스로 찾고 발견하게 되었다.[110]

베스트의 아버지는 1차 세계대전이 시작되었을 때 바로 전사했다. 그는 자신의 어머니에 대해서는 다음과 같이 주변적인 인물로 서술하고 있다.

> 아버지의 이른 전사로 인해 열한 살인 나는 외로운 아이가 되었다. 어머니는 쓰러지고 아들들에게 도움을 주기보다는 오히려 받아야 하는 처지였기 때문이다. 그래서 나는 부모보다는 나의 가족의 전통에 의해 더 많이 양육되었다.…… 아버지는 당신의 두 아들에게 어머니를 부탁하며, 독일의 애국자가 되라는 편지 한 통을 남겼다. 그래서 나는 열한 살의 나이에 이미 어머니와 동생에 대한 책임감을 갖게 되었다. 열다섯 살(1918년!)이 되면서 나는 독일의 재건에 책임감을 느꼈다. 그리하여 청소년기에 나는 오로지 진

지함과 염려, 일과 책임밖에는 몰랐다. 나는 내 나이 또래 애들이 하는 온갖 오락을 포기했다(예를 들어 춤 한 번 배워본 적이 없었다).[111]

이 두 텍스트는 한편으론 남자 청소년들 가운데 엘리트 계층이 세대 형성을 주도하는 과정을 이야기하고 있으며, 다른 한편으로는 이 과정에서 다른 '동년배들', 말하자면, 여자들도 즐겼을 춤과 같은 '오락'에 몰두했던 이들은 제외하고 있음을 보여준다. 첫 번째 텍스트에서 강조하며 묘사한 '청년운동'은 여가활동이라기보다는 정치적 사회화의 일부로 이해되어야 한다. 두 번째 인용 텍스트에서 어머니는 단지 아들이 부양해야 할 대상으로만 등장한다. 어머니가 쓰러지기 전에도 어머니의 영향력은 부정되고 있다. 아들에게 영향을 끼친 것은 '가족의 전통'으로 죽은 후에도 영향력을 갖고 있는 아버지에 버금가는 것이다. 베르너 베스트의 자서전을 믿어보건대, 그는 참전 경험이 없어도 남자들의 무리에서 나와 개별적인 한 남자로 '만들어졌다.'

양성질서의 미래

그륀델과 에쉬만Eschmann의 『젊은 세대의 사명』에서 발견되는 혈통 민족주의와 만하임의 세대 모델은, 세대는 역사 과정 안에서 특별한 과제를 갖는다는 전제에서 출발한다. 세대가 남성적 단위로 이해되었기 때문에 세대 형성의 징후는 아들들 (그리고 남편들)의 개인적인 발달에 끼치는 여성의 영향력을 부인했을 뿐만 아니라, 미래가 마찬가지로 남성에 의해 만들어질 거라는 희망을 내포하고 있었다. 바이마르 공화국의 성과이기도 했던 여성의 정치 참여는 이 모델에서는 낄 자리가 없었다. 정치는 남

성의 영역이어야 했기 때문이다.[112]

세대관과 여성의 능동적인 정치 참여가 결합될 수 없음은 연합 청년운동의 예에서 잘 드러난다.[113] 청년운동이 시작된 이래 소녀도보여행단만 있었던 게 아니라 이 운동 내부에서 양성관계에 대한 논쟁도 있었다. 여자 청소년과 남자 청소년이 함께 도보여행을 해야 한다면, 이는 소년들을 허약하게 만들고 소녀들은 사내애처럼 만드는 게 아닌가 하는 논의였다.[114] 도대체 여자 청소년들은 청년운동에서 무엇을 잃어버린 걸까? 1912년 출간되었으며 많은 영향을 끼친 두 권짜리 저서 『반더포겔 – 청년운동의 역사』를 쓴 한스 블뤼어Hans Blüher에게는[115] 이 문제가 아주 명백했다. 소녀들은 남자들의 결사로 여겨진 청년운동 내에서 치명적인 영향력을 갖고 있었기 때문에 배제되어야 했다는 것이다.[116]

실제로 1차 세계대전 후 연합 청년운동 내에서는 양성의 뚜렷한 분리가 이루어졌다. 여자 청소년 그룹은 계속해서 조직을 만들어갈 수 있긴 했지만, 무엇보다도 이들이 할 일은 여자 청소년들에게 여성적인 특성이 배양될 수 있는 피난처를 제공하는 일이었다. 남자 청소년들이 남자들의 결사에서 미래를 선취하는 동안 여자 청소년들은 어머니라는 미래의 역할을 준비해야 했다. '기독독일연맹'의 청소년 회원을 가리키는 말인 '젊은 투사'가 된다는 것은 그러니까 남자 청소년들에게는 외적인 투쟁을 의미했고, 여자 청소년들에게는 내적인 투쟁을 의미했다.[117] "젊은 세대의 사명"에 대한 성차를 강조하는 이러한 해석은 여자를 정치 영역에서 제외시켰지만, 동시에 여자들에게 미래사회를 위해 이분법적 양성상과 일치하는 기능을 부여했다. "조국의 미래는 바로 우리에게 달려 있다. 남자들이 싸우고 획득하는 동안 우리는 이 획득물을 붙잡고 있는 청년들을 키우고, 이들에게 그들이 자신의 것이 아니라 조국의 것이라는 것을 가르친다."[118]

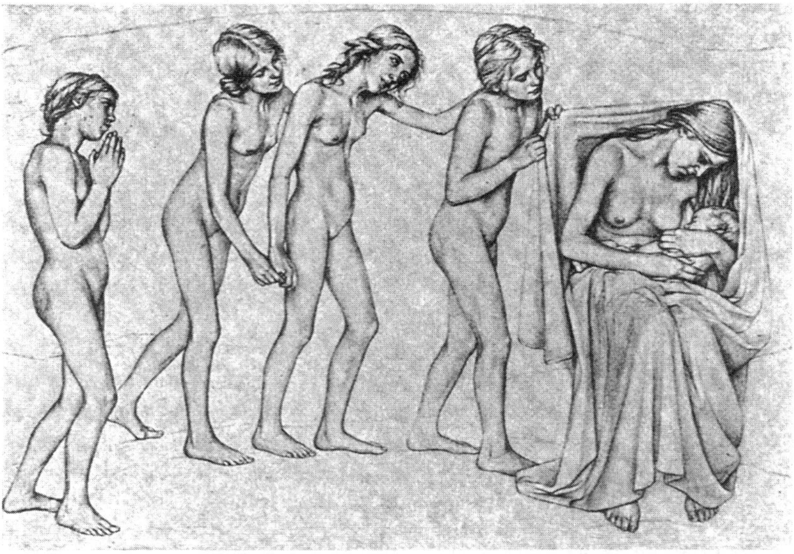

(그림 1) 이다 타이히만, <미래인(Die Kommenden)>
자료: Clara Höger Abeking, "Die Zeichnerin Ida Teichmann", *Die Schönheit* 18 (1922), 556.

이로써 여자 청소년들이 세대담론에서 입지를 찾게 된 것은 "미래 씨앗의 땅/내일의 어머니들!"로서이지 정치활동을 하는 여성으로서는 아니라는 사실이 분명해졌다(그림 1 참조).[119]

이러한 양상은 카트린 슈메르잘Katrin Schmaersahl이 분석한 1930년대 초의 나치 캐리커처들을 봐도 알 수 있다. 여기에서 '새로운 인간'은 남자다. 이와 함께 정치활동을 하는 여성뿐만 아니라 거부감을 일으키는 여성 인물로 표현된 민주주의 역시 비난을 받고 있다.[120] 1931년의 어느 캐리커처에서는 과거와 미래는 희생자와 미래인으로 나타나는데, 모두 남자 군인들로 표현되고 있다. 반대로 현재인은 양성이 혼합된 집단으로 금송아지 주위를 돌며 춤을 추는 모습으로 묘사되고 있다(그림 2 참조).

1930년경의 세대 해석 도식들이 특히 정치적 우파에게 매력적으로 보

(그림 2) <희생자, 현재인, 미래인(Die Geopferten, die Heutigen, die Kommenden)>
자료: *Die Brennessel* 1 (1931), 24호, 285.

인 데에는 많은 이유가 있을 것이다. 보수적이고 나치즘에 경도된 남자들이 바이마르 공화국 시대에 뚜렷하게 나타났던 양성관계의 변화에 대해 심한 불쾌감을 갖고 있었다는 점이 적어도 부분적인 원인인 것으로 보인다. 전쟁이 낳은 '세대'라는 자기 규정은 여성의 사회화가 가져온 영향력을 부정하도록 만들었다. 남성은 이러한 자의와 타의에 의한 해석에 따라 남자 결사단에서 생산되었다. 남자에게만 정치적 미래를 형성할 수 있는 권한이 주어졌다. 여성은 정치적 행동을 하는 집단인 '세대'에 속하지 않았다. 여성은 '신여성'이라는 끔찍한 모습이든 미래의 어머니라는 혈통 민족주의적 변형에서든, 정치적 실행력을 갖춘 세대를 구성하는 남자의 대립상으로 기능했다.

IV. 세대와 성

세대는 사회적 혹은 정치적 행위자로 나타날 수 있다는 표상이 1930년경에는 널리 퍼져 있었다. 오늘날 역사학, 사회학, 교육학 연구에서 널리 수용되고 있는 만하임의 세대관은 이러한 배경하에서 읽혀져야 했다. 당시에 쓰여진 텍스트의 문맥과 그 성적 코드에 따라 이 세대관을 비판적으로 검토해보면, 그것이 이분법적 양성구조에 기초하고 있다는 사실이 분명해진다. '세대'라는 개념이 오늘날의 남녀 독자들에게 암시하는 것과는 달리 초기의 세대구상은 결코 성과 계층을 포괄하는 세대적 맥락에서 출발하지 않았다. 오히려 '세대'는 정치적 표현 능력이 있는 시민계급 출신의 청년 남자 집단을 의미했으며, 이들은 더 나은 미래를 위해 싸우는 자부심을 가진 '투사'로 여겨졌다.

필자는 역사 연구를 위해 '세대'라는 범주에 대해 다른 형태의 정의를 내려 여성과 소시민 계급도 함께 고려하는 것이 의미가 있을지는 더 이상 논하고 싶지 않다. '세대' 개념과 결부되었던 표상들을 시대에 따라 재구성하는 것이 나에게는 더 성공적인 연구가 될 것으로 보인다. 즉, 누가, 언제, 왜, 그리고 어떤 의미에서 '세대'에 대해 말했으며, 지금도 말하고 있는가를 묻는 것이다. 바이마르 공화국 말기의 '세대' 논쟁에서는 '세대 간의 관계'만 문제가 된 것은 결코 아니었다. 당시의 텍스트들은 남성적인 패권 요구의 표현으로도 이해될 수 있다. 이 텍스트들은 역사는 남성에 의해 만들어진다고 주장했으며, 여성의 경우 에른스트 그륀델의 표현대로 다시 "완전한 여자"가 되게끔 하는 그런 미래를 구상했다. 이러한 반페미니즘적 관점이 혈통민족주의 작가들에게서 나타나는 것은 그다지 놀랄 일이 아니다. 하지만 만하임과 레마르크의 텍스트 역시 역사와 정치를 남성 결사단의 영향을 받은 행위자들로 이루어진 남성의 영역으로 재현했다. 1930년경, 세대에 대해 말하는 것이 일반적인 것으로 보였다는 것은 한편으론 청소년기의 제도화가 이루어졌고, 다른 한편으론 세대가 겪은 사건으로서 전쟁이 성공적으로 연출되었기 때문이다. 더 나아가 몇몇 역사적인 행위자들에게는 자신을 '젊은 세대'의 일원으로 그리면서 그 의미를 다지는 것 역시 매력적이었다. 세대적 특성의 양식으로 자기를 그려내는 것은 연장자인 남성의 정치적 영향력뿐만 아니라 여성의 영향력을 제한하는 데 목표를 둔 전권위임의 전략이었다. 이러한 의미에서 1930년대의 세대 담론은 "사회 근대화의 긴장 영역"(포이케르트Peukert) 가운데 하나인, 즉 변화하고 있는 양성관계를 보여주고 있다. 이러한 사회 근대화를 극복해내지 못한 것은 바이마르 공화국의 멸망을 초래하는 원인이 되기도 했다.

〈서유정 옮김〉

주

1) Grebner, "Kultureller Wandel und Generationswechsel".
2) Brakensiek, "Welche Erfahrungen begründen eine Generation?"
3) Best, "Geschichte und Lebensverlauf".
4) Wildt, *Generation des Unbedingten*.
5) 하지만 다음의 글을 참조하라. Usborne, "The New Woman and Generation Conflict"; Harvey, "Gender, Generation and Politics"; Reese, "The BDM Generation"; Becher, "Zwischen Autonomie und Anpassung —Frauen, Jahrgang 1900/1910 — eine Generation?"
6) 예를 들어 Gestrich, *Vergesellschaftung des Menschen*, 88을 참조할 것. "특히 청소년 세대를 연령에 따른 공동 경험과 기대, 갈등 상황의 표현으로서 서술하려는 시도는 이제까지 거의 남성의 청소년기로만 집중되었다. 이 주제에서 여성의 청소년기에 대해서는 아직까지도 많은 연구가 필요하다." 세대와 세대적 특성 그리고 성의 관계에 대해서는 위르겐 로일렉케Jürgen Reulecke도 특히 강조하고 있다. Reulecke, *Lebensgeschichten des 20. Jahrhunderts*를 참조할 것.
7) Bessel, "The 'Front Generation' and the Politics of Weimar Germany", 122.
8) Rusinek, "Krieg als Sehnsucht. Militärischer Stil und 'junge Generation' in der Weimarer Republik", 132.
9) Niethammer, "Sind Generationen identisch?", 13.
10) 로일렉케는 '세대적 특성'을 "한 사람에게 고착된 혹은 그저 지정된 특성으로서 자신이 속한 연령대 특유의 관습, 즉 그의 '세대위치'(카를 만하임)와 관련된 특성"이라고 정의한다(Reulecke, "Lebensgeschichten des 20. Jahrhunderts", VIII).
11) Mannheim, "Das Problem der Generationen".
12) Zinnecker, "»Das Problem der Generationen«", 33.
13) Best, "Geschichte und Lebensverlauf", 58.
14) Zinnecker, "»Das Problem der Generationen«", 34.
15) Mannheim, "Das Problem der Generationen", 547.
16) 같은 글, 528.
17) 같은 글, 549.
18) 같은 글, 543.
19) 같은 글, 538.
20) Dilthey, *Über das Studium der Geschichte der Wissenschaften vom Menschen, Gesellschaft und dem Staat*, 37.

21) 예를 들면, 에쉬만Eschmann은 "젊은 세대"를 16~30세까지의 집단으로 정의했다. "우리는 '젊은 세대'라는 개념을 처음으로 자기성찰에 눈을 뜨는 시기에서부터, 오늘날에는 혼란스러워졌지만, 자연의 순리에 따라 책임감을 갖는 남성으로 성숙한 시점, 즉 다수의 젊은이들의 경우, 정치적, 정신적, 경제적 삶의 준비 단계가 일정한 위치에서 끝난 시점까지로 파악한다"[Dingräve, Leopold(=Eschmann, Ernst Wilhelm), *Wo steht die junge Generation?*, 14)].

22) Gründel, *Die Sendung der Jungen Generation*, 2.

23) 같은 책, 1. (강조는 필자)

24) 같은 책, 61, 삽화.

25) 예를 들어 Knoche, "Die jüngste Mädchengeneration".

26) "Die jungen Mädchen von heute", *Süddeutsche Monatshefte* 29 (1931/32), 4호.

27) Croner, *Die Psyche der weiblichen Jugend*.

28) Thiel, *Die Generation ohne Männer*, 5. 틸이 말하는 이 세대는 버나드 쇼Bernard Show, 지그문트 프로이트, 발터 라테나우Walther Rathenau, 슈테판 게오르그Stefan George, 토마스 만 그리고 오스발트 슈펭글러Oswald Spengler로 대표되는 세대였다.

29) 우테 다니엘Ute Daniel은 타인과 자신을 '세대'로 지각하는 데 결정적인 요인이라 할 "공적인 효력"이라는 가정에 대해서 말하고 있다. Daniel, *Kompendium Kulturgeschichte*, 333.

30) Mannheim, "Das Problem der Generationen", 522.

31) 같은 글, 532. (강조는 필자)

32) 같은 글, 532. (강조는 필자)

33) 같은 글, 540. (강조는 필자)

34) 같은 글, 539. (강조는 필자)

35) 같은 글, 547.

36) 같은 글, 543. (강조는 필자)

37) 같은 글, 537. (강조는 필자)

38) 같은 글, 547. (강조는 필자)

39) Weigel, "Generation, Genealogie, Geschlecht".

40) Koselleck, *Vergangene Zukunft*; Daniel, *Kompendium Kulturgeschichte*, 330~345. 프랑스 혁명 이념의 맥락에서 프랑스와 '세대'의 개념화를 고찰한 Nora, "Generation"도 참조할 것.

41) Wohl, *The Generation of 1914*, 204.

42) Göckenjan, *Das Alter würdigen*, 248 이하.

43) *Allgemeine deutsche Real-Encyclopädie für die gebildeten Stände*, 6. Aufl., Bd. 4, Leipzig 1824, 180~182. Frevert, "Mann und Weib, und Weib und Mann",

21에서 재인용.

44) *Der Große Herder*, 4. Aufl., Bd. 7, Freiburg 1933, 1545이하; Frevert, "Mann und Weib, und Weib und Mann", 33에서 재인용.

45) Kessel, "Geduld und Ungeduld im 19. Jahrhundert", 134; Kessel, "Langeweile"도 참조.

46) Hausen, "Die Polarisierung der 'Geschlechtscharaktere'", 368.

47) Zinnecker, "Das Problem der Generationen", 46 참조.

48) Hausen, "Die Nicht-Einheit der Geschichte als historiographische Herausforderung", 52.

49) Herbert, *Best*; "Drei politische Generationen im 20. Jahrhundert"; Wildt, *Generation des Unbedingten*.

50) Mannheim, "Das Problem der Generationen", 526, 각주 25번.

51) 여성 역사학자로서는, 예를 들어 1949년 구동독이 세워진 해에 출생한 연구 대상 그룹이 세대의식을 발달시키지 못했다고 다음과 같이 지적하는 것은 유감이다. "1949년은 세대위치의 공통점과 아직 발달하지 못한 세대연관성을 넘어서지 못했다"(Wierling, "Wie (er)findet man eine Generation?", 226).

52) Reulecke, "Generationen und Biografien im 20. Jahrhundert", 36.

53) Mannheim, "Das Problem der Generationen", 536.

54) Wohl, *The Generation of 1914*, 73.

55) Jaeger, "Generationen in der Geschichte", 438.

56) Giesen, "Generation und Trauma", 60.

57) Mitterauer, *Sozialgeschichte der Jugend*, 154.

58) 1808년 예나 향우회인 게스트팔리아 회칙, Gestrich, *Vergesellschaftung des Menschen*, 139에서 재인용.

59) Hagemann, "Venus und Mars".

60) Frevert, "Soldaten, Staatsbürger", 82; *Die kasernierte Nation*도 참조.

61) Kohli, "Die Institutionalisierung des Lebenslaufs".

62) Smith-Rosenberg, "Meine innig geliebte Freundin!"

63) Linton, "Between School and Marriage, Workshop and Household".

64) 독일 영업조례 139항에는 "청소년과 여성들"을 위한 일련의 보호 규정이 들어 있었다. 이 주제에 대해서는 Schmitt, *Der Arbeiterinnenschutz im deutschen Kaiserreich* 참조.

65) 이 점에 관해서는 필자의 사회경제적 표본집단 데이터 평가를 참조할 것. Benninghaus, *Die anderen Jugendlichen*.

66) Benninghaus, "Stolpersteine auf dem Weg ins Leben".

67) Fischer, "Probleme der heutigen weiblichen Jugendführung", 405.

68) 다음 연구조사에서 같은 문제를 다루고 있다. "German Workers 1929. A Survey, its Methods and results"(Fromm, *Arbeiter und Angestellte am Vorabend des Dritten Reichs*).

69) 여자 청소년들을 '젊은 세대'로 보는 소수 견해에 대한 예는 여성운동 서적에 나와 있다. Stoehr, "Staatsfeminismus und Lebensform". 바이마르 공화국 시대의 여자 청소년에게 세대 개념을 적용할 수 있는 가능성에 대해서는 Harvey, "Gender, Generation and Politics", 특히 187 이하; Becher, "Zwischen Autonomie und Anpassung", 특히 292 이하 참조.

70) 이러한 이유에서 여자 청소년기의 역사가 정립되기 어려운 점에 대한 연구로는 Benninghaus, "Verschlungene Pfade"를 참조할 것.

71) Rousseau, *Emil oder Über die Erziehung*, 440.

72) 여성의 정치 참여의 기회와 한계에 대해서는 Planert (Hg.), *Nation, Politik und Geschlecht* 참조.

73) Seifert, "Identität, Militär und Geschlecht" 참조.

74) "세계대전은 어떤 의미에서는 참호 속에 붙잡혀 희생당한 남자들과 국내전선에 있는 여자들의 관계를 전도시키는 한편, 또한 남자와 여자의 차이를 되새기면서 전후의 여성 혐오적 반발을 준비했다" 라고 다음 글의 저자들은 요약한다. Higonnet, Margaret R./Higonnet, Patrice L.-R., "The Double Helix", 42; Thébaud, "Der Erste Weltkrieg"도 참조.

75) 프로이센 의회에 관한 속기록, 22번째 국민의회임기, 1916~1918, 7216 이하(1918년 1월 15일), Müller, *Die Nation als Waffe und Vorstellung*, 317에서 재인용.

76) Koselleck, "Der Einfluß der beiden Weltkriege auf das soziale Bewußtsein"; Ziemann, "Das 'Fronterlebnis' des Ersten Weltkrieges—eine sozialhistorische Zäsur?" 참조.

77) Hüppauf, "Schlachtenmythen und die Konstruktion des 'Neunen Menschen'"; Schilling, "Kriegshelden" 참조.

78) Hagemann, *Heimat—Front*, 26.

79) Schönberger, "Mütterliche Heldinnen und abenteuerlustige Mädchen".

80) Remarque, 『서부전선 이상 없다』의 일부분은 1928년 11월, 12월에 ≪포시쉐 차이퉁≫ 신문에 발표되었고, 1929년 1월에 울슈타인 기업의 프로필레엔 출판사에서 책으로 발간되었다. Westphalen, "Ein Simplicissimus des 20. Jahrhunderts", 270 참조.

81) Remarque, *Im Westen nichts Neues*, 9.

82) 같은 책, 167 이하.

83) 이러한 현상이 미치는 범위에 대해서는 Wohl, *The Generation of 1914*; Stambolis, *Der Mythos der jungen Generation*.

84) 「국제서평목록」을 보면 1932년과 1933년에 총 42편의 서평이 나왔는데, 그중 8편은 일간지에 실렸다고 기록되어 있다.

85) Westphalen, "Ein Simplicissimus des 20. Jahrhunderts", 270.

86) J. E., "Nichts Neues im Westen", *Vossische Zeitung*, 1928년 11월 8일자. Remarque, *Im Westen nichts Neues*, 202.

87) 베르너 베스트가 회상하는 글에서 자신을 한 특정 세대의 구성원으로 어떻게 그리고 있는가를 미하엘 빌트는 클라우스 만Klaus Mann의 자전적 텍스트에서 재차 인용하고 있으며, 베스트에 대한 울리히 헤르베르트의 연구가 분명히 보여주고 있다. Wildt, *Generation des Unbedingten*; Herbert, *Best* 참조. Bessel, "The 'Front Generation' and the Politics of Weimar Germany", 121; Kurzlechner, "Die Gestapo-Elite als Generationseinheit"도 참조.

88) 예를 들어 Herbert, "Drei politische Generationen", 97; Wildt, *Generation des Unbedingten*, 137~142 참조.

89) 논거로서의 '경험'의 의미에 대해서는 Scott, "The Evidence of Experience"; Hüchtker, "Der Gebrauch von Erfahrung" 참조.

90) Herbert, "Drei Politische Generationen", 98.

91) Kahl, *Geprüfte Generation*, 37 이하.

92) 같은 책, 38.

93) Bourdieu, *Was heißt sprechen?*, 84~93.

94) 예를 들어, Wohl, *The Generation of 1914*, 82을 참조하면, "사회 현실을 해석하고 구성하는 세대적 양식은 단순히 계급 양식과 같은 게 아니었다. 그것은 계급 양식에 대한 하나의 대안이었다. 그것은 중산층이 계급 이익의 철의 권력을 깨곤 했던 거대한 관념 덩어리의 일부였다. 이는 지식인들에게 특별히 호소하면서 이데올로기의 무기를 제공했다. 이 지식인들은 그들이 살고 있는 물질주의적 대중사회의 공격에 저항하고 있었는데, 이 사회 속에서 그들은 영웅적이고 귀족적인 가치가 상실되고, 문화를 기술이 대체하고, 공동체 의식이 파괴될까봐 두려워했다".

95) Reulecke, "Jugendprotest—ein Kennzeichen des 20. Jahrhunderts?", 30.

96) Remarque, *Im Westen nichts Neues*, 177 이하.

97) 같은 책, 178.

98) Hüppauf, "Schlachtenmythen"에서도 곤혹스럽게도 남성과 인간의 이러한 동일시가 거의 전반적으로 드러나 있다.

99) Meuser, *Geschlecht und Männlichkeit*, 40.

100) 여성성의 보완이자 여성성과는 무관한 인간 일반의 화신이라는 남성성의 이중적 구성에 대해서는 Kessel, "The 'Whole Man'", 2의 다음 부분을 참조할 것. "한편으로는 남성성이 교육받은 엘리트 계층에 의해 구성된다는 것은 언제나 여성성

과의 관계를 포함하고 있었다면, 다른 한편으로는 완전한 남자라는 모델(완전하고 전체적이지만 또한 '실제적'이거나 '적합한' 사람)에서는 관계적인 특성을 부인했다. 따라서 관계 모델이라면 반드시 포함하게 될 여성성에 의존하지 않고서도 순수하게 남성적인 세계를 상상하는 것이 가능해졌다."

101) '신여성'에 대해서는 Ankum (Hg.), *Women in the Metropolis*; Bock/Koblitz (Hg.), *Neue Frauen zwischen den Zeiten*; Sykora u. a. (Hg.), *Die Neue Frau* 참조.

102) 킥라인(Kickline)에 대해서는 Jelavich, "'Girls and Crisis': The Political Aesthetics of the Kickline in Weimar Berlin" 참조.

103) Gründel, *Sendung der Jungen Generation*, 79.

104) 같은 책, 136.

105) Zuckmayer, "Erich Maria Remarque: 'Im Westen nichts Neues'", *Berliner Illustrierte Zeitung*, 1929년 1월 31일자. Remarque, *Im Westen nichts Neues*, 209에서 재인용(강조는 필자). Gläser, *Jahrgang 1902*에 나오는 "전쟁, 그것은 우리의 부모다!"라는 표현도 참조할 것.

106) Jünger, "'Nationalismus' und Nationalismus", *Das Tagebuch* 39(1929), 1552~1558. Rusinek, "Krieg als Sehnsucht", 139에서 재인용.

107) Mannheim, "Das Problem der Generationen", 540, 각주 36번. 같은 페이지의 die Paarung Lehrer-Schüler 부분도 참조할 것.

108) Theweleit, *Männerphantasien,* 제1권(여자들, 홍수, 몸, 역사)의 첫 장에 나오는 "일곱 개의 결혼"과 "어머니들" 단락을 참조할 것.

109) Lethen, *Verhaltenslehre der Kälte*, 94.

110) Herbert, *Best*, 49.

111) 같은 책, 47.

112) Bessel, "The 'Front Generation' and the Politics of Weimar Germany", 130에서도 이런 의미에서 논증하고 있다.

113) 청소년운동에 참여한 소녀들에 대해서는 Ras, *Körper, Eros und weibliche Kultur*; Klönne, "Ich springe in diesem Ringe"; Andresen, *Mädchen und Frauen in der bürgerlichen Jugendbewegung*을 참조할 것.

114) 1911년 「차를 마시며 나누는 대화」에서 허구적 참가자들이 이런 질문을 했다. Breuer, *Das Teegespräch, Wandervogel—Monatsschrift für deutsches Jugendwandern* 6 (1911), 2권, 31~38 참조.

115) 괵켄얀은 이 책을 청소년운동에서 일종의 의사소통상 초석이 되는 책으로 강조했다(Göckenjan, *Das Alter würdigen*, 235).

116) 블뤼어의 남자들의 결사라는 표상과 여기에 소녀들이 배제된 것에 대한 요약과 특징에 대해서는 Klönne, "Ich springe in diesem Ringe", 7~14 참조.

117) Ludwig, "Zum Namen 'Jungstreiter'", *Der Jungstreiter* 4 (1927), 10. Harvey, "Gender, generation and politics", 192에서 재인용.

118) Kleist, "Die neue Frau", *Großdeutsche Blätter* 5 (1928), 7호, 160.

119) 이 구절은 1919년 「우리 소녀들」이라는 제목으로 ≪독일 소녀 도보여행 연맹지≫에 실린 다음과 같은 시의 일부다. "사내들이여, 너희들이 얼마나 부러운지/ 독일인이라고 불리우는/ 권리를 획득한 너희들!/ 그저 소녀일 뿐인 우리들은 −/ 너희의 보호 속에서 안전하고 −/ 작은 부분을 도우려고/ 그늘 속에서 애쓴다./ 사내들이여, 너희들이 얼마나 부러운지!/ 나도 위대한 일을 성취하는/ 남자가 되고 싶어라!// 시간은 시간에서 나온다 −/ 내일은 어제에서 나온다./ 소녀인 우리는 오늘을 위해 존재하는 것이 아니다 −/ 우리는 더 기다려야 한다./ 우리의 피 속 깊이 섞여,/ 미래가 잠자고 있다,/ 생성이 이미 기다리고 있다/ 미래의 독일이 말이다./ 자매들이여, 자부심을 가져라 −/ 성스러운 의무를 기억하며,/ 미래 씨앗의 땅인/ 내일의 어머니들이여!// 너희가 오늘 창조한 너희,/ 사내들이여, 나는 너희를 부러워하지 않는다./ 나는 소녀이고 싶다,/ 미래를 규정하는 ……"(Andresen, "Ins Klare, ins Reine, ins Hohe", 163 이하에서 재인용).

120) Schmersahl, "Die Demokratie ist weiblich".

3부

영웅적 세대와 탈영웅적 세대

새로운 시작인 세대 그리고 가속화

미하엘 빌트Michael Wildt

I. 세대와 자연권

1776년에 출간된 뒤 북아메리카 식민지에서 크게 주목받으면서 몇 주 만에 수십만 권이 팔린 『상식』은 미국 독립과 기본권의 주도적 옹호자들 중 한 명인 토마스 페인Thomas Pain의 논저이다. 이후 페인은 변함없이 큰 관심을 얻은 저서 『인간의 권리』(1791)에서 후속 세대의 정치적 행동의 자유를 제약하는 모든 시도들에 대하여 다음과 같이 날카롭게 반론을 제기했다. "'시간의 종말'이 올 때까지 후세를 구속하고 통제할 수 있으며, 또 어떻게 세상을 통치하고 누가 통치할 것인지를 명령할 권리와 힘을 가진 국회, 사람, 세대는 그 어떤 나라에도 존재한 적이 없었고, 존재하지 않을 것이며, 또 존재할 수도 없다. 따라서 모든 조례와 법령 혹은 선언은, 그것을 만든 사람들이 그것으로써 자신들이 결코 이행하거나 실행할 권한도 힘도 없는 일을 하려고 든다면 그 자체로 무효다. 어떠한 경우에도 모든 시대나 세대는 이전 시대나 세대만큼 스스로 행동할 자유가 있어야만 한다."[1)]

이는 특이하게 급진적인 태도인데, 여기서 제시된 단기적인 시간지평은 자신의 세대의 독점에 대한 요구, 또한 조건 없는 행동의 자유에 대한 요구의 근거로서 내세우는 절대성과 잘 부합하지 않는 듯하다. 하지만 그의 급진적 태도의 주요 쟁점은 구속이 없는 미래 상태가 아니라, 오히려 과거의 구속들에서 풀려나는 것이었다. 이미 한 세기 전에 존 로크John Locke는 『통치론 I』에서, 지배자는 최초의 인간인 아담의 후예이기 때문에 계보학적으로 누구나 통치상속권에 대한 요구를 주장할 수 있다는 전제를 반박했다. 로크에 따르면, 자연적으로 부여받은 아버지라는 권리 또는 신의 자비를 통해서 아담이 자식을 다스릴 힘과 세계를 통치할 능력을 부여받았다고 해도, 이러한 권리는 결코 그의 상속인들에게 계승되지 않았다고 한다.[2] 페인은 로크의 이 주장을 받아들여 급진적으로 일반화했다. 계보학에 근거한 권리의 요구가 왕에게 허용되지 않을 뿐만 아니라, 각 세대는 오로지 자기 자신만을 위해서 행동할 수 있다는 것이다. 세계를 영원히 지배할 수 있다고 믿는 모든 의회와 단체 혹은 세대는 자신들의 '영원한' 법과 규정, 선언이 무효라는 것을 반드시 경험하게 될 터인데, 왜냐하면 그들에게는 그럴 권리도 힘도 없기 때문이다. 사후에도 영원히 통치하려고 드는 허영심과 오만은 민주주의가 아니라 전제정치의 특징이다. 몇 페이지 뒤에는 "불멸의 권력은 인간의 권리가 아니며, 따라서 의회의 권리일 수도 없다"는 말이 나온다. "세계 주변 여건들은 지속적으로 변화하고, 따라서 인간의 견해 역시 변한다. 정부는 죽은 자들이 아니라 산 자들을 위한 것이기 때문에 오직 산 자들만이 정부에 대한 권리를 갖는다."[3] 정치적인 것의 시간지평은 명백하고도 오해의 여지없이, 강령적으로 오직 자신의 생애로 국한된다. 한 세대는 오로지 자신의 생애 동안에만 권리, 즉 정치적 사안들을 조정할 권리를 갖는다. 한 세대가 자신을 위해 무조건적이고 무제한으로 행동의 자유에 대한 권리를 주장할 수 있는 그만큼, 이러한 자유는 불가피하고도 돌이킬 수 없게끔 죽음과 함께 즉시 끝난다. 정치적 자유는 각 세대가 지속되는 동안에만 실현될 수 있다. 페인은 이것을 결코 은유로서가 아니라 말 그대로 세대 구성원들의 생물학적인 생애라고 이해했다.

그것으로 페인은 계보에서 비롯하는 전통적인 권리의 요구를 합법화하는 데 반대했고, 현재 살아 있는 자들이 부여하고 살아 있는 자들만을 구속할 수 있는 권리에 시간적 의미를 부여했다. 동시에 그는 그러한 새로운 시간지평 안에서 권리를 행사할 수 있는 정치적 집단주체, 즉 세대를 창조했다. "인간 평등권의 계몽적이고 신성한 원칙(왜냐하면 그 원칙의 기원이 창조주이기 때문이다)은 살아 있는 개별 인간들뿐만 아니라 뒤를 잇는 세대들과도 관련이 있다. 모든 세대는 권리 면에서 이전 세대와 동등하다. 모든 개별 인간은 동시대인들과 동등한 권리를 갖고 태어났다."[4] 페인은 모든 개별 인간이 동등하다고 보는 자연권과 한 세대가 이전 세대 및 이후 세대에 대해서 갖는 법적인 평등을 동일시했다.

II. 근대

페인이 권리에 시간적인 성격을 부여하고 권리를 정하는 새로운 집단주체로 세대를 도입한 것은, 라인하르트 코젤렉이 다수의 연구들에서 기술한 바대로[5] 18세기에 나타난 시간의 '시간화', 즉 시간의식의 지속적 변화라는 맥락에서 일어난 일이었다. 역사가 삶의 스승이라고 여기는 끊임없는 순환적 역사관, 그리스도 재림 때에 역사의 돌이킬 수 없는 종말과 동시에 해명을 발견하게 될 거라는 기독교의 종말론적인 그리스도 수난사

대신에, 종교개혁 이후 미래로의 방향 선회가 이루어졌다. 미래는 자연과학의 급격한 진보를 통해 점점 더 넓게 열리는 듯이 보였다. "앞선 시대와 과거의 역사와는 전혀 다르게 자신의 시대를 결정적인 시대로 새롭게 규정하기 위해서는, 과거뿐만 아니라 미래에 대해서도 차별화된 입장이 필요했다. 지난 시대 사람들의 믿음대로라면, 시대의 진정한 새로움은 이제까지의 모든 시간에 종지부를 찍는 최후의 심판일일 수밖에 없었다.…… 기독교적인 종말에 대한 기대가 요지부동의 현재성을 상실한 뒤에야 비로소 제약 없고 새로운 것에 개방적인 시대가 꽃필 수 있었다."[6)]

인간의 역사는 열린 과정으로 변화되었고, 인간은 그 과정의 진행과 방향에 영향력을 행사할 수 있다고 믿었다. 역사는 '만들 수 있는 것'으로 여겨졌다. 칸트는 "어떻게 역사가 선험적으로 가능한가?"라는 질문을 던지며 "만약 예언자가 자신이 앞서 예언한 일들을 직접 벌이고 실행에 옮긴다면"[7)]이라는 반어적이고 거리를 둔 대답도 제시했다. 역사를 만들 수 있다는 이러한 생각은 과거의 역사를 지배적 위치에서 몰아냈다. 과거로부터는 더 이상 배울 것이 없었고, 미래를 형상화하기 위해 현재를 인식하는 것이 중요해졌다. 시에예스 신부Abbé Sieyès는 「제3신분이란 무엇인가?」라는 제목의 혁명적인 글에서 "내가 보기에는, 현재 일어나는 일을 이미 일어난 일에 비추어 판단하는 것은 알려진 것을 알려지지 않은 것에 비추어 판단하는 것을 의미한다"라고 결론을 내렸다.[8)] 라인하르트 코젤렉은 다음과 같이 개괄한다. "그 이후로 역사를 내재된 힘의 구속에서 벗어나 더 이상 자연적인 운명에서 비롯되지 않는 과정으로 이해하는 것이 가능해졌다. 근대의 역동성은 특이한 성격을 갖는다. 여기서는 성숙 과정이 중요한데, 이 과정의 주체 혹은 주체들은 그 과정을 종결짓지 않아도 과정에 대한 성찰 속에서 발견될 수 있다."[9)] 라인하르트 코젤렉에 따르면, 세대의 유한성은 늘 가능한 새 역사들을 만들어내기 위한 전제 조건이다. "실질적이고 시간적으로 계속 겹치는 가운데 이어지는 세대의 불가피한 연속은, 항상 새로운 배제, 통시적인 내부 규정 및 외부 규정, 그리고 해당 세대 고유의 경험 단위들의 이전 혹은 이후에 이르게 한다. 역사는 이러한 배제 없이는 생각조차 할 수 없다. 유한한 시간지평 속에서 세대교체와 세대갈이는 절대적으로 본질적인 것이며, 그때그때 이러한 지평의 위치 이동과 생성적인 겹침을 통해서 역사가 이루어진다."[10)]

독일의 사회학자 하르트무트 로자Hartmut Rosa는 이 점에 좀 더 상세한 사유를 덧붙였다. 자본주의 사회의 발전을 결정지은 두 가지 기본 원칙은 성장과 가속화이다. 자본의 축적은 바로 끊임없는 성장을 의미한다. 자본주의 사회는 국민총생산과 생산성의 향상이 없으면 심각한 위기에 처하게 되고, 오로지 새로운 성장을 통해 이 위기에서 벗어나기를 희망한다. 그런 만큼이나 더 많이 생산하는 것뿐 아니라 더 빨리 생산하는 것이 중요해진다. 시간은 금, 이것이 자본주의의 기본 공식이다. 하르트무트 로자의 말처럼, 근대에 와서는 역동성이 더 가속화되어 세대의 성장 속도와 맞먹게 된다. "미래와 과거, 따라서 이제는 경험과 기대가 확실히 구별된다. 사람들은 자신이 살아가는 세계가 자신의 조부모나 자식의 세계와 다르다는 것을 안다. 이제 역사는 움직인다.…… 개인적 삶의 시간화는 거울에 비치는 상과도 같이 이러한 역사의 시간화에 상응한다. 여하간 사람들은 이제 자신이 통제할 수 없는 변동에 대해서 더 이상 상황에 따라 반응하지 않고, 정치적으로 역사를 형성하듯이 자신의 삶을 기획으로서 만들어가려고 시도한다."[11)] 실제의 사회경제적 변동과 역동적인 시간에 대한 경험이야말로 근대에 와서 '세대' 개념이 부상하게 된 배경을 이룬다. '세대'는 정당성을 부여하는 강력한 요인이 된다. 왜냐하면 세대는 한 집단의 생애에 해당하는 시간지평 속에서 권리의 시간화와 통치 요구의 시간화를 새로운 시작에 대한 요구와 연결 짓기 때문이다.

이제 세대는 혁명과도 동맹할 수 있게 되었다. 예를 들어, 1793년 헌법을 둘러싼 논의에서 콩도르세는 "한 민족은 끊임없이 자신의 헌법을 검토하고 개혁하고 변경할 권리를 갖는다. 한 세대는 후속 세대를 자신의 법에 예속시킬 권리가 없다"[12]고 강조했다. 이와 유사하게 생쥐스트Saint-Just는 어떤 세대도 다른 세대를 옭아매어서는 안 된다고 말했다. 로베스피에르Robespierre는 1793년 5월 10일 헌법에 관한 연설에서 "진정한 운명을 위해 그것을 불러낼 때가 도래했다"라고 천명했다. "인간 이성의 진보는 이 위대한 혁명을 준비했다. 그리고 그것을 가속화할 의무가 특별히 당신에게 부과되었다."[13] 그리고 미국 독립선언문의 저자이자 미합중국의 제3대 대통령인 토마스 제퍼슨Thomas Jefferson은 1813년의 한 편지에서 세대 개념을 이미 국가와 민족을 향해 열어놓았다. "우리는 각 세대를 하나의 개별 국가로 여겨도 된다. 국가는 다수의 뜻에 따라 자신의 국민을 다른 국가의 국민보다 더 많이 구속할 권리는 있어도 후속 세대를 구속할 권리는 없다."[14]

혁명적인 세대 단절을 이렇듯 강조하는 것이 처음에는 놀랍게 느껴진다. 왜냐하면 우리는 혁명을 정치적 억압 혹은 사회적 대립들의 결과로 설명하는 데 익숙해 있고, 이러한 대립들 간의 긴장은 더 이상 점진적인 개혁 과정 속에서 약화되거나 변형될 수 없으며 폭발적으로 급격한 변화를 요구하기 때문이다. 이에 비해 구성원들의 연령에 따라 사회계층을 나누거나 정당을 구분할 생각은 쉽게 들지 않는다. 사회적 위치와 정치적 신념이 오랫동안 지배적 범주로 간주된 반면에, 성별 차이나 세대에 관해서는 거의 질문조차 제기되지 않았다.

하지만 혁명과 세대의 연결은 결코 미사여구적인 수사가 아니라, 전적으로 경험적 근거를 갖고 있었다. 예를 들어 평균 40대로 구성된 프랑스 혁명 시기의 국민의회와는 달리, 헌법제정의회를 대표하는 자들은 평균 26세에 불과했고, 그들은 실제로 젊은 세대에 속했다. 따라서 프랑스 사학자 피에르 노라Pierre Nora에게 세대와 혁명은 경험에서 얻은 결과만을 토대로 하여 밀접하게 연관되어 있는 것이 아니다. 혁명은 또한 변화하면서 새로이 시작되는 평등한 세계를 위해 길을 터주었고, 그 세계 안에서 새로운 '세대의식'이 탄생했다. "그리하여 혁명은 세대라는 개념의 절대적이면서도 눈에 보이지 않는 도래를 보여주었다." 따라서 세대는 "민주주의와 역사의 가속화가 낳은 딸"[15]이다.

III. 새로운 시작

모든 혁명의 정치적인 헌법 문제의 본질은 혁명의 정당화다. 혁명은 구체제의 통치 명분 및 법규 전통과 결별하고, 구체제의 자리에 새 체제를 안착시키고자 하지만 구체제는 이미 존재하는 것으로서 부인될 수 없기 때문이다. 이 때문에 혁명들은 스스로 소유하지 못한 역사적 정당성을 빌리기 위해서 역사적인 옷을 걸치고 등장하며, 프랑스 혁명처럼 고풍스럽게 혹은 볼셰비키 혁명처럼 자코뱅 당같이 자신을 치장한다.[16] 왜냐하면 과거에는 법을 준수해야 하는 인간을 뛰어넘는 초월적 권위를 헌법과 법에 부여하기 위해서 신에게서 정치법규를 부여받았다는 명분을 내세웠는데, 이러한 명분이 혁명에 힘입어 지양되고 그 대신 모든 사람들이 보고 참여하는 가운데 인간이 마련하고 선택한 제도가 구축되기 때문이다. 하지만 이러한 인간의 작품은 언제든 인간에 의해 다시 의문시되고 전복되며 파괴될 수 있다. 혁명적인 헌법은 구체제의 형이상학적 권위를 결여하고 있으며 끊임없는 정당성 박탈과 합의에 내맡겨지기 때문이다. 혁명은 왜 법을 따라야 하는지 이유는 댈 수 없고 강요만 할 수 있을 뿐이다. 1767년 7월 장 자크 루소는 미라보Mirabeau에게 다음과 같이 썼다. "내가 기하학의 원 구적법(求積法) 문제와 비교하고 싶은 커다란 정치적 난제는, 법을 인간 위에 두는 국가 형태를 어떻게 발견할 수 있을까 하는 것이다."[17]

한나 아렌트에 따르면, 권위를 의심받지 않는 새로운 시작을 확립하는 것이 문제이다. 잘 알려졌다시피, 루소는 고안된 신들에서, 그리고 공동체의 헌법에 지지와 안정을 가져다줄 시민종교에서 피난처를 찾았다. 로베스피에르는 그의 조언을 따랐고, 신들의 추락 이후에 혁명과 헌법을 보장하는 새로운 형이상학적 권위를 세우기 위해서 최상의 존재를 숭배하는 제식을 정착시키고자 노력했다. 그리고 냉철한 미국 헌법의 아버지들도 "우리는 이것을 자명한 진리라고 생각한다"라는 독립선언문 서두에 등장하는 문장으로, 진리의 객관성에 대한 질문에서 비켜가는 하나의 공식을 찾아냈다. 왜냐하면 독립선언문 작성자들은 "우리는 생각한다"라는 표현으로 그들의 주관적 견해를 드러내기는 했지만, 이와 동시에 "진리"를 더 이상 규명할 필요가 없는 "자명한 것"으로 선언했기 때문이다. 이러한 진리가 "신성하고 부인할 수 없는" 것이라고 제안한 제퍼슨의 첫 문구는, 이 공식이 얼마나 강력하게 종교적인 자연법 신념에서 유래했는지를 보여주었다.[18] 그 외에 벤저민 프랭클린Benjamin Franklin은 새로운 미합중국의 직인에 지팡이를 치켜든 모세와 바다에 빠져 죽는 이집트 군대가 보여야 한다고 제안했고, 뒤이어 제퍼슨은 구름기둥과 불기둥에 이끌려 사막을 지나 대이동하는 이스라엘 민족을 묘사해야 한다면서 비교적 덜 폭력적인 변형안을 권했다. 이러한 출애굽기로의 소급은 미국 혁명과 기독교의 밀

접한 연관관계와 더불어 미국이라는 국가를 신에게서 선택받은 민족으로 이해하려는 태도를 보여준다.[19]

따라서 '세대'는 혁명적 맥락에서 중요한 위치를 차지한다. 왜냐하면 각 세대와 더불어 새로운 시작이 이루어진다는 것을 누가 부인할 수 있단 말인가? 특히 페인은 창조가 모든 세대, 모든 아이와 더불어 시작되도록 함으로써 자연법에 따른 인간 평등을 어느 정도 정착시켰다. "모든 창조의 역사나 전통적 서사는 문맹국 혹은 비문맹국을 막론하고, 세부 사항에 대한 견해나 신념에서는 각기 다를지라도 인간의 동일성이라는 부분에서만은 일치한다. 인간의 동일성이라는 것은, 모든 사람들은 동등하며 그 결과 모든 사람들은 평등하게 태어났고 평등한 자연권을 갖는다는 것을 말한다. 그것은 마치 후손이 창조에 의해, 그것도 후손을 이어가게 하는 유일한 형태인 세대가 아니라 바로 창조에 의해 생겨났다고 가정할 경우, 그 결과 세상에 태어나는 모든 아이들의 존재가 신에게서 부여받았다고 간주되어야만 하는 것과 같은 방식이다."[20] 세대 개념이 일깨우는 '자연적인' 의미는 시작에 대한 요구에 힘을 실어준다. 아이들을 낳으면 그 아이들이 나이가 들어 주도권을 손에 쥐고서 자신들을 낳은 가족 혹은 공동체의 운명을 조종하는 반면에, 그들을 낳은 자들은 물러나고 필연적으로 죽어야만 한다는 점은 명백하고 부인할 수 없는 사실이다. 그 결과 권리가 살아있는 자들에게만 해당된다는 말은, 각 세대와 더불어 권리가 새롭게 창조된다는 전제만큼이나 설득력 있게 들린다. 인간 존재의 유한성은 탄생과 마찬가지로 '자연적'이지만 불연속적인 권리의 승계를 만들어낸다.

"시작이 있기 위해서 인간이 창조되었고, 그 이전에는 아무도 없었다." 아우구스티누스의 『신국론』(12권, 21장)에서 유래한 이 문장을 한나 아렌트는 모든 행동 원칙의 시작을 설명하기 위해 받아들인다. "인간 이전에는 아무것도 없었던 것이 아니라 인간적 존재가 없었던 것이다. 인간의 창조는, 한 번 창조되면 존재하고 발전하고 존속하고 소멸하는 그 무엇의 시작이 아니라, 시작할 수 있는 능력을 스스로 소유하고 있는 존재의 시작이다. 그것은 시작의 시작 혹은 시작함 자체의 시작이다. 인간의 창조와 함께 시작이라는 원칙이 등장했다. 천지창조 때 흡사 신의 손 안에 있듯 여전히 세계 바깥에 머물러 있던 이 원칙은 세계 자체 안에 있으며, 인간이 존재하는 한 계속 세계 안에 존재할 것이다. 물론 이러한 사실은 결국 그 누군가인 인간의 창조가 자유의 창조와 맞물린다는 것을 말하는 것과 다르지 않다."[21] 새롭게 시작하는 행동, 새로운 시대 질서의 시작인 혁명, 그리고 "인간 또는 새로운 세대의 탄생을 거대한 시대사의 출범과 함께 보는 것,"[22] 이것이 바로 혁명과 혁명적 세대의 '자연적인' 파토스를 형성한다.

노라가 세대와 혁명을 적극적으로 연결시키는 것은 공감이 되지만, 세대를 민주주의와 연결시키는 것에는 문제가 있다. 왜냐하면 노라의 세대 개념은 시간을 구조로 전환해야 하는 기본 전제에 뿌리박고 있기 때문이다. 노라에 따르면, 한편으로 세대는 주어진 사회적 소속과 실존적 한계로 인해 포함 원칙을 따라 결정된다. 이것은 그녀가 하이데거와 함께 역설한 것인데, 왜냐하면 "'세대' 안에 존재하고 '세대'와 함께하는 현존재의 숙명이 현존재의 온전한 본연의 사건을 형성하기 때문이다."[23] 다른 한편 노라는 평등한 민주주의가 스스로를 자신의 세대에 유입되도록 만드는 동일시에 필요한 무한한 잠재력을 해방시켰다고 보았다. 왜냐하면 그러한 동일시는 자유와 자기 격상을 허용하기 때문이다. 따라서 세대결속은 자유를 의미하는데, 그 이유는 세대의 수평적인 특성이 마치 평등한 민주주의의 이상화된 이미지처럼, 이상과 부합하기 때문이다. "세대는 평등 원칙을 구현하고 집약해서 보여준다. 세대는 이 평등에서 탄생했다." 물론 이러한 특질은 모든 차이들을 무효화하는 극단적인 단순화 가능성도 은닉하고 있다. 하지만 그것으로 세대 이념은 모든 민주주의가 직면하고 있는 원의 구적법을 완성한다. “그것은 부과된 것을 의지가 있는 것으로, 탄생이라는 단순한 사실을 생존에 대한 긍정으로 변모시킨다. 아마도 이것이야말로 오늘날 그 무언가에 구속되어 있으면서도 자유롭게 느끼는 유일한 방식일 것이다.”[24]

토마스 페인, 로베스피에르, 콩도르세를 원용했음에도 불구하고, 노라 또한 세대를 시간 개념에서 사회적 구조 개념으로 변화시키는 데는 실패한다. 페인에게는 지배 요구의 계보학적인 도출을 극단적으로 반박하고, 권리에 시간적인 제한을 마련하는 것이 중요했다. 모든 어린아이와 모든 세대는 신에게서 직접 생존권을 부여받은 창조를 표현한다. 하지만 늘 새로이 창조되는 이러한 자연권적인 평등(Gleichheit)은 노라가 머릿속에 담고 있던 공평(Egalität)을 반드시 의미하지는 않는다. 따라서 자연권적인 평등이 민주주의와 연결될 필요는 더더욱 없다. 신의 은총, 가문 혹은 재산을 근거로 통치하려는 전통적인 명분들을 거부하는 것은, 전적으로 ‘세대’를 권리를 부여하는 새로운 집단주체로서 규정하려는 요구로 이어질 수 있다. 하지만 혁명 세대가 대변하는 새로운 정치질서는 결코 민주적일 필요가 없다. 18세기 미국에서 벌어진 헌법을 둘러싼 논의들은, 자신들의 개별 관심사만을 좇는 다수의 대표자들에 맞서서 공동체 모두의 안녕과 안정을 추구하는 견제기관이 어떻게 만들어질 수 있을까 하는 사안으로 강하게 각인되어 있었다. 알렉산더 해밀턴Alexander Hamilton이 명확히 표현했듯이, “민주주의 경솔함”을 저지하기 위해서 “상원”이 구성된 것은 바로 이러한 견제 세력의 균형을 구현하기 위해서였다.[25] 미국 헌법에서 ‘상원’의 설립은 로마 국가 규정에서 직접 유래하지는 않았지만, 어디까지나 로

마의 헌법 규정과 '권력이 대중에게 있는 한 권위는 상원에게 있다(protestas in populo, auctoritas in senatu = While power resides in the people, authority rests with the Senate)'는 기본 원칙과 관련이 있었다.

독일의 경우에도 세대구상은 민주주의와 쉽게 연결될 수 없다.[26] 오히려 19세기와 20세기 독일에서 '세대'에 속한다는 의식은, 요제프 괴벨스Joseph Goebbels가 재차 요구했듯이, 대개 "구세대"의 정치적인 통치권을 뒤흔들고 "원로주의를 전복시켜" "젊은이"에게 어떤 길이든 터주려는 의지를 의미했다. 세대를 형성한 대형 사건들은 시간이 흘러도 사라지지 않았지만, 그럼에도 이러한 대형 사건들이 수적으로 많아진 탓에 진부해져서 "세대"가 하나의 "현대의 '합병된' 사건"으로 변하게 되었다는 점을 노라는 지적하였다.[27] 하지만 특히 20세기 전반의 정치세대들은, 자신들이 절대적인 출발점을 지정하고 새로운 시대를 시작하기 위해서, 얼마나 극적으로 시대와 생애를 연출했는지 재차 증명해 보였다.

Ⅳ. 무제약자 세대▸

"세기의 근원적 파국"(조지 F. 케넌George F. Kennan)인 1차 세계대전은 연속되어 보이는 역사 속에서 의심할 여지없는 단절의 지점이었고, 거기에서 경험과 정신이 분리되었다. 에른스트 윙어Ernst Jünger가 전쟁의 산업적인 성격을 부각시키며 "전쟁 압연기", 기계의 정밀성과 맞물리는 사건이

▸ '무제약자 세대(Generation des Unbedingten)'는 여기서 단호하고 통솔력 있게 무제한적인 이념과 제약 없는 행동을 실천에 옮긴 전쟁청년세대를 일컫는다.

일어나는 전투들, “전장 위로 오싹하고 감정이 개입되지 않은 초토화의 물결을” 펼치는[28] 격전에 관해서 묘사한 장면들과는 달리, 진지전(陣地戰)은 폭력의 개인적 경험이자 고통, 절단, 공포, 죽음의 물리적 경험이었다.

> 멀리서부터 휘파람 소리가 들리면, 폭발의 파장에서 오는 과도한 폭력을 견뎌내기 위해서 온몸이 움츠러들었다. 모든 반복은 새로운 공격, 새로운 탈진, 새로운 고통이었다. 가장 강한 신경들도 이러한 부담을 장기간 견뎌낼 수는 없다.…… 총탄을 맞아 죽는 것은 어려운 일이 아닌 듯하다. 그때 우리 존재의 일부는 무사하다. 하지만 찢어지고 조각으로 동강나며 죽처럼 으깨지는 것은 육신이 견뎌낼 수 없는 공포다.[29]

단기간에 전쟁을 승리로 이끌고 귀향하여 사내답게 일대일 양자 대결에서 명성과 명예를 얻게 될 거라는 확신에 차서 수백만이 전쟁터로 나갔던, 1914년 여름에 겪은 죽음의 경험, 떼죽음에 내맡겨진 경험, 모든 즐거운 모습들이 산산조각 나버린 경험. 이 모든 환상의 파괴는 이제까지 지녔던 확신과의 급격한 단절로 이어졌다. 세계대전은 되돌아갈 길조차 없는 경계선이었다. 구세계는 말 그대로 산산이 폭파되고 총으로 난사당했다. 이러한 전쟁을 체험한 모두에게 과거와의 단절, 역사의 불연속성은 결정적인 경험가치가 되었다.[30]

1903년생으로 잡지 ≪행동≫을 중심으로 결성된 모임의 회원인 귄터 그륀델은, 1932년 발간된 영향력이 큰 저서 『젊은 세대의 사명』에서 “젊은 전선세대”, 즉 채 열여덟 살도 못 되어 의용군으로 자원함으로써, 직업과 시민세계에 굳건히 뿌리내린 상태에서 징집된 나이든 남자들과 지속적으로 구별되던 동년배들의 의미를 부각했다. 전쟁을 통해 완전히 산산조각 나지는 않았지만, 확실히 그들은 전쟁으로 인해 갈피를 못 잡았다. 실존적 체험 후에 고향에 돌아온 그들은 그새 완전히 다른 얼굴을 하고 있는 고향을 체험해야만 했다. "마음속 전쟁체험의 근원적 거대함. 이제 그들은 바쁘고 수다스러운 시민세계를 경멸하는 법을 배웠고"[31] 그 세계에서 좌초했다. 그들은 다시금 동맹군과 의용군, 국경수비대를 조직하여 영웅적인 인생 설계를 실현하려고 했지만, 또다시 자신들이 패배자라는 사실을 경험해야만 했다. 이 때문에 그륀델은 그들을 "비극적인 세대"라고도 불렀다. 이들은 전후에 차갑게 냉대받았고 그들의 회의, 영원한 탐색과 열광 때문에 진지하게 받아들여지기보다는 웃음거리가 되어 자신감을 잃었으며, 그러는 동안 후속 세대들에게 추월당했다.

≪행동≫의 편집장인 1899년생 한스 체러Hans Zehrer는 18세 때 자원 참전하여 서부전선에서 부상당한 확실한 '젊은 전선세대'의 일원이다. 그는 1930년 한스 토마스Hans Thomas라는 가명으로 발표한 글에서 전후의 감정을 다음과 같이 묘사했다.

> 우리는 목전에서 발견한 땅에 발을 내디딜 수가 없었다. 그리고 우리는 지금껏 우리 자신의 땅을 만들 수가 없었다. 우리는 그저 예의 감정에 대한 확신과 강인하고 뚜렷한 인간성을 마음속에 품고 있을 뿐이다. 이 두 가지는 벌어지는 일들과 그 일들이 벌어지도록 만드는 자들에 대항해서 투쟁하라고 우리를 강요한다. 하지만 우리의 땅, 우리의 현실, 우리의 목표가 무엇인지 아직도 모른다는 사실이 우리의 투쟁에서 추진력을 앗아간다. 우리는 끊임없이 공격하라고 북을 쳐대고 나팔을 불어댄다. 11년 전부터. 하지만 공격은 일어나지 않는다. 왜냐하면 우리는 아직도 어느 방향으로 공격해야 하는지 모르기 때문이다.[32]

1900~1910년 사이에 태어난 뒤이은 전쟁청년세대도 시민사회에 대한 경멸을 함께 나누었으며, 훗날 제국보안본부 간부진의 3분의 2 이상이 그들로 구성되었다. 제국보안본부는 나치 비밀경찰과 치안경찰, 나치 친위대 보안정보부의 사령부로서 민족사회주의 정부의 박해 정책과 대량학살 정책의 핵심 기관이었다.[33] 이들 세대는 전쟁 당시 징집되기에는 너무 어린 나이였지만, 한편으로는 전쟁을 멀리 떨어진 유년기의 기억으로만 떠올리기에는 나이가 어느 정도 든 자들이기도 했다. 그들에게 전쟁은 윗세대에게 주어졌던 검증의 기회를 놓쳐버렸다는 인식과 맞물려 통렬한 고통이 되었다. 전쟁청년세대에게 폭력과 죽음이라는 존재론적인 육체적 체험은 빠져 있었지만, 그럼에도 전쟁은 그들 자신의 경험과 멀리 떨어진 것이 아니었다. 1907년생인 제바스티안 하프너Sebastian Haffner가 썼듯이, 전쟁청년세대에게 전쟁은 실제로는 참여하지 않았지만 매일 참여할 수 있었던 놀이이자 모험이 되었다.[34] 불연속성, 과거와의 단절, 미래를 향한 시선이 이 세대의 특징이 되었다. 이 세대는 20세기 독일의 그 어떤 세대보다도 청년기를 강령화했다. 이때의 청년기는 계보학적 세대 갈등이라는 통상적 의미에서의 청년기가 아니라, 새로운 세계의 기획으로서의 청년기를 의미했다. 이 새로운 세계는 제약 없는 요구와 같은 호소의 명분을 구세계의 붕괴에서 찾았다.

이 젊은 청년들은 불확실하고 불안정한 전후시기에 청소년기를 겪었다. 이런 혼란 가운데 절정을 이룬 시기는 1923년이었다. 프랑스와 벨기에 군대의 라인란트 점령, 시민의 저항과 데모, 분리주의와 테러, 현기증이 날 정도로 치솟는 인플레이션. 예금 잔액은 줄어드는 반면에 투기꾼들은 엄청난 자산을 획득했다. 성실, 절약, 착실한 가계 운영과 같은 시민사회의 비물질적인 가치들은 인플레이션의 소용돌이 속에 흩날려 사라져버렸다. 1923년 가을 슈트레제만Stresemann의 정책으로 당시 상황을 다시금 극복할 수 있었다 하더라도, 공언한 시민사회의 안정에 대한 믿음은 사라지고 없었다.

그때까지 불안정과 불연속, 붕괴만을 체험한 전쟁청년세대에게, 미래는 무엇보다 시민사회의 위선과 자유주의적 정치인들의 공허한 약속에 대한 격렬한 비판, 그리고 의회민주주의, 삼권분립, 법적으로 보장된 권리와 같은 시민사회의 조정 수단들에 대한 불신을 의미했다. 이 세대의 눈에 미래는 기존의 것에 대한 반대 모델, 즉 '진정한' 공동체를 건설하여 개개인에게 공동체 자체의 신뢰할 만한 의미를 가져다주는 새롭고 급진적인 다른 질서일 수밖에 없었다.

오히려 그들은 자기 자신을 미래의 엘리트 지도자들의 일원으로 여겼다. 그들은 시민이 아니라 지도자가 되고자 했으며, 선출된 엘리트가 아니라 민족의 선택받은 엘리트가 되고자 했다. 통솔력, 행동, 이념은 이 청년들의 정치사상을 형성한 요소들이었다. 통솔력은 자연과 민족의 유기적 발전에 관한 지식을 기반으로 삼았고 행동으로 확인되었다. 지도자는 우월함과 성공적인 행위로 자신을 드러내고 입증해 보였다. 성공만이 중요했고, 성공은 이념과 행위를 동시에 정당화시켰다. 정치는 늘 무제약성과 총체성을 목표로 했고, 조정 규범 혹은 그 어떤 도덕법에도 예속되어서는 안 되었다. 한스 프라이어Hans Freyer는, 훗날 상당수 나치 친위대와 제국보안본부에서 출세가도를 걷게 된 젊은 라이프치히 학생들이 조직해서 1929년 작센의 밀텐베르크에서 개최한 민주주의, 국가, 민족, 주권 관련 노동주간을 "전력 투입, 최고의 강도"[35]라는 말로 요약했다.

역사에 적합한 단호함, 비상시에 '강하고' '가차 없고' '무정하게' 승리자에게 정당한 권리를 마련해주는 단호함이 이 청년들을 특징 지웠던 세 번째 표식이다. '주지주의', 즉 '정신적인' 논쟁을 의식적이고 자기성찰적인 생각과 말로 제한하는 것은 '자유주의'와 관용, 경쟁적 이념들의 공존만큼이나 금기시되었다. 이러한 텍스트들에는 신중함 또는 제안, 침착, 평온의 고려 같은 개념들도 거의 등장하지 않는다. 그에 반해 단호함은 강렬한 현존, 불관용, 가차 없는 직접성을 뜻한다. 단호함은 결단을 내려야만 하는 극적인 상황을 전제로 한다.

그곳에는 주저함, 양심의 가책 혹은 심지어 도덕적인 숙고를 위한 장소도 시간도 없다. 전장에서처럼 상황은 신속하고 명백하며 단호한 결정을 요구한다. 단호함은 외견상 본질적인 것과 비본질적인 것을 분명하게 구분해주는, 말하자면 번쩍이는 검으로 길을 터주는 전투 개념이다. 확실히 역사를 믿는 자는 주저하면 안 되고 또 주저하는 것이 허락되지도 않는다. 모든 불확실은 무지를 드러내고 통솔력에 대한 요구를 정당화하지 못한다. 따라서 이 "세계관이 명확한 엘리트"(울리히 헤르베르트)의 사고 속에서 지도자, 행동, 단호함, 이 세 개념들은 모두 연계되어 있고 서로 영향을 끼친다. 왜냐하면 지도자는 성공적인 실천을 통해서만 정당성을 부여받고, 행위만이 이념을 충족하며, 행위의 단호함만이 상황 제압, 그리고 역사 법칙과의 일치를 보여주기 때문이다.

"젊은 전선전투원 세대"와 "전쟁청년들"을 하나의 "젊은 세대"로 통합한 귄터 그륀델은, 브로더 크리스티안Broder Christian의 저서 『우리 시대의 얼굴』에 의거하여 세대 양식들을 다음과 같이 네 부류로 나눴다. 첫째로 19세기 말의 그저께 양식: 저항, 부정, 자연주의, 인상주의, 둘째는 전전 시기와 전후 초반 시기의 어제의 양식: 파토스, 질풍과도 같은 폭발, 생명의 약동, 표현주의, 셋째는 오늘의 양식: 즉물주의, 기술, 합리주의, 그리고 마지막으로 더 이상 수명이 짧은 세대 양식이 아니라 새 세기를 지배할 양식이 될 내일의 양식(M양식). 그륀델은 "우리는 젊은 세대가 역사의 위대한 선회점들 가운데 하나에 직면해 있다고 생각한다"[36]라고 말했다.

새로운 "M세대"는 커다란 변혁의 문턱에 서 있고, 역사의 진로를 새로운 방향으로 틀게 될 것이다. 그저께 양식이 전투적으로 길을 터주었고, 어제의 양식이 혼란스럽고 성급한 궐기를 의미했으며, 즉물적인 오늘의 양식이 능력과 현실을 더디게 축적해 나갔다면, 미래의 양식은 움직임의 재수용, 즉 "현실에 굳건히 뿌리박은 능력 있고 목표가 뚜렷한 역동성"의 재수용이다. "왜냐하면 오늘날은 그 모든 '속도'에도 불구하고 전혀 역동적이지 않기 때문이다. '근대는 매우 빠른 속도로 흔들 목마를 타고 간다.' 그리고 무엇보다도 거대한 형상을 하고 있는 정치에서, 오늘날 우리는 혼란스러울 정도로 많은 일들이 벌어지는데도 불구하고 아무 사건도 일어나지 않는다는 사실을 깨달아야만 한다. 비로소 미래에 모든 것들이 다시 본 궤도에 오르게 될 것이다. 왜냐하면 미래는 다시 철저히 역동적일 것이기 때문이다."[37]

시간과 시간의 가속화는 이러한 19세기와 20세기 세대 고찰에서 중요한 역할을 한다. 그륀델은 단순히 "속도를 내기"보다는 시간을 실제로 역동적으로 만드는 능력에서 한 세대의 가치를 잰다. 시간지평을 열고 하나의 목표를 향해 시간을 가속화하는 상황에 있을 때에만 세대는 커다란 변혁의 문턱을 뛰어넘어 새로운 시대로 진입할 것이다. "대전환의 세기는 우리의 것이다. 현재의 혼란 속에 들끓고 있는 커다란 문제들과 과제들은 우리 것이다. 도래할 제국, 도래할 행동은 우리의 몫이다. 하지만 이제 우리는 또한 이 모든 것이 방대하고 엄청난 역사적 크기의 과제들이라는 것, 그래서 그 과제들을 해결하려는 사람들에게 가장 순수한 의지와 가장 최고의 능력, 가장 강한 책임감이 요구된다는 사실을 안다. 왜냐하면 시간은 그 누구보다도 시간을 정복한 자에게 가장 많은 요구를 하기 때문이다!"[38]

한 세대의 의미는 비로소 미래에 실현된다. 혹은 라인하르트 코젤렉이 말했듯이, 이러한 세대 규정의 특징은 현재 경험하는 현실과 기대 사이의 간극에 놓여있다. 경험과 기대 간의 점점 커지는 차이는 기대에 도달하기 위해서 시간을 점점 더 빨리 가속화하여 차이를 해소하고 다시 혁명적으로 일치와 조화의 상태에 이르도록 종용한다. 그리고 이러한 의도가 헛되다는 사실을 분명하게 인식하면 할수록, 의지는 이 목표에 도달하기 위해서 더 엄격하고 더 무제약적으로 된다.

V. 악마는 시간이 없다

철학자 한스 블루멘베르크Hans Blumenberg는 악마는 자신에게 시간이 조금밖에 없다는 것을 안다며 우리에게 요한계시록을 상기시킨다.[39] "어떤 우세한 자가 사물 전체가 순간 자신의 손 안에 있고 자신의 결정에 달려 있다고 믿는 가운데 내린 결론이 비록 일부만 성취되더라도, 세계의 시간을 한 개인의 생애와 맞먹는 시간으로 무리하게 축소하는 것은 역사 경험상 낯선 일이 아니다. 편집증 같은 극단적인 경우에, 단 하나뿐인 누군가의 삶은 역사적이고 정치적인 의미를 부여하기 위한 전제가 되고, 그 결과 그는 자신의 생의 목표가 어긋나버린 것을 세계의 의미가 실패한 것으로 만들 수 있다. 그가 파멸을 선고받으면, 그의 생에 대한 구상이 실제로 어떤 방해를 받았는지와는 별개로 모든 것이 종말을 맞도록 선고받은 것이나 다름없다."[40]

특히 유별나게 자신들을 스스로 '움직임'이라고 불렀던 민족사회주의자들은 엄청나게 쉴 새 없이 움직이는 특징을 지녔었다. 1차 세계대전이 바로 독일 민족의 가장 훌륭한 자들, 가장 용감한 자들, 그리고 가장 가치 있는 자들을 희생시킨 어마어마한 '출혈'을 의미했다는 생각에 사로잡힘으로써, 민족적이고 인종주의적인 관점에서 독일 민족을 생물학적, 물질적, 정신적으로 '재무장'하고 적들을, 가장 먼저 유대인들을 이기기 위해서 필요한 기간이 몇 년으로 단축되었다. 선전과 캠페인, '수확물 전투'가 독일 민족을 조급하게 몰아댔다. 빠듯한 자원을 고려하여 적이 너무 강해져서 이길 수 없게 되기 전에 적을 제압하려는 군사 전략인 '전격전'이야말로 무한한 시간 압박을 반영한다. 이러한 시간 압박은 어느 정도 시간에 역행해 반드시 자신의 목표에 도달하려는 그 누군가가 스스로 만들어낸 것이다.

히틀러 자신이 이러한 태도의 화신이었다. 제바스티안 하프너가 예리한 안목으로 관찰했듯이 그는 자신의 개인적인 기대수명에 자신의 정치일정표를 종속시켰다.[41] 1937년 10월 말 선전지도자 집회에서 히틀러는 해결되어야 할 문제들, 특히 "생활권"을 위한 문제들을 자신의 생애 동안 가능한 한 빨리 해결하는 것이 불가피하다고 말했다. 후속 세대들은 이것을 더 이상 할 수 없을 것이고, 오직 자신만이 그것을 할 수 있는 상황에 있다고 말이다.[42] 벌써부터 지속적으로 시간에 대해 강한 불안을 인식한 후인 1939년 봄 히틀러는 슈페어Speer에게, 원래 자신은 운명이 그에게 부과한 것을 실현해내기 위해서 두 개의 삶을 원했지만 그에게는 결코 단 하나의 삶도 허락되지 않았다고 말했다.[43] 2차 세계대전 발발 직전인 1939년 8월 22일, 히틀러는 국방군 총사령관들에게 "근본적으로 그것은 나의 정치적 능력 때문에 내게, 내 존재에 달려 있다. 그렇다면 아마도 실제 그 누구도 다시는 나처럼 독일 민족 전체의 신뢰를 받지는 못할 것이다. 미래에 나보다 더 많은 권위를 가진 자는 아마도 결단코 다시는 없을 것이다. 따라서 내 존재는 위대한 가치 요소다. 하지만 나는 언제든지 범죄자나 바보에 의해서 제거될 수 있다"[44]라고 말했다. 그리고 제3제국이 잿더미로 변하고 소련 군대가 베를린을 막 정복하려던 1945년 2월에는 다음과 같이 탄식했다. "반대로 나는 한 번뿐인 짧은 생애 동안 모든 것을 완성시켜야 하는 운명의 계율 아래 서 있다.…… 다른 이들이 영원한 시간을 소유한 데 비해 내게 남은 시간은 고작 몇 해뿐이다."[45]

히틀러는 일관성을 유지하며 1945년 3월 19일 독일의 사회기반시설을 파괴하라는 명령을 내렸다. 자신의 '필생의 사업'이 성공하지 못하면, 독일인들도 더 이상 계속해서 존속할 권리가 없어야만 했다. 슈페어에 따르면, 히틀러는 파괴 의도의 근거를 다음과 같이 밝혔다. "전쟁에서 패하면, 민족도 패배하게 된다. 독일 민족이 극도로 궁핍하더라도 계속 존속하는 데 필요한 기반을 고려할 필요는 없다. 반대로 이것들을 스스로 파괴하는 것이 더 낫다. 왜냐하면 독일 민족은 상대적으로 나약한 민족으로 판명 났고, 미래는 전적으로 더 강력한 동쪽 민족의 소유가 될 것이기 때문이다. 아무튼 이 싸움에서 살아남은 것은 열등한 자들뿐이다. 우수한 자들은 모두 전사했기 때문이다!"[46]

Ⅵ. '시간고향'인 세대(W. G. 제발트)

시대를 자신의 일생 속으로 무리하게 밀어 넣으려던 오만은 수포로 돌아갔고 그때까지 몰랐던 초토화와 황폐화에 이르러 종국에는 자기 파괴로 끝났다. 훗날 자신들의 도시와 꿈이 파괴된 폐허 속에서 살아남은 독일인들은, 그들의 패배를 인정하고 세계사의 승리자라는 고양된 감정과 작별하며 자신들의 일생을 시대에서 떼어놓는 법을 다시 배워야 하는 과제에 직면했다.

정치적인 것은 무제약적인 성격을 상실했고 국민의 안녕을 위해 독일연방공화국이라는 법치국가의 제도권 안으로 들어왔다. 반면 동독에서는 40년간 새로이 세계사가 만들어져야만 했다. 서독에서 80세가량의 인물▸이 국가의 정치적 운명을 떠맡는 동안에, 국민들은 경제 분야에서 다시 자신을 위한 미래 설계 영역을 발견했다. 군주적 인간이 되려는 대신에 그들은 소비시민이 되는 것을 배웠다.[47)]

하지만 자본주의 발전의 역동성이 또다시 그들을 맞이했다. 전후 성장기는 다시금 사회적 가속화를 촉진했는데, 이러한 가속화는 민족사회주의 시절에 오만한 상승과 급격한 추락을 한 차례 경험한 터였다. 1950년대 말에 여전히 세탁기, 텔레비전 혹은 자동차와 같은 소비재 구입을 통한 소비사회로의 진입이 두드러졌다면, 그 이후에는 직업세계와 소비세계의 가속화가 점점 더 뚜렷해졌다. 전쟁이라는 예외적 상황 이후에 다시 중시되어야 했던 친숙한 인생 설계들은 점점 더 과소평가되었다. 특정 소비재나 예를 들어 특별 휴가여행과 같은 서비스업으로 삶의 꿈을 실현하려던 애초의 기대는, 원하는 새 물건들이 늘 기다리고 있다는 경험에 굴복했다. 소비사회의 목표는 행복한 인간이 아니라 결코 만족을 모르는 인간이다.

이와 마찬가지로 직업 설계도 점점 더 깨지기 쉽고 예측할 수 없는 것으로 판명된다. 사람들은 더 이상 이전처럼 희망 직업이나 선택한 교육을 직장생활 내내 유지하지 않는다. 그새 모든 직업에는 끝이 있으며, 필연적

▸ 구서독인 독일연방공화국의 초대 총리 콘라트 아데나우어Konrad Adenauer(1876~1967)를 말한다. 그는 2차 세계대전 이후인 1949년부터 1963년까지 총리직을 수행했다.

으로 일생에 하나 혹은 그 이상의 새로운 직업교육을 받아야만 한다는 사실이 일상적인 직장 풍속도가 된 터이다. 일생 동안, 한 세대라는 기간 내에 계획을 세울 수 있을 거라는 생각은 현저하게 깨져버린다. 다시 하르트무트 로자의 성찰에 기대자면, 사회적 변화의 속도는 "세대라는 음속 장벽을 뛰어넘어서 흡사 세대 내부적인 것이 된다. 다시 말해 우리는 우리의 생이 끝날 때 어떠한 상황이 될지 더 이상 알지 못한다".[48]

18세기 말에서 19세기 초에 '세대'를 자연적인 시간 측정 단위와 유사한 것으로 생각하게 만들었던, 사회경제 발전과 역사의 가속화 경험의 일치는 오늘날 더 이상 제공되지 않는다. 토마스 페인과 제퍼슨, 콩도르세, 로베스피에르에게 구정권과의 혁명적인 단절은 자연법칙을 따른 듯이 자신의 세대와 연결되어 있었고, 미래지평은 자명한 듯이 자신의 생애와 연결되어 있었다. 새로운 시작은 한 세대의 책무였다.

그에 반해 20세기의 정치세대들에게는 훨씬 더 무거운 역사적 '사명'이 부과되었다. 그들은 시작을 감행할 뿐만 아니라 동시에 역사를 실현해야만 했다. 자신의 짧은 생애 동안 시대 또한 완성시킨다는 것은 터무니없는 자만을 의미했고, 자만이 공공연해질수록 그들은 그것이 헛되다는 사실을 더 냉혹하고 파괴적으로 강요받아야만 했다. 그 결과는 수백만의 죽은 자들과 폐허로 변해버린 유럽이었다. 그 후 생애를 다시 시대와 분리하는 데 성공했다. 한스 블루멘베르크는 이것을 "완화"라고 불렀다. 하지만 자본주의 발전의 가속화는 더 이상 친숙한 세대적 확신으로 되돌아가게 내버려두지 않았다. 한 번 더 '68세대'가 새로운 시작을 알렸다. 하지만 그들이 하나의 '세대'로 만들어진 것은, 독일의 '원외저항운동연합' 구성원들, 미국의 '민주사회를 위한 학생' 회원들, 네덜란드의 '바다 요정들'과 프랑스의 오월 혁명가들이 십년 뒤에 비로소 그들을 회고할 때였다. 그들은 기억

공동체로서의 세대이다.[49)]

'세대'는 오늘날 여전히 오직 "시간고향"(W. G. 제발트)의 약속만을 의미한다. 그 누구도 더 이상 5년 뒤를 계획할 수 없는 엄청난 유연성과 숨 가쁜 역동성을 지닌 사회 속에서, 세대는 집단성 경험에 대한 희망을 의미한다. 아마도 이 점에서 한편으로 매년 새로운 '세대'가 만들어지고 그 해가 다 가기도 전에 다시 사장되는 이유를 찾아볼 수 있을 것이다. 자본주의 발전이 가속화되는 과정 속에서 '세대'는 더 이상 시간 단위를 나타내는 박자일 수 없다. 하지만 '가족'과 더불어, 세대는 근대의 집단성에 거는 가장 강력한 희망들 중의 하나로 존속한다.

〈목승숙 옮김〉

주

1) Paine, *Rights of Man*, 227 이하. 토마스 페인에 관해서는 콘웨이Conway의 상세한 전기 외에도 최근의 Himmelfarb, *Roads to Modernity*, 93~105 참조.
2) Locke, *Über die Regierung*, 3.
3) Paine, *Rights of Man*, 281.
4) 같은 책, 304.
5) Koselleck, *Vergangene Zukunft*; *Zeitschichten* 참조.
6) Koselleck, "Neuzeit", 315, 321.
7) Immanuel Kant, *Streit der Fakultäten*. Koselleck, "Historia Magistra Vitae", 61에서 재인용.
8) 같은 글, 60에서 재인용.
9) Koselleck, "Geschichte, Geschichten und formale Zeitstrukturen", 143.
10) Koselleck, "Historik und Hermeneutik", 107.
11) Rosa, "Wider die Unsichtbarmachung", 86.
12) Gauchet, *Erklärung der Menschenrechte*, 195에서 재인용. 장 자크 루소는 이미 『사회계약론』(1권, 4장)에서 다음과 같이 썼다: "아직 인정받지 못한 잠정적인 정부가 정당성을 인정받기 위해서는 한 세대의 모든 사람들이 그 정부를 인정하거나 거부하는 주체가 되어야만 한다. 그렇게 될 경우에 이 정부는 더 이상 잠정적인 것이 아니게 된다."
13) Koselleck, "Historia Magistra Vitae", 63, 주 78에서 재인용.
14) Nora, "Generation", 605, 주 13에서 재인용.
15) 같은 글, 502 이하, 508.
16) "인간은 그들만의 역사를 만든다. 하지만 인간은 이 역사를 비어 있는 것들로부터 스스로 선택한 상황에 따라서 만드는 것이 아니라, 직접 발견된 상황, 주어진 상황, 전승된 상황에 따라서 만든다. 모든 죽은 자들의 전통이 악몽처럼 살아 있는 자들의 뇌를 짓누른다. 이제 살아 있는 자들이 자신과 사물들을 전복시켜 이제껏 존재하지 않았던 것을 창조하는 데 몰두하는 듯이 보이는 바로 그러한 혁명적 위기의 시대에, 그들은 두려운 마음에 자신들을 돕도록 과거의 영혼들을 불러낸 뒤 그 영혼들에게서 이름과 투쟁 구호, 의상을 빌린다. 그리고 그들은 이러한 존경받는 고풍스러운 분장과 빌린 언어로 세계사의 새로운 장면을 상연한다"(Marx, *Der achtzehnte Brumaire*, 115).
17) Arendt, *Über die Revolution*, 238에서 재인용.
18) 같은 책, 250 참조.

19) Cherry, *God's New Israel*, 65; Walzer, *Exodus* 참조.
20) Paine, *Rights of Man*, 304 이하.
21) Arendt, *Vita activa*, 216.
22) Arendt, *Revolution*, 271. 하필 카를 슈미트Carl Schmitt가 자신의 *Glossarium*에서 마치 의도하지 않았던 영혼들의 대화에서처럼 한나 아렌트의 자유철학에 유아 살해적으로 답했던 것은 기적인가? 1951년 8월 14일의 기록: "모든 새로 태어난 아이와 더불어 새로운 세계가 탄생한다. 맙소사, 그렇다면 새로 태어난 아이는 모두 공격자다! 그 때문에 폭군들은 옳다. 그들은 평화를 계획한다"(Schmitt, *Glossarium*, 320. 여기에 대해 조언해준 마르틴 바우어Martin Bauer에게 감사한다).
23) Heidegger, *Sein und Zeit*, 384.
24) Nora, "Generation", 508.
25) Arendt, *Revolution*, 289에서 재인용.
26) 여기에 대해서는 이 책에 실린 마크 로즈먼의 글과 하인츠 D. 키트슈타이너의 글 참조.
27) Nora, "Generation", 508.
28) Jünger, *Kampf als inneres Erlebnis*, 26, 102, 103.
29) 어떤 야전편지에서 발췌. Latzel, *Soldaten des industrialisierten Krieges*, 129에서 재인용. 여기에 대해서는 Geyer, "Kriegsgeschichte" 참조.
30) 이 부분에 관해서는 방대한 문헌을 총괄하고 있는 Ulrich/Ziemann (Hg.), *Krieg im Frieden* 참조.
31) Gründel, *Sendung der Jungen Generation*, 26.
32) Thomas(즉 Zehrer), "Absage an den Jahrgang 1902"; 체러의 가명에 관해서는 Mohler, *Konservative Revolution*, 434 참조. '젊은 전선전투원 세대'의 이러한 특성은 다른 유럽 국가들에서도 발견된다(Roseman, *Generations in Conflict* 참조). 잘 알려졌다시피 헤밍웨이는 이 시대의 동년배들을 '잃어버린 세대'라고 불렀다. 또한 한나 아렌트도 베르톨트 브레히트를 평할 때 그를 이 실제세대에 포함시켰다. "1898년에 태어난 브레히트는 잃어버린 세 세대들 중 첫 번째 세대에 속했다. 세계로의 입문 장소가 1차 세계대전의 참호와 전쟁터였던 이 세대 사람들이 이 용어를 발명하거나 차용했다. 왜냐하면 그들은 자신들이 정상적인 삶을 살아가기에는 부적합하게 되었다고 느꼈기 때문이었다. 정상은 온갖 공포의 경험 그리고 그 공포 한가운데서 그들을 사람으로 만들어주었던 동지애에 대한 배반이었다. 의심할 여지없이 가장 확실한 그들 자신만의 것을 배반하기보다는 상실되는 것이 더 나았다. 그들 자신에게도, 세상에게도"(Arendt, "Bertolt Brecht", 218; 세대에 관한 한나 아렌트의 생각에 대해서는 Althaus, *Erfahrung denken*, 140~165 참조).
33) 이후의 부연 설명은 Wildt, *Generation des Unbedingten*에 근거한다. 특히 41~71, 115~142.

34) Haffner, *Geschichte eines Deutschen*, 19.
35) Wildt, *Generation des Unbedingten*, 116에서 재인용.
36) Gründel, *Sendung der Jungen Generation*, 77.
37) 같은 책, 78 이하.
38) 같은 책, 421.
39) "그러므로 하늘아, 그리고 그 안에 사는 자들아, 즐거워하여라. 그러나 땅과 바다에는 화가 있다. 악마가, 자기 때가 얼마 남지 않은 것을 알고, 몹시 성이 나서 너희에게 내려왔기 때문이다"(요한계시록 12장 12절).
40) Blumenberg, *Lebenszeit und Weltzeit*, 80.
41) Haffner, *Anmerkungen zu Hitler*, 28~33 참조.
42) Kershaw, *Hitler*, 75.
43) Fest, *Fragen*, 26, 42.
44) 1939년 8월 22일 총사령관들 앞에서 한 히틀러의 인사말. 서명이 누락된 기록. Nbg. Dok. 798-PS. 여기서는 독일 외교정책 문건, Serie D, Band 7, Baden-Baden 1956, 167~170에서 재인용(위 기록의 168 인용).
45) *Hitlers politisches Testament*, 110.
46) Speer, *Erinnerungen*, 446.
47) 여기에 관해서는 Wildt, "Konsumbürger" 참조.
48) Rosa, "Wider die Unsichtbarmachung", 86.
49) 여기에 관해서는 이 책에 실린 울리케 유라이트의 글 참조.

‘상상의 공동체’로서의 세대

18세기부터 20세기까지 독일에서 나타나는 신화, 세대 정체성, 세대 갈등

마크 로즈먼Mark Roseman

I.

영국의 관점에서 볼 때 지난 두 세기의 독일사에 걸쳐 세대적 정체성에 특별한 의미를 부여해야 하는 이유는 두 가지가 있다. 첫째, 18세기의 제3 사분기 이래로 독일에서 스스로를 ‘청년’이라 부르며 (때로는 실제로 30세 이하였고) 자신들의 가치와 규범에 대해 새롭게 사고해줄 것을 반복적으로 사회에 요구했던 반항적 인간들이 있다. 이들의 범위는 18세기의 질풍노도운동에서 1830년대와 40년대의 청년독일파를 거쳐 20세기 초에 있었던 호어 마이스너 청년운동▸까지 이른다. 독일이 패배하고 몇 주 지나지도 않았을 때부터 이미 바이마르 공화국의 짧은 생애를 특징짓는 경향들이 나타나기 시작했는데, 이 공화국에 대해 저항하면서 또 다른 사회를 건설하려는 청년들의 시도가 그것이었다. 나치당의 갈색셔츠를 입은 청년

▸ 호어 마이스너(Hoher Meißner): 헤센 주의 북동쪽에 위치한 해발 753미터의 산. 20세기 초 유행했던 청년도보운동의 회합 장소이기도 하다.

들은 공화국의 패배를 경축하면서 미래는 자기들의 것이라고 생각했다. 마지막으로 1960년대와 1970년대에는, 국제적으로 전개된 청년운동의 일부가 자신들은 일종의 대안사회를 위해 투쟁한다고 확신했다. 다만 루디 두취케Rudi Dutschke처럼 자신만만하면서도 반어적인 권위를 획득했거나 울리케 마인호프Ulrike Meinhof처럼 무제한적인 단호함을 보여주었던 사람들은 극소수였다.

둘째, 서구 국가들의 발전사에서 18세기 이후의 독일처럼 그렇게 극적인 단절을 경험했던 국가들은 극소수였다. 이러한 단절들 하나하나가 의미하거나 적어도 추론하게 하는 것은 후속 세대들이 이전 세대와는 현저하게 달라진, 때로는 완전히 달라진 조건 아래서 성장했다는 사실이다. 다시 말하면, 세대 간 소통을 잠재적으로 어렵게 만들고 세대 간에 서로 다른 사유세계를 불러내었던 그런 조건들은 극소수 국가들에서만 존재했다는 것이다.

이 두 가지 현상들, 즉 한편에서는 청년적인 반항의 전통이 있었다는 점과 다른 한편에서는 세대 간 단절이나 전환점들이 과도하게 반복되었다는 점을 서로 대조해보면, 근대 독일사가 세대의 정체성과 갈등의 문제를 추적하는 데 필요한 자료들을 충분히 제공한다는 점이 분명해진다. 이와 더불어 여기서 중심적인 문제가 연속성인가, 아니면 불연속성인가 하는 질문도 제기된다. 왜냐하면 1968년까지도 청년적 반란은 거듭해서 비슷한 형태나 의식들을 드러낸다는 특징이 있으며, 심지어 부모와 자식, 성인과 청년들 사이에 제대로 소통할 줄 아는 능력이 부족하다는 전통적인 태도의 패턴까지 나타나기 때문이다. 하지만 1918년, 1933년 또는 1945년과 같은 전환점들을 출발점으로 삼을 경우, 이 시기의 두드러진 인상은 세대 간에 이어지는 전통들이 아니라 세대들을 갈라놓은 단절들이라는 사실을 알 수 있다. 그렇다면 세대 차원의 태도가 갖고 있는 지속적인 문화적 또는 사회적 패턴이 문제인 것인가, 아니면 불연속성의 역사가 문제인가?

이 두 가지 관점 사이에 형성되는 긴장관계는 민족사회주의에 대한 역사적 분석을 예로 들 때 분명해질 수 있다. 민족사회주의운동에 대한 세대적 요인들의 중요성에 대해서는 수많은 학자들이 의견 일치를 보여왔다. 그럼에도 한편에서는, 예컨대 발터 라쾨르Walter Laqueur처럼, 청년들의 거침없는 민족주의적 성향, 민주주의에 대한 적대감, 그리고 독재와 불관용의 경향을 보이는 자의식들은 오랜 전통을 지닌 것이라고 설명하는 경향이 있다. 말하자면 질풍노도운동부터 나치돌격대 그리고 다하우의 강제수용소에 이르는 하나의 전통을 인식할 수 있다고 보는 것이다.[1] 다른 한편에서는 또 다른 역사가들이, 예컨대 울리히 헤르베르트와 미하엘 빌트처럼, 1차 세계대전과 패전이라고 하는 특별한 변형들을 야기한 거대한 변화의 경험들을 강조해왔다.[2] 민족사회주의의 기원이나, 말살 정책에 '무조건적으로' 참여하는 것은 특정 시기에 출생한 사람들만의 특유한 정신적 태도로 환원되는데, 이들은 자신들의 경험을 바탕으로 스스로를 하나의 세대로 — 전선세대이건 또는 전쟁유아세대이건 간에 — 간주하는 태도를 보인다. 따라서 독일사에서 흔히 보듯이, 민족사회주의에 대한 분석에서도 세대 갈등을 두고서는 갈등의 연속으로 보는 입장과 갈등의 불연속으로 보는 입장이 대립하고 있는 것이다.

II.

세대에 대한 이론적 모델들을 찾다보면, 언뜻 보아, 두 개의 틀을 만나게 된다. 사회학자들은— 만하임은 물론 예외일 것이다 — 공시적 모델들을 선호하며, 세대들에 대해서는 유년기, 청년기, 성년기, 노년기와 같은 **생애단계**로 관찰하는 경향이 있다. 이렇게 볼 때 세대는 말하자면 한 인간이 생의 특정 시기마다 속하게 되는 장소 같은 것을 구성한다. 유년기, 성년기, 노년기와 같은 일반적인 세대 도식은 항시적인 반면, 그때그때 사회적으로 공시적이라고 규정되는 세대의 구성원이 되는 것은 계속 바뀐다는 것이다. 이런 방식으로 본다면 특히 청년과 장년 간의 갈등은 구조적으로 이미 주어진 것이지 그때그때 역사의 행위자들에게 달려 있는 것이 아니다. 각각의 생애단계에 대한 정의와 관련해서 보자면 세대들의 분리가 장기적인 사회 변동 과정에 완전히 종속되어 있지만, 사회 전체적으로 보자면 비교적 고정되어 있는 편이다.[3]

그에 반해 역사학자들은 통시적으로 접근하며 만하임의 견해에 따라 세대들이란 일종의 **코호트**라고, 다시 말해 특정한 역사적 출생 시기에 속하는 사람들이라고 해석한다. 그러한 세대들은 공통의 결정적 체험들에 의해서 만들어지며, 세대들의 경계는 (다양한 연령대에 따라 차이가 나는) 그러한 결정적인 체험들을 야기해온 역사적 사실들로 소급된다. 이러한 관점에서 볼 때 개인의 세대적 정체성이란 나이를 먹는다는 것에 영향받는 것이 아니다. 개인은 평생 동안 세대적 단절의 이편에 머물거나 아니면 저편에 머물거나 한다. 그리고 이러한 역사적 관점에서 보면 반드시 규칙적으로 새로운 세대들이 등장해야만 하는 것도 아니다.[4]

당연한 이야기지만 공시적이고 통시적인 단초들을 대충만 대조해봐도 연속성과 불연속성의 긴장관계를 유추할 수 있는 것으로 보인다. 한편으로 독일사에서 세대적 갈등이 반복적으로 나타나는 것에 대하여 전통적으로 이어져온 어떤 태도의 패턴이라는 관점에서 설명할 수 있다면, 그런 것들의 유발 계기들은 특정 생애단계에서 지속적으로 나타나는 특성들이나 이러한 단계간의 관계 속에서 발견할 수 있다는 관점도 설득력이 있어 보인다. 다른 한편, 세대들을 형성하기도 하고 그들을 서로 갈라놓기도 하는 단절들이 전면에 부각된다면 여기서는 역사적 통시적인 관점들이 작동하고 있는 것인데, 이에 따르면 세대 간 갈등이란 연속되는 집단들이 서로 다른 경험을 함으로써 생겨나는 것이다.

하지만 어쩌면 두 모델 모두 지나치게 사회학적인 세대 이미지에서 출발하는 것인지도 모른다. 왜냐하면 그것이 생애단계에 따라 규정되든 아니면 특정 연도 출생자들의 집단에 의해 규정되든 간에, 둘 다 인간들의 사회적 위치들을 분석의 중심에 놓고 있기 때문이다. 그보다는 오히려 루츠 니트함머의 말을 빌려 집단적인 상상들에 대해서도, 다시 말해 환상, 기획, 정체성의 문제가 서로 뒤얽히는 유희적 관계에 대해서도 생각해봐야 할 것이다.[5] 이하의 글에서 나는 베네딕트 엔더슨Benedict Anderson의 상상의 공동체(Imagined Community) 개념을 빌려서 독일적 세대 갈등을 보여주는 몇몇 에피소드들을 분석하고자 한다. 여기서 나는 민족의 형성 과정과 세대의 형성 과정 사이에는 중요한 차이가 있다고 확신한다.[6]

III.

청년독일파라는 예를 조금만 더 자세히 다루더라도, 사회학적 또는 역사학적 모델들이 현실로부터 얼마나 동떨어져 있나 하는 것을 알 수 있다.[7] 청년독일파의 뿌리는 18세기 문학운동에서 찾을 수 있다. 질풍노도 운동 때부터 독일의 작가들은 청년(Jugend)이란 일종의 정신적 힘이라는 관념을 가지고 유희해왔다. 청년은 성인들의 사회로부터 독립적이며 사회의 구원이라는 특별한 사명을 띠고 있다는 것이다. 청년의 임무는 주로 심미적인 것이었다. 청년은 "속물근성"과 니힐리즘의 세계에 심미적인 것을 들여와야 하는 것이다. 그러나 이러한 사명은 전적으로 정치적인 형태를 띨 수 있었다. 청년은 독립적이며 미학적으로건 도덕적으로건 우월한 대안을 구현하는 만큼, 이 때문에 현재의 사회도 구원할 수 있다는 관념은, 20세기에 이르도록 독일의 정치적 발전을 유지해온 지속적이고 중요한 요인이었다.[8)] 청년에 대한 사회적 인식이든 아니면 청년들 스스로의 (자신에 대한) 인식이든 간에, 오로지 어떤 세대에만 해당하는 순수한 관점이 문제되는 경우는 거의 없다. '세대들'과 '청년'이라는 개념들에는 온갖 종류의 감정 투사와 표상들이 저수지처럼 몰려들었던 것이다.

문학 서클로 다시 돌아가자. 18세기 말경 문학단체들의 지적인 세계는 점점 대학과 김나지움으로 확대되었다. 청년숭배와 청년의 사명을 강조하는 수사학은 19세기 초 여러 대학생 세대들의 공통된 담론으로 발전했다. 이후로도 수십 년 동안 이 경향이 더욱 발전해 나가는 것을 예리한 동시대인들은 관찰하고 있었다. 광범위하게 수용된 문학적 문화로 인해 비교적 젊고 교양 있는 독일인들 사이에 정체성이라는 표현이 생겨났다. 집단의식에 대한 새로운 감정과 나란히 보조를 맞추었던 것은 점점 성장하는 자의식과 점점 정치화되는 의식이었다.[9)] 청년독일파라는 '상상의 공동체'와 수천 명의 젊은 독일인들이 자신에 대해 서술했던 내용들은 서로 근접해갔다. 이러한 세계관의 확대 과정에서 김나지움과 대학의 교우단체들이 했던 역할은 나중에 노동자 단체들이 사회주의적 의식 형성에 기여했던 역할과 유사했다.

그렇다면 일종의 그룹 정체성, 또는 일종의 세대적 정체성을 문학적으로 '산출'하는 것이 실제로 가능한 것일까? 마르크스의 입을 빌려 말하자면, 그냥 되는 것은 없다. 청년에 대한 표상들은 사회와 법률의 큰 틀에서 생겨나는 중요한 변화들에 의해 영향을 받는다.[10] 18세기 후반에는 사회적, 문화적, 법률적 규범들이 청년기라는 생애단계의 테두리를 규정하는 동시에 그것을 어떤 동질적인 것으로 만들었다. 부유층에서는 청년을 일종의 모라토리움처럼, 다시 말해 생물학적 지적 능력은 성인들로서 갖추게 되지만, 성인이 된 존재들에게 주어지는 책임감에서는 해방된 생애단계처럼 이해하는 경향이 점점 커져갔다. 이러한 모라토리움은 청년들에 의한 구원이라는 새로운 신화를 이해하는 문제에서 이중적인 의미로 본질적이었다. 첫째로, 청년이 사회에 전적으로 통합되었기 때문에 그들의 고유한 정체성을 드러낼 수 있는 정도는 아니었다. 둘째로, 청년은 노동의 의무가 면제되었고 그렇기 때문에 물질적인 것과 결부되지도 않았다.[11]

더 나아가 청년의 위치는 근대적 가족의 변형을 통해 각인되었다. 부르주아 계층에서 가족은 사적 관계의 동맹처럼 변화했고 경제적 단위라고 하는 예전의 의미는 상실했다. 사적인 관계로 채워진 감정들은 이제 아버지의 권위도 의문시할 수 있다는 새로운 자세 및 새로운 욕구와 결부되었다. 부모의 권위에 대한 청년의 도전은 이내 근대적 가족에 동반하는 현상처럼 퍼져 나갔고, 질풍노도운동의 문학적 요구에 대한 사회적인 반향도 얻어냈다.[12]

게다가 인구구조에서도 중요한 변화 추이들이 나타났다. 18세기 말에는 인구의 연령구조가 15세부터 29세까지의 그룹이 30세 이상 그룹보다 뚜렷하게 증가하는 방향으로 변해갔다. 하지만 사회가 제공할 수 있는 여건은 교육뿐만 아니라 노동에 대해서도 그러한 발전과 보조를 맞출 수가 없었고, 그다음에 출생한 세대들은 자신들이 사회적으로 배제된 존재라고 느꼈다. 이처럼 출산율이 높았던 시기의 출생자들과 사회적인 교육 및 고용 기회들 사이에 나타나는 순환적 불균형은 청년들의 반란이 생겨날 때마다 항상 하나의 핵심적 역할을 하게 되었던 것이다.

물론 가족과 인구의 연령구조에서 나타나는 이러한 변화들이 독일적 특수 상황을 의미하는 것은 아니다. 독일적 청년신화의 특수한 형태와 반향은 다른 뿌리를 가지고 있다. 청년독일파는, 그들의 자기 묘사를 통해 생겨난 왜곡된 상을 염두에 두지 않는다면, 세대적 갈등의 표현이라기보다는 일종의 계급운동으로 보인다. 그들의 세계관이 형성된 것은 교양시민 계층의 성립과 밀접히 결부되어 있었고, 따라서 청년에 의한 사회구원이라는 이념에 가장 강한 반응을 보였던 사회 그룹의 성립과 결부되었던 것이다. 질풍노도 집단을 각인하는 경험들에서 본질적인 것은, 그러한 경험들이 출생률이 높았던 시기에 이루어졌다는 점뿐만 아니라, 그들이 살았던 사회는 여전히 귀족이 출세를 독점하는 사회였는데 그들 자신은 귀족이 아니었다는 데 있기도 하다. 예컨대 귀족 가문의 아이들을 위한 가정교사이기 때문에 사회적으로는 귀족의 권력에 종속될 수밖에 없는 청년 시민들로서는, 자신들의 가치가 정신적이고 미학적이라고 규정하는 것이 너무 당연한 일이었다.[13] 이 청년들의 임무는 시민적인 가치들, 즉 시민으로서의 인간 그리고 인간으로서의 시민을 인정하도록 사회에 촉구하는 데에 있었다. 그러므로 볼프강 하르트비히Wolfgang Hardtwig의 말을 빌리자면 당시 형성되고 있던 계급적 정체성과 청년의 정체성이 역동적으로 상호작용한다고 말할 수 있다.[14] 그러나 청년독일파는 교양시민적 가치들의 특수한 형태가 규정되고 그것들이 어느 정도는 정치적 미학화를 거치는 과정에 기여했을 때 비로소 그들의 고유한 정체성에 도달하게 된 것이다.

청년의 통일성에 대한 이미지는 또 다른 '상상의 공동체'인 '독일 민족'이 너무나 미약한 상태였기 때문에 그만큼 더 큰 반향을 누릴 수 있었다. 독일, 즉 성인들의 독일 사회는 분파적 집단들로 분열된 반면, 청년독일은 아직 확고해지지 않은 상태였다. 청년이라는 관념은 안정된 사회의 바깥에 머물고 있었고, 선험적이며 비분파적인 것으로 이해되었다. 청년신화와 민족국가 국민에 대한 동경은 그러므로 19세기와 20세기 전반에도 여전히 밀접하게 결부되어 있었다. 다른 말로 하자면, "청년"이라는 기획은 "민족(Nation)"이라는 기획이 그토록 유약했기 때문에 그만큼 더 강하게 남아 있었던 것이다.[15)]

청년신화를 설명하려면 또 다른 요인도 고려되어야 한다. 즉, 가족 안에서 아버지에 의한 질서의 구성과 국가에서 가부장적 질서의 구성 사이에는 일종의 유비가 존재한다는 것이다. 이러한 표현은 언뜻 보아 혼란스러울 수도 있다. 왜냐하면 근대적 가족을 규정하는 특징은 가족에서의 내면적 관계들이 점점 더 사회와 경제의 질서들에 의해 분리되었다는 사실에서도 드러나기 때문이다. 그런데 법률적 경제적 의미로는 가족도 사회와 마찬가지로 점점 더 사적 영역과 공적 영역으로 분화되고 있었지만, 상징적인 차원에서는 가족과 사회의 질서와 안정성이 서로 분리된 양 체험되지는 않았다. 왕과 제후들은 이러한 시대에 이 땅의 아버지로 합법화되고 경축되었다. 군주제는 탈마법화되고 가족화된 것이다.[16)] 이러한 지평에서 볼 때, 젊은이들이 가족 안에서 아버지에 맞서며 벌이는 반항들을 곧바로 정치적 변화에 대한 요구의 상징처럼 받아들이는 것은 어렵지 않은 일이었다. 그러므로 국가의 공권력이 보기에는 젊은이들의 반항이 위협적이었다. 실제적인 것이든, 상징적인 것이든 간에 이러한 반항들은 가족과 국가에서 아버지가 갖는 권위에 대해 동시적으로 맞서는 것이었기 때문이다.

1848년 혁명 시기에 반란에 가담했던 많은 청년들은 그들로서는 가장 영광에 찬 시간들을 체험했다. 물론 청년독일의 한계는 너무도 명백하게 드러났지만 말이다. 이 운동의 정치적 목표들은 미학적 정신적 혁신에 대한 요구들과는 다르게 너무 애매모호했고, 바리케이드에 젊은이들이 가담한 것도 한정적이었다. 교양시민 계층의 젊은이들은 젊은 노동자들이나 수공업자들과 공동으로 일을 해 나가는 것에 그다지 관심을 쏟지 않았다. 청년독일은 사실상 젊은 남성 교양시민의 일부를 구성한 것에 지나지 않았다. 따라서 보편적 청년이라는 개념은 자신들의 사회적 소수성(Partikularität)을 통해 뭉치는 것이 가능했던 청년들의 운동에 힘입어 형성되었던 것이다.

IV.

19세기 말경에 다시 청년의 정체성을 나타내는 특수한 형태들이 갖춰졌다. 한편으로는 프롤레타리아 청년문화의 초기 징후들이 있었다. 젊은 노동자들은 처음으로 여가와 소박한 복지를 즐기고 좀 더 커진 자의식을 표현하기 시작했다. 청년들의 파업 참여는 급속히 늘어났다.[17] 다른 한편으로 이 시기에 수적으로는 제한적이었지만 영향력은 아주 컸던 대안적 청년문화가 대체로 교양시민 가문 출신이던 젊은 남성들 사이에 생겨났다. '반더포겔(Wandervogel)'▶ 운동이 그것이었다. 1913년의 저 유명한

▶ 1896년에 생겨난 독일 청년단체다. 이 단체는 독일어로 '철새'를 의미하는 '반더포겔'처

호어 마이스너 회합 이후로 시민 청년운동이 다양한 방향으로 갈라져 나가기는 했지만, 대안적인 청년문화라는 표상이 가졌던 광범위한 영향력은 점점 더 강하게 두드러졌다. 청년은 다시 대안적 사회나 대안적 삶의 양식에 대한 암호처럼 되었다.[18] 바이마르 공화국에서는 심지어 국가에 순응하는 청년 그룹들도 반더포겔 운동과 그 후계 운동들 및 단체들의 스타일에 의해 꽤 오랫동안 영향을 받았다.

이와 동시에, 부분적으로는 이러한 청년의 표현 형식들이 가지는 잠재적 저항 가능성 때문에, 청년신화에 대한 부정적 버전, 즉 청년들은 미혹될 수 있는 존재라는 우려도 생겨났다. 이로 인한 두려움은 국가와 시민계층의 복지단체들로 하여금 청년들을 "구제"하거나 적어도 그들 나름으로 청년들에게 영향을 주기 위해 집중적으로 노력하게끔 만드는 요인이었다.[19] 청년에 대한 국가의 관심은 바이마르 공화국에서 강화되었고, 결국에 가서는 제3제국에서 전체주의적 사회정책의 중심적 구성 요소가 되었다. 청년의 문제를 점점 더 많이 다룬 것은 비단 국가만이 아니었다. 19세기의 마지막 사분기에는 국가에서 주도하는 운동 외에 무수한 시민적 개혁 그룹들도 생겨났는데, 이들은 청년 안에 더 나은 사회질서의 씨앗이 있다고 보는가 하면 청년을 미래의 사회정책의 지표로 간주하기도 했다.

사회가 다시 집중적으로 청년 문제를 다루기 시작했다는 사실, 그리고 청년들의 태도와 의식에서 새로운 형태들이 나타났다는 사실을 어떤 식으로 설명할 수 있을까? 이전 시기에도 그러했듯이 신화와 정체성들은 그냥 생겨난 것이 아니다. 또다시 인구 연령구조에 중요한 변화의 추이들이 있

럼 자연 속을 도보로 돌아다니는 운동을 유행시켰는데, 이러한 흐름은 당시 급속하게 전개되던 도시화·산업화에 대한 반응으로 나타난 것이다.

었다. 1870년대에는 인구가 급속히 증가했고, 이는 1890년대에 청년 비중이 높아지는 것으로 귀결되었다. 젊은 사람들의 비중이 사회적으로 가시화되었다. 이와 동시에 청년기라는 생애단계도 새롭게 정의되었다. 시민의 가족 규모도 더 작아졌다. 부모들은 아이들의 교육과 교양에 더 집중적으로 헌신했다. 더 나은 인프라 구조와 도시화는 점점 더 많은 젊은이들이 학교에 가고 때로는 대학에도 다닐 수 있게 했고, 이로 인해 젊은이들이 과거보다 더 오래 집에 머무르게 되었다. 그 결과, 이 시기에 사춘기라는 특별한 생애단계가 형성되었고, 약 스무 살이 될 때까지 부모에 의존하는 상태로 머무는 젊은이들과 20세와 30세 사이의 자립한 젊은이들이 새로 구별되었다. 이제 피어나기 시작한 국가의 사회정책에서도 새로운 청년 개념이 생겨났는데, 이것은 비자립적 생애단계로 이해되었고 해로운 사회의 영향으로부터 보호받아야 하는 것이었다.[20]

이처럼 간략하게 기술한 내용에서도 19세기 초와 19세기 말 사이의 차이를 인식할 수 있다. 요컨대 나이에 따라 새롭게 정의된 청년의 부모 의존성이 점점 더 중대되고 있었다는 것이다. 19세기 말에는 성인들의 세계가 다양한 관점에서 청년이라는 삶의 형식의 내용들을 규정지었다. 반더포겔 운동의 저항문화는 성인들 중에서도 특히 비판적인 사람들에 의해서 야기되었다. 도시화와 공업화의 결과에 대한 청년들의 저항은 이미 성인 세계에서 광범위하게 공유되고 있던 불쾌감이 특별한 형식으로 표현된 것이기도 했다. 당국이 청년들의 도전에 반응하는 경우에도, 청년들의 반란은 소박한 반면 이에 대한 당국의 반응은 무지막지하게 나타나는 불균형 상태가 두드러졌다. "자유 독일 청년"의 입장에서 청년들의 자기 규정이 화려하게 선언되었던 것도 실제 현실의 모습은 그와 달랐다는 것을 역으로 보여주는 것이다. 청년운동 자체는 점점 더 국가와 교회, 그리고 정당들에 의해 통제되었다.

그럼에도 삼월전기▸ 운동에서도 비슷한 양상으로 효력을 발휘했던 많은 힘과 요인들이 여기서도 발견된다. 또다시 사회적인 두려움과 희망의 영역에는 '청년'이라는 사회적 그룹이 들어섰고, '청년'은 민족적 통일이 투사된 존재처럼 기능했다. 이제는 민족적 통일을 본질적으로 저해하는 것이 지역적 분파주의가 아니라, 주로 사회적 갈등으로 인한 원심력 때문이라고 생각되었다. 유토피아나 환상적인 사회를 기획하는 입장에서는 청년과 사회적 혁신이야말로 노동자계급이 사회문화적으로 통합되지 못하는 상황을 극복하기 위한 출구처럼 생각되었다. 이에 따르면 사회 현실에 나타나는 대량적 사회 불평등과 점증하는 노동자들의 저항은 유기적 공동체라는 성스러운 세계 안에서는 사라져야 하는 것이었다. 프롤레타리아 청년의 저항과 등장은 굉장한 두려움을 불러일으켰다. 왜냐하면 그것은 청년들이야말로 사회적 대립을 지양할 수 있는 존재들이라는 기존의 비전과 충돌하는 것이었기 때문이다.

사회적 갈등에 대한 이러한 두려움 말고도 청년신화와 시민적 청년운동은 교양시민 계층 특유의 성격으로 각인되었다. 많은 교양시민들은 사회민주주의의 등장뿐 아니라 자신들의 사회적 영향력이 사라지는 것에 대해서도 우려했다.[21] 심미적 도덕적 혁신에 대한 요청은 예전에는 귀족의 특권에 대한 공격으로 생각되었지만 이제는 산업화된 대중사회에서 위협적으로 느껴지는 탈권력화에 대한 응답처럼 받아들여졌다. 더군다나 프

▸ 삼월전기(Vormärz)는 1848년에 있었던 독일의 3월 혁명 이전 시기를 의미한다. 특히 1815년 독일연방 성립 전후부터 1848년 3월 혁명 이전까지 정치사회적으로 다양한 갈등을 겪었던 시기를 가리킨다.

롤레타리아 청년은 아픈 자리를 상당히 건드리는 것이었다. 왜냐하면 여가 시간에 아무런 거리낌 없이 경박하게 돈을 쓰는 젊은이들을 보는 것은, 교양시민들이 나쁜 물질주의의 영향 앞에서 느꼈던 오래된 두려움을 다시 일깨웠기 때문이다. 그들이 보기에 이러한 청년 이미지에 대해서는 무엇보다도 정신적인 청년 이미지가 맞서도록 해야 마땅했던 것이다.[22)]

독일뿐만 아니라 많은 다른 유럽 국가들에서도 그 시대 사람들은 정신적인 힘과 건강이 근대적이고 산업화된 도시생활로 인해 망가지는 것을 걱정했다. 사회다윈주의적 두려움은 "남성성"이 위험에 처했다는 우려와 동반자적 관계였다. 이러한 관점에서 볼 때 근대적 문명은 자연의 법칙들을 무효로 만드는 것이었고 특별한 방식으로 청년들을 위협하는 것이었다. 특히 많은 군대들이 건강한 군인이 될 후손들을 위해서 조치를 취했다. 새로운 신체단련 프로그램들이 (예컨대 체조단체들 등에서) 도입되었다.

하지만 "청년"은 이와 동시에 예전과 마찬가지로 희망의 담지자로 인용되기도 하고, 새로운 힘과 남성성의 근원으로 인용되기도 했다.[23)] 예전처럼 가족과 국가는 통일적인 가부장 질서의 부분으로 간주되는 반면, 남성의 힘과 국민의 활기가 사라질지 모른다는 불편함은 19세기 말까지 매우 광범위하게 퍼져 있어서 심지어는 가족 제도조차 문제시될 정도였다. 남자 젊은이들을 가족의 보호에서 해방시켜 특별한 남성동맹 조직으로 받아들임으로써, 이들을 특별한 방식으로 교육하고 키워내려는 시도들도 점점 더 늘어났다. 이러한 모델은 1차 세계대전 후에 동맹 형태의 청년단체로 이어졌다.[24)]

다른 말로 하자면, 청년들 자신의 저항뿐 아니라 '청년'과 결부된 희망과 두려움도 어느 정도는 걱정에 빠진 성인 세계의 산물이었다. 여러 모로 세대 갈등은 오히려 부차적인 현상이다. 다음 장에서는 그럼에도 불구하고 어째서 그러한 기획의 결과로 진정한 청년다운 자의식이 생겨나는지를 다루게 될 것이다. 요약하자면 '상상의 공동체'가 다시 소생한 것이다.

V.

1차 세계대전 때까지도 당대 사람들은 세대 갈등을 사회학적 구조적으로 청년과 성인 세계 또는 기성사회 사이에 나타나는 대결이라고 이해했다. 그런데 결정적인 전환점을 가져오는 전쟁을 경험하면서 세대에 대한 새로운 상이 생겨났다. 사회에 대한 도전자 또는 미래의 희망 담지자로서 이해되던 세대가 이제는 특별한 출생 연도에 속하는 집단으로 이해되었고, 이들은 결정적인 시기에 결정적인 체험을 같이 했다는 것으로 각인되었다. 그래서 "전선세대", 즉 1차 세계대전의 경험에 의해 형성된 젊은 남성들의 집단이 생겨났다. "신여성" 세대도 있었는데, 이는 한편에서는 새로운 사회적 기회들이 생겨난 결과로, 다른 한편에서는 전통적인 가치와 관습이 파괴된 결과로 이해될 수 있다.

이 글의 초두에 간략히 설명했던 대립으로 다시 돌아가 보면, 불연속성 모델은 1차 세계대전 이후에야 비로소 관철되었다고 생각할 수 있을 것이다. 그 점에 대해서 리하르트 베셀은 전선세대라는 개념이 하나의 허구였음을 지적해왔다. 왜냐하면 이 세대의 상당 부분과 독일 여성의 대부분은 전쟁 경험을 하지 못했고 병사들 중에서도 전쟁체험은 극도로 차이가 났기 때문이다. 극히 일부만 자칭 모범적으로 참호라는 학교를 제대로 다녔던 것이다. 그리고 전후시기에는 적극적으로 전투에 참여했던 예전의 병사들 사이에서도 일반 주민들과 마찬가지로 입장들이 다양하고 서로 차이가 나는 것을 발견할 수 있었다.[25)]

물론 이러한 발견들로 인해서 전선 군인의 일부 그룹은 스스로를 만하임적 의미의 새로운 세대로 이해했다는 사실까지 배제되는 것은 아니다. 그러나 이러한 발견이 지적하고 있는 사실은, 전선세대에 대한 관습적인 표상들이 새로운 세대신화들을 만들어냈다는 것, 그리고 이 신화들이 다양한 국면들을 구체화하면서 이미 19세기에 청년신화를 만들어낸 여러 비슷한 자극들에도 반응했다는 것이다. 여러 모로 전선세대의 이미지는 예전의 청년신화가 소박하게 발전한 것이었을 뿐이다. 이 발전은, 청년신화가 전쟁을 위해 도구화되고 청년에 의한 혁신이라는 환상이 새로운 전투욕을 자극해야 했던 1914년에 이미 예견할 수 있었다. 예전에 "청년"이 그랬던 것처럼, 전쟁 후에는 "전선세대"가 정상적인 시민사회의 바깥에 머물면서 활기차고 더럽혀지지 않는 남성 그룹을 이루었고, 동료애와 형제동맹으로 하나로 뭉쳐 유물론과 계급 대립을 극복하겠다고 약속하는 그룹이 되었다. 그러나 전선세대에서 나타나는 이러한 특성들은 참호에서 겪었던 혁명적인 체험으로 소급되었으며, 예전처럼 이른바 청년에게만 내재하는 속성은 더 이상 아니었다. 따라서 전선세대는 전쟁체험의 산물 그 자체라기보다는, 오히려 전쟁과 패배가 너무나 강한 문화적 충격으로 귀결되었기 때문에 옛날의 청년신화들이 새로운 형태 속으로 녹아들지 않을 수 없었다는 것을 보여주는 징후였다.[26)]

이러한 관점에서 나는 "1914년 세대"가 어떤 특정한 연도에 출생한 사람들의 실제 경험들을 표현하는 것이라기보다는 오히려 하나의 문학적이고 지적인 표상이었다는 로버트 볼Robert Wohl의 견해에 공감한다.[27)] 하지만 한스 몸젠Hans Mommsen이 볼의 연구에 대해 언급했던 것처럼 바이마르 공화국에서 세대 갈등은 매우 광범위하게 퍼져 있었고 몇몇 작가들의 판타지로 인한 산물만은 아니었다.[28] 청년들의 거의 절반이 청년 그룹으로 조직되어 있었고, 이러한 그룹의 상당수는 하나의 공통된 청년문화의 특징들을 보였다. 그렇다면 — 전선세대는 하나의 신화였지만 — 전쟁시기에 성장한 아이들로 이루어진 좀 더 어린 집단은 하나의 세대를 형성하고 있었다고 말할 수도 있지 않을까?

1900년부터 1910년 사이에 태어난 사람들 사이에 윤곽이 뚜렷한 하나의 코호트가 형성되었음을 보여주는 것들은 많다. 전쟁 동안의 "고향전선"에 대한 집단적 경험들뿐만 아니라 전후시기의 인구통계학적 경제적 문제들도 그러한 상황에 기여했다. 예전의 병사들은 고향에 돌아와서도 직업적으로 다시 통합되었던 반면, 이들보다 나중에 태어난 사람들은 경제적으로 편입되는 것이 어려웠는데 수많은 일자리들이 이미 차 있었기 때문이다. 이런 맥락에서 고향전선에서 겪은 전쟁체험과 인구통계학적 경제적 요인들이 겹쳐지면서 세대들 사이의 분명한 경계가 생겨났다는 논변도 가능할 것이다.[29] 그렇지만 나중에 태어난 세대가 자신들은 그 이전 세대와는 다른 특별한 그룹이라는 생각을 광범위하게 공유하고 있었다고 하더라도, 이러한 사실이 곧 그들 사이에 어떤 **경험 코호트**(Erfahrungskohorte)가 확실히 형성되어 있었음을 의미하는 것은 아니었다. 경험 코호트와 생애단계들을 구분하는 것, 전쟁시기에 성장한 아이들과 청년들을 대조하는 것은 사실 잘못된 길로 인도하는 것이다. 바이마르 공화국에서 이 시기에 태어난 젊은 사람들이 스스로 하나의 그룹처럼 생각했고 남들에게도 그렇게 보였다면, 이는 대부분 제국 시절에 그 뿌리를 두고 있는 지각 방식이나 태도, 그리고 국가적 정책들로 소급되어야 할 문제이다. 가족 내 가부장의 권위에 저항하는 것은 그 자체로 또한 국가적 질서에 대한 공격이라고 생각하는 경향이 이미 그전에도 존재하지 않았더라면, 전쟁만으로는 예컨대 도덕적으로 망가지고 아버지가 없는 청년들에 대해서 그토록 많은 두려움을 느낄 수는 없었을 것이다. 가족 안에서의 대결들은 즉각 상징적인 차원에서 국가적인 의미를 가지는 것이었다. 처음부터 위태로웠고 결국에는 부서질 수밖에 없었던 정치질서는 성인 세계로 하여금 사적인 영역에서의 변화들에 대해서도 극도로 예민하게 만들었고, 이는 전쟁을 경험한 청년들의 암울한 서술들뿐 아니라 전쟁 이후에 나온 '신여성'에 대한 보고들에서도 인식할 수 있다.

'삼월전기'와 비슷하게 전쟁 발발과 패전이라는 심각한 사태가 없었더라도 학교와 청년 그룹들 사이에 반더포겔 운동이 서서히 퍼져 나갔을 것이라고 추론할 만한 근거들도 있다. 이는 많은 성인들이 청년운동의 가치를 선전하는 데 참여했다는 사실 때문에도 더욱 그러하다. 왜냐하면 첫째, 정부는 사춘기라는 새로운 개념, 즉 보호를 필요로 하는 청년들이라는 개념에 사회적으로 대응하기 위해 많은 조치와 운동들을 시도했기 때문이다.[30] 둘째, 국가, 군대, 교회 또는 정당들이 젊은이들을 자기편으로 끌어들이고자 할 경우, 그들은 젊은이들을 위해 매력적인 가능성을 제공하지 않으면 안 되었다.

우리는 호어 마이스너에서 있었던 자유 독일 청년운동의 사상적 유산이나 생활 형태들을 적어도 부분적으로라도 넘겨받은 청년 그룹들을 바이마르 공화국에서 아주 많이 발견하게 된다. 반더포겔 운동의 정신을 받아들이려는 각오가 강해질 수 있었던 것은, 국가 당국과 시민단체들 안에서 자리를 차지했던 시민개혁가들이 대체로 반더포겔 운동과 자유 독일 청년운동이 태동할 만한 이념과 표상들을 많이 공유하고 있었기 때문이다. 이는 세계대전 이전 시기에 있었던 발전들이 전쟁 도중 및 전쟁 이후의 체험들과 뒤섞였음을 의미하는 것이다. 하나의 청년세대가 상상에 의해 생겨난 것이다.

VI.

바이마르 공화국에서 광범위하게 퍼졌던 청년적 자의식이 실제로 존재했다고 해도, 이것은 제한적인 의미에서만 정치적인 행동의 맥락에서 중요했다. 따라서 나는 정치적 차원을 철저히 조명해보기 위해서, 나치당의 성공이 특별한 세대적 정체성의 문제들로 소급될 수 있을 것인가 하는, 자주 상론되었던 물음을 제기하고자 한다.[31]

나치당은 적어도 초기에는 의심의 여지없이 청년들의 당이었다. 1920/21년에 당원들의 평균연령은 33세였다. 1925년에 당이 재건된 이후에 새로 얻은 당원들은 더 어려서 평균 서른 살이 조금 못 되었다. 따라서 나치당은 다른 정당과 비교했을 때뿐 아니라 전체 투표자들의 연령구조와 관련해서 보더라도 정말 젊은 얼굴을 보여주었다. 독일공산당만이 나치당과 비슷한 연령구조를 지니고 있었다.[32]

이미 당시에도 많은 관찰자들은 나치당이 젊다는 것, 특히 나이가 어린 사람들이 강하게 드러내는 자기 세대 고유의 경험들 같은 것이 나치당의 입당을 용이하게 해주었다고 해석했다. 예를 들어 1920년대에 이미, 전선용사들의 전쟁체험이 나치즘이 생겨날 수 있는 기반이었다고 보는 테제가 있었다.[33] 게다가 히틀러와 다른 나치 정치가들이 자신과 당의 존재를 전선체험의 표현으로 설명한 것도 의심의 여지가 없는 사실이다. 이와 달리 오늘날의 역사가들은 고향전선에서 전쟁에 동원된 청년들의 경험을 강조한다.[34] 또 다른 역사가들은, 예컨대 미하엘 카터Michael Kater의 경우에서 보듯이, 전쟁전선과 고향전선을 결부시키며, 연속적인 흐름처럼 나타나는 청년들의 나치당 추종 과정을 전쟁체험의 쇼크, 물질적 결핍, 그리고 가족의 위기라는 차원에서 설명하려고 한다.[35]

하지만 중요한 것은, 전쟁이라는 사건의 의미와 해석 작업이 흔히들 가정하듯이 그렇게 동질적인 것은 결코 아니었다는 것을 확실하게 하는 일이다. 1차 세계대전의 전선용사들이 그들의 전선부대에는 없었던 "정신"을 나치돌격대에서 재발견한 것은 분명하지만, 1932년에도 자신들의 구원을 나치당에서 찾지 않았던 전선용사들은 여전히 많았다. 게다가 많은 세대적 설명 모델들은 배타적으로 남성들에게만 집중하기 때문에 나치당을 지지하는 투표층의 또 다른 절반은 시야에서 놓치고 만다. 무엇보다도 전쟁 경험이나 고향전선 경험들을 강조하는 것만으로는, 어째서 1930년대 초에 나치당이 1차 세계대전을 의식적으로 체험하지 않았던 젊은 세대에게도 그토록 매혹적으로 보였는지를 설명해내지 못한다. 당연히 전후 시기에도, 미하엘 빌트가 설득력 있게 보여주었듯이, 많은 젊은이들을 위태롭게 하다가 결국에는 나치당까지 데려갔던 저 비참하고 궁핍한 상황들은 충분히 있었다.[36] 그러나 우리가 전쟁 쇼크라는 이미지에서 벗어나면 벗어날수록, 지금 우리가 다루어야 하는 것이 세대마다 특수한 불연속성의 문제라는 주장도 그만큼 더 복잡하고 어려워진다.

또 다른 설명 방식은 나치당이 청년당이었다는 문제를 전쟁 코호트 특유의 새로운 경험보다는 오히려 청년운동의 연속성이라는 측면으로 환원시키는 것이다. 예컨대 라쾨르에 따르면 제국에서 "제3제국"에 이르는 동안 점점 더 요란스러워지는 민족적 국가주의가 청년운동에서도 나타나는 것을 관찰할 수 있다. 이러한 발전은 일종의 "사회화의 악순환"에 근거하는 것으로, 예전에 청년이었던 사람이 나중에 선생이 되고 학생들을 배출할 경우 이 학생들은 그들의 선생보다 더 민족사회주의적으로 되는 과정을 보여준다는 것이다.[37] 이러한 민족사회주의 이념의 연속성이라는 테제에 맞서서 위르겐 로일렉케와 한스 몸젠이 올바르게 지적했다시피, 1914년 이전에는 청년운동을 본질적으로 자극했던 것이, 한스 블뤼어Hans Blüher의 말을 빌리면, "정신의 질식에 반대하는 자유"를 위해 투쟁하는 것이었다.[38] 제국 시대의 시민적인 청년운동은 시민 생활의 물질적 진보와 전통적 인습들에 대한 문제 제기, 군국주의와 권위적 정치에 대한 거부, 그리고 청년들의 자기결정권에 대한 요구 등에서 볼 수 있듯이 해방적인 특징들을 많이 지니고 있었다.[39]

그런데 민족사회주의적 추세는 전쟁 도중과 전쟁 이후에 첨예해졌다. 바이마르 공화국 초기에 일부 청년운동은 여러 면에서 민족사회주의와 유사해질 정도로 변질되었다. 반더포겔 운동의 전쟁 이전 모델은 이제 동맹이라는 모델로 대체되었다. 개인은 공동체를 위해 자신을 희생해야 한다는 필연성과 마찬가지로 이제는 규율, 제복, 그리고 위계질서 같은 것들이 특별히 강조되었다. 남성들의 동맹이라는 모델의 문화적 효과는, 시민적 가족을 거부하고 새로운 남성적동료애적 사회질서를 추구하는 것에 대한 기호로 해석될 수 있다. 새로운 동맹들은 민족적-국가적 정신으로 채워졌으며 때로는 어떤 면에서도 민족사회주의에 뒤지지 않았다. 울리히 헤르베르트는 특히 대학생운동이 과격한 인종주의-반유대주의적, 종족-국가주의적 이념들을 선전하고 실천했다는 사실을 상기시킨다. 예컨대 극우적이던 독일대학연맹은 1920년대에 대학의회 의석 전체 가운데 3분의 2를 차지했다.[40] 하지만 전체적으로 볼 때, 여성 청년운동에 대한 엘리자베스 하비Elizabeth Harvey의 연구들이 보여주듯이, 시민적 청년운동은 결코 정치적으로 동질적이지 않았다.[41] 그 지도적인 인물들의 상당수는 심지어 국가주의적으로 정향된 청년운동에서조차도 1933년 이전이든 이후든 민족사회주의로부터 멀리 떨어져 있었다.[42]

만약 1920년대의 시민적 청년운동들을 하나의 공통분모로 모아본다면, 그들의 자의식을 특징지웠던 것은 무엇보다도 그들의 순박하고 몰정치적인 기본 입장이었는데, 이러한 입장은 정치에 대한 거부로 표현되었고, 여기서 정치란 일차적으로 정당정치를 의미하는 것이었다. '청년'이라는 것은 정당끼리 공모하는 불순하고 물질적인 세계에 대한 대안처럼 기능했다. 바이마르 공화국의 정치가 추하게 보이면 보일수록, 그만큼 더 청년운동은 자신들이 하나의 정신적 대안이 되어야 한다는 요구에 매달렸다. 1918년에는 "단호한 청년(entschiedene Jugend)"과 같은 그룹들이 정치에 영향을 미칠 수 있을 것이라는 희망이 잠시나마 있었지만, 이러한 기대는 곧 실망으로 변했고, 청년운동은 금방 그들에게 익숙했던 몰정치적 태도로 되돌아갔다.[43]

1920년대 말에 청년운동은 드디어 딜레마에 마주치게 되는데, 그들의 몰정치적 태도는 가면 갈수록 경제적 사회적 위기에 적절하게 대처하는 방법이 되지 못한다는 것이었다. 많은 젊은이들이 직접적으로 정치에 참여하고자 했으며, 민족사회주의자들은 투표층의 상당 부분을 자기편으로 만드는 데 성공했다. 그러나 이러한 발전은 청년운동이 지향한 가치들의 논리적 또는 직접적 결과가 아니다. 그 반대였다. 이 점에서 언급할 필요가 있는 것은, 이 시기에 나온 청년 그룹의 글이나 생각들을 읽어볼 때마다 항상 그들의 정치적 제안들이 매우 다양하다는 것을 보게 된다는 점이다. 청년들의 통일성이라는 표상에도 불구하고 청년운동은 정치적으로 볼 때 그들이 조롱했던 성인들의 세계만큼이나 다양했다.[44]

민족사회주의에 대한 청년들의 추종을 설명하고자 하는 많은 시도들은 서로 구분해서 대답해야 할 두 개의 질문을 뒤섞고 있다. 그 하나는 어째서 급진적인 정당들에 대한 지지가 다양한 연령대에서 골고루 나타나지 않았는가 하는 것이며, 또 다른 하나는 어째서 다양한 시기에 나온 급진적인 정당들이 동일한 정도로 성공을 거두지 못하는가 하는 것이다. 과격하거나 폭력적인 정치는 청년들을, 다시 말해 대체로 젊은 남자들을, 활동가로 끌어들이는 경우가 자주 있는 것처럼 보이기는 한다. 하지만 그 이유가 특정한 역사적 세대의 특수한 성격에 있는 것은 아니다. 여기서 문제가 되고 있는 것은, 삶의 경험이나 가족적 사회적 의무들 또는 사회적 관계들을 순응적으로 받아들일 것이 아니라 오히려 에너지, 야심, 그리고 유토피아적 희망 같은 것들을 더 드러내야 한다고 생각하는 시기의 생애단계이다. 나치당과 독일공산당에 젊은 추종자가 많다는 것은 따라서 놀라운 일이 아니며, 이런 운동들의 성공이 역사적으로 특수한 청년들의 경험이나 전통으로 환원되어야 한다는 것을 증명해주는 것도 아니다. 청년들의 추종이라는 것은 어떤 급진적 운동이 출현할 수 있을 만큼 사회적 토양이 비옥해지면 기꺼이 활동하고 싶어 하는 존재가 바로 젊은이들이라는 사실을 증명해줄 뿐이다.

초기 나치당이 청년당이었다는 것과는 반대로, 1930년대 초의 나치당이 대중적 정당으로 성공을 거둔 것은 나이와 특별하게 관계되는 현상이 결코 아니었다. 투표층을 분석한 자료들은 이 정당이 모든 하위문화적 울타리를 뛰어넘어 거의 모든 사회적 그룹과 계층에 도달하는 놀라운 능력을 지녔다는 것을 강조한다. 나치당은 독일 최초의 인민정당이었다. 민족사회주의자들에 대한 지지에서 현저한 차이가 존재하는 것은 무엇보다도 가톨릭 투표층과 개신교 투표층 사이에서 그러했다. 하지만 세계 경제위기가 절정에 치달았던 시점에 나치당을 특별히 지지했던 연령 그룹이 있었다면 그것은 젊은이들이 아니라 그 반대로 연금생활자들이었고 이들이 히틀러 당을 위해 투표한 비율은 평균 이상이었다.[45)]

따라서 바이마르 공화국에서 젊은이들이 가졌던 자의식이라는 것이 조금이라도 민족사회주의를 설명해주는 것은 아니지만, 그럼에도 의심의 여지가 없는 것은 히틀러와 나치당이 여러 면에서 독일적 청년신화의 향유자들이었다는 사실이다. 청년운동의 몰정치적 태도가 결과적으로 초래한 것은, 기존의 정당들이 1차 세계대전 후에 젊은 추종자들의 확고한 기반을 구축하는 데 성공하지 못했다는 것이다.[46)] 1920년대 말에 많은 젊은이들이 정치에 참여하려고 했을 때 민족사회주의자들은 이들이 정치적으로 얽매인 곳이 없다는 사실을 성공적으로 이용해 먹을 수가 있었다. 1933년 이전만 하더라도 비교적 소박한 상태였던 히틀러 청년단이 그들의 추종자들을 확보할 수 있었던 것은 무엇보다도 히틀러 청년단이, 그리고 여기에 더해 독일소녀단(Bund Detuscher Mädel: BDM)까지, 상당한 동맹적 형태들을 물려받았다는 사실에도 기인하는 것이다.[47)] 전선용사들의 이미지는 이미 언급했다시피 나치가 성공적으로 전유했던 또 다른 세대 이미지였고, 그러한 상상의 공동체들은 여러 연령 그룹들에서 효과를 발휘했다. 청년신화는 청년들만의 독점물이 아니었던 것이다. 이 밖에도 민족사회주의는 전체적으로 자신을 하나의 운동으로 과시했던바, 이 운동이란 청년다운 열성과 활력으로 낡은 계급 경계와 분파주의적 장애물을 성공적으로 극복했으며 이제는 낡은 정당정치로 인한 대립들도 새로운 초당파적인 사명으로 지양하게 되리라고 기대하는 그런 운동이었다.

VII.

특히 독일적인 특색을 드러내는 청년신화는 제3제국과 동독에서 이용되고 제도화되었으며 결국은 신뢰를 잃었고, 이로 인해 장기적으로는 그것이 가지고 있던 형상화 능력과 사회적 반향도 잃고 말았다. 물론 청년운동은 1950년대의 서독에서 작은 르네상스를 체험했고 이것의 반향은 1968년에도 느낄 수 있었다. 하지만 청년이야말로 분단이 심화된 조국을 새로운 생활 형태로써 치유할 수 있는 힘을 가지고 있다는 관념은 이제 그 매력을 상실하게 되었다. 서독에서는 과거에 그랬던 것처럼 아주 강한 두려움이나 희망들이 청년들에게만 주어진 적도 없고, 자칭 공동의 경험으로 각인되었다는 특수한 연령층의 집단들에게만 주어진 적도 없다.

이 글에서 매우 간략하게 역사를 개관한 것은 옛날의 신화들이 오늘날에도 문화적으로 뚜렷하게 영향력을 발휘하고 있다고 주장하려는 것이 아니다. 그보다 중요한 것은 하나의 세대의식으로 귀결될 수 있는 기획들과 구조들, 그리고 경험들 사이에서 벌어지는 복잡한 상호작용들을 지적하는 것이다. 독일적 세대 갈등의 역사는 무엇보다도 지나치게 사회학적이거나 지나치게 기계론적인 세대 모델을 기획하면 안 된다는 것을 말해주고 있다. 사회적 상상의 공동체들에서 세대적 정체성이나 세대적인 그룹 의식이 생겨날 수 있으려면, 그 이전에 하나의 연령집단이 공동으로 겪었던 경험들이나 생활 조건들이 반드시 있어야 한다. 하지만 그 이상으로 필요한 것들이 있다. 즉, 2차 세계대전 이후 시기에 이르기까지 독일에서 세대와 세대 갈등이 인지되고 표현되는 방식은 항상 전래된 신화와 사고 틀에 의해서도 각인되었다는 것이다. 다시 처음의 질문으로 돌아가자면 이렇게 말할 수 있을 것이다. 세대적 단절과 갈등들을 지속적으로 불러오거나 그것에 폭발적인 파급력을 부여했던 것은 특히 독일적인 문화의 연속성이었다.

〈오순희 옮김〉

주

1) Laqueur, *A History of the German Youth Movement*, 7, 42 이하.
2) Loewenberg, "The Psychohistorical Origins of the Nazi Youth Cohort"; Herbert, *Best*; Wildt, *Generation des Unbedingten*.
3) 여기에 대해서는 대표적으로 Griese, *Sozialwissenschaftliche Jugendtheorien* 참조.
4) Mannheim, "Das Problem der Generationen"; Spitzer, "The Historical Problems of Generations".
5) Niethammer, *Kollektive Identität*.
6) Anderson, *Imagined Communities*.
7) 이러한 논의에 강한 영향을 미친 논문들은 다음과 같다. Whaley, "The Ideal of Youth in late 18th-century Germany"; Elker, "Young Germans and Young Germany".
8) Koebner/Janz/Trommler (Hg.), "Mit uns zieht die neue Zeit"; Muchow, *Jugend und Zeitgeist*; Rüegg (Hg.), *Kulturkritik und Jugendkult*.
9) 여기에 대해서는 Elkar, *Junges Deutschland im polemischen Zeitalter* 참조.
10) Gillis, *Youth and History: Tradition and Change in European Age Relations*, 38 이하.
11) Elkar, "Young Germans and Young Germany".
12) Whaley, "The Ideal of Youth in late 18th-century Germany".
13) Gerth, *Bürgerliche Intelligenz zum 1800*, 51~60.
14) Hardtwig, "Krise der Universität".
15) 나폴레옹에 맞선 자원병들에 대해서는 Sheehan, *German History 1770-1866*, 405 이하 참조.
16) Barclay, *Frederick William IV and the Prussian Monarchy 1840-1861*.
17) Linton, *Who has the Youth has the Future*; Reulecke, "The Battle for the Young".
18) Reulecke, "The Battle for the Young".
19) Linton, *Who has the Youth has the Future*.
20) Gillis, *Youth and history*, 95~131; Peukert, *Grenzen der Sozialdisziplinierung*.
21) Vondung (Hg.), *Das Wilhelminische Bildungsbürgertum*.
22) Rosenhaft, "Restoring Moral Order on the Home Front".
23) Sombart, *Die deutschen Männer und ihre Feinde*.

24) Reulecke, "Männerbund versus Familie".

25) Bessel, "The 'Front Generation' and the Politics of Weimar Germany"; *Germany after the First World War*.

26) Trommler, "Mission ohne Ziel. Über den Kult der Jugend im modernen Deutschland", 18, 23.

27) Wohl, *The Generation of 1914*.

28) Mommsen, "Generationskonflikt und Jugendrevolte in der Weimarer Republik".

29) Jones, "German Liberalism and the Alienation of the Younger Generation in the Weimar Republic"; Usborne, "The New Woman and Generational Conflict: Perceptions of Young Women's Sexual Mores in the Weimar Republic"; Domansky/Heinemann, "Jugend als Generationserfahrung"; Wildt, *Generation des Unbedingten*, 41~81.

30) Peukert, *Jugend Zwischen Krieg und Krise*, 306 이하.

31) 이러한 접근 방법에 관해서는 Stachura, *Nazi Youth in the Weimar Republic*; *The German Youth Movement 1900-1945* 참조.

32) Kater, "Generationskonflikt als Entwicklungsfaktor in der NS-Bewegung vor 1933", 229~234.

33) 예를 들어 지그문트 노이만Sigmund Neumann이 이러한 관점을 받아들였다 (Spitzer, "Historical Problems", 1362 이하 참조).

34) Loewenberg, "Psychohistorical Origins of the Nazi Youth Cohort".

35) Kater, "Generationskonflikt als Entwicklungsfaktor in der NS-Bewegung vor 1933".

36) Wildt, *Generation des Unbedingten*, 60~63.

37) 예를 들어 Laqueur, *History of the German Youth Movement*, 7, 42 이하 참조.

38) Mosse, *The Crisis of German Ideology*, 172; Herrmann, "Der 'Jüngling' und der 'Jugendliche'".

39) Reulecke, "Männerbund versus Familie", 204; Mommsen, "Generationskonflikt und Jugendrevolte".

40) Herbert (Hg.), *Nationalsozialistische Vernichtungspolitik*, 41(울리히 헤르베르트의 서론) 참조; Herbert, *Best*, 42~68 참조.

41) Harvey, "Gender, Generation and Politics".

42) Mommsen, "Generationskonflikt und Jugendrevolte".

43) Karl, *Jugend, Gesellschaft und Politik im Zeitraum des Ersten Weltkrieges*.

44) Harvey, "Gender, Generation and Politics".

45) Childers, *The Nazi Voter*, 265 참조.

46) Jones, "German Liberalism and the Alienation of the Younger Generation in the Weimar Republic".

47) Kater, "Bürgerliche Jugendbewegung und Hitlerjugend in Deutschland von 1926 bis 1939".

‘영웅적 근대’ 세대

기본 과제에 관한 공동 합의에 대해

하인츠 D. 키트슈타이너Heinz D. Kittsteiner

I. 하이데거와 딜타이의 ‘세대’ 개념

하이데거의 『존재와 시간』 74절은 ‘역사성의 근본 구조’를 다루고 있다. 본래적 ‘존재가능성’을 염려하는 현존재의 실존적 상황들(Existenziale)의 연속적 사건은 제쳐두고, 단순히 소재에 관심을 두고 ‘운명’이라는 유일한 규정에 눈을 돌려보자. 다만 상기해야 할 것은, 현존재란 실존적 상황들 사이에서 실존적으로 선택할 수 있다는 점이다. 실존적 선택이라는 점에서 결단하지 않은 자와 결단한 자가 구분된다. 결단하지 않은 자는 ‘세상사람(Man)’의 영향권에 머무르면서 정처 없이 내몰릴 따름이다. 결단한 자만이 운명을 ‘소유’할 수 있다. 『존재와 시간』 27절에 나오는 ‘세상사람’ 개념은 하이데거의 문명비판에서 핵심이다. ‘세상사람’은 “타자와의 공존재(Mitsein)”이다. 타자와의 공존재는 25절에서 언급되긴 했어도 우선은 생소한 형태로만 상술되고 있을 뿐이다.[1)]

74절에 가서야 비로소 생소한 ‘세상사람’에 대한 반대개념이 나온다. 타자와의 생소하지 않은 공존재는 **공동운명**(Geschick) 속에서 발생한다. “이를 우리는 공동체의 발생, 민족의 발생이라고 일컫는다. 공동운명이란 여러 개별적인 운명들로 이루어지는 것이 아니다. 이는 상호존재(Miteinandersein)를 몇몇 주체들의 집합적 출현으로 파악할 수 없는 것과 마찬가지다." 하이데거가 상술하고 있듯이 '결단성'의 존재 양식에는 운명의 여러 가능성이 예정되어 있기 때문이다. "자신의 '세대' 안에서 그리고 그 세대와 함께하는 현존재의 숙명적 공동운명이야말로 현존재의 완전한 본래적 발생을 구성한다."[2] 하이데거가 이 점에서 각 주체와 관련된 "죽음으로 향한 존재"를 공동체의 영역으로 옮겨놓고, 비극적이고 영웅적인 정치철학의 영향권에 빠져들고 있다는 폴 리쾨르Paul Ricoeur의 지적은 온당하다.[3] 다른 한편 염두에 둘 것은 '타자와의 공존재' 역시 하나의 실존적 상황(ein Existential)이란 점, 그리고 하이데거가 여기서 공공연하게 '세상사람'에 대한 생소하지 않은 반대기획(Gegenentwurf)을 과감히 시도하고 있으며 그것을 민족공동체에서 발견하고 있다는 사실이다. 그렇지만 하이데거에게 민족이란 뭔가 현존하는 것이 결코 아니다. 다시 말해 '결단하지 않은 자'에게는 '공동운명'이 명확하게 부합하지 않는 까닭에, 우리는 민족을 우선 '결단한 자들'의 공동체로 간주할 것이다. 이 지점에서 하이데거는 딜타이의 '세대' 개념을 인용한다. 결단한 자들로 이루어진 이 세대 안에서 현존재의 공동운명이야말로 "현존재의 완전한 본래적 발생을 구성한다".[4]

결단한 자들이 무엇을 위해 결단했는지 묻기에 앞서 딜타이의 세대 개념을 살펴보자. 하이데거는 딜타이의 세대 개념 정의를 전제로 하면서 세대 개념을 오로지 자신의 실존적 존재론의 문제를 제기하는 출발로 삼는다. 딜타이에게 세대 개념은 도덕적 정치적 학문의 역사가 놓인 시대 맥락들에 관한 물음에 내장되어 있다. 딜타이는 '정신운동의 진행 구조'를 탐구한다. 표면적으로 정신운동은 시간, 월, 연, 십년이라는 체계에 따라 정렬될 수 있다. 하지만 딜타이는 내재적인 시간 단위를 탐구하여 인간 삶에 이르며 그런 다음 세대 안에서 이러한 인간 삶의 공동존재(Zusammensein)에 다다른다. 딜타이는 한 세대의 기간을 약 30년으로 규정한다. 그렇게 보면 세대들의 나무에 새로운 나이테 하나가 생긴다는 것이다. 세대라는 점에서 생각해보면 역사는 놀라울 정도로 한눈에 개관할 수 있는 시간 단위로 축소된다. 예컨대 탈레스와 함께 과학적 사고가 시작된 이래 겨우 84세대밖에 지나지 않았다. 스콜라학파의 마지막 전성기부터 치면 우리는 단지 14세대를 지나온 것에 불과하다. 딜타이의 글은 1875년에 쓰였다. 그렇다면 그로부터는 겨우 4세대가 더 지났을 뿐이다. 하지만 한 세대란 무엇을 말하는가?

> 세대란 그렇다면 개인들이 갖는 동시성의 관계를 일컫는 표현이다. 어느 정도 함께 자라난, 즉 공통된 유년시절을 보냈고, 남성적 힘이 자라나는 기간이 부분적으로 일치하는 공통된 청소년기를 보낸 이들을 우리는 같은 세대로 일컫는다. 이로부터 좀 더 깊은 관계를 통한 그 사람들만의 연대가 생겨난다. 감수성이 예민한 시기에 동일한 지배적 영향들을 경험한 바로 이들이 하나의 세대를 형성한다.[5)]

이와 같이 '경험을 공유한 세대'의 예로 딜타이는 슐라이어마허Schleiermacher, 훔볼트Humboldt, 헤겔, 노발리스Novalis, 슐레겔Schlegel, 바켄로더Wackenroder, 티크Tieck, 프리스Fries, 셸링을 든다. 이들이 함께 나누고 함께 경험한 것은 무엇인가? 그들은 무엇보다도 '지적 문화자산'을, 그리고 그들 주변의 생활 및 사회적 정치적 문화 상태의 여러 조건을 공유하고 경험하였다. 딜타이는 '민족의 역량'이라는 전체적으로 동일한 조건에서는 개인의 소질이 나타나는 양과 분포 역시 어느 정도 동일할 것이라고 확신하면서 세대에 관한 정의를 마무리한다. 바로 그러한 세대가 하나의 전체를 형성한다.[6] 셸링과 헤겔을 예로 들어 딜타이에게서 암시되고 있는 것들을 좀 더 자세히 설명해보자. 헤겔은 1770년에 태어나 1832년에 콜레라로 사망했다. 셸링은 그보다 5년 뒤인 1775년에 태어나 1854년에 죽었다. 지적 문화자산에서 이들의 기본 경험을 이루고 있는 것은 무엇인가? 칸트 철학이다. 이들의 결정적인 역사적 정치적 삶의 경험은 무엇인가? 프랑스 혁명과 나폴레옹 전쟁 동안의 시기다. 이 시기를 라인하르트 코젤렉의 '변혁기(Sattelzeit)'라는 개념을 통해 포물선을 그려보면 — 코젤렉은 변혁기를 1750년에서 1850년까지의 시기로 본다 — 헤겔뿐 아니라 셸링도 눈에 띄는 한 시대의 결정적인 몇 년, 즉 '낡은 유럽'이 종언을 고하고 새로운 경험들에 자리를 내주는 변혁기의 정점에서 강력한 인상들을 받았다. '변혁기'는 특별한 시대를 일컫는다. 그 시대에 살았던 사람들은 낡은 역사적 경험 공간에서 새로운 기대지평이 분리되었음에도 여전히 그 경험 공간을 되돌아보았던 것이다.[7]

각 세대는 문화 전개에 대하여 어느 정도 동일한 가능성들을 지닌다는 딜타이의 역사주의와 시각이 그대로 유지될 수는 없다. 아무래도 역사의 발전 과정에서 분기점을 체험하는 세대들이 있기 마련이다. 그럴 경우 그 세대들은 역사적 시간의 리듬 변화와 관계된 새로운 문제들에 직면하였다. 칸트의 역사철학을 예로 이 점을 설명할 수 있다. 역사철학이라는 학문 자체는 1780년경에 처음 대두된 새로운 지식 형태이다. 역사철학은 임의로 처리할 수 없는 역사의 문제를 실용적인 의도에서 목적론적 체계 속에 가공한다. 자연과 자연에 대한 공포를 계몽주의 시대의 사람들은 차츰

이겨낼 수 있게 된다. 단지 그들이 시인할 수밖에 없는 것은 이와 같이 진보하는 세계 정복이 세계를 정복해가는 진보의 틀 안에서 실현된다는 점이다. 인간이 스스로 의식하지 않고 '만들' 수 있는 것, 이를테면 인간 '고유의' 역사는 '자연 의도' 혹은 나중에 헤겔에게서 나타나는 '세계정신'과 같은 형이상학적 구성물에 맡겨진다.[8] 이러한 진보는 어떤 목표가 있는 것처럼 보이며, 사람들은 그 목표의 실현을 함께 도모하라는 도덕적 요구를 받는다. 다만, 이 목표를 추구하는 세대가 목표를 여전히 함께 체험할 것인가, 아니면 약속의 땅을 앞에 둔 요르단 강의 모세처럼 될 것인가? 목표가 아직 멀리 있다면 미래의 종족만이 그것을 누릴 수 있기 때문이다. 바로 이 점에 패러독스로서 존속하는 '자연'의 불공평이 있다. 칸트의 말을 들어보자. "이와 관련하여 언제나 의아한 것은 자연이 의도하는 건축물을 더 높이 지을 수 있을 하나의 계단을 마련하기 위해 앞선 세대가 다음 세대를 위해 수고스러운 일을 하는 것으로밖에는 보이지 않는다는 점이다. 그리고 가장 뒤의 세대만이 그 건축물에 살 수 있는 행운을 누리고, 여러 대에 걸친 그들의 선조들은 (물론 그들이 의도하지 않았더라도) 그 건축물을 짓는 데 종사했으면서도 정작 자신들이 마련해놓은 이 행운을 직접 차지할 수 없다는 점이 의아하다."[9]

칸트가 여기서 몇 마디 간략한 말로 표현하고 있는 것은 바로 희생된 세대의 문제이다. 그것은 미래가 질적으로 현재와 구분된다는 가정 아래 목적론적 역사 기획들 안에서 등장한다. 그렇다면 찬란한 미래를 위해 노력하는 것은 현재를 살고 있는 세대의 도덕적 과제로 간주된다. 19, 20세기의 사회주의, 공산주의, 파시즘 정당은 저마다 그 구성원들에게 이렇듯 희생할 각오를 요구했다. 동시에 이러한 일을 위해 투쟁하는 것이야말로 세계사적인 영광으로 간주되었다. 지금 여기서의 삶의 실현은 포스트모

던한 임의적 삶이 아니라 역사적 필연성에서 비롯된 삶을 영위한다는 의식 속에 존재했다.

이 절을 요약하면 다음과 같다. 하이데거는 『존재와 시간』에서 '현존재의 본래적 발생'을 민족의 공동운명과의 공존재 안에서 구상한다. 이와 관련하여 하이데거는 딜타이의 '세대' 개념을 증거로 내세운다. 딜타이는 세대 개념을 동시대에 성장한 개인들의 체험공동체로 규정한다. 물론 우리가 이 정의를 이어받고는 있지만, 역사의 전환점 또는 역사의 결정적 순간을 함께 체험한 눈에 띄는 세대들이 존재한다고 주장할 수 있다. 칸트의 예에서 우리는 한 세대의 희생과 동시에 영광을 말해주는 희생된 세대 개념을 전개했다. 이러한 정의는 그 세대들이 역사와 어떤 관계를 맺고 있는가를 겨냥한 것이다. '위대한' 혹은 '새로운' 시대에 살고 있다는 의식은 언제 그리고 어디에 존재했던가? 이러한 목적을 위해 '세대'에 관한 물음은 잠시 접어 두고 17세기에서 20세기 사이의 역사 발전의 각 단계들을 간략히 살펴보기로 하자. '영웅적 근대'에 관한 이야기를 이해할 수 있으려면 이와 같은 개요가 불가피하다.

II. 근대의 단계들

역사적으로 시대를 구분하는 것만큼은 각별한 주의가 요구됨에도 불구하고 17세기의 안정화 단계의 근대를 19세기 말과 20세기 초의 영웅적 근대로 넘어가는 18~19세기의 진화적 근대와 구분할 것이다. 그렇다고 해서 하나의 통일된 근대를 이야기하려는 것이 아니고, 울리히 벡Ulrich Beck처럼 1차, 2차 근대에 관해 말하려는 것도 아니다. 나는 근대 개념을 역사적으로 겹겹이 쌓인 층의 연속으로 나눌 것이다.[10] 이러한 시대 구분을 제안하는 기본 토대는 그 시대를 살고 있는 사람들이 저마다 지닌 지배적 세계관들이다. 따라서 나는 사건이나 구조를 일차적 기준으로 삼기보다는 인간이 행동과 상징화를 통해 이러한 규정 사항들과 관계했던 방식을 기준으로 삼는다. 이와 관련하여 에른스트 카시러Ernst Cassirer의 다음과 같은 논평이 도움이 되었다. "한 문화의 여러 상이한 형태를 응집시키는 것은 그 문화의 가장 내적인 본질에 있는 동일성에 의한 것이 아니라, 문화의 상이한 형태들에 공통된 기본 과제가 주어지기 때문이다."[11]

그렇다면 특정 세대들은 어떤 '기본 과제'가 의무로 주어졌다고 느꼈을까? 나의 시대 구분이 각각의 여러 세대를 아우르고 있음이 곧 드러날 것이다. 나는 각 세대마다 고유한 기본 과제가 부과된다는 점에서 논의를 시작하려는 것이 아니다. 그 과제를 달성하는 데 무려 30년 넘는 기간이 걸릴 수도 있다. 여기서 논의의 출발점으로 삼는 것은 현안의 문제들이 세대 간 결합(Generationenverbund)에 계속해서 부과된다는 점이다. 따라서 아버지 세대가 꾀했던 것을 아들과 손자들이 이루고자 할 수도 있다. 그런데 이전 세대의 의도와는 반대로 일이 진행된다 하더라도 그러한 부정 속에는 여전히 이전 세대가 존재한다. 개별 단계들을 살펴보면 다음과 같다.

1. 시어도어 K. 래브Theodore K. Rabb는 그의 저서 『근대 초기 유럽의 안정을 위한 투쟁』에서 17세기의 문화적 노력들을 단 하나의 계기로 요약한다. 즉 위기에 처한 것으로 경험되는 한 시대의 안정화가 관건이라는 것이다. 래브는 위기의 정점을 1640년부터 1680년이라는 얼마 안 되는 기간으로 한정한다. 그럴 경우 18세기 계몽주의로 넘어가는 유럽 문화의 긴장완화를 엿볼 수 있다. 핵심은 종교적 시민전쟁들의 혼란 이후 지배 엘리트의 담론이 신학적 자기 이해에서 철학적 자기 이해로 바뀌었다는 데 있다.[12]

덧붙이자면 이는 이미 카를 슈미트 역시 인식했던 하나의 계기이기도 하다. 이 세대들 간 결합의 '기본 과제'를 래브는 '혼란기에 안정을 이루는 것'이라고 분명하게 정의하였다.

2. 안정화 모델들은 18세기 중반부터 18세기 말에 새로운 역동적 역사관에 자리를 양보한다. 이러한 사고의 기본 유형을 나는 칸트와 관련하여 앞에서 간략하게나마 언급하였다. 18세기는 17세기가 애써 얻고자 했던 문명의 효과가 이제 막 파급되기 시작하는 것을 경험한다. 하지만 문명의 효과가 엄청나게 강력한 과정 속에서 일어나고, 그 과정에 사람들은 속수무책으로 빠져든다. '우리의 이념을 역사 전체에 맞출 수는 있지만 우리의 행동을 역사 전체에 맞출 수는 없다'는 칸트의 표현은 타당하다.[13] 역사는 18세기 말 정치와 경제의 이중혁명이 발발한 이래 리비도적으로 점령된다. 다시 말해 무의식적으로 이루어지는 과정에 인간적인 목표가 부가된다. 그 점에서 위기의 직접적인 통제를(홉스Hobbes) 위한 17세기 모델들이 포기되지 않았음이, 즉 17세기 모델들이 이제 그저 과정의 마지막에 놓이게 된다는 사실이 드러난다. 이는 헤겔을 계승한 카를 마르크스로서는 간과할 수 없는 점인데, 헤겔에 따르면 계획 가능한 본래의 역사는 여전히 '자연발생적인' 자본의 역사 이후에 따라오는 것이다. 이를 다시 칸트와 연관지어보면, 인간의 일이 갖는 '계획 가능성' 부족에 대한 철학적 불만이 역사철학적 사고 초기에 이미 존재했음을 놀랍게도 보게 될 것이다.[14] 그러므로 '기본 과제'에 대한 물음은 이론적으로 인식 가능한 '진보'에 실천적으로 참여하는 것을 의미한다고 할 수 있다. 흥미롭게도 그와 같은 정언적 명령은 자유주의 세계관뿐 아니라 사회주의 세계관에도 적용된다.

3. 헤겔의 역사철학 안에서 이루어진 이 진보적 역동성을 마르크스는 자본 개념으로 변형시킨다. 마르크스는 헤겔의 세계정신 대신에 세계시

장을 가정한다. 역사시대의 시간화라는 이 토대는 오늘날까지 끊임없이 존속해야만 한다. 우리는 스스로 가속화하는 역사시대에 살고 있다. 다만 텔로스(telos)가 이 과정에서 떨어져 나갔을 뿐이다. 19세기 후반 이래 이러한 인식이 점점 확고한 위치를 얻고 있다. 그와 동시에 '진보'의 긍정적인 움직임 또한 변화한다. 이러한 가치 전도를 이끈 독일의 핵심 인물로는 니체를 들 수 있다. 니체는 '역사'와 '삶'이 지금까지 맺어온 관계들을 전복시킨다. 17, 18세기에 일어난 유럽의 실질적인 외래문화수용운동 이후 인간은 언제나 흥분한 채 역사 앞에서 스스로를 변호해야만 했다. 인간이 충분히 적응했는지, 인간이 평화의 능력이 있는지, 인간이 미래의 역량이 있는지를 말이다. 하지만 이제는 반대로 역사가 '삶'이라는 공개 법정에 세워지고 기소된다. 문화적 요구들이 '살아 있는 것'을 이미 너무 많이 집어삼켰다. 그런데 무엇을 위해서란 말인가? 그것은 목표설정이 사라져버린 과정을 위해서다. 도덕적 사명을 갖고 좀 더 나은 미래에 협력하는 것을 더 이상 현실적으로 신뢰할 수 없게 되자 역사는 삶에 '적대적인' 권력으로 드러난다. 마치 모든 과정이 그릇된 방향으로 진행되는 것처럼 보인다.

'영웅적 근대'의 기본 사상을 요약하면 다음과 같다. 역사철학의 공동상승 작용이 감소할 경우 우리는 전체로서의 이 적대 과정에 맞설 수밖에 없다. 달리 말하면 모든 목적론적 사유 모델들에서는 인간이 이른바 절반의 힘으로 작업할 수 있었고 나머지는 보이지 않게 '인간의 배후에서' '이성의 책략'이 도맡았다. 이제 그것은 변하고 있다. '영웅적 근대'에는 두 배의 힘을 기울여야만 하고, 전체 과정에 맞서려면 초인들이 등장하지 않을 수 없다. 더 이상 아무것도 이러한 흐름에 순응하지 않는다. 이 흐름에 맞서 영웅들이 이 과정을 제어하지 않으면 안 된다. 19세기 말에 이미 그 형태를 드러낸 이 '기본 과제'가 1차 세계대전 이후로 극단화되었다. 패전과 함께

실로 독일인에게는 마치 '역사'가 이제 베르사이유 조약에 의해 승전국들의 수중에 들어가기라도 한 것처럼 보였다. 독일인들은 이러한 역사를 등지고 자신만의 대항역사(Gegengeschichte) 속으로 은둔하기 시작했다. 그들의 '본질'로 후퇴함으로써 역사 과정에 그래도 맞설 수 있는 새로운 힘을 끌어낼 수 있으리란 희망에서였다.[15]

III. 두 세대

헬무트 셸스키는 '청년운동 세대', '정치적 청년세대', '회의적 세대'를 각각 구분했다. '68세대'에 대해서는 그의 저서 1975년도 판본에서 몇 마디 불쾌한 말을 남겼을 뿐이다. 사실 셸스키는 세대계승과 관련하여 '서른 넘은 사람은 아무도 믿지 마라'는 놀라울 만큼 정확한 격언을 칭송하긴 했지만, 68세대가 자신의 '회의적 세대'와 그 세대가 얻은 날카로운 통찰에 대해 더 이상 아무런 이해가 없음을 한탄하였다. 심지어 셸스키는 저항과 혁명을 양식화하는 베노 오네조르크Benno Ohnesorg의 순교자 역할이 바로 "민족사회주의의 '순교자' 호르스트 베셀Horst Wessel의 역할과 소름끼칠 정도로 세부적인 것까지"[16] 비슷하다고 잘못 판단하기도 하였다.

1. '청년운동 세대'가 우리 논의의 시대 구분과 연결되는 것은 그 세대가 니체를 그들의 철학자로 삼았다는 데 있다.[17] 도식적으로 시대를 구분해보면 청년운동 세대는 '영웅적 근대'를 최초로 실행에 옮긴 세대이다. 니체가 자신의 역저들을 출간하고 이미 정신적 한계에 치달았을 시점에 청년운동 세대가 생겨난다. 1887년에 태어나 1917년 외젤(Ösel) 전투에서 사망한 발터 플렉스Walter Flex를 주인공으로 삼아보자. 플렉스의 『두 세계

사이의 방랑자』는 수많은 판본이 나왔다. 청년운동과 이 책의 연관성은 노란 바탕에 짙은 검은 색의 철새를 그려 넣은 책표지에서 이미 드러난다. 발터 플렉스는 선두에서 대열을 수호하는 철새이며,[18] 더 정확히 말하면 친구 부르케가 물이 오르는 봄의 초원 위를 성큼성큼 걸어가는 동안 괴테의 시 「가니메데스」를 인용하는 한스 블뤼어의 전도된 유형이다. 그리고는 니체의 "나는 그 청년이 춤도 잘 추고 전투도 잘 하길 원한다네"[19]를 인용한다.

이 친구, 신학도 부르케는 마치 그가 1911년에 나온 아르투어 보누스 Arthur Bonus의 『기독교의 독일화에 대해』를 읽기라도 한 것처럼 재차 다음과 같이 그려진다. "그의 기독교는 실로 힘이요 삶이었다. 비겁함에서 비롯된 종교적 깨달음이 그에게는 참담했다. 그는 안팎으로 만연해 있는 기독교에 대한 불안과 비겁한 자들의 기도벽에 대해 속으로 조용히 무시했다. 비겁한 자들에 대해 그가 언젠가 다음과 같이 말한 적이 있다. '이들은 언제나 신의 뜻에 끼어들려 한다. 신의 뜻이 이들에게는 자신들의 보잘것없는 삶만큼이나 성스럽지는 않다. 사람들은 언제나 오직 힘을 주십사 기도해야만 한다.'"[20] 여기서 우리는 '힘에 대한 간청'이라는 결정적인 단어를 보게 된다. 결단한 자들의 힘의 강화는 하이데거의 『존재와 시간』에 나오는 '반환'에 관한 장에서도 여전히 관건이다. 이를테면 현존재는 자신의 영웅을 선택하고, 그 영웅들에게서 미래를 형상화하는 힘을 이끌어낸다.[21] 1889년생인 하이데거 역시 이 세대에 속했기 때문이다. 그 다음 세대가 하이데거의 저작들을 읽게 된다.

청년운동 세대는 1차 세계대전에 완전히 빠져든다. 하지만 1차 세계대전 동안 '영웅적 근대'라는 전체 집단 콤플렉스 안에서, 그리고 전쟁에서 살아남은 이 세대 안에서도 경계 짓기가 이루어진다. 에른스트 윙어가

1932년에 쓴 『노동자』에서 그 점을 분명히 알 수 있다. 언제 20세기가 시작되었는가? 윙어는 1916년 베르됭(Verdun)▸ 앞에서라고 답한다. 19세기의 군대가 전투에 투입되고, 그 결과 20세기의 군대가 생겨난다. 새로운 유형의 인간, '위험한 유형'이 생겨난 것이다. 이 새로운 유형의 인간은 청년운동 세대의 낭만과는 더 이상 아무런 공통점이 없다. 윙어는 랑에마르크(Langemarck)에서의 돌격을 드러내놓고 비판한다. 윙어의 언어 선택은 그 역시 니체를 부분적으로는 시대착오적이라고 여기고 있음을 분명히 해준다. "우리는 여기서 권력에의 의지와는 무관하게 전통적인 공격이 와해되는 것을 목격한다.…… 자유의지, 교양, 열광, 그리고 죽음을 하찮게 여기는 것에 대한 도취는 기계적인 죽음의 마법이 지배하는 백 미터 정도 거리의 중력을 극복하기에는 충분하지 않다."[22)]

아주 단호하게 윙어는 더 이상 "희생자 언덕 위의 가수"이길 원하지 않는다. "헛되이 죽기를 나는 바라지 않노라, 하지만 / 나는 바라노라, 희생자 언덕에 스러지기를"[23)]이라는, 횔덜린의 "조국을 위한 죽음"을 연상시키는 이 표현은 청년운동 세대의 경험 공간이 확대되었음을 보여준다. 바이마르 공화국에서 지속적인 영향을 미치는 랑에마르크 신화에, 인종과 기계들(Rasse und Motoren)이라는 영웅적 리얼리즘을 강력히 지지하는 목소리들이 더해졌다. 윙어가 군인과 노동자를 한데 융합시킨 것에서 볼 수 있는 새로운 유형의 얼굴은 낭만주의적 개인주의를 압도하였다. "새로운 유형의 얼굴은 마치 표면에 도금 처리라도 한 듯 더욱 금속화되고 견고해졌으며, 골격이 더욱 뚜렷하게 두드러졌고, 표정들이 여유 있으면서도 긴

▸ 1차 세계대전 당시 가장 격렬한 전투가 벌어졌던 곳으로 알려진 프랑스 베르됭 요새를 말한다.

장되어 있었다."[24)]

2. 1차 세계대전의 전선전투원 세대(Generation der Frontkämpger)로부터 '무제약자 세대(Generation des Unbedingten)'(미하엘 빌트)는 배운다. '무제약자 세대'는 셸스키의 '정치적 세대'와 어느 정도 동일하다. 약 1900년에서 1910년 사이에 태어난 이 세대는 1차 세계대전과 연관되기에는 너무 늦은 감이 있다. 하지만 이 세대는 1920년대의 수많은 청년단체들 어디에서나 볼 수 있다. 사회학적으로 시민계급에 속하는 청년단체만이 아니라 프롤레타리아 청년단체도 이념적으로는 반(反)시민적이었다. 이들 두 진영 모두 군사적이고, 셸스키가 말한 바와 같이 이데올로기를 신봉했으며, 숙명적으로 행위에 대한 확신에 사로잡혀 있었다.[25)] 1차 세계대전의 패전이 이들 세대에게 남긴 유산이 있다면, 그것은 1920년대 후반에 등장한 민족사회주의 독일노동당의 선거 포스터에서 가장 잘 나타난다. 그것은 어린 병사의 사진을 실제에 가깝게 형상화한 그래픽으로, 그 분야에 저명한 마그데부르크의 푸룬츠베르크 출판사에서 발행한 것이다. 표제는 이렇다. "민족사회주의자이거나 그렇지 않으면 아무 소용없는 희생자였을 뿐."[26)] 이로써 이 세대에게는 세대 전체를 포괄하는 '기본 과제'가 주어진다. 기본 과제란 '제국'을 지키되, 패전으로 이어진 1차 세계대전의 전철을 되풀이해서는 안 된다는 것이었다. 제국은 이제 더 이상 국가적인 토대가 아닌, 민족적인 토대 위에 우선적으로 존립해야만 한다. 그리고 이 세대는 뒤늦게 사후적으로 희생자들을 위해 의미를 부여하고자 한다. 패배한 1차 세계대전을 승리라고 강변할 수밖에 없는 것이다.[27)]

이런 식의 사고방식은 연장자들에 의해 미리 각인된 것이었다. 패전을 의식에서 떨쳐버리려는 태도가 '비수론'(Dolchstoßlegende)▸뿐 아니라 전후 시기 과격해지던 반유대주의에도 내재되어 있었다. 에른스트 윙어는 「내적 체험으로서의 전투」에서 승리가 전혀 중요하지 않은 양 전쟁을 예술을 위한 예술로 찬미한다. 그리고 바이마르 공화국 초기 몇 년간 주요 서적이었던 『서구의 몰락』이 거둔 성공은 슈펭글러가 그 책에서 독일인들에게 다음과 같이 설명한 데서 비롯한다. 슈펭글러에 따르면 돈과 피 사이의 전투는 결코 끝난 것이 아니라 여전히 계속 되고 있다. 즉 독일이 로마이고 서방연합국은 카르타고이다. 단지 이 전투는 이제 슈펭글러가 모든 문화들의 최종 형태라고 진단했던 냉철해진 '문명'의 틀 안에서 일어나고 있을 따름이다.[28)]

이러한 생각이 얼마나 쉽게 독일인들의 휴대용 비상식량이 되었는가 하는 것은 게르하르트 레만Gerhard Lehmann의 『현대독일철학』 서문에서 분명해진다. 1943년에 출간된 『현대독일철학』은 내가 알기로는 제3제국 시기에 집필된 방대하고도 유일한 철학사이다. 1939년 2차 세계대전이 발발하자 레만이 앞으로 다가올 것으로 예견했던 상황이 닥쳤다. 이 책에 따르면 여러 세대를 결속시켰을지 모를 '절대적인 구속력'의 체험은 오랜 기간 존재하지 않았다. 다시 말해 깊은 간극과 분열이 막중한 문제였다. 이제 "세계대전이 우리에게는 이 같은 전체적 체험임을 특별히 증명할 필요는 없다고 하더라도, 그리고 세계대전이 1900이라는 연도가 아니라 19세기의 종말, 즉 문화의 종말을 의미한다는 것을 증명할 필요가 없다 하더라도 말이다. 총체적 사건으로서 세계대전이 베르사이유 조약이나 1918년

▶ 전쟁 당시 야전사령관이었던 힌덴부르크가 독일 패전의 원인을 규명하기 위해 소집된 의회 청문회 증인으로 나서서 "독일군은 등 뒤에서 비수에 찔렸다"고 말한 데서 유래했다. 전쟁 패배의 책임을 전력과 국력의 열세에서 찾기보다는 공화국 제1당인 사민당을 포함한 국내 사회주의 세력, 더 정확히 말해 '11월 혁명'을 일으킨 반역자들에게 돌리려는 주장을 말한다.

11월 혁명과 같은 사건들로 국한될 수 없다는 것도 쉽게 알 수 있다. 왜냐하면 그러한 것에 국한하는 것은 바로 다음 국면들과 분리될 수 없는 한 국면만을 가리키기 때문이다. 게다가 1939년에야 비로소 우리가 세계대전의 최종 결정적인 국면에 접어들었다는 사실이 전보다 더 확실시되고 있기 때문이다".[29)]

이와 관련하여 사실 레만은 '변혁기'를 언급하지는 않지만, 윌리엄 제임스William James의 표현을 빌려 옛것은 지나갔고 뭔가 새로운 것이 시작된다는 '시대 변혁'을 언급한다. '전통'은 연관관계들과 평온한 발전들을 보증하는 것처럼 보인다. 이에 반해 현재는 이러한 '전통' 밖으로 모습을 드러낸다. 즉 현재는 어떤 방식으로도 선취될 수 없는 하나의 현실이며, "완전히 다르고, 낯설고, 알려지지 않은 것이며, 동시에 놀랄 정도의 견고함을 지닌다".[30)] 제3제국 시대의 출발을 함께 체험한 이 세대는 그로 인해 스스로를 역사적으로 뛰어난 존재로 여긴다. 무제약자 세대와 그 이전 세대인 청년운동 세대 사이에 긴밀한 유대가 존재한다. 무제약자 세대는 그 이전 세대를 완성할 과제를 떠맡는다.

발터 플렉스는 1차 세계대전의 사망자들이 죽은 존재이길 원하지 않는다는 점을 그 두 세대 간의 일종의 신비적 합일(uno mystica)로 한층 명백히 강조하였다. 플렉스는 전사자들로 하여금 다음과 같이 말하게 한다. "조사(弔詞)는 사자(死者)의 몹쓸 임무라네, 젊은이여! 그대들의 사자를 유령이 되어 떠돌게 하려는가 아니면 우리에게 거주권을 주려는가? …… 우리를 유령으로 만들지 않으려면 거주권을 주게나! 우리는 그대들의 웃음을 방해하지 않고서 언제나 그대들의 무리에 끼어들고 싶다네. 우리를 노인 같은 그림자로 만들지 말게나. 광채와 미광으로 우리의 청춘 위에 드리워졌던 쾌활함의 촉촉한 향기를 그대로 두게나!"[31)] 더욱이 이 글은 청년운동 세대를 위해 씌어졌다. 정치 여건들이 변한 상황에서 이 의무는 새로운 세대를 사로잡는다. 1941년에 나온 오스발트 슈펭글러의 잠언집 전쟁 판본이 있다. 책의 후기에 소개된 바로는 한 젊은 병사가 슈펭글러의 기본 사상을 담은 선집을 요청한 것이 이 판본이 나오게 된 '외부적 동기'였다. 후기에 따르면 그 병사는 '태도'가 무엇을 의미하고 '슬럼프에서 벗어난다는 것'이 무슨 의미인지를 알고자 했다. 그는 사상적으로 슬럼프에서 벗어나기를 원했던 것이다.[32]

Ⅳ. 두 세대가 만나다

1933년 11월 30일, 그 사이 프라이부르크대학 총장에 부임한 마르틴 하이데거는 튀빙겐대학의 전교생을 대상으로 연설을 했다. 튀빙겐 민족사회주의 독일대학생연맹의 에리히 에어링거Erich Ehrlinger와 훗날 소련연방 SS-투입부대 지휘관으로 활동한 마르틴 잔트베르거Martin Sandberger, 이 두 행동대원 역시 십중팔구 하이데거의 이 연설을 들었을 것이다. 그렇다면 이는 그야말로 범례가 될 만한 두 세대의 만남일 수 있다.[33] 1910년생 에리히 에어링거와 1911년생 마르틴 잔트베르거는, 당시 가장 저명한 독일 사상가이자 1933/34년에 동년배 아돌프 히틀러의 혁명에 굴복했던 1889년생 마르틴 하이데거의 말에 귀를 기울였다.[34] 하이데거가 이들에게 무엇을 말해야 했던가? 연설은 12월 1일자 「튀빙겐 연대기」에 일부 기록으로 남아 있다. 후고 오트Hugo Ott의 평가에 따르면, 그 연설에는 이미 1933년 5월 하이데거의 기분 좋은 출발▶에 대한 후렴이 담겨 있다.[35] 오트는 '독일 대학의 자기주장'에 관한 다음의 말로 끝맺은 하이데거의 연설을 기억한다. "하지만 우리는 우리 민족이 민족의 역사적 사명을 완수하길 원합니다. 우리는 우리 자신을 원합니다. 이미 우리 위 저 너머까지 미치는 우리 민족의 젊고도 젊은 힘이 벌써 그렇게 결정했기 때문입니다."[36] 그리고는 플라톤의 『국가』 487 d, 9.에 대한 하이데거의 자의적인 해석이 이어졌다. "모든 위대한 것은 폭풍 속에 있다(Alles Große steht im Sturm)." 슐라이어마허는 '모든 위대한 것은 또한 미심쩍다'라고 옮겼었다. 하이데거의 번역을 사람들은 '모든 위대한 것이 나치돌격대로 간다(alles Große gehe zur SA)'로 읽을 수도 있다. '폭풍(Sturm)'이란 표현이 당시에는 나치돌격대(SA-Sturm)의 약자로 통용되었기 때문이다.

이제 그 사이 하이데거의 연설들이 전집으로 출간되었다. 그리고 ≪튀빙게너 차이퉁≫에 실린 아주 쓸모 있는 이 기록은, 하이데거가 1933년 11월 25일 프라이부르크대학 입학식에서 한 연설과 거의 단어 그대로 일치하는 구절들을 담고 있는 것으로 보인다. 하이데거가 겨우 5일 만에 새 연설문을 작성했다거나 근본적으로 다른 이념들을 발전시켰다고 보기는 어려우므로, 우리는 서슴없이 11월 25일자 프라이부르크 연설을 튀빙겐 강연의 기초로 삼을 수 있겠다.

하이데거는 『존재와 시간』에서 딜타이에 의거하여 다음과 같이 말했다. "공동운명이란 개별적인 운명들로 이루어지는 것이 아니다. 상호존재가 몇몇 주체들의 집합적 출현으로 파악될 수 없는 것처럼 말이다. 같은 세계 속에 그리고 특정한 가능성을 위한 결단성 속에 있는 상호존재에서 운명들은 사전에 이미 마련되어 있다. 함께 나누고 투쟁하는 가운데 운명

▸ 1933년 5월 27일 나치 정권하에 독일 프라이부르크 대학 총장에 취임한 것을 일컬으며, 하이데거는 '독일 대학의 자기주장'이라는 취임연설을 했다.

의 힘은 비로소 자유로워진다. 자신의 '세대' 안에서 그리고 그 세대와 함께하는 현존재의 숙명적 공동운명이야말로 현존재의 완전한 본래적 발생을 구성한다."[37] 카를 만하임 역시 이 구절들을 알고 있었고 1928년에 나온 '세대'에 관한 논문에서 인용한 바 있다.[38] 이 자리에서 1927년부터 1933년 사이에 이루어진 하이데거의 사상 편력을 추적하기란 불가능하다. 다만 『존재와 시간』에 나오는 "무엇 때문에 현존재가 사실상 결단을 내리는지에 대한 실존론적 분석은 근본적으로 논할 수 없다"[39]는, 종종 야유를 받았던 문장이 1933년 5월에 가진 연설 '독일 대학의 자기주장'에서는 이미 극복된 것으로 보이는 정도이다. '가장 최근의 발전'은 이미 우리 너머 저 멀리까지 미쳤기에 이제 더 이상 실존론적 결정을 내릴 필요는 없다. 여기에 '전회(Kehre)'의 문제까지 덧붙이면, 현존재는 그 본래적 존재가능성으로 결정되어 미리 진행된 것이라고 말할 수도 있을 것이다. 이제 현존재를 향해 역사로부터, 현존재가 자신 안에 감추고 있던 하나의 움직임이 다가온다. 현존재가 1933년 그 본래적 존재가능성, 다시 말해 민족공동의 운명에 도달한 것으로 보인다.

물론 하이데거는 '복종'이 '저항'을 전제로 할 것을 요구한다.[40] 그 이유는 하이데거가 민족사회주의를 자기만의 독자적 철학 방향으로까지 발전할 수 있다고 여긴 데 있다. 정치적으로 하이데거를 정확히 자리매김할 수는 없지만, 민족사회주의 독일노동당의 좌익, 나치돌격대 그리고 에른스트 윙어 사이 그 어디쯤에 위치할 것이다. 아마도 하이데거 역시 '제2의 혁명'을 희망했을지 모른다. 근본적으로 하이데거는 독자적인 민족사회주의를 구상했고, 이것이 받아들여지지 않자 『존재와 시간』의 27절에 나오는 문명비판적 어휘들을 제3제국에 반대하는 것에도 사용했다. 그렇지만 이는 어디까지나 1934/35년 이후에 전개된 일이다. 1933년 11월에 하이데거는 여전히 민족-사회주의라는 그 자신의 개념을 위해 싸운다. 그 연설에서 나는 오트가 보는 것과 같은 체념을 알아차릴 수는 없다. 물론 그 연설을 들었을 에어링거와 잔트베르거가 하이데거의 말에 동의했는지의 여부는 차치하더라도 말이다. 왜냐하면 하이데거의 연설이 청중들에게 함께 숙고할 것을 요구하는 수사적 어법을 취하고 있기 때문이다.

프라이부르크 연설에 따르면 대학생은 더 이상 '아카데믹한 시민'이 아니다. 물론 국가가 완전히 전복 상태에 놓여 있어서만은 아니다. 새로운 독일 대학생은

> 현재 나치에 노동봉사를 하고, 돌격대에 조력하고, 국방봉사를 수행한다. 이 점이 새롭다. 게다가 대학생이 이제 '공부'도 한다는 점이 확실시될 경우 사람들은 그것을 전적으로 환영할 것이다. 학업은 이제 '지식봉사'라는 이름을 갖는다. 머지않아 각각의 이 봉사들이 조화를 이루도록 배려하게 될 것이다.

새로운 대학생은 이에 대해 뭐라고 말할까? 그는 '아니다'라고 말할 것이다. 그것은 우리의 현실이 아니며, 그것은 단지 옛것을 새롭게 덧칠한 것에 불과하다.[41]

새로운 독일 대학생은 아직 존재하지 않고, 그는 이제야 진군해온다. 그러나 이러한 진군은 '새로운 독일 현실이라는 지휘' 아래 있다. 이제야 비로소 우리는 역사적 민족이 되기 때문이다. "역사적 존재란, 과거의 구속력 안에서 과거의 것을 해방시키고 변화하는 위대함 속에서 자신을 지키기 위해 의식적으로 미래의 것을 선취하여 행동하는 것을 말한다."[42] 하이데거가 의미하는 '역사성'이 무엇인지 에어링거와 잔트베르거가 아주

정확히 알고 있는 것 같지는 않다. 그럼에도 그들은 위의 문장을 이해할 것이다. 왜냐하면 민족의 미래를 위해 과거의 구속력을 되찾는 것, 그것을 그들은 익히 알고 있었기 때문이다. 이와 관련하여 하이데거는 '민족의 국가 형성'을 언급했다. 말하자면 민족은 이제 자연, 학문, 예술과 같은 모든 영역을 관류한다. 민족은 이러한 투쟁에서 그 민족만의 고유한 본질에다 길을 놓는다. 그것이 독일 청년이란 작품인 것이다. "그것은 어떻게 그리고 어디에서 실현되는가? 그것은 민족이 소모되지 않고 민족의 현존재의 근원에 도달하는 곳, 민족 스스로를 위해 대담하게 밀치고 나가는 그곳, 즉 독일 청년에게서만 명백하게 일어날 수 있다. 독일 청년에게는 선택의 여지가 없다. 독일 청년은 반드시 해야만 한다. 독일 청년은 — 그들 자신이 알고 있는 바에 따라 — 국가 형성 과정에서 새로운 지식에 대한 국가의 요청을 실현하려는 목표에 자신들이 투입되었음을 알고 있다."[43)]

다시 한 번 『존재와 시간』과 비교해보자. 실존적 선택은 이제 중지되었다. 독일의 운명은 이미 선택을 했다. 따라서 청년은 '반드시 해야만 한다.' 청년은 '목표'에 '투입'되었다. 복종과 동지애 속에서 이러한 목표가 달성될 것이다. 그리고는 하이데거가 에른스트 윙어의 말을 바꾸어 말한다. 즉 윙어의 문구를 하이데거는 자신의 말로 다음과 같이 포장한다. "우리는 이들의 용모가 지닌 변하지 않는 특징, 팽팽한 시선 속의 투명함, 악수에서 전해져 오는 단호함, 이들의 말 속에 담긴 결의를 알고 있다. 규율도 방향도 없는 대중과 마찬가지로 독선적인 개인들 역시 젊은이들의 이러한 일격이 가하는 폭발력으로 인해 박멸될 것이다."[44)] 윙어는 '위험한 인간의 일격'을 1차 세계대전의 결과로 칭송한 바 있다. 하이데거는 이제 이 폭발력을 새로운 세대에 넘겨준다. 윙어가 노동자와 군인을 통치 역량이 있는 하나의 '인물'로 융합했다면, 하이데거의 경우는 이 새로운 '일격'

이 대학생에서 노동자로 된다. "민족에게 낯선, 민족 파괴적인 노동의 무-개념이 일소되었기"[45] 때문이다.

이는 오스발트 슈펭글러의 저작 『프로이센 정신과 사회주의』 이래 보수 혁명의 슬로건이다. 비록 비판적이었을지라도 하이데거는 이 저작을 아마도 분명히 읽었을 것이다. 하이데거가 이제 '노동'을, '염려(Sorge)'라는 그의 주된 실존적 상황(Existential)과 나란히 두고 있음을 에어링거와 잔트베르거가 과연 파악했는지 여부는 일단 덮어두기로 하자. 여하튼 하이데거는 그들이 어떤 근본적인 변혁에 처해 있는가를 분명히 해주었다.

> 우리의 현존재는 다른 존재 방식으로 옮겨가기 시작한다. 다른 존재 방식의 특성을 나는 수년 전 염려로서 명백히 제시한 바 있지만 이를 철학 분야에서는 만장일치로 거부했었다. 에른스트 윙어는 최근 니체를 창조적으로 이해하고, 세계대전에서의 물량전 경험을 근거로 다음 시대에 다가오는 인간의 존재 방식을 전적으로 노동자의 형상으로 해석하였다.[46]

이러한 시대가 이제 시작되었다. 하이데거는 1933/34년의 민족사회주의를 진리의 역사적 탈은폐로서 맞이했다. "노동은 민족을 존재의 모든 본질적 힘의 세력권에 놓고 순응시킨다. 노동 속에서 그리고 노동으로서 형성되는 민족적 현존재의 구조물이 국가이다. 민족사회주의 국가는 노동국가이다."[47] 하이데거는 그의 강연을 들은 청중들이 살아갈 인생에 존재의 이러한 사명을 쥐어주었다. 새로운 현존재는 '피로에 지친 자들', 그리고 그들이 '안일하게 하찮은 해답들이나 찾는 병'을 위한 것이 아니었다. 또한 새로운 현존재는 혼란 속에서 그리고 어둠 속에서 공포를 외면해서는 안 되었다. "현존재의 심연들을 경험하고 견뎌내는 의아한 용기야말로 이미 그 자체 안에, 인위적으로 구축된 사고체계의 온갖 섣부른 정보들보다 더 지고한 대답이 있다."[48]

이 새로운 '노동자-학생-군인들'은 현존재의 심연들을 견뎌내야만 했다. 독일인의 새로운 역사가 목적론적으로 미리 보증되어 있는 것은 아니었다. 다시 말해 새로운 역사는 출구가 열려 있는 숙명적인 공동운명이었으며, 독일이 역사의 강력한 권한을 되찾으려면 그러한 운명 안에서 시민계급의 양심을 초월한 행동들이 감행되어야만 했다.[49] 1935년까지도 하이데거는 유럽 중심에 위치한 독일 민족의 과제를 언급한다. 그는 민족 과제의 본질이 어디에 있는가 하는 점, 즉 그것은 러시아와 미국에서 출발한 '세계의 암울화' 퇴치에 있다는 것을 매우 정확히 알고 있는 듯했다. 하이데거에게 러시아와 미국은 형이상학적으로 볼 때 고삐 풀린 기술이 절망적으로 미쳐 날뛰고, 평범한 사람들을 터무니없이 조직화하는 점에서 매한가지였기 때문이다.[50] 구세대는 니체에게서 유래하는 19세기 시민적 근대에 대한 문명비판을 행하고 영웅적 '독일 근대'의 이상을 기획한다. 젊은 세대는 바로 그 점에 있어서 승인을 받았고, 어떤 식으로든 이 미래 기획을 실현하도록 요구받은 것으로 여긴다.

V. 탈영웅화

영웅과 영웅적 세대— 이렇게 부를 수 있겠다 — 는 언제나 존재해왔다. 그러나 이들이 역사와 협력할 수 있다고 믿는가 아닌가, 혹은 전체 역사에 맞서는 것을 '기본 과제'로 삼느냐 아니냐가 다를 뿐이다. 헤겔의 영웅들인 세 고전 영웅들, 알렉산더, 시저, 나폴레옹은 더 이상 "세계정신의 경영

자들"[51]이 되지 않았다. 영웅들을 통해 줄곧 이성의 고유한 목적을 추구해왔던 보다 높은 심급이 이들을 에워싸고 있었다. 역사 속의 이러한 '이성'은 이제 더 이상 존재하지 않게 되었다. 이성은 탈목적론화되고 운명이 되었다. 그러나 이 운명의 투쟁은 여전히 열려 있었다. 독일인들이 다른 민족들의 운명이 되어야만 했지만, 독일인 스스로 그들의 운명과 싸우면서 몰락하게 되는 것은 아닌지가 불분명하다. 그러한 신이교주의적 운명철학으로까지 하이데거가 논의를 전개한 것은 아니다. 1935년 이후, 그리고 1936년부터 1939년에 쓴 『철학에의 기여』에서 하이데거는 조심스럽게 민족사회주의로부터 빠져나와 '존재(Seyn)'의 새로운 역사신학을 구상하였다. 게르하르트 레만의 철학사에서 알아챌 수 있듯이 그 후 하이데거는 더 이상 제3제국이 공식적으로 선호한 사상가들에는 포함되지 않았다.

쾨니히스베르크의 한스 하이제Hans Heyse처럼 다른 사람들은 그 점에서 더욱 분명해졌다. 하이제에게 북방의 인류를 규정하는 것은 바로 '존재의 질서들' 안에서 존재의 진리를 사로잡으려는 '영웅적 과제를 위해 솟아오르는' 것이었다. 북방의 인류는 존재의 질서를 실현할 수도 있고, 혹은 존재의 질서를 훼손하고 몰락할 수도 있었다.[52] 아이러니하게도 저 존재의 질서를 '실현'했다고 믿었던 바로 그들이 존재 질서를 훼손하고 결국 스스로 몰락했다. 얼마 전 나는 우연히 1946년에 튀빙겐의 한 법학자가 쓴 짧은 글에서 이 세대의 기본 사상에 대한 적확한 설명을 발견했다. 거기서 그 법학자는 바그너의 가극으로부터 제3제국의 이데올로기를 전개하였다. 말하자면 "그대들의 이름이 의미하는 것은, 검(劍)의 축복-세계 치유의 광기-자기 구원의 희열-흑백논리에 의한 모든 지평의 재단-세계지배야욕-사명의식-창(槍) 혹은 비수론-생성의 순수-모반에 대한 불안이다. '그것(ES)'이 실패하고, 독일의 '승리와 평화'가 악의 모든 세력과의 공모에서 좌초할 경우, 요란한 굉음과 함께 뒤에서 문을 닫고 완전한 세계 종말을 보여줄, 무엇보다도 만반의 준비를”.[53)]

제2, 제3의 독일제국을 유일한 기획, 즉 ‘영웅적 근대’의 정치적 장으로 간주할 경우 이 기획을 수행한 세 세대의 전형적인 순서는 다음과 같다. 빌헬름주의의 (표면상의) 안전 속에 살았고 비스마르크가 독일제국을 선포한 1871년 당시의 기반을 돌이켜 볼 수 있었던 세대, 아방가르드적 혹은 반더포겔 식으로 이에 저항하였고 1차 세계대전에 참전한 세대, 마지막으로 1900년에서 1910년에 사이에 태어나 몰락한 ‘제국’을 다시 한 번 새롭게 건립하려는 열망을 느낀 손자 세대가 그것이다. 우리가 이 ‘영웅적 세대들’의 마지막 세대인 손자 세대의 삶을 이상형으로 여긴다면 다음과 같이 말할 수도 있다. 이 세대는 유년기와 청소년기에는 전 독일의 해군을 선전하는 블라일레(Bleyle) 세일러복을 입었고, 바이마르 공화국 시대에는 각종 ‘동맹단체’와 ‘결사단체’에 소속되어 있었으며, 1933년에는 하이데거와 함께 ‘제3제국’으로 출발하는 세계사적 영예를 얻었다. 이 세대가 사상가 하이데거의 조심스런 퇴각의 기미를 과연 알아차렸을까?[54)]

1945년에 이들은 정확히 35세였다. 이들이 소련 점령지역 혹은 동독에 살았다면 사회주의자가 되었을 테고, 서독에 살았다면 선량한 민주주의자가 되었을 것이다. 이들만의 고유한 세대 기억은 단절되었다. ‘기억의 단절’이란 테제는 모리스 알박스Maurice Halbwachs를 따르자면 쉽게 증명될 수 있다. 알박스가 비록 이러한 집단 기억의 틀이 갖는 주목할 만한 안정성에서 출발했다 하더라도 개인의 기억은 집단 기억 속에 뿌리내리고 있기 때문이다. 말하자면 집단 기억은 다시금 사회제도들에 의해 지탱된다.[55)] 그렇지만 이 제도들이 무너질 경우 과도기의 자기 이해는 새로운 틀에 맞춰질 때까지 전적으로 자기 자신에게만 맞춰져 있다. 프리드리히 니체는 이 과정을 탁월하게 기술했다. "'그것을 내가 했다'고 나의 기억은 말한다. 나의 자부심은 '그것을 내가 했을 리 없다'고 말하면서 완고하게 버틴다. 결국에는 기억이 굴복한다."[56]

20세기 독일 역사의 단절들은 겉으로는 1918년, 1933년, 1945년, 1989년으로 뚜렷하게 표시된다. 각 역사적 단절마다 전체 사회질서가 사라지고, 사회질서와 함께 집단 기억, 적어도 '공식적인' 기억도 사라진다. 그렇지만 좀 더 면밀한 연구로 기억의 틀들이 서로 겹치는 것을 밝힐 수도 있다. 귄터 그륀델이 1932년에 출간한 저서 『젊은 세대의 사명』에서 보듯 바이마르 공화국에는 전통주의자, '친미주의자'이면서 진보주의자(좌익에서도), 객관적인 업적에 사로잡힌 '독일 근대'의 옹호자들이 병존했다. 그륀델은 그를 공격하는 사람들을 향해 다음과 같은 말을 내던졌다. "우리는 이미 오늘날 현재의 권력들에 대해서 반론의 여지가 없다. 우리는 노인 연금이나 금으로 가득 찬 자루를 위해서가 아니라 지고한 이념과 그 실현을 위해 투쟁하고 있기 때문이다."[57] 세계대전으로 인해 상속권을 박탈당한 자들, 이를테면 1900년에서 1910년 사이에 출생한 전쟁청년세대는 자신들을 새로운 시대의 선택된 자로 여겼다.[58] 이와 유사하게 겹쳐지는 부분들이 12년간의 천년왕국(1933~1945)에 존재한다. 이 천년왕국은 그 최후에야 비로소, 전적으로 그 왕국에서 그리고 그 왕국에서만 성장한 '히틀러 청년단'의 연령대를 이용할 수 있었다. 그 후 1945년은 '영웅적 근대'의 집단적 틀의 단절이 너무 심각했기 때문에 여기서 살아남은 생존자들은 그야말로 방향 설정을 다시 하지 않으면 안 되었다. 종종 그리고 즐겨 거론된 '영원한 독일'이라는 '기본 과제'는 사라졌다. 유럽 중앙의 제국이라는 '영원한 독일'의 과제는 '근대'에다가 독일만의 독자적인 '형태'를 부여하기 위해, 시민적이고 균질화하는 세계시장의 행보에 끝까지 저항하는 것이었으리라. 세 세대가 이 프로젝트에 참여했다. 그러한 점에서 보면 이 과제의 지리학적 토대인 독일이, 글로벌화가 진행되면서 그 과제가 사라질 때까지도 점령지역들과 점령 지구들로 나뉘었고, 그로 인해 그 후 40년 동안 분단 상태로 남아 있었다는 사실은 상당히 상징적 의미를 지닌다.

이와 같은 관점에서 68세대를 특별히 주목하지 않을 수 없다. 68세대를 둘러싸고 있는 것은 회의적 성향의 '고사포부대 보조원들'과 그들의 동년배집단이다.[59] 동년배집단은 입장을 완전히 반대로 바꾼 '정치적 세대'와 마찬가지로 1950년대와 1960년대의 새로운 현실에 관심을 기울였다. 68세대의 다른 한 쪽 끝에는 몇 개의 중간 단계를 거쳐 '골프 세대'가 위치하는데, 이 '골프 세대'는 이미 그들의 사회학적 논거를 마련하였다.[60] 근본적으로 68세대는 저지당한 히틀러 청년단이었다. 1930년대 말과 1940년대 중반 사이에 태어난, '학생운동'[61]의 원로 계층은 적어도 '제3제국'이 지속되었다면 히틀러 청년단에 빠져들 수밖에 없는 운명이었을지 모른다. 이는 물론 사실과 반대로 생각해본 것이다. 그러나 전후의 힘든 현실에서 성장한 바로 이 세대가 왜 서독의 자기 이해에서 단절을 관철시키는 데 성공했으며, 무엇 때문에 오늘날까지 뚜렷한 세대의 전형을 제시하고 있는지 그 이유를 분명히 보여준다. 그것은 바로 실존적 선택이었다. 이들 학생운동 세대는 생부를 부정하고 가상의 아버지, 추방되었던 학문, 예술, 문학을 찾아내었는데, 그것이 언제나 묘하지 않게 진행된 것은 아니다. 그래서 아이러니하게도 오늘날 우리가 관찰할 수 있는 것은, 하이데거는 시끌벅적하게 비난받았지만 사람들은 좌파 하이데거주의자 헤르베르트 마르쿠제Herbert Marcuse의 말은 아주 잘 귀담아들었다는 사실이다.[62] 그런 의미에서 『존재와 시간』에서 출발한 하이데거의 문명비판은 마르쿠제의 『일차원적 인간』으로 '변용되어' 두 세대에 영향을 미쳤으며, 잊지 말아야 할 것은 『계몽의 변증법』도 마찬가지라는 점이다.

종종 욕을 먹었고, 넓은 의미의 문화 타락에 대한 책임이 전가된 68세대는 설사 그들이 의도했다고 하더라도 새 시대로의 출발을 결코 실현하지 못했다. 68세대는 1920년대와 1930년대 초 지식 논쟁으로까지 한참 거슬러 올라가는 문제 상황들의 마지막 후위전투를 낳았다. 68세대는 정치적 의미를 지닌 세대들의 '구체제(Ancient régime)'에 속한다. '골프 세대'와 '컴퓨터키드'에 비하면 루디 두치케Rudi Dutschke와 그 동지들은 오늘날 때늦은 '철새들'처럼 작용하고 있다.

〈정윤희 옮김〉

주

1) Heidegger, *Sein und Zeit*, 131.
2) 같은 책, 384 이하.
3) Ricoeur, "Die erzählte Zeit", *Zeit und Erzählung*, Bd. III, 121.
4) Heidegger, *Sein und Zeit*, 384 이하.
5) Dilthey, *Über das Studium der Geschichte der Wissenschaften vom Menschen, der Gesellschaft und dem Staat*, 36 이하.
6) 같은 책, 38.
7) Kosellek, "'Erfahrungsraum' und 'Erwartungshorizont'", 349.
8) Kittsteiner, *Listen der Vernunft* 참조.
9) Kant, *Idee zu einer allgemeinen Geschichte*, 20.
10) 이에 관한 더 자세한 것은 다음을 참조. Kittsteiner, "Die Stufen der Moderne".
11) Cassirer, *Versuch über den Menschen*, 337.
12) Schmidt, "Das Zeitalter der Neutralisierungen und Entpolitisierungen", 88 이하.
13) Kant, *Über den Gemeinspruch*, 310.
14) Kant, *Ideen zu einer allgemeinen Geschichte*, 17.
15) Kittsteiner, *Stufen der Moderne*, 107~114.
16) Schelsky, *Die skeptische Generation*, IX, XVIII.
17) 같은 책, 55.
18) Hepp, *Avantgarde*, 154.
19) Flex, *Der Wanderer zwischen beiden Welten*, 22 이하.
20) 같은 책, 10.
21) Heidegger, *Sein und Zeit*, 385, 395.
22) Jünger, *Der Arbeiter*, 104.
23) Hölderin, *Gesammelte Werke*, Bd. 2, 119.
24) Jünger, *Der Arbeiter*, 107.
25) Schelsky, *Die skeptische Generation*, 66~84.
26) 이에 대해서는 Kittsteiner, "'Ironic turn' und 'innere Bilder' in der Kulturgeschichte", 169~178.
27) 2차 보복전쟁을 위한 목적에서 1933년 이후에 쓰인, 1차 세계대전의 전형적인 영웅화의 하나인 다음 글을 참조하라. Bley u. a., *Das Jugendbuch vom Weltkrieg*. 이 책은 청년세대에게 말을 거는 것으로 시작해서 아버지들의 작품을 완성하라는 호소로 끝난다. "자 들어보거라! 너희들이 여기서 읽기 시작한 그 책은 웃음거리를

주기 위한 책이 아니다. 너희들의 아버지와 그들의 형제들과 친척들이 싸우면서 체험한 세계대전은 결코 오락거리가 아니기 때문이다. 하지만 그건 슬프게 하는 책도 아니다. 슬픔이란 그들이 알지 못했던 감정이기 때문이다." "4년간의 전쟁 동안 독일을 의미했고 전쟁이 끝날 때는 그에게서만 오직 독일이라는 정체성을 느낄 수 있었던 전선 장병, 그는 이제 제국의 창조자가 되었다. 세계대전에는 패배했지만 우리는 독일을 얻었다. 그것이 바로 유산이다. 유산에 관해서는 다음과 같은 말이 통용된다. '네가 아버지로부터 물려받은 것, 그것을 소유하려면 그것을 획득하라!'"(7, 259)

28) 이에 대해서는 Kittsteiner, "Die Form der Geschichte und das Leben der Menschen", 155~160.

29) Lehmann, *Die Deutsche Philosophie der Gegenwart*, 7.

30) 같은 책, 15.

31) Flex, *Der Wanderer zwischen beiden Welten*, 94.

32) Spengler, *Gedanken*, 129.

33) Wildt, *Generation des Unbedingten*, 92~104.

34) 하이데거의 민족사회주의 참여에 관해서는 다음을 참조. Kittsteiner, *Mit Marx für Heidegger—mit Heidegger für Marx*, §§ 14~16.

35) Ott, *Martin Heidegger*, 231.

36) Heigegger, *Die Selbstbehauptung der deutschen Universität*, 19.

37) Heidegger, *Sein und Zeit*, 384 이하.

38) Mannheim, "Das Problem der Generationen", 517. 그 당시의 '청년'-행복감과 관련된 만하임의 세대 개념에 대한 고찰로는 Zinnecker, "'Das Problem der Generation'. Überlegungen zu Mannheims kanonischen Text", 33~58.

39) Heidegger, *Sein und Zeit*, 383. 이에 대한 마르부르크의 한 학생의 위트는 다음과 같다. "나는 결심했지만, 단지 무엇을 위해서 그랬는지를 모를 뿐이다." Löwith, *Mein Leben in Deutschland vor und nach 1933*, 29. 이 책은 "각각의 본래 현존재"의 "독일적 현존재"로의 이행에 관해서도 기술하고 있다. 같은 책, 32~39.

40) Heigegger, *Die Selbstbehauptung der deutschen Universität*, 18.

41) Heidegger, "Der deutsche Student als Arbeiter", 199.

42) 같은 책, 200.

43) 같은 책, 202.

44) 같은 책, 204.

45) 위와 같음.

46) 같은 책, 205.

47) 같은 책, 205 이하.

48) 같은 책, 207.

49) 전체적으로 이에 관해서는 다음을 참조. Kittsteiner, "Vom Nutzen und Nachteil des Vergessens für die Geschichte", 230~237.

50) Heidegger, *Einführung in die Metaphysik*, 28. 이에 관해서는 다음을 참조. Kittsteiner, "Heideggers Amerika als Ursprungsort der Weltverdüsterung", 165~192.

51) Hegel, *Die Vernunft in der Geschichte*, 99 이하.

52) Heyse, *Idee und Existenz*, 305 이하.

53) Wenger, *Geist und Macht*. Kittsteiner, "Deutscher Idealismus", 182에서 재인용.

54) "소수의 이들을 위하여—드문 이들을 위하여. 이따금 다시 묻는, 즉 진리의 본질을 또다시 결정하려는 소수의 이들을 위하여"[Heidegger, *Beiträge zur Philosophie (Vom Ereignis)*, 11].

55) Halbwachs, *Das Gedächtnis und seine sozialen Bedingungen*, 143~146.

56) Nietzsche, *Jenseits von Gut und Böse*, 86(Nr. 68).

57) Gründel, *Die Sendung der Jungen Generation*, 441.

58) Herbert, "Drei politische Generationen im 20. Jahrhundert", 97 이하.

59) 이에 관해서는 Herrmann, "Der unaufhaltsame Aufstieg um 1940 Geborener in einer 'Generationen'-Lücke", 173 이하의 'die Auflistung der Jahrgänge' 부분 참조.

60) Klein, "Gibt es die Generation Golf?"

61) 이어지는 '고등학생운동(Schülerbewegung)'에 관해서는 다음을 참조. Schildt, "Nachwuchs für die Rebellion—die Schülerbewegung der späten 60er Jahre".

62) Kittsteiner, "Karl Marx. 1968 und 2001".

다채로운, 그러나 평이한
탈영웅적 세대를 이해하기 위한 주해

카스파 마제Kaspar Maase

> 우리 시대만큼 강도 높게 자신을 문학적으로 성찰하고, 자신의 반영(反影)에 민감하게 반응하는 그런 시대, 또한 조형예술, 음악, 영화, 문학, 철학 분야에서 점점 빨라지는 유행과 시장을 기반으로, 새것을 어제의 것 또 그저께의 것과 구별하고 분류하는 그러한 시대는 산업화 이전 시대보다 더 많은 세대들을 알고 있을 뿐 아니라 갖고 있다. 역사적으로 사고할 줄 아는 사람은 이에 놀라지 않을 것이다.[1)]

헬무트 플레스너가 1949년 「세대 문제를 위한 발문」의 마지막 문장에서 언급한 위의 내용은 추후 사실로 판명되었다. '세대' 범주를 이용하여 사회를 분류하는 제안들이 늘고 가속화되었던 것이다. 그 결과 최근 세대 문제를 조망한 책의 저자들도 밝히고 있듯이, "'세대' 개념이 지시하는 바가 너무 다의적"이 되었다. 이러한 검증을 반박하기 어렵듯이, 이로부터 도출되는 결론, 즉 세대 개념으로 사회를 분석하려는 구상을 실현할 때 지식사회학을 강도 높게 고려할 필요가 있다는 결론도 반박하기 어렵다.[2)]

이 글은 지식사회학적 관점을 고려한 논평이다. 그렇지만 문화학적인 강조점에 따라, 오늘날 사람들이 일상에서 자신의 위치를 정할 때 필요한 세대 모델의 의미와 유용성을 물을 것이다.[3] 나는 역사적인 의미 차원에 집중할 터인데, 논의 방향을 제시하는 토대는 카를 만하임이 "세대단위(Generationseinheit)"[4]라고 명명했던 것, 즉 일단의 사회적 행위자들에 대한 설명이다. 이 집단은 공동의 역사적 경험을 체화한 결과 사회 해석 및 비교적 공고한 정치적 사회적 행동 성향에 비추어 어느 정도 일치하며, 공동의식을 갖고, 외부를 인지하는 데서 일관성을 갖는다. 그러니까 이 집단은 그 자체로도, 또한 남들이 보기에도 한 세대인 것이다. 만하임에 따르면, 연령층이 같더라도 상호 차별적인 전통들에 영향을 받는 정도에 따라 시기적으로 일치하는 외부 사건들이 다르게, 대립에 이를 만큼 다르게 체화된다. 즉, 한 '세대위치'는 정상적인 경우 여러 세대단위들을 아우른다.

강한 자의식을 갖고 나타나는 세대(단위)의 이상적인 유형에 견주어볼 때 현재 변화의 경향이 뚜렷이 나타나고 있다. 호황을 누리는 세대 시장의 공급물들은 대략 25년 전부터 이용이 늘고 있다. 그런데 이 공급물들은 점차 제각각인 양상을 띠며, 오늘날에는 자기중심적인 미학적 사용이 지배적이다. 바로 이렇게 변화한 사용법이 추측하건대 고전적 세대담론에 깔린 은근히 영웅화하는 어조에 의아해하며 귀 기울이게 만들었다. 고전적 세대담론은 자신만만하면서 공동운명[5]이라는 감정을 지닌 예술가들 혹은 정치적 행위자들의 그룹이라는 이념에 경도되어 있었다. 이 그룹은 낡은 상황 및 구세대의 상황을 거부하며 출발하는 젊은 세대였던 것이다. 그것은 청춘과 젊음을 숭배하는 문화의 일부였고 남성적 권능의 전형적인 사례로서, 이는 (다른 곳과 마찬가지로) 독일에서 거의 250년을 이어 내려오고 있다.[6]

이미 만하임은 실제세대와 세대단위들을 소통의 산물로 생각한 바 있다.[7] '세대 자체'의 존재론적 상상은 별로 의미가 없는 것이다.[8] 1920년대와 비교해서 세대의 공적 담론화는 오늘날 세대 형성의 소통적 조건과 형식들에 대한 물음이 전면에 부각되어야 할 정도에 이르렀다. 이것은 문화학자의 역량이 발휘되어야 할 영역이기도 하다. 여기에 상응해서 이 글의 연구 대상은 독일에서 역사적 정치적 세대들이 생겨나는지 여부와 어떻게 생겨나는가가 아니다. 나의 연구 대상은, 현재 일어나고 있는 세대성 부여(Generations*zuschreibungen*)이다. 구체적으로 세대성 부여들이 생겨나고 유통되는 조건들, 그런 류의 공급물들이 향하고 있는 사람들, 즉 수취인들의 사용 행태를 연구하고자 한다. 따라서 영웅적 세대라는 구상 그리고 세대 모델을 둘러싸고 일어나는 탈영웅적 유희 사이에 펼쳐지는 영역이 밝혀져야 할 것이다. 끝에 가서는 오늘날 독일에서 세대들이 역사적 행위자로 편성될 것인가 하는 물음에 회의적인 답변을 하게 될 것이다.

세대의 탄생

우선 눈에 띄는 것은 공론장에서 세대 개념이 쌓은 가파른 경력이다. 이는 도서 출판 현황을 보면 분명해진다. 1950년과 1959년 사이에 연평균 7권이 제목에 세대 개념을 넣어 출판되었다. 1970년대에는 이미 25권, 1990년대에는 85권, 2000년부터 2002년까지 112권이 출판되었다. 이는 신간 발행 총수가 5배 증가하는 동안, 16배 증가한 것이었다. 세대 개념을 제목에 포함하고 있는 도서의 비중이 3배 증가했는데, 가장 큰 성장은 1990년대에 있었다.[9]

크게 증가한 것은 생산물의 최근의 발전 단계를 소개하는 기술 및 자연과학 분야의 출판 비중이었다. 생산물의 최근 발전 단계를 소개하는 것은 진보에 대한 기이한 생물학적 비유라 할 수 있다.[10] 독일로 이주한 이들 또는 홀로코스트의 희생자 및 가해자의 후손들한테서 발생하는 변화들이 구체적으로 다루어져야 할 때에도, 사람들은 종종 '세대'에 따라 숫자를 세기 시작한다. 이때 완전히 상이한 논증 모델들이 작동한다. 즉, 한편으로는 변화한 사회적 조건들이 갖는 각인력이고, 다른 한편으로는 트라우마적인 사건과 관련한 계승 과정들이다. 세대는 지속성뿐만 아니라 변화도 가리킨다.

그러나 주로 문제되는 것은 현재 사회에서 세대들을 일컫는 명칭이다. 헬무트 셸스키는 1957년 "회의적인 세대"라는 표현으로, 문화에 대해서 이러쿵저러쿵 말이 많은 여론을 두고 어떻게 사회과학이 시대 진단에 따라 확인한 현상들을 표제어로 제시하고, 동시에 어떻게 한 연령층에게 구체적인 자기 해석을 제공할 수 있을지, 그 한 본보기를 보여주었다. 독자들에게 일종의 분석이나, 그때그때 사회 무대에 진입하는 동년배 그룹의 자기주장을 기대하게 하는 세대표현(Generationsprägung)은 1990년대부터 큰 흐름이 되었다. 그러는 사이 학문연구들은 눈에 확 들어오는, 단명하는 세대 관련 미사여구들을 실용적인 학술서, 문화서적들만큼이나 기꺼이 취한다. 구성원들이 더 이상 생존하지 않거나 고령인 동년배집단에 세대 명칭이 붙여지는 것과 마찬가지로, 인생의 주기에서 어떤 특정한 상황에 처한 집단들에게도 명칭이 부여된다. 그래서 자식과 부모를 동시에 돌보며 애정을 쏟아야 하는 사람들은 얼마 전부터 "샌드위치[낀] 세대"라고 불린다.

이 글의 문제 제기와 관련해서는 비교적 젊은 동년배집단을 가리키는 명칭들이 중요하다. 명칭을 부여한 해당 작가들은 이 집단들이 오늘날 혹은 가까운 미래에 자신들의 낙관을 찍을 것이라 가정한다. 1993년 이래 우리는 도서 시장에서 다음과 같은 책 제목을 두고 선택할 수 있었다: '멜로드라마 세대', '반항 세대', '세련된 세대', '전환기 세대', '이메일 세대', '미디어 세대', 'X세대', 'Y세대', '통일 세대', '89세대', '플러스 세대', '짜증 세대', '관계해체 세대', '감정 세대', '이주 청소년 세대', '인터넷 세대', '베를린 세대', '2000년 세대', 'N세대', '동독 세대', '합일된 세대', '세대.독일(세대.de)'.[11)]

이와 같은 세대 명칭들에서 무엇보다도 세 개의 이론적인 단초들을 알 수 있다. 특별히 전환기와 통일을 세대의 구성 요소로 보는 역사적-정치적 입장, 새로운 매체들에 핵심적인 역할을 부여하는 테크놀로지(중심)적 입장, 그리고 개인의 특성에서 출발하는, 사회화에 정향된 입장들이 그것이다. 물론 21세기 초 세대 시장에서 가장 성공적인 모델들은 제목에서 어떤 논증도 암시하지 않는데, 바로 '골프 세대'와 '앨리 세대'이다.

세련되고 가벼운 책 제목들이 실제 세대 형성과 무슨 관련이 있을까? 그 연관성을 한 사례에서 대표적으로 증명할 수 있을 것이다. 1997년 여름 폴크스바겐 기업은 자신들의 성공 모델 '골프'의 4세대 제품을 출시했다. 차종 소개에는 '골프 세대'라는 로고 아래 국제적인 중개 프로덕션 DDB(Doyle Dane Bernbach)의 뒤셀도르프 지부에서 주관했던 광고 캠페인이 함께 했다. 폴크스바겐의 '국내시장 홍보' 부서는 1997년 8월 판매자들[12)]을 위한 내부 정보물(판매지침서) 형태로 골프 세대를 다음과 같이 정의했다.

> '골프 세대'는 원래 서로서로 전혀 관계없는 사람들이 골프를 통해 공통점을 얻고 움직이는 경향을 일컫는다. 이들은 성별, 나이, 수입 혹은 가족

상황과 무관하게 골프를 몰거나 골프를 높이 평가한다. 왜냐하면 골프는 누구의 지시도 받지 않는 개인적인 인생관, 즉 '골프 세대'의 인생관에 적합하기 때문이다.

'골프 세대'보다 '평균 세대' 혹은 '주류 세대'가 더욱 솔직하고 적합한 표식이었겠지만, 고객층들을 낚아챌 수 있는 명칭은 아니었을 것이다. 게다가 폴크스바겐과 같은 대기업이 예상 구매자층을 놓친다면, 제대로 자문을 받지 않은 것이리라. 이에 따라 캠페인에서 중요했던 것은 단절, 특수성, 경계 설정이 아니었다. 중년들과 차이가 나는 비교적 젊은 층이 중요했던 것도 아니었다. 한 광고에서 청바지와 점퍼를 입은 30대 중반의 세련된 남자는 민속적인 것과 미래주의가 뒤섞인 무대 세트 앞에서 다음의 사실을 확인한다. "난 모든 것을 나이든 상사와 다르게 하자고 굳게 마음먹었다. 그런데 지금 우리는 같은 차를 운전한다."[13] 이때 이 인상 좋은 남자는 매우 만족스러워 보인다.

전 독일이 폴크스바겐 골프를 통해 네 세대로 구성된 사이좋은 한 가족이 되었다! '세대'에서 차이와 갈등을 찾는 연구자들이 배를 곯게 될까. 그런데 1971년에 태어난 언론인 플로리안 일리스는 그와 동년배가 겪은 유년기와 청소년기에 대한 에세이를 저술했다.[14] 이 에세이집은 『골프 세대』라는 제목으로 2000년에 출간되어 베스트셀러가 되었다. 그 후 일리스는 후속 모델 『골프 세대 제2편』을 시장에 선보였다.[15]

일리스가 제시한 1980년대와 1990년대 청소년의 일상문화와 상품문화가 연상시키는 것을 따라가자면, '플레이모빌 세대' 혹은 'MTV 세대'라고 불러도 무방할 것이다. 그러나 자신의 동년배들이 갖는 인생관을 실제로 대변하는 것으로 저자는 자신이 살던 지방 도시의 거리를 가로질러 가던 남청색 골프-카브리오를 내세웠다. 일리스에 따르면 이 차는 자그마하게 독일의 쥘트 섬▸ 스티커를 달고 있었고, 선글라스를 착용한 금발의 젊은 여성이 운전하고 있었다.

> 그녀는 짙은 녹색의 방수코팅 재킷을 입은 첫 여성이기도 했다. 금발의 이 여성은 골프 세대의 선구자였다. 그녀의 남청색 골프-카브리오는 우리에게 80년대의 멜랑콜리에서 벗어나는 길을 보여주었다.[16]

2000년 당시 25세부터 35세까지 세대의 아비투스▸▸를 일리스는 '나는 그럴 가치가 있어'라는 식의 자기중심적 소비광고 문구를 가지고 규정한다. 원래 광고가 목표로 삼았던 일단의 구매자들이 자동차 모델과 개인주의에 대한 믿음으로 연결되었다면, 성공적인 책 제목은 이로부터 10세에서 17세까지의 세대위치를 만들어낸 것이다.[17] 물론 일리스의 세대 경험은 본질적으로 중산층 고등학생들(특히 골프를 탄 어머니들이 방과 후 학교에서 데려오던 학생들[18]))의 것이다. 쥘트 섬을 좋아한다는 고백과 값비싼 방수코팅 재킷▸▸▸이 주는 메시지는 분명하다. 그러나 이것이 역시나 중산층에 속하는 비평가 및 독자들한테서 이 책이 성공을 거두는 데 걸림돌이 되지는 않았다. 그 이후 '골프 세대'는 신문의 문예란에 하나의 카테고리로서 확고히 자리매김했다.

▸ 쥘트(Sylt)는 독일의 북단에 위치한 섬으로, 광활한 모래사장, 북해에서 불어오는 바람, 푸른 바다를 즐기려는 이들에게 각광받는 휴양지이며 부유층과 유명 인사들의 은신처로도 명성을 유지하고 있다.

▸▸ 아비투스(Habitus)는 내재적 경향성을 의미한다.

▸▸▸ 방수 및 코팅 처리가 되어 있는 이 재킷은 독일에서 고가에 판매되는 외출복에 속한다.

하지만 광고 아이디어가 현실로 변신한 것은 이것이 끝이 아니었다. 사회학자 마르쿠스 클라인Markus Klein은 일리스의 다층적인 묘사를 가치 전환이론(Wertwandeltheorie)의 언어로 옮겼다. 그는 1965년부터 1975년까지 태어난 이들이 한 세대를 형성하며, 이전 세대인 68세대의 탈물질주의적인 입장에서 돌아서는 특징이 있다고 추측했다.[19] 이 가설은 일리스 책의 조사 결과들을 기존의 데이터들과 비교해서 계산 프로그램으로 테스트하느라 많이 단순화했을 것이다. 클라인은 연구 결과를 다음과 같이 요약했다.

> 그렇다.…… 분명히 구별되는, 출생 연도가 비슷하고, 가치관에 비추어 독특한 개성을 지닌 동년배집단의 의미에서 골프 세대가 존재한다. 실제로 이 세대가 두드러지는 이유는 이 세대와 함께 탈물질주의적인 가치들로부터의 전향이 시작된다는 점 때문이다.[20]

물론 이러한 진술의 단호함은 약간 놀랍다. 왜냐하면 장기 표본집단에 의한 앙케트 조사 기록들이 유일하게 경험적인 토대로 사용되었기 때문이다. 잉글레하르트Inglehart[21]에 따르면 이 조사 기록들은 가치변화 지수와 관계한다. 저자인 클라인조차도 그것의 유효성을 의문시한다. 그러나 이제 이용할 다른 자료들이 없기 때문에 이 자료들이 효력을 발휘해야 할 것이다. 이러한 애초의 상관성 예측은 그의 가설과 어긋나게 되었다.[22] 그 결과 다양한 퇴행 모델(Regressionsmodelle)들이 함께 계산되었고, 이제 성과들은 일리스가 제기했던 추측에 비교적 잘 부합하였다. 물론 예기치 않게 또 다른 모델이 입증한 것은 "'순수한' 세대적 특징과 관련하여 이제 골프 세대가 탈물질주의적인 가치들[!]에 매우 인접해 있음을 내보인다"[23]는 점이다.

그렇다면 탈물질주의적인 가치들로부터의 전향이라는 가설은 반박되어야 할 것처럼 보인다. 저자의 견해에 따르면 모순적인 계산 결과들이 '매우 복잡한' 소견 표명을 불가피하게 만들고 있다. 물론 제시된 결과 속에서 복잡성을 인식할 만한 여지는 많지 않다. 클라인은 이제까지의 세대 이론을 뒤집는 완전히 새로운 패러다임을 전개하고 있다. 즉, '골프 세대'는 인생에 대한 관점의 전환을 통해서 규정된다. 이들을 세대로 만드는 것은 차이의 고집이 아니라, 청소년기에 받은 영향들의 취약함과 이들의 적응 능력이다. 구체적으로 클라인에 따르면 '골프 세대'는 모든 전후 세대들 중에서 "성향으로 보아 탈물질주의적인 가치를 추구할 여지가 가장 많"았다. 그러나 살면서 그러한 가치들로부터 "급격한 전향"이 일어났다. 클라인은 추측컨대, 청소년 시기가 이제까지 가장 크고 강력하게 형성력을 갖는다고 여겨졌던 데 비해, 골프 세대는 이 시기에 "삶의 태도들을 정하고 가치 방향을 설정하기에는 최소한(!)의 정도만 각인되었다". 때문에 이 세대는 세계화에 따른 경제적 결과들 그리고 복지국가의 위기에 직면해서 "가장 빨리 필연적인 적응력"을 보여주었다는 것이다. 이는 클라인의 시각에서 보자면 "물질주의적인" 성향으로 복귀하는 것이다.[24)]

이로써 이제까지의 세대구상의 시각에서 볼 때 일리스의 논증에서 설득력 있던 부분이 정당성을 잃는다. 일리스에 따르면 '골프 세대'는 앞선 연령층이 이끈 사회화의 영향들과 대결하는 가운데 그들의 면모를 강화했다. 이 세대는 원외야당과 신사회운동의 가치들을 구현했던 부모, 교사, 사회교육자, 교수 그리고 출판인들에게 싸움을 걸었다는 것이다. 딜타이, 핀더 그리고 만하임의 고전적인 작업들이 이루어진 후부터 세대라고 하는 범주의 학문적 사용가치는, 초기에 깊이 영향을 미치는 경험들이 인생 전반을 두고 "특유의 방식으로 체험하고 생각하게 하며 또한 역사적인 과정에 관여하는 특유한 방식을 불러일으킨다"[25]는 가정에 근거한다.

이에 반해 클라인이 말하는 '골프 세대'는 일종의 동년배집단으로, 이들은 변화한 조건에 빠르게 적응하는 특징을 갖는다. 이로써 우리는 기본적으로 폴크스바겐 캠페인의 공허한 수사로 다시 돌아오게 되었는데, 그 수사는 바로 상품 구매자들로부터 광고대행사와 중개 프로덕션들이 만들어내는 형태 없는 집합체, 즉 '플라스틱과 탄력'을 상징으로 갖는 최후의 세대이다. 달리 말해서 '골프 세대'의 특별함은 클라인에 따르면 이 세대가 더 이상 세대가 아니라는 데 있다. 이 세대는 무한정 유연하고, 세대 분석의 예견적인 가치는 제로에 가깝다. 즉, 모든 세대를 종결하는 세대이다.

클라인의 연구에 반대하는 나의 입장은 아마도 신프로메테우스적인 일련의 세대창조 사슬(Generationsschöpfungskette)에서 최근의 연결 마디를 관찰하면 비교적 잘 이해할 수 있을 것이다. 클라인의 논문이 출판되자마자 ≪프랑크푸르터 알게마이네 차이퉁≫이 '골프 세대는 실제로 존재한다'는 제목으로 간결한 요약문을 실었다. 성급한 독자에게 첫 문장, 즉 "'골프 세대'의 실존은 이제 경험적으로도 증명되었다"[26]는 중요한 모든 것을 말하고 있다. '이제 경험적으로도'라는 문구를 보자. 광고 아이디어로 출발해서 적당한 정도의 반어를 포함한 자서전적인 에세이로 인해 회자되던 것이 이제는 마침내 탈정치적이고, '업적 지향, 안분지족, 규율' 같은 전통적인 가치들에 정향된 '골프 세대'라는 확고한 사회적 사실로 증명되었다. 물론 이런 개념들은 클라인의 논문에 없지만, 탈물질주의로부터의 전향에 대해 그가 발견한 여러 가지 정황들에 충분히 자리할 수 있을 것이다.

여기서 매우 상세히 재구성한 세대창조 사슬은 어느 정도 표본적인 속성을 지니고 있을까? '세대의 특징들은 자본주의적인 광고대행사에서 생각해낸 것일 터이고, 전략적으로 그에 해당하는 사람들의 머릿속으로 이식되었을 것이다'라는 진술의 의미에서는 확실히 표본적인 속성을 지니지 못한다. 앞서 보았듯이 마케팅은 비정형적인 소비자집단에 방향을 맞추지, 결코 사회적으로 중요한 그룹을 지향하지 않는다. 그래도 어쨌거나 우리가 예로 든 사례에서 세대의 소통적 구성에 동참하는 가장 중요한 행위자들이 모습을 드러냈다. 즉 소비재 생산자들과 판매 전문가들, 신문 문예란, 학문, 대중매체 그리고 물론 간과하기 쉬운 동년배집단의 구성원들이 그들이며, 그 특성들을 여기서 다루었다. 다음 장에서는 이들 모두에 대해서 좀 더 자세히 살펴보겠다.

남성적인 구상?

『골프 세대』가 문학작품으로 선보인 지 1년 되는 시점에 이 책의 여성적 대응물로 볼 수 있는 『앨리 세대』가 출판되었다. 이 경우에도 사회과학을 공부한 언론인이 작업한 것이다. 이 언론인의 이름은 카탸 쿨만Katja Kullmann이다. 그녀는 이 책[27]으로 2002년 신문 문예란에서 센세이션을 일으켰다. 내가 알기로 당시 이 책이 주목받았던 이유는 동년배집단의 절반에 해당하는 여성들을 위해 처음으로 발행된 세대 관련 도서였다는 것이다.[28] 『앨리 세대』의 분명한 성연관성(Geschlechtsbezug)이 지시하는 것은 질풍노도와 68세대 사이에서 정치적으로 또 사회적인 프로그램으로 무장한 세대 기획들만이 남성적인 편견을 지녔거나 현재도 지니는 게 아니라,[29] 『골프 세대』 역시 남성적 관점에서 서술되었다는 점이다. 세대 논의의 성정치적 복수화(複數化)가 가까이 와 있는 듯 보이며, 이와 함께 영웅적으로 새롭게 시작한다는 식의 세대 모델에서도 점점 더 멀어질 것이다.

바로 이러한 관점에서 공통점이 눈에 띈다. 쿨만은 일리스와 마찬가지로 일상 및 브랜드 상품들에 가깝게 자신이 규정한 '여성 세대'의 생활사와 생활감정을 묘사한다. 이 세대는 1965년에서 1975년 사이에 태어난 소녀들을 일컫는데, 이들은 고등교육을 받은 중산층 소녀들이다. 쿨만의 묘사들은 일리스의 묘사들과 마찬가지로 민속지적(ethnographisch) 매력을 많이 지니고 있다. 그녀의 묘사들은 독일의 일상문화를 연구하는 미래의 역사학자들에게 중요한 출처를 제공할 것이다.

쿨만의 경우에도 68세대는 부모, 교사 그리고 사회노동자의 모습으로 등장하며, 젊은 세대가 참여의식이 부족하다고 비난한다. 그러나 이 점에서도 선배 세대는 실제 적수로 나타나지 않는다. 바로 그 68세대는 믿지 못할 세대로 평가받고, 자신의 전설을 만지작거리는 세대이며, 한마디로 추월당한 세대이다. '앨리 세대'가 등장하는 것은 공통 경험에 자극받아 옛 것을 교체하고 세계를 더욱 잘 설계하기 위해서가 아니며, 영향력을 더 많이 요구하기 위해서는 더더욱 아니다. 여기서는 30세 전후의 여성들이 좀 더 만족스러운 생활이 어떤 모습일지를 묻는다.

논쟁의 복수화라는 관점에서 구 동서독의 특징들을 구분하는 것은 매우 의미 있는 일이다. 그 사이 구 동독인들의 문화와 전통에 대해서 뛰어나고 내용이 풍부한 연구들이 나와 있는데, 이 연구들은 자기민족화(Selbstethnisierung)▸와 국가적 동질화 사이의 좁은 능선에서 능숙하게 움

▸ 구동독 출신의 연구자들이 동독 주민들을 독자적인 부류로 규정하면서 서독 주민들과

직이고 있다.[30] 반면에 젊은 '동독 세대'는 지금까지 아무 역할을 하지 못하고 있다. 그 이유에 대해서 여기서는 추측하지 않을 것이다. 그런데 매체에서 비교적 폭넓은 반향을 불러일으키며 출발한 시도를 보면서 드는 생각은, 공동(체)화를 제공하는 텍스트들의 문학적인 (또한 민속지적인) 질에 따라서, 사람들이 세대 설계에서 자신의 모습을 찾을지 여부를 결정한다는 것이다.

여성 작가 야나 헨젤Jana Hensel의 『동쪽 지역 아이들』은 집단으로 나뉜 경험들을 작가가 돌아보고 '세대를 형성하면서' 구상한 것이 분명하다. 물론 『동쪽 지역 아이들』은, 1974년부터 1979년 사이에 태어났으며 전환기에 11세에서 15세까지의 청소년들이었던 사람들에 대해 거리를 둔 주도적인 묘사를 제공하지 못하고 있다.[31] 쿨만과 일리스의 세대 개념은 묘사된 생활방식과 거리를 취하고 반어적인 표현 및 비판을 허용한다. 반면 헨젤의 작품에서는 동일시하는 '우리'가 지배적이며, 심지어 '우리 모두'라는 표현이 자주 등장하고 있다. 구서독 독자의 눈에는 『동쪽 지역 아이들』이 경험을 동질화하는 방향으로 나아가는 것으로 비친다. 야나 헨젤은 아주 쉽게 상투적인 표현들을 취하며, 이른바 공동의 회상들을 직접적으로 명명한다. 그녀가 쓴 짧은 여정의 글들은 민속지학의 밀도와 세밀화를 위한 공간이 부족하다. 그녀의 책이 제한적인 성공만을 거둔 것은 세대 관련 도서의 경우 미학적으로도 독자들을 확보할 수 있어야 함을 짐작하게 한다.

구별하는 경향을 말한다.

신문 문예란과 중산층

『골프 세대』와 『앨리 세대』는 베스트셀러가 된 것만이 아니었다. 이 텍스트들은 독일 신문의 문예란에서 활발히 일어난 세대 논의의 토대였고 지금도 그러하다. 앞서 언급한 연령대의 남성 작가 및 여성 작가들이 소신을 가지고 열렬히 논쟁하는 쟁점은 책에서 드러나는 묘사들이 생활경험과 생활감정을 옳고 적절하게 표현하고 있는가, 작가들이 선택한 관점이 본질적인 것을 고려하고 있는가 하는 것이다. 이때 역사적이고 분석적인 것, 그러니까 인용한 근거에 따라 실제 그러했는지 하는 것, 그리고 강령적인 것, 즉 동년배들에게 어떤 과제가 뒤따르는지는 분리할 수 없다. 논쟁에 참여한 작가들은 사회과학적인 연구를 증거로 끄집어낸다. 카를 만하임, 헬무트 셸스키, 하인츠 부데와 더불어 이른바 팝 문학 작가들도 세대 경험의 권위 있는 증인이자 해석자로 간주되고 있다.

내가 받은 인상으로는 논쟁이 가장 활발한 곳은 인터넷 문예란이다. 지성인들이 주로 사용하는 포털사이트, 예컨대 '페어렌타우허(www.perlentaucher.de)', '독신세대(www.single-generation.de)', '독신생활(www.single-dasein.de)'은 포털 방문객들에게 세대 논쟁을 복합적으로 바라보고 역사적 사회과학적인 틀에서 일별할 수 있게 한다. 이런 사이트들에서 전제되는 지식량을 근거로 기고문들의 '잠재적인 독자들'을 추론해보면, 특히나 월드와이드웹을 일상적인 문화 기술로 활용하는 교육 수준이 높고 비교적 젊은 중산층 소속자들이 그들의 내적 상황에 대한 자기 이해를 추구하고 있다고 가정할 수 있을 것이다.

논쟁을 규정하는 교육받은 전문가들이 중심부에 포진해 있다는 사실은 그리 놀라운 일이 아니다. '세대'를 조직화하는 것은 지난 250년 동안 줄

곧 일종의 중산층 프로젝트였다. 대개 교양시민 계층을 대표하는 자들과 이 계층의 사회적 후손들, 문인들 그리고 출판업 종사자들이 주도적인 역할을 했었다. 새로운 점은 여성들의 역할이 증가하고 있다는 것인데, 이에 대한 설명은 동년배집단의 여성들에게만 해당하는 것은 아니다. 20세기 후반의 세대 논쟁에서 중요해진 것은 사회과학적인 시대 진단이다. 작가와 독자들은 이에 부합하는 개념과 논증 틀을 자유롭게 다루고 있다. 그러나 '젊은 세대'가 이전 시대에 설정했던 위치에 비추어 볼 때, 오늘날에는 동년배를 새롭게 시작하자고 불러 모을 행동주의적 요소가 빠져 있다.

담론 엘리트들의 논쟁들이 이제 어떤 반향을 일으킬 것인가? 내가 짐작하건대, 교육 수준이 높은 비교적 젊은 중산층으로 언급될 만한 사람들의 경우, 어떤 한 세대에 자신을 귀속시킬 수 있다는 제안은 위치를 규정하고 자신을 해석하는 데 유용한 도구를 의미한다. 이 점에서 68세대들은 우리에게 특히나 오랜 반감기(半減期)와 함께 유산을 물려주었을 것이다. 왜냐하면 이 마지막 영웅적인 세대는 남과 자신들을 양식화함으로써 같은 시간에 다수의 또래들과 함께 같은 나라에서 사는 우연을 일종의 자원으로 변환하는 모델을 만들어냈으며, 그 자원은 개별적 실존을 평가절상하고 양식을 부여하기 위한 것이었기 때문이다. 개별적인 현존재의 우연성으로부터 귀속성은 한 세대가 되고, 학문이 증명하는바, 가장 의미심장한 사회적 형성틀(Formation)이 되는 것이다. 특정 주제 혹은 인물에 관한 학술서적 및 광고와 같은 세대를 묘사하는 장치들은 아이디어와 물건들을 제공하는데, 이는 의미심장한 귀속성을 표현하고 전기(傳記)를 생산하기 위해서이다. 리처드 로티Richard Rorty의 말을 빌리자면, 경쟁관계에 있는 많은 세대 제공물들은, "우리가 지속적으로 새롭게 표현하면서 우리에게 가능한 최상의 자신을 창조하는 기회를 늘린다".[32]

'세대'와 관련해 시의적절한 정의들을 선보이고 있는 폭넓은 시장만이 이 모델의 매력을 입증하는 것은 아니다. 공공연하게 자신을 특정 세대의 구성원으로 소개하는 습관이 일반화되고 있는 상황도 세대 모델의 인기를 확인할 수 있는 부분이다. 예로 들 수 있는 것은 독자 편지와 연단에서, 혹은 인터넷에서 입장을 표명하는 방식이다. 이 경우 '세대'는 대개 공통점과 소속성의 유형을 표시하는데, 이에 부합하는 것이 만하임의 '실제세대' 개념이다. 이어서 구체적으로 다룰 내용은 특정 출생 연도에 속하는 모든 이들한테 해당한다고 착각되는 경험들이다.[33)]

향수와 역사(성) 의식

함께 한 경험에 관심을 갖는 것에는 무언가를 많이 그리워하는 속성이 있다.[34)] 일리스와 쿨만은 일종의 이상(형)적인 교양소설을 이야기하는데, 개인이 변해가는 이야기가 그것이다. 이 이야기의 단계들은 브랜드 상품, 대중예술 작품, 팝 음악, 영화 및 TV 사건들을 통해 표시된다. 일리스의 에세이는 분명히 '골프 세대'에 대해서 반어적 거리를 취한다. 하지만 일리스의 글은 대다수 독자들의 손에 쥐어지면 과거의 일상을 개괄적으로 소개하는 것으로 바뀌게 된다. 그래서 전문 고서점의 카탈로그는 이 책을 "수집과 '향수'"[35)] 코너에서 추천하고, 인터넷에 있는 논평들은 이러한 이해관계 상황을 보여준다.

'향수의 즐거움'을 기대하게 했던 사례로는 1997년 인터넷상에서 개최된 공개토론을 들 수 있다. 수천 명의 참가자들은 이 포럼에서 단 과자류, 유행가, 1970년대 TV 인물들에 대한 추억들을 끌어 모았다. 이 포럼이 대성공을 거두면서 사람들은 "'다른 68세대'"들에게 시선을 돌렸다. "이들은 1968년에 태어나 계획경제기에 살았거나 …… 모래상자와 격자난간 침대에 모여 살았던 세대이다." 30세 전후의 사람들에게 "기억에서 완전히 지워지기 전에 어린 시절의 이야기를 한 번 더 떠올려보라"고 요구한 것이 회상의 근간을 마련하였고, 팝그룹 아바(ABBA)에서 막대사탕에 이르는 표어들과 함께 일종의 '세대 나침반'이 준비되었던 것이다. 이 실용서 『비키, 슬리메 그리고 파이퍼』는 오스트리아에서 베스트셀러가 되었고 복고붐을 일으켰다.[36)]

자서전적인 필치는 골프와 앨리 역시도 미래 시제가 아니라 주로 과거 시제로 자신들을 관찰하는 세대들로 규정하고 있다. 게하 학생만년필 잉크, 클리어아질▸, 데이비드 보위David Bowie의 등장에 대한 기억이 갖는 결집력은 사람들이 '사회적 정신적 내용물'을 생활감정 및 생활양식과 같은, 소소하지만 동시에 영향력이 큰 현상 영역 안에서 찾는다는 점을 가리킨다. 만하임에 따르면 사회적 정신적 내용물은 "동일한 세대위치에 놓인 개인들의 실질적인 결속을 장려한다".[37)] 이에 상응하여 개념 규정 및 해석자들의 경쟁 속에서 우선적으로 문제되는 것은, 정취가 가득한 경험들의 표현 그리고 세대적인 교양소설의 중간성과에 대한 해석의 독점적인 권리에 있다. 동년배 사이에서 헤게모니 다툼을 하거나 선배 그룹에 대항하여 뭉치는 각양각색의 세대단위들을 찾아내고 강조하는 것은 그다지 중요하지 않다.

오히려 우리가 받는 인상은 세대 사상에 들어 있는 암시, 즉 자연법칙에 따라 오늘날 중장년층이 차지하고 있는 위치를 뒤따라간다는 점이 일

▸ 클리어아질은 피부 관리를 위한 제품들을 선보이는 회사의 상표이다.

정 부분 평정심을 갖게 한다는 것이다. '골프 세대'의 시각에서 68세대 및 신사회운동 세대는 가까운 장래에 사라질 집단으로 보이는데, 이 집단은 생물학 법칙에 따라 곧 무대에서 퇴장하게 될 것이다.

앞서 스케치한 전개 양상들을 확산되고 있는 일상문화 트렌드와 관련 지으면 자연스럽게 제기되는 물음이 있다. 시의적인 세대 모델이 넘쳐나는 배경에는 미학화하는 경향이 자리 잡고 있는 것은 아닌가 하는 것이다. 세대와 관련된 제공물들은 대개 상이한 관심을 갖는 두 수취인들을 겨냥하고 있다. 그 제공물들은 분석을 요구하면서도 '다른 세대들'의 이미지를 보여주는 동시에, 나의 세대가 갖는 '우리라는 감정'을 찾는 사람들을 하나로 묶을 자료를 선보인다. 독일이 계층 및 계급의 언어로 자신과 타자를 설명하는 방식을 더 이상 취하지 않으면, 사회질서와 자기위치 설정을 위한 다른 모델들에 대한 수요가 생겨난다는 지적은 온당하다. 이러한 목적에 특히 부합하는 것이 세대 개념이다. 구별되는 특징을 가지고 서로 대체하는 동년출생 집단들의 모델은 주도적인 일상 경험의 관점에서, 즉 지속적으로 빠르게 진행되는 변화의 관점에서 사회를 분류하고 정리한다. 인류학적인 기본 사실과 지각된 변혁은 의미심장한 세대 형상이 계속 이어지면서 납득이 갈 정도로 실체화된다.

결과는 일종의 생활세계적인 역사(성)의식이다. 좀 더 구체적으로 표현하자면 실존적 존재로의 발전 가능성에 대한 의식이다. 오늘날 이것은 역사적인 세대 투쟁의 배경 앞에서는 정말이지 상대적으로 보이고, 역사주의의 시각과는 매우 유사한 것처럼 보인다. 즉 모든 세대는 신에게 직접적이다. 여러 세대 가운데 어느 세대가 자신과 세계를 '더욱 올바르게' 보고, 그래서 더 나은 미래 구상을 대변하는가는 현재의 세대관계에서 철저히 부차적인 것이다. 앞서 언급했듯이 중요한 것은 특징과 생성물 그리고 특징을 부여하는 역사적 상황이지 사명과 궐기가 아니며, 일상의식에 따르면, 우리는 특징을 부여하는 역사적 상황을 선별하는 것이 아니라, 경험한다.

지식의 전이

이 글의 서두에 예로 들었던 '골프 세대'의 창조는 원조 지성인이라 할 수 있는 남녀 작가들이 주된 역할을 수행하고 있음을 말해준다. 이들은 세대에 대해 이야기할 때 다른 이들이 자신들을 좀 더 이해할 수 있도록 돕는 문제에서 사욕이 없지는 않다. 작가들은 경제와 문화 영역에서 자신들의 입지를 개선하고자 한다. 간단히 말해서 광고 제작자들은 대놓고 경제적 자산을 목표로 하는데, 책, 에세이 그리고 특집 기사의 저자들은 보수를 넘어 저명인사로서의 상징적 자본을 중시한다. 이 자본은 인정을 받거나 논란이 되는 세대 해석자들이 매체에 등장해 역할을 수행할 때 얻을 수 있다. 이때 적용되는 룰은 경쟁이 사업에 활기를 불어넣는다는 것이다. 비판과 논쟁은 도발적으로 자기를 과시하고, 감상적으로 인격화하며, 선례를 깨고 정도를 넘어서는 것을 높이 사는 경영에서 중요한 기능을 한다.

이런 구조를 갖는 세대 해석 시장에서는 학문적인 생산물의 거래가 증가하고 있다. '세대 모델을 제공하는' 연구자는 역사적으로 새로운 현상이 아니다. 영웅적인 세대구상은 당연히 고백과 사명의 요소들을 포함하고 있다. 그것들이 흔적으로만 드러난다 하더라도 말이다. 학자들이 딜타이, 핀더, 만하임의 노선에 따라 세대를 학문적인 연구의 대상으로 수용한 이래, 학자들은 분석, 예견, 명명(命名), 자기위치 설정 및 사회 비평을 오가며 역할 경계가 불분명하고 의심스러운 관심의 조합 영역에서 활동한다.

이제 발전한 "주목의 경제학(Ökonomie der Aufmerksamkeit)"[38]의 조건 아래서 혼란스럽게 하는 특징들이 비교적 선명하게 등장한다. 이 특징들은 규범화된 학문의 자기 이해와 조화를 이루기 어려운 것들이다.

몇 년 전 유럽의 민속학자 롤프 린트너Rolf Lindner는 "대학 영역과 문화생산 영역의 관계가 점차 긴밀해지는 것"[39]을 연구한 바 있다. 연구 결과에 따르면 학문, 마케팅, 출판 그리고 일상 행위자들의 문화적 자기 이해 사이의 경계들이 점점 사라지고 있다. 이러한 현상은 특히 클리퍼드 기어츠Clifford Geertz가 "모호해지는 장르"[40]로 표기한 현상에서 나타난다. 표현 방식들, 논증 틀, 범주적인 원천들은 광고, 오락, 학술적인 학문 혹은 일상어에 더 이상 확실하게 적용될 수 없다.

이러한 변화는 물론 우선적으로 전문적 학문의 경계넘기로만 소급되지 않는다. 이것은 자신을 사회적으로 이해하는 사회과학화가 초래한 결과이기도 한데, 이 사회과학화는 교육 수준이 올라가면서 가능했다. 여기서 특히 크나큰 역할을 하는 것은 미디어와 정치 분야에 종사하는 많은 이들이 사회적 문화적 구상들을 독자적으로 해석하고 계속해서 발전시키며 유통시키고 있는 상황이다.

그렇게 세대의 학술적 분석적 범주도 폭넓은 맥락에서 사용되기에 이르렀고, 비교적 큰 범위의 일상 지식을 위한 것으로 전이되었던 것이다. 물론 명칭 자체는 100년도 넘게 사용되고 있다. 그러나 불과 지난 몇 십 년 동안 사회과학적인 내용이 인류학적인 의미와 동급으로 자리를 잡았는데, 여기서 인류학적인 의미는 연령층, 아이, 부모, 조부모의 질서를 말한다. 대부분의 사람들은 특정한 경험이 동갑내기들 모두에게 영향을 주며, 유년시절과 청소년기의 몇몇 시기는 특히 인상들을 잘 받아들인다는 생각을 한다. 사람들이 막연하게 이해하고 있는 것은 정치 변혁, 교육 체험, 새로운 미디어 환경이 성장기에 있는 이들에게 흔적을 남기고, 느낌과 행동을 특정 방향으로 이끈다는 것이다. 사람들은 이러한 요인들을 규정하면서 미래를 예견하는 진술들을 기대한다.

이로써 학술적인 소통의 기본 조건들도 변화했다. 이제 학술적 소통을 추구하는 것은 중개자 및 '번역가들'인데, 이들은 학문적인 현상의 중요성과 필요성을 철저히 독자적으로 판단한다. 다시 말해서 성과 및 성과의 해석은 더 이상 학자들만의 일이 아니라는 것이다. 중개자 및 번역가들이 활동하는 영역은 이들에게서 무언가를 기대하거나, 직접 현상을 만들어내는데 함께 하도록 이들을 필요로 한다. 물론 이들은 세대가 조직되고 있는지 아닌지를 우선 연구해야 할 것이다. 오늘날 이 주제로 책을 출판하려는 사람은 장차 자신이 세대를 공증하고, 골프, 앨리 혹은 다른 모델들에 학술적인 검증을 수여하는 전문가로 인용될 수 있음을 고려해야 한다. 이에 상응하여 ≪프랑크푸르터 알게마이네 차이퉁≫에 실린 글에는 '골프 세대'의 실존이 이제는 '경험적으로도 증명되었다'고 적혀 있었다. 이렇게 규정된 세대를 위한 따라잡기식 가이드북이 가까운 장래에 『앨리 세대 라이프스타일 가이드』의 선례에 따라 발간될지도 모른다.[41] 남성 및 여성 연구자들은, 그들이 만든 학술적인 분석범주들을 가지고 자기 자신을 묘사하는 행위자들과 부딪힐 수 있음을 고려해야 한다.

그런데 문제는 해당 영역뿐만 아니라 남녀 연구자들 자체에 도사리고 있다. 이들도 십중팔구 특정 세대의 일부분으로서 '자기위치 설정(Selbstverortung)'이 그들의 제2의 천성이 된 사람들이다. 그래서 그들의 고유한 소속성을 연구 내용으로 다루는 것이 '외부에' 있을 수도 있는 세대 분석에도 영향을 미칠 수 있다. 세대 연구, 특히 시대사적이고 현재와 관련이 있는 세대 연구는 어떤 해석 틀과 이해관계를 반영하는 관점들을 취할 것인지 철저히 규명할 수 있어야 한다. 이것은 '영웅적인' 단초를 대변하는 이들뿐만 아니라, 세대구상을 분석적 도구들로부터 기꺼이 몰아내고 싶어 하는 이들에게도 적용된다. 롤프 린트너와 달리 나는 학술적인 해석의 독점이 사라지고 지식 생산의 다양한 영역들이 크로스오버를 경쟁적으로 추구하는 현실 속에서, 그리고 일상의 지식이 변화하더라도, 훌륭한 연구를 위해 포기할 수 없는 연구 대상과의 거리가 사라질 위험이 있다고는 보지 않는다. 그러한 위험 부담은 적어도 이제까지 알 수 없었던 범위에서 움직이고 있지는 않다. 무언가 다른 것을 가정한다는 것은 문화학자들이 20세기에 생산한 것의 질을 지나치게 이상화하는 것이 될 것이다.

불평할 것은 없지만, 비판적 자기관찰을 촉구하고 다음의 사항들을 성찰해볼 필요는 있을 것이다. 학문적인 세대 정의와 자기 해석, 그러니까 일상을 살아가는 행위자들의 자기 양식화 사이의 순환성을 생각할 때, 역사학자와 사회학자들이 객관성을 요구하는 근거를 어떻게 밝힐 수 있는가? 또한 자기성찰적인 연구가 세대성 부여에 관한 소통 과정 및 사용 방식을 조밀하게 묘사하는 것 말고 다른 것을 추구할 수 있는가?

세대의 징표: 대중예술과 브랜드 소비

전체를 조망하기 어려운 지식의 전이에 우리가 어떻게 반응하느냐와 무관하게 경험적 질문이 제기된다. 어떤 변화의 차원들이 일상의식에 의해 세대를 구성하는 것으로 지각되는가? 어떤 개혁에 사람들은 세대를 명명할 정도의 힘을 부여하는가? '89세대'▸ 혹은 '전환기 세대'에 호응이 적은 것은, 서독에서 변화를 경험하는 결정적인 계기가 정치적으로 사회적으로 중요했던 사건 때문이 아님을 말해준다. 오히려 살아온 삶 그리고 그 삶에 특징을 부여하고 이력을 구분하는 경험들에 해당하는 초개인적인 기호들을 제공하는 것은, 1970년대부터 목격되었던 기술적인 일상 재화의 혁신 및 대중문화의 시기들이다.

브랜드 상품과 대중예술이 세대의 징표가 된다는 것은 이른바 팝 문학과 함께 생겨났다가 다시 사그라지는 속임수 그 이상의 의미를 지닌다. 이 사실은 평범한 전기, 과도기의 통과의례들 그리고 통과의례들의 상징적 표시에서 일어난 변화를 반영한다. 이것은 성장기에 미디어 환경이 변화하고 고급예술과 대중예술의 배열이 새롭게 바뀐 현실에서 비롯한다.[42] 이미 1차 세계대전 이전에 베르테르, 샬로테와 더불어 파우스트 및 에피브리스트가 시민계급의 청년들에게 정체성 형성을 위한 재료를 제공하는 가공의 인물들이었다. 이들은 시대정신에 민감한 문학작품의 베스트셀러 인물들, 예컨대 헤르만 포퍼르트Hermann Popert의 헬무트 하링아Helmut Harringa(빛의 군대에서 전사이고자 했던 자), 발터 플렉스의 방랑자 에른스트 부르헤Ernst Wurche(두 세계 사이에서 방황하는 자), 엘제 우리스Else Urys의 응석받이보다 더 큰 영향을 미쳤다. 여기서부터 중산층 문화에 닻을 내린 철저하게 시민적인 입장이 현재의 대중예술로 이어진다.

해리 포터처럼 문학작품에 등장하는 영웅들을 포함해 오늘날 영화와 TV에 나오는 인물들은 개인적인 성찰을 유도하고 생활양식을 디자인하는 데 영향을 미칠 수 있다. 특정한 동년배집단이 인생에서 무언가를 선택하

▸ 1989년 11월 9일 동서독 분단의 상징이었던 베를린 장벽의 붕괴는 1990년 10월 3일에 독일이 40년의 분단 역사를 종식하고 재통일을 이루는 데 중요한 계기가 되었는데, 당시의 긴박했던 상황을 직접 경험한 세대를 일컬어 '89세대'라 한다.

고 결정할 때 경험하는 갈등들을 인물들이 구현하는 한에서 말이다. 이미 여러 해 전부터 여성 변호사인 앨리 맥빌Ally McBeal이 경력, 섹스, 가족에 대한 이상을 두고 갈등하며 벌이는 공감 가는 코믹한 소동들은, 후기페미니즘 및 포스트페미니즘에 동조하는 20세에서 50세까지의 여성들에게 삶을 결산하고 대안을 위해 대화할 소재를 제공했다. 독일 출판사 중에서 어느 곳도 '앨리 세대'라는 상표를 찾아내 저작권을 확보하지 못했더라면, 그건 바로 그들의 전문성이 부족하다는 표시일 것이다.

현재 청소년에서 성인이 되는 과도기는 매우 다양하고 불투명하게 흘러간다. 아마도 과도기들이 매우 분화되었기 때문에 그럴 것이다. 18세에 운전면허를 취득한다는 것은 오늘날 청소년들에게 가장 구속력이 있고 의미 있는 통과의례들 중 하나이다(골프 차종은 가장 많이 보급된 운전교습소 차종에 속한다). 그 때문에 브랜드 상품은 살면서 함께 경험하는 것들을 일깨우고 심화하는 상징으로 기능한다. 일리스는 자신의 책 제목 선택을 통해서 개개의 브랜드 상품들이 비교적 젊은 세대에게 삶 전체를 이해하기 위한 실질적인 상징으로 기능한다는 명제를 성공적으로 검증했다.

위르겐 치네커Jürgen Zinnecker의 추측에 따르면 청소년 세대가 '가장 순수한' 형태를 띠는 것은 성장한 아이들이 제도와 공적 기관들에 가장 약하게 결합되어 있는 곳, 예컨대 유행과 음악, 동년배들의 특수한 소비 영역 및 전형적인 자기 연출 영역에서 가시화된다.[43] 그래서 인생을 돌아볼 때 청소년기에 경험한 세계들을 장식했던 물건들이 집단상징이자 세대의 징표로 특히나 적합하다는 사실은 명확하다.

어린이방의 텔레비전, 인터넷 접속이 되는 컴퓨터, 컴퓨터게임의 매력 혹은 학생들의 필수품으로 자리 잡은 휴대폰이 성장 조건을 근본적으로 바꿔놓았음을 매체역사학자들만 이해하고 있는 것은 아니다. 자동차 모델, 복장 그리고 디자인 유형들은 누구나 알 수 있는 증표이고, 이 증표를 가지고 사람들은 예를 들어 오래된 사진을 시간 순으로 정리하고 연상되는 감정의 문맥 속으로 배치할 수 있다. 이것은 영화, 팝 음악 제목, 미디어 사건들도 마찬가지다. 집단적인 회상은 간단명료한 일상용품 및 대중예술 작품에서 사고체계를 만들어내는데, 이 체계 안에서 개인의 경험은 시대 및 생활양식에 따라 자리를 잡는다. 일상에서 중요한 체험들의 물결에서 선택을 통해 상징들이 생겨나고, 거기서 세대의 공통점이 응집되고 결정(結晶)된다.

소통하면서 만들어진 이미지들은 개인적인 경험과 회상을 역사적으로 의미 있는 사회 형태인 'XY세대'의 요소로 평가할 수 있게 한다. 이것은 주로 생활양식 및 대중문화 정서로 장식한 세대 묘사들이 일상세계를 미학화하는 세기의 트렌드, 즉 '아름다운 인생 프로젝트'와 관련이 있다는 추측에도 부합한다.[44] '아름다운 체험들'을 집중해서 효과적으로 찾는 시도, 그러니까 아름다운 체험들을 적극적으로 조직함은 집단적인 회상체계에 더욱더 기여하게 된다.

비교적 새로운 세대 모델들은 반대로 강력한 일상미학적 경험들을 한 번 더 떠올리며 공감하게 한다.

> 우리 가운데 많은 이들은 예전에 좋아했던 달콤한 과자류의 이름이 무엇이었는지 기억하지 못할 것이다. 그러나 우리는 그 맛과 향을 여전히 느끼고, 그 색을 우리 앞에 떠올려보고, 먹고 마실 때 느꼈던 감정을 회고한다.

위의 글은 1970년대에 어린 시절을 보냈던 사람들이 느꼈던 감정들을 수집한 인터넷 포럼을 위해 '추억 앨범'이 내세운 광고 문구이다. 포럼 기획자들은 포럼에 참여한 사람들이 자신들에게 "감상적으로 회고하는 멋진 시간"[45]을, 특별히 미학적인 체험을 선물했다고 전했다.

이러한 관점에서도 세대에 꼬리표를 붙이는 행위나 문예란에서 촉발된 갈등과 유희를 벌이는 것을 놓고 비유적인 표현 이상으로 언급하는 것은 정당하다. 대다수 사람들의 경우 한 세대의 인물(상)에 자신을 소속시키는 행동은, 진지하게 자신을 동일시한다기보다는 의무감 없이 자신의 인생 이력에 시각들을 적용해보는 걸 의미한다. 하인츠 부데의 표현을 빌리면 현재 세대를 주제로 다루는 것은 감정을 강화하지만 행동으로 옮길 의무에는 별반 영향을 미치지 않는다. 왜냐하면 일상에서 '베를린 세대', '골프 세대'라고 자신들의 깃발에 써넣는 청소년들보다 서로 다른 동아리의 축구 팬들이 여전히 더 격렬하게 몸싸움에 빠져 들기 때문이다.

결론을 생각하면서: 세대들은 존재하는가?

위에서는 세대 연구자들에게 성찰이 요구되었다. 그래서 나는 적어도 본보기로라도 이러한 요구에 응하고 싶다. 나는 나이와 정치적 경력으로 보아 68세대로 분류되는 것이 가장 적절할 것이다. 세대를 비난하지 않으려는 자세, 특히 젊은 세대의 탈정치화를 비난하지 않으려는 태도는 아마도 경험과 생각이 섞여 있는 상황과 대면하는 데서 비롯한다. 사람들은 자신들이 비정치적이라는 비난에 내맡겨져 있음을 어쩔 수 없이 보게 된다. 민속학에 방향을 맞춰 연구를 진행하는 대표 문화학자들은 일상 행위자들의 시각을 '내부로부터 그리고 아래로부터' 재구성하고자 노력하는데, 이들은 훌륭한 논거로 무장한 비난을 종종 듣는다.

사회적 행위자들이 자신에게 막강한 책임을 부여하는 기능 면에서나 학문적 분석의 도구로 쓰이는 측면에서 봤을 때, 그것은 이미 종말을 진단받은 영웅적 세대구상의 경우에서도 비슷한 양상을 띤다. 이를 위해 나는 앞서 증거와 논증들을 인용했다. 내가 그 증거와 논증들을 과대평가했을 수도 있는데, 그것은 내가 영웅을 필요로 하지 않는 사회에 취약해서이고, 브레히트의 『망명자의 대화』에 등장하는 지성인 치펠의 깊은 탄식에 동정심을 가져서일 것이다: "세계는 영웅들이 잠시 머물다 가는 곳이 되고 있다. 우리는 이제 어디로 가야 하는가?"[46)]

그럼 이 글에서 전개했던 명제들은 어느 정도 유효한 것인가? 엄격하게 말하면 문제는 40세 이하의 사람들이 세대와 세대에 속하는 문제와 어떻게 관계하고 있는가이다. 나는 이에 대한 묘사에 국한하지 않고, 일상행위자들을 이해하면서 이들의 관점을 표현하고자 애썼다. 사회학적으로 이해하자면, 세대 형성이 소통의 최우선적인 산물은 아니다. 세대 개념 역시 자주 사용되고는 있으나, 이 개념하에 분류되는 것들의 공통점을 주제로 다루지 않은 채 사용되고 있다. 반면에 본 논문은, 연구 대상의 소통적 차원이 지난 수십 년 동안 전면에 부각되었고 그에 부합하여 복합적이고 문화학적인 분석 속에서 고찰될 수 있다는 관찰에서 시작되었다. 하지만 사회학자 및 정치학자들도 특정 동년배집단이 자신들의 의지와 무관하게 대면하게 되는 경험들을 거듭 언급할 것이다. 또한 이들은 그러한 경험들에서 남게 되는 특징 및 긴밀한 소통 집단들이 생겨날지 물을 것이다. 여기서 조망한 소통적 맥락들이 어떤 결과를 초래할지는 경험적으로 평가할 수 있을 것이다.

요약하자면 세대 묘사들은, 특히 중산층이 사회의 뚜렷한 질서에 기여하고, 역사적 변화 속에서 의미 있게 자신의 자리를 찾는 데 기여하며, 미학적 경험의 원천으로 작용한다. 팽창하고 있는 출판시장은 지속적인 차별화와 상품의 짧아진 순환주기들의 역학에 힘입어, 개별적인 경험의 원재료로부터 감각적인 세대 형상을 만들어내는 데 도움을 준다.

학문은 이러한 흐름을 무심히 관찰하지만 않고, 이 맥락에 적극적으로 관여한다. 이는 이 개념이 사용되는지 아니면 거부당하는지 결정하는 데서도 이미 그렇다. 물론 학술적인 사회과학은 1960년대부터 이 분야에서 주도적 기능을 점차 상실했고, 미디어와 문화 경영, 광고, 마케팅 분야에서 전문적으로 해석하는 지성인 그룹에게 그 기능을 넘겨주었다.

확인되어야 하는 것은 다층적인 병행 발전이 이루어지고 있는 상황으로, 여기서는 서로서로 강화시키는 효과가 나타난다. 사회적 상황은 계속해서 세분화되었고, 큰 범위의 환경은 성기게 되었고, 청소년기는 다양해지면서 그들 간의 모임, 행동 및 스타일 전수에서 파편화되었다. 이로써 젊은이들의 생활세계 및 경험세계는 다양해지고 이질적으로 변하고 있다. 해석하는 전문가들은 이 젊은이들을 다양한 세대적 명칭에 따라 분류해 넣고자 경쟁한다. 정체성 형성[47]과 관련이 있는 패치워크는 점점 작아지고 있다. 세대 구성원이라는 자기 규정 안에서 개인적인 경험과 회상, 공유에 대한 욕구와 체험을 추구하는 현상을 설명하라는 제안들은 다채로워지고, 수명이 짧아지고 구속력을 잃어가고 있다.

일상의 경험 및 소통적 공급물들은 변화 차원들의 비동시성(Desynchronisierung)을 가져온다. 콜리Kohli와 스치들릭Szydlik[48]의 용어로 말하자면, 정치적, 문화적, 경제적 세대들은 서로 다른 리듬을 따른다. 한 세대를 공동의 적수에 맞서서 함께 궐기하고 폭발하도록 자극하는 가운데 동년배집단의 대다수를 하나로 규합하는 영웅적 형상으로의 통합은 개연성이 떨어진다. 온전한 의미의 세대 이념은 그 자체로 본질을 상실한다. 우리는 경험이 확실히 파편화되고 시간화되었다는 데서 출발해야 한다. 세대를 주제화하려는 붐은 복수화 경향을 강화할 것이다.

이러한 방향을 암시하는 것은 세대와 관련한 흐름을 파악한 조사 결과들이다. 젊은이들이 노인들에 대항하고, 청소년이 부모에게 대항하는 식의 갈등 노선들은 오늘날 여러 층위에서 파기되고, 전이되고, 산산조각이 났다. 같은 해에 태어난 집단 및 또래집단들은 서로에게 방수벽을 수십 년 전보다는 덜 만든다. 즉 또래집단에서 자신을 이해하는 과정은 다른 해에 태어난 사람들의 자기 이해 과정으로 스며든다. 뤼셔는 이 맥락에서 포스트모던 시대의 개인들에게서 '다중생식성'(Multigenerativität)을 진단한다. "정체성을 형성하게 해주는 공급물들의 다양성은 세대소속성의 다양성과 연결되어 있다."[49]

만하임의 '세대단위'라는 의미에서 집단적 행위자들이 독일에서 편성될 수 있을지, 그것이 가능하다면 어떻게 조직될 수 있는지 물을 수 있다. 그런데 이 질문은, 동년배집단의 주요 부류가 공통의 대척점을 포함해서 응집력 있는 자기 이해에 대한 제안에 합의할 수 있기 위한 전제들이 무엇인가라는 질문으로 변형된다. 그런데 이는 현재 40년 전보다 그 개연성이 좀 더 희박해 보인다.[50]

독일에서 68세대 이후 영웅적 세대를 더 이상 찾아볼 수 없다는 것은 앞서 암시한 사회문화적 변화들과도 관련이 있을 것이다. 우리는 원외야당운동과 신사회운동 이후 68세대와 비교할 만한 어떠한 것도 보지 못했다. 일리스가 저술한 『골프 세대』의 발행부수와 인기는 매우 인상적이었으나, 뚜렷한 소통적 자극에도 불구하고 사회적으로 인식 가능한, 즉 스스로가 보기에도 그렇고 남이 보기에도 그렇게 보이는 행위자 그룹은 형성되지 않았다.

추측하건대 가장 중요한 이유는 1960년대부터 어떠한 변혁도 서독인들을 분열시키지 않았고, 그들의 자기 이해의 핵심을 건드리지 않았기 때문이다. 우리는 골프 세대와 앨리 세대를 라이프스타일 시장에서 일시적으로 유통된 상품으로 간주할 수 있다. 젊은이들이 기존의 체제나 상위계층에 반대하고 저항하는 전통에 편입될 수 있는 그런 '세대단위들'이 심각하게 극단적으로 동요한 결과, 다시 사회 무대에 나타날 수 있음을 배제할 수는 없다. 다만 사람들이 이러한 방식의 세대 형성을 위한 전제들을 원할지는 아주 의문이다.

〈이숙경 옮김〉

주

1) Plessner, "Nachwort zum Generationsproblem", 119 이하.
2) Lüscher/Liegle, *Generationenbeziehungen in Familie und Gesellschaft*, 15.
3) 세대에 해당하는 경험적 연구가 없으므로 필자는 독일에서 세대 관련 논의를 통해 드러나는 다양한 관점들을 논평할 것이다. 상이한 심도를 파악하는 것이 문제인데, 때로는 항목별로만 관찰이 이루어질 것이다. 이 작업들은 시의적인 세대 논의 및 그 논의를 활용하기 위한 명제들로 이어질 것이며, 이 명제들은 경험적인 검증을 필요로 한다.
4) Mannheim, "Das Problem der Generationen", 544.
5) "엔텔레키(Entelechie)"는 만하임에게 중요한 개념이다. 같은 글, 557~559. 그 외 여러 곳.
6) 마크 로즈먼의 서문, Rosemann (Hg.), *Generations in Conflict*, 1~46; 이 책에 실린 하인츠 D. 키트슈타이너의 글도 참조.
7) Uhle, "Über die Verwendung des Generationen-Konzepts in der These von der 89er-Generation" 참조.
8) Bourdieu, "Sozialer Raum und 'Klassen'"[Die paradigmatische Argumentation 패러다임적 논의] 참조.
9) 칼스루에의 온라인 목록에 들어 있는 독일대학 소장 자료들은 '세대'라는 표제어를 포함하는 제목에 따라 분류되었다(www.ubka.uni-karlsruhe.de/kvk.html). 여기에는 통속소설, 자연과학 및 정신과학 관련 출판물들이 포함되어 있다. 책 제목 전체의 변화 양상에 대해서는 Börsenverein des Deutschen Buchhandels (Hg.), *Buch und Buchhandel in Zahlen*(도서 및 출판업 연감), Frankfurt a. Main 1980, 12; 2000년 연감, 57 및 2003년 연감, 62 참조.
10) 이것은 모든 생산품이 끊임없이 새로운 후속물을 낳는 '기술의 자연화'만을 보여주는 것은 아니다. '세대'는 동시에 유비쿼터스적인 인지 틀로서 생활세계에 자리를 잡아가고 있다.
11) 각주 9번 참조. '멜로드라마 세대(Generation Soap)', '반항 세대(generation-kick.de)', '세련된 세대(Sophisticated Generation)', '전환기 세대(Generation der Wende)', '이메일 세대(Generation @)', '미디어 세대(Medien-Generation)', 'X세대(Generation X)', 'Y세대(Generation Y)', '통일 세대(Generation der Vereinigung)', '89세대(Die 89er)', '플러스 세대(Generation Plus)', '짜증 세대(Verdrossene Generation)', '관계해체 세대(Generation ohne Bindung)', '감정 세대(Generation Emotion)', '이주 청소년 세대(Mitgenommene Generation)', '인터넷 세대(Internet-

Generation)', '베를린 세대(Generation Berlin)', '2000년 세대(Generation 2000)', 'N세대(Generation N)', '동독 세대(Generation Ost)', '합일된 세대(Vereinigte Generation)', '세대.de(Generation.de)'.

12) 이 자료를 참고할 수 있도록 도움을 준 미르얌 나스트Mirjam Nast에게 감사를 전한다.

13) "Sonderdruck aus auto motor und sport", Ausgabe 7/1998, 강조는 원본.

14) Illies, *Generation Golf* 참조. 여기서 우선적으로 지목하고 있는 것은 1965년에서 1975년까지 구서독에서 태어난 사람들인데, 910만 명에 달하는 이들은 골프의 4세대 모델이 출시되었을 때 22세에서 32세였다.

15) Illies, *Generation Golf zwei*. 이 책은 전체적으로 현실과의 깊은 연관성을 보여준다. 초점은 30세의 '청년 위기'에 맞춰져 있다.

16) Illies, *Generation Golf*, 40.

17) 마케팅 때문인지 다른 곳에서는 목표집단이 1965년생에서 1982년생까지 확대되고 있다. 같은 책, 56 참조.

18) 같은 책, 46 이하 참조.

19) Klein, "Gibt es die Generation Golf?" 클라인은 일리스와 함께 '68세대'를 2개의 '정치적 세대'(포크트Fogt의 용어)로 요약하고 있다. 1946년에서 1953년까지 태어난 원외야당(APO) 세대 그리고 뒤이어 1954년에서 1964년까지 태어난 신사회운동(NSB) 세대가 그것이다.

20) 같은 글, 113.

21) Klein, "Wieviel Platz bleib im Prokrustesbett?" 참조.

22) Klein, "Gibt es eine Generation Golf?", 107.

23) 같은 글, 111.

24) 같은 글, 113.

25) Mannheim, "Das Problem der Generationen", 528.

26) "골프 세대는 실제로 존재한다. 사회학적인 증명", *Frankfurter Allgemeine Zeitung*, 22. April, 2003.

27) Kullmann, *Generation Ally*.

28) 냉소적인 한 논평의 내용은 다음과 같았다: "마침내 소녀들을 위한 일리스가 탄생했구먼. 그런데 플레이모빌 남성 대신 칠칠치 못한 여자와 함께할 뿐이네", Gaschke, Sterbenslangweilig(*Die Zeit*, 2002. 3. 14) 참조.

29) Roseman (Hg.), *Generations in Conflict*, 1~46 참조. 이 책에 실린 크리스티나 베닝하우스의 글도 참조.

30) 대표할 만한 것으로는 Engler, *Die Ostdeutschen*.

31) Hensel, *Zonenkinder*.

32) Rorty, *Kontingenz, Ironie und Solidarität*, 137.

33) 그 사이 68년생들도 '각자를 위한 세대'로 나아가는 과정에 있다. 이들은 동시대에

극단적이고 대립적인 소수로 지각되었으나, 저항과는 거리를 둔 채로 세대 집단에 속하는 이들의 수가 꾸준히 증가하고 있다. Luscher/Ligle, *Generationenbeziehungen in Familie und Gesellschaft*, 30 참조. 물론 이러한 경향은 중산층 남성들의 공통점들에 대한 실제 편견에서는 아무것도 바꾸지 못하고 있다.

34) 저자[일리스]는 오늘날 30세인 자들의 아비투스에서 중요한 특징들을 제대로 인지하지 못할 수 있다. 그러나 여기서 문제되는 것은 30세 연령층의 초상화가 아니라, 이들 세대가 갖는 특징이 '영웅적 세대' 유형과 갖는 차이이다. 이것은 어느 정도 불가피하게 특정 주제의 부재를 확인하는 상황으로 이어진다. 그렇다고 1960년대 중반 이후 태어난 이들이 무언가 부족하다고 결론내릴 수는 없다. 가장 젊은 이들은 그들이 자라온 세상과 어떻게 관계해야 하는지를 항상 가장 잘 알고 있다. 그런데 간과할 수 없는 점은 이들을 감정적으로 파악하고 미학화하면서 이해하는 경향이 뚜렷하다는 것이다.

35) "Sammlerecke Esslingen: Comics und Romane", *Liste Sommer* 2003, 156.

36) Pauser/Ritschl, *Wickie, Slime und Paiper*, 9, 11, 209.

37) Mannheim, "Das Problem der Generationen", 543.

38) Franck, *Ökonomie der Aufmerksamkeit* 참조.

39) Lindner, "Kulturtransfer. Zum Verhältnis von Alltags-, Medien- und Wissenschaftskultur", 34.

40) Geertz, "Blurred Genres".

41) Hamm, *Generation Ally Lifestyle Guide*.

42) Maase, "Jenseits der Massenkultur" 참조.

43) Zinnecker, "Das Deutungsmuster Jugendgeneration", 74 이하.

44) Schulze, *Die Erlebnisgesellschaft*, 33~78, 93~123 참조. 이 점에 대해서는 Maase, "Der Banause und das Projekt shönen Lebens" 참조.

45) Pauser/Ritschl, *Wickie, Slime und Paiper*, 10.

46) Brecht, *Flüchtlingsgespräche*, 1496.

47) Keupp, *Identitätskonstruktionen* 참조.

48) 콜리와 스치들리의 서문, Kohli und Szydlik (Hg.), *Generationen in Familie und Gesellschaft* 참조.

49) Lüscher, "Generationenbeziehungen", 42. 같은 선상에서 Liebau, "Generation—ein aktuelles Problem?" 가족 내 소통에 관해서는 Zinnecker 외, *null zoff & voll busy*, 특히 15~17, 38 이하, 54 이하 참조.

50) 물론 동시대인으로서 우리가 그러한 평가들을 가지고 얼마나 잘못 생각할 수 있는지를 비고 그라프 블뤼허Viggo Graf Blücher는 『얽매이지 않는 세대』에서 증명하고 있다. 그는 여러 대학에서 소요가 일기 시작했을 때 이미 이데올로기와 무관하게 융합할 준비가 되어 있는 청소년의 모습을 그렸다.

4부

세대와 집단적 소통

기억공동체로서의 세대

세대적 오브제 '유대인 추모비'▸

울리케 유라이트Ulrike Jureit

'학살된 유럽 유대인 추모비'가 2005년 5월 10일 베를린에서 제막되었다. 이 추모비는 의심할 여지없이 독일연방공화국의 가장 야심차면서도 논란이 많은 기억 프로젝트들 가운데 하나이다. 베를린의 한복판에, 즉 국회의사당과 브란덴부르크 문에 바로 인접한 지역에 자리 잡은 이 추모비는 — 19세기 국가기념비들의 전통에 여전히 완전히 사로잡힌 채 — 가장 중요한 독일 홀로코스트 추모비라고 주장하고 있다. 이러한 요구에는 그럴 만한 이유들이 있기에 결국 연방하원은 10년 넘도록 이례적으로 광범위하게 지속된 논쟁[1]과 예술공모전, 전문가 콜로키움, 부지(敷地) 이전, 연방수상의 성명 끝에, 1999년 6월 25일 건축가 피터 아이젠먼Peter Eisenman의 수정된 기획안을 과거 정부청사가 있던 부지에 실현시키기로 결정했다. 5시간에 걸친 논의 끝에 내려진 연방하원의 결정은 다음과 같은 사항을 확정했다. "독일연방공화국은 학살당한 유럽 유대인들을 기리

▸ 원래 명칭은 "학살된 유럽 유대인 추모비(Denkmal für die ermordeten Juden Europas)"이나 제목에서는 "유대인 추모비"로 옮기기로 한다.

는 추모비를 베를린에 건립하기로 한다. 이 추모비로 우리는 학살당한 희생자들에게 경의를 표하고, 독일 역사의 상상할 수조차 없는 사건에 대한 기억이 사그라지지 않게 하며, 미래의 모든 세대들에게 결코 다시는 인권을 훼손하지 말 것이며 부단히 민주주의적 법치국가를 수호하고 법 앞에서 인간의 평등을 지키며 모든 독재정치와 전제정치에 저항할 것을 경고하고자 한다."[2)]

의회는 이 밖에도 "독일연방공화국은 …… 민족사회주의의 다른 희생자들을 예우를 갖춰 추모할 의무가 있다"[3)]는 견해를 표방했다. 하지만 베를린 추모비에 정부가 개입하는 것은 연방하원에서 다수결로 부결되었다. 중요한 것은 국가적 추모비가 아니라 시민들이 만든 추모비라는 점을 추모비의 발기인들과 후원자들이 지금까지 고수하고 있기는 하지만, 지하 사료실 정보의 장소(Ort der Information)와 더불어 2,711개의 콘크리트 석주(石柱)로 구성된 이 예술작품은 연방하원의 결정, 건립과 유지의 책임을 맡은 재단 설립, 특히 연방대통령과 연방수상이 참석한 가운데 치러진 제막식을 통해 국가적 존엄성을 획득하였다.

이 추모비는 현재 홀로코스트 역사에 대한 독일인들의 중요한 기억의 장소이다.[4)] 이것은 민족사회주의의 범죄에 대한 특정한 해석을 상징할 뿐만 아니라, 이 추모비가 정치적으로나 사회적으로 관철될 수 있었기 때문에 다수의 동의를 얻은 것으로 이해되는 정체성을 부단히 제공하고 있다. 언론인이자 이 추모비의 발의자인 레아 로쉬Lea Rosh는 이 프로젝트의 발단을 다음과 같이 회상한다. "이 생각이 든 것은 1988년입니다. 에버하르트 예켈Eberhard Jäckel과 나는 유럽 유대인 학살에 관한 4부작 TV 다큐를 제작했었죠. 우리는 예루살렘에 있는 야드 바셈Yad Vashem, 즉 이스라엘에 있는 학살당한 유럽 유대인들을 위한 대규모 추모지에 서 있었습니다. 예켈이 자신은 오래 전부터, 그러니까 처음 이곳에 왔던 1972년부터, 여기 희생자의 나라처럼 가해자의 나라에도 이와 비슷한 추모비가 있어야만 하지 않겠느냐 생각한다고 내게 말하더군요. 나는 즉시 납득할 수 있었습니다. 가해자의 나라에도 그런 것이 있어야만 하겠구나. 이 행위를 기억하게 하는 어떤 추모비 혹은 추모지가 말이죠. 하지만 나는 우리가 왜 가해자의 나라에 그런 추모비나 추모지를 아직 두지 못했는지 잘 이해할 수 있을 것 같다고 그에게 대답했습니다. 이 행위가 너무 어마어마하고, 아직은 그다지 먼 과거의 일이 아닌데다, 죄는 너무 막중하고, 가해자들은 아직 우리 가운데 있기 때문이라고요. 하지만 나는 그에게 우리가 이를 변화시킬 것이라고도 말했습니다. 우리가 그러한 추모비를 세울 것이라고요."[5)]

추진 배경이 된 이러한 일화는 이후의 상징 형성에 포함될 핵심적 요소들을 이미 지적하고 있다. 희생자와의 관련성, 정체성 작업, 죄의 유무에 대한 담론은 홀로코스트 이후 60년 동안 보편적인 구속력을 요구해온 과거 해석이 지닌 특징이다. 본 논문에서는 추모비와 전시회로 물질화된, 민족사회주의의 집단범죄에 대한 이러한 해석을 세대 특유의 의미 형성으로서 기술하고자 한다. 이를 위해 필자는 첫 번째로 집단기억의 개념을 설명하고, 이를 세대 개념과 관련지을 것이다(I). 이를 통해 '세대'는 시대 구분적 요소이자 역동적 요소일 뿐만 아니라, 이를 넘어서서 기억 범주로서 파악된다(II). '학살된 유럽 유대인 추모비'의 예에서 그룹 특유의 기억 과정과 의미 형성 과정은 사회적일 뿐만 아니라 — 이 경우에서처럼 — 또한 세대적으로도 이루어질 수 있다는 것이 드러난다. 희생자와의 동일시와 유일성 테제(Singularitätsthese)▶는 상당한 갈등에도 불구하고 베를린 추

▶ 일반적으로 '홀로코스트'는 많은 사람들을 불에 태워 죽이는 것을 의미하지만 2차 세계

모비와 함께 전 사회적으로 받아들여진 과거에 대한 세대 특유의 구상(構想)을 대변한다(III). 세대를 기억공동체로 기술하게 되면, 베를린 추모비의 경우에서는 이 추모비가 보여주는 예술적 미학적 차원을 세대 특유의 특징으로 식별하고 연령 특성이 반영된 과거 해석의 사회화를 실감할 수 있게 된다(IV). 그리고 특히 국가와 관련된 기념비가 문제가 되는 경우에는 정치적 결정 과정에 특별한 역할이 부여된다(V).

I.

우리의 기억이 사회적인 것이라는 인식은 기억 과정을 이해하는 데 매우 중요하다.[6] 일련의 사회화 과정에서야 비로소 인간에게는 기억이 주어지기 때문이다. 기억은 상호적인 의사소통 과정을 통해 생겨나고 굳어진다. 의사소통한 것을 기억하는 것이다. 우리의 기억은 사회적으로 틀지어져 있다. 즉 기억은 우리가 속한 다양한 그룹과 환경에 얽혀 있는 것이다. "사회 속에서 살고 있는 인간들이 기억을 고정시키고 재발견하기 위해 사용하는 관련 틀의 외부에 있는"[7] 기억이란 존재하지 않는다.

이러한 틀이 바뀌거나 우리가 어떤 특정한 사회적 그룹을 떠나게 되면,

대전 종전 이후부터는 나치에 의해서 자행된 유대인 대량학살을 일컫는 고유명사로 사용되어왔다. 1970년대에 벌어진 홀로코스트 개념을 둘러싼 논쟁의 과정에서 제기된 "유일성 테제"는, 나치에 의한 유대인 대량학살을 역사상 다른 민족 학살이나 대량학살과 구별짓는 것은 바로 실제 (혹은 의도한) 희생자의 수, 국가 차원의 대규모 계획 수립, 체계적인 실행 등의 측면에서 역사상 비교할 수 있는 사건이 없다는 '유일성'에 있다는 점을 강조한다.

중요한 관련성들은 상실되고 기억들은 희미해지며, 혹은 이미 알고 있던 사물들이나 사건들을 우리는 망각하게 된다. 어떤 한 그룹과 이 그룹의 삶의 조건들이 변하면, 그 그룹은 특정한 기억들을 떨쳐버리거나 새로운 사회적 틀에 좀 더 잘 부합하는 새로운 기억들을 추가한다. 이러한 수정 작업은 우리의 기억들이 현재와 상당히 관련되어 있다는 점을 보여주며, 우리가 과거를 재구성한다기보다는 오히려 과거에 대한 하나의 이미지를 만든다는 점을 설명해준다. 그동안 진부한 것으로 여겨져 버린 견해, 즉 우리의 뇌는 지각하는 모든 것을 저장하여 사용할 수 있게끔 유지한다는 생각과는 달리, 오늘날에는 학문 전반에 구성주의적 견해가 지배적이다. 기억 과정과 관련해서 우리는 또한 의미 형성과 정체성 작업에 대해서도 논한다. 기억하는 자는 자신이 누구인지 알고자 하며 이는 개인뿐만 아니라 사회적 그룹들에도 적용된다.

개인적 기억과 집단적 기억의 관계는 부분과 전체의 표상에 국한되지 않는다. 오직 개인들만이 신경세포에 의한 기억을 사용하기는 하지만, 이와 동시에 "각각의 집단적 기억은 …… 시간적 공간적으로 제한된 하나의 그룹을 담지자"[8])로 지니고 있다. 그렇지만 집단들도 기억의 주체일 수 있다는 인상이 종종 생겨난다. 이러한 경향이 특히 강하게 나타나는 경우는 강력한 정체성 잠재력을 지니고 있는 국가적 기념비들이 문제가 될 때이다. 하지만 집단들은 생각할 수도 행동할 수도 없으며, 개인들처럼 과거의 사건들을 기억하지도 않는다. 집단적 기억이라는 은유를 넘어서서 더욱 중요한 것은 개인적 기억을 사회적으로 생겨난, 사회적으로 관련된 논쟁 속에서 항상 변화하는 기억으로 파악하는 것이다. 다양하고 끊임없이 변화하는 그룹들에 속해 있다는 사실은 그 기억이 갖는 집단적 표식을 우리의 기억에게 제공하지만, 이와 동시에 다양한 집단적 영향들의 독특한 결합이 그 기억의 개별성을 형성한다. 모리스 알박스에 따르면, "각각의 개인적 기억은 집단적 기억을 조망할 수 있는 지점이다. 이러한 조망지점은 우리가 취하고 있는 자리에 따라 바뀌며, 이 자리는 또한 내가 다른 환경들과 유지하는 관계에 따라 바뀐다".[9)]

알박스에 따르면, 한 그룹의 형성은 특정한 이해관계, 즉 "그룹의 중요한 인물들과 회원들에게 반영되어 있기는 하지만 모두를 위한 의미와 영향력을 유지하기에 충분할 만큼 보편적이고 비개인적인 생각과 기대의 질서"[10)]를 추구한다. 모든 사회적 그룹은 기억문화의 형식들을 발전시키려는 경향이 있다.[11)] 비교적 느슨한 결합들조차도 어느 정도 형성된 기억공동체를 보여준다. 과거의 현재화 작업은 그룹과 관련된 지속적 의제(Kontinuitätsfiktion)(알박스)로 파악될 수 있는데, 즉 그룹은 과거와 관련성을 만들어냄으로써 집단적인 정체성을 제공하는 것이다.[12)] 그룹은 "자신의 상호작용 형식들의 무대뿐만 아니라 자신의 정체성의 상징들과 기억에 대한 근거를 제공하는 장소들을 만들고 확보하고자" 노력한다. "기억은 장소를 필요로 하며 공간화하려는 경향이 있다.…… 집단기억은 그것의 담지자들에게 밀착되어 있으며 임의적으로 양도될 수 없다. 집단적 기억에 참여하는 자는 이를 통해 자신이 그 그룹에 속한다는 것을 입증한다."[13)]

집단적 기억의 크기는 고정된 것이 아니다. 그것은 문화적 실천 과정에서 생겨나고 변화한다. 이를 위해 공동체들은 특수한 기술들을, 특히 언어적 저장물을 사용한다. 언어는 우리의 기억에 변혁을 일으켰다. 하지만 의미나 정체성을 형성하는 데 언어가 갖는 본질적인 의미에도 불구하고, 문자문화 또한 제의와 축제 같은 '구술적' 기억술을 통해 특징지어진다. 그동안 ― 특히 문화인류학적, 사회인류학적 연구들을 수용함으로써[14)] ― 기념비 문화와 축제 문화에 관한 상당히 광범위하고 분석을 요구하는 수준 높은 연구가 이루어졌다.[15] 이러한 연구가 보여주는 바는, 모든 사회는 안정적인 사회적 연관관계들을 발전시키고 유지하기 위해 상징적인 "일관된 표현시스템"을 필요로 한다는 점이다.[16] 이 경우 상징적 행위나 경계짓기는 인간의 경험을 체계화하는 데 기여한다. 그러한 질서시스템 없이는 공동체는 붕괴되거나 공동체의 자화상을 둘러싼 끊임없는 논쟁에 휘말린다고 한다.

축제, 제의 혹은 춤과 함께 기념비는 집단적 기억의 표현 형식이다. 니퍼다이Nipperdey의 견해에 따르면, 기념비는 "정치적, 종교적, 문화적, 역사적 의식 상태가 생생하게 드러난" 하나의 상징으로 이해될 수 있다. 기념비들은 "수많은 경쟁적인 제안들과 다수의 결정들을 거쳐서 나온 작품이며, 본질상 특별한 요구와 특별한 종류의 공공성과 지속성을 소유하고 있는 제작물이다".[17] 계몽주의 이래로 기념비들은, 예를 들자면 전쟁 희생자나 '전몰' 용사처럼 폭력에 의해 죽은 사람들에게 주로 헌정되었다. 정치적 사자(死者) 숭배는 우리의 문화 목록과 집단기억의 본질적인 한 부분이다. 기념비들은 승리나 폭력적 죽음을 상기시킨다. 다시 말해 그것들은 사건들을 이미지로서 영속적으로 세워두고자 한다. 라인하르트 코젤렉은 전몰자 기념비와 관련해서 "살아남은 자들의 정체성 형성"에 관해 말하고 있다. 수많은 역사적 계기와 사건들, 공동체적 변화와 사회적 변혁에도 불구하고 정치적 사자 숭배의 형상언어와 도상학(圖上學)은 수백 년이 넘도록 비교적 항구적으로 남아 있다. "폭력에 의해 죽임을 당하는 일이 계속해서 새롭게 일어날 것이며, 기억의 형식들은 제한적으로 남게 될 것이다"[18]라고 코젤렉은 냉담하게 말한다.

이 지점에서 어떤 기념비의 미학적 형상은 그때마다의 역사적 상황 너머를 가리키고 있다는 점이 또한 도출된다. 기념비들은 역사적 장소에 매여 있지 않다 — 완전히 그 반대다. 기념비들은 기억의 장소를 비로소 만들어내고 진정성의 고유한 아우라를 형성해낸다. 여기서 결정적인 것은, 기념비는 결코 그 자체로 존재하는 것이 아니라는 점이다. 기념비, 제의, 신화는 서로 관련되어 있으며 하나의 "체험공간(Erlebnisraum)"[19]을 구성한다. 상징 언어가 갖는 특수성뿐만 아니라 "상징들에게 생명을 부여하는 것, 즉 상징들의 사용"[20] 또한 중요하다. 기념비를 방문한다거나 추모제와 연례기념일에 참여하는 것을 통해 관련된 그 사건이 특별한 방식으로 실체화된다. 그 사건은 다른 이들과 함께 공유하는 것이 되고, 특히 공개적으로 현존하게 된다. 이를 통해 각 개인은 사건을 체험하고 제의적으로 경험하게 된다. 각 개인은 일반적으로 자신이 직접 경험하지 않은 과거의 사건은 기억하지 않기 마련이지만, 추모의 공동체적 제의가 구심 역할을 한다. 중요한 것은 과거와 관련성을 가지고 있으면서도 현재와 관련된 공적이며 공동체적인 체험인데, 이는 정기적인 반복을 통해서 연속성과 정체성이 경험될 수 있도록 해준다. 제의적 행위를 통해서 감정적 결속이 맺어지거나 현실화되고 동시에 후세대에게도 전달된다. 따라서 집단기억은 상징적 행위들을 포함할 뿐만 아니라 공동체적 체험과 감정적 결속을 통해서도 특징지어진다.

II.

신경세포적 토대가 결여되어 있다는 점을 근거로 하면 집단들은 엄밀한 의미에서 기억을 갖지 못한다. 그럼에도 초개인적인 기억 과정의 담지자들, 즉 사회적 행위자들에 관한 질문이 제기된다. 이제는 이미 거의 상투적이 되어버린, 집단적 혹은 문화적 기억에 관한 언설들은 전 사회가 기념비를 세우고 축제를 벌이거나 행렬들을 조직하면서 거기에 참여하고 있다는 인상을 자주 불러일으킨다. 미심쩍은 경우 대중으로서 참여한 주체들은 익명으로 머무른다. 하지만 상징적 재현 과정은 훨씬 복잡하며 결국 담론 과정으로서만 추체험될 수 있다. 이 경우 우리는 다양한 이해관계와 임무를 갖고 있는 상이한 그룹들이 참여하는 사회적 행위와 관련을 맺어야만 한다. 기억담지자들은 수적으로나 전문성에서나 다양하다. 그들은 많은 경우 전문가들이나 엘리트들이며, 혹은 집단적 기억을 주도하거나 조직하는 데 자신들이 특별히 적합하다고 입증하거나 생각하는 비교적 소규모의 사회적 단위들이기도 하다. 이들은 아마도 특수한 지식이나 특출한 능력들을 사용하는데, 이러한 점이 그들의 특별한 역할을 정당화한다. 박물관이나 민속의상 무용단이나 할 것 없이 대체로 중요한 것은, 특히 매체 사회에서는, 소수의 행위자와 다채로운 참여 형태이다. 따라서 집단기억은 본질적으로 의사소통 과정인 것이다.

'계급(Klasse)'과 '계층(Schicht)'이 이미 기억 범주로서 검증된 반면, 세대 개념은 이러한 관점에서 지금까지 거의 요청되지 않았다. 세대 연구에서는 일반적으로 정치세대와 가족세대가 구별된다. 가족세대가 전진하는 생식력을 의미하고 이로써 "인간 종(種)의 재생산 과정에서"[21] 시간의 단위를 표시하는 반면, 정치세대는 사회적 행위자로 이해될 수 있다. 사회적 행위자들은 사회화의 조건들이 동일하게 영향력을 행사한다는 가정 아래 생각, 느낌, 행위가 특정하게 형성될 수 있도록 결속한다. 공동체 형성의 전제 조건으로서 간주되는 연령 특유의 의미 모형, 행위 모형, 해석 모형이 문제가 되는 것이다. 차이 범주로서든 시대 구분의 도구로서든 세대 연구자들은 따라서 '세대' 범주에서 역사를 가속화하는 단서를 찾으면서, 사회적 행위자들의 태도 모형과의 역결합(Rückbindung)을 통해 역사적 변화를 설명할 수 있다고 주장한다.

이를 넘어서서 '세대'는 사회의 방향 설정, 시간적 자리매김과 집단의 결속에 대한 개인적인 필요에도 부응한다. 세대소속성은 특정한 입장과 태도의 목록을 포괄하는, 사회 안에서 확정된 자리를 제공하기 때문에 정체성 측면에서 구체적이다. 이러한 의미에서 세대 구성원들의 동일한 형태의 지각구조와 의식구조에서 출발한다면, 이러한 공통적 표지는 연령 특유의 과거 해석을 포함하게 된다. 따라서 세대는 기억공동체와 서사공동체로 이해될 수 있는데, 이들은 과거의 사건들에 대해 그룹 특유의 관점을 갖고 있으며 이를 다른 견해들과의 경쟁이나 보충을 통해 전 사회적으로 알린다.

하지만 세대-기억에서 특별한 점은 무엇인가? 지금까지 가족세대와 정치세대를 비교적 엄격하게 구분한 탓에 집단적 기억 과정과 연령 특유의 사회화 과정 사이의 관계에 그다지 주목하지 못한 것은 사실이다. 정치적 세대모델이 오히려 사회적 맥락이나 역사적 맥락으로 편입될 수 있다면, 가족적 세대 이해는 교육적 심리분석적 영역의 몫이 된다. 이러한 분리와 관련되는 것이 또한 다음과 같은 상이한 관점이다. 즉 가족세대는 예컨대 부모-자식 관계 같은 통시적 세대계승에 집중하고 그럼으로써 연속성과 유산을 강조하는 반면, 정치세대는 이와는 반대로 사회적으로 정의된다는 것이다. 정치세대는 동년배집단을 중심으로 수평적으로 배치되는데, 이는 "새로운 문화 담지자들의 상시적인 새로운 투입"[22]이 확실히 매우 중요하기 때문이다.

이제 세대를 기억공동체로 기술하게 되면, 가족적 세대 이해와 정치적 세대 이해를 서로 관련짓는 것이 가능해진다. 여기서는 프로이트의 『기억, 반복, 훈습』에 따른 기억에 관한 이해가 중요시된다. 여기서 프로이트는 어떻게 억압된 것이 기억으로 재생산되지 않고 행동으로 반복되는지를 설명한다. 억압된 것을 기억하는 것에 대한 저항이 크면 클수록 기억은 강제적 반복을 통해 한층 더 풍부하게 대체된다고 프로이트는 자신이 관찰한 바를 설명하고 있다. "따라서 우리는 피분석자가 의사에 대한 개인적 관계에서뿐만 아니라 자신의 삶에서 일어나는 모든 다른 동시적 행위 및 관계에서도, 기억에 대한 자극을 대체하는 반복에 대한 강박에 빠진다는 점에 주의할 필요가 있다."[23]

해결되지 않은 갈등이나 억압된 체험들은 기억되는 대신 반복되면서 무엇보다 전이현상으로 나타나 실제로 비로소 접근 가능해진다. 따라서 전이현상에 분석적으로 주의를 기울일 필요가 있다. 이렇듯 반복강박과 전이사건은 기억의 특별한 형식으로 파악될 수 있으며, 이 형식들 속에서 개별적 주체화의 해결되지 않은 갈등들이 재생산된다. 심리적 장치와 개인적 정체성의 발전은 세대계승과 가족적 세대 이해와 밀접하게 결부되어 있다. 몇몇 정신분석가들은 "감정유산(Gefühlserbschaft)"(프로이트), 즉 이른바 "세대들의 중첩(Ineinanderrückung der Generationen)"[24]을 강조한다. 이 경우 문제가 되는 것은 세대 간의 부정적 결속을 보여주는 동일시다. 이러한 동일시는 소외적이며 그 어떠한 재현 형성에도 저항한다.[25] 프로이트와 관련하여 정신분석가 에리카 크레이치에 따르면 "그 어떤 세대도 중요한 심리적인 사태를 다음 세대에게 숨길 수 없다".[26] 초세대성(Transgenerationalität)은 갈등의 여지가 있는 가공되지 않은 내용을 탈동일시의 과정을 겪지 않고 후세대에 전수하는 것을 의미한다. 이와 관련하여, 그리고 내적 대상의 형성과 관련해서 크레이치는 정신분석적 세대 모델을 만들어냈으며 이와 연관된 심리적 손상을 강조했다. 크레이치가 도달한 결론은, 프로이트의 일차적 동일시에 비견될 만할 이러한 과정에 있는 자아에게는 "고유한 느낌과 생각을 위한 여지가 거의 남아 있지 않다"[27]는 것이다.

주체화는 개인의 발전과 성숙의 일부이며 따라서 특수한 가족적이고 사회적인 영향 아래 놓여 있다. 이러한 영향들이 개인적으로는 차이가 난다 하더라도 특정한 역사적 상황에서는 비슷한 구조적 조건들이 형성된다. 특히 20세기 전반은 이러한 관점에서 볼 때 한도를 벗어난 집단 폭력, 가공할 만한 죽음과 상실의 경험, 인간, 장소, 사물에 대한 감정적 결속의 대량 파괴와 같은 경악할 만한 규모의 파괴성으로 특징지어진다. 게다가 우리가 문명파괴라고 부르곤 하는 것은 후세대의 주체화에 영향을 끼치는 집단 경험들에 속한다. 따라서 전쟁 세대와 전후 세대는 그들의 심리적 구조에서 비슷한 손상을 경험했다고 할 수 있다. 이러한 연관성은 정치세대 개념과의 결합을 만들어내게 한다. 역사적 대사건이 아니라 1935년에서 1945년 사이에 태어난 자들이 지니고 있는, 구조적으로 비교할 만할 심리적 상태가 세대를 형성한다고 이해될 수 있다는 점은 다음 장에서 제시될 것이다.

III.

이른바 68세대에 대한 연구자들의 지속적인 관심은 권력의 핵심부에 자리를 차지한 자들이 현재 그들이라는 사실과도 아마 밀접하게 관련이 있을 것이다. 이러한 세대관련의 핵심은 전쟁 세대와 전후 세대이며, 이들은 학문적 입장에 따라 "가해자의 자식(Täterkinder)" 혹은 "전쟁시기에 태어난 아이들(Kriegskinder)"이라고 낙인찍힌다.[28] 이 두 명칭의 선택은 유감스러운 감이 없지 않다. 왜냐하면 68세대의 부모는 어쨌든 법률적 의미에서는 완전히 '가해자'는 아니었기 때문이다. 설사 그렇다 하더라도 전쟁 경험이 이 연령 그룹에 실제로 얼마나 지속적으로 각인되었는지는 일괄적으로 말할 수 없을 것이다.

그런데 전쟁시기와 전후시기를 거치면서 구조적으로 유사한 주체화의 조건들이 지배적이었다는 사실은 구속력이 있어 보인다. 이러한 특수한 조건적 구조에 속하는 것은 무엇보다도 관련자들 특히 아버지의 죽음이나 부재, 몸소 경험했거나 상상한 무자비한 폭력적 경험, 경제적, 정서적, 사회적 돌봄의 실존적 결여, 가족적이고 사회적인 모범상의 평가절하이다. 이 목록은 더 추가될 수도 있을 것이다. 여기서 결정적으로 보이는 것은, 그러한 상황들로 인해 부모라는 내적 대변자로부터의 분리가 손상받을 정도로 정체성 발달에 영향을 받았다는 점이다. 이 경우 확실히 문제가 되는 것은 어떤 과정인데, 이 과정은 정신분석학적 관점에서 볼 때 결코 이 그룹에만 특별한 것은 아니다. 물론 이 그룹이 민족사회주의 시기 동안 사회적 행위자로서 책임을 떠맡은 행동하는 자들에 속했던 부모와 동일시되는 상태에 머물러 있다는 점은 의미심장하다. 여기서는 다양한 형태의 참여와 협력이 일반적으로 문제가 되겠지만, 행사된, 허용된 혹은 상상된 폭력에 관한 문제가 눈에 띄게 의미를 갖는다. 대량학살 정책, 테러와 전쟁은 사회적 관례에서 벗어나 거의 제어될 수 없었던 파괴성의 정도를 세대적 장벽을 넘어서도 특징짓고 있다. 한도를 벗어난 그런 폭력의 유산은 개인적 차원뿐만 아니라 제도적 차원에서도 파국과 다를 바 없다.

'제1'세대의 태도가 개별적으로 어떻게 보였든지 간에, '제1'세대는 폭력을 행사할 준비가 되어 있음이 자식들에게 빈번히 체험되거나 상상되었다. 저지른 범죄의 부정(否定)은 오직 자신의 죄를 방어하는 데 이용되어 자신들의 폭력적 과거를 그저 입증하는 것처럼 보인다. 구체적인 삶의 상황과 테러와 박해의 조직과 행사에 관해 알려진 바가 적으면 적을수록, 그리고 홀로코스트와 여기에 책임 있는 가해자들에 관해 후세대가 아는 바가 적으면 적을수록, '체험세대(Erlebnisgeneration)'는 한층 일괄적으로 혐의를 받았던 것이다. "30세 이상인 사람은 어느 누구도 믿지 마라" — 이 말에는 자신의 부모에 대한 깊은 공포가 표현되어 있다.

그러한 혐의를 받는 부모와 동일시되어 있는 자는 비정상적인 내적 갈등에 사로잡힌다. 실제 가해자와 상상된 가해자를 멀리 떼어놓으려 하지만 애증의 대상인 부모에 대해 갖는 자신의 양가적 태도를 진정시키려는 시도의 본질은 희생자에 전념하는 데 있다. 민족사회주의적 과거를 청산하고 대량학살 정책으로 인한 수백만 명의 희생자들을 인정한 것은, 물론 다른 이들도 거기에 참여했다 하더라도, 의심할 여지없이 68세대의 탁월한 공헌이다. 하지만 대량학살과 집단학살수용소에 관한 침묵을 깼다는 정치적이며 사회적인 의미 말고도 여기에는 체험세대와 자신의 감정적 결속에서 탈피하려는 시도가 표현되어 있다. 이런 이유로 크리스티안 슈나이더Christian Schneider는 희생자에 대한 몰두를 반동일시화(Gegen-Identifizierung)로 설득력 있게 표현했다.[29] 68세대가 희생자들과 이렇게 관련을 맺은 것은 학살당한 자들을 기한이 지나서야 인정하고 경의를 표한 것 이상의 의미였다. 학생들이 일컬었던 바의 '연대'뿐만 아니라 그들이 자기 자신을 스스로 희생자라고 느꼈다는 점이 중요한 것이다. 1960년대와 1970년대에 가해자-희생자 공식은 과거와 관련을 맺었을 뿐만 아니라, 오히려 후세대는 자신을 독일의 파시즘적 시스템의 희생자로 상상했다. 이 시스템에서 이제 그들은 박해받는 자들이었고, 스스로가 '유대인'이었던 것이다. "파시스트적이다(faschistoid)"▸가 슬로건이었으며, "USA-SA-SS"▸▸와 같은 구호들이

▸ faschistoid: "파시즘과 유사한", "파시즘의 특징을 보이는"이라는 뜻.

▸▸ USA-SA-SS: USA(미국)-SA(나치돌격대)-SS(나치친위대). 베트남 전쟁을 수행하고 있

진지하게 언급되었다.

세대 갈등의 이러한 무의식적 부분은 원외저항운동연합(APO)의 모든 중요한 행동 영역에 낙인을 찍었다. 특히 베트남 전쟁이 문제가 되었을 때 그랬다. 하지만 예컨대 베노 오네조르크▸의 죽음이나 비상조치법 역시 나치친위대 국가가 귀환하는 증후로 해석되었다. 반복의 강박은 고유한 역동성을 펼쳐 나갔다. 울리케 마인호프▸▸는 1968년만 하더라도 약간 유보적으로 다음과 같이 표현했다. "우리 독일인은 유대인을 증오했다. 그리고 공산주의자들도 증오했다. 그런데 이제 유대인들을 증오할 수는 없다. 보아하니 공산주의자들은 더 이상 관심을 끌지 않는다. 학생들을 증오하는 것은 현재 민주주의적 상부구조가 금지하고 있다."[30] 감방에 있을 때는 편집증적 지각 증세가 더 구체화되었다. "쾰른 교도소의 죽음의 독방을 위한 정치적 개념은, 내가 분명히 말하건대, 가스다." 구드룬 엔슬린Gudrun Ensslin은 "죽음의 독방과 격리의 차이는 아우슈비츠와 부헨발트의 차이이다. 이 차이는 간단하다. 부헨발트가 아우슈비츠보다 더 오래 남아 있었으니까"[31]라고 덧붙였다. 여전한 예의 반항심으로 1975년 보미 바우만Bommi Baumann은 "그들이 너를 어떻게 제거하든, 여하간 그곳에서 네가 뭘 하는지는 그들에게는 전혀 관심 밖이다. 이제 다시 아우슈비츠로 이송

는 미국을 나치돌격대와 나치친위대와 동일한 선상에 놓고 전쟁 반대와 제국주의에 대한 저항을 표현한 68운동 시기의 구호.

▸ 베노 오네조르크(1940~1967)는 1967년 6월 2일 베를린에서 있었던 이란 국왕 부처의 방문에 항의하는 대학생들의 시위 도중에 경찰이 발포한 총에 의해 사망했다. 이 사건은 독일의 68운동이 본격적으로 전개되는 도화선이 되었다.

▸▸ 울리케 마인호프(1934~1976)는 1960년대 독일 학생운동을 주도적으로 이끌었던 저널리스트이며 적군파(RAF)를 결성했다.

되어가기 전에, 내가 차라리 먼저 총을 쏴버리고 말 것이다, 명심해두라고"[32]라며 고백했다. 이 정도로 위협받고 있다고 느끼는 자는 자신들이 적들에게 포위되어 있다고 볼 뿐만 아니라 자신의 폭력 또한 정당방위로서 합법화한다.

홀로코스트 문제는 사실 전투적인 그룹들이 특히나 빈번하게 독차지했다. 그럼에도 아우슈비츠는 성적 해방, 자본주의 비판 혹은 핵무기가 이슈가 된 것과는 전혀 상관없이, 원외저항운동연합에게도 그들 특유의 사회분석을 위한 합법적인 비교의 배경으로 작용했다. 예컨대 한스 마그누스 엔첸스베르거Hans Magnus Enzensberger는 1964년 핵 위협에 관해 "하지만 이 장비는 아우슈비츠의 현재이자 미래이다. 내일의 인종청소를 계획하는 자가 어제의 인종청소를 어떻게 판단하고 심지어 극복하려 한단 말인가"[33]라고 썼다. 한스-위르겐 크랄Hans-Jürgen Krahl은 1967년 "이러한 야당을 물리적으로 근절하려는 의도를 갖고 행정상의 폭력을 계획하고 있는"[34] 국가기관들을 비난했다. 오토 쉴리Otto Schily도 애써 민족사회주의와 비교했는데, 1976년 그는 슈탐하임에서 미군에 대한 공격을 천명하였다. "한번 생각해보십시오. 제3제국에서처럼 제국보안본부가 어느 기관에 대해 폭탄 공격을 감행했다고 말이죠. 이 폭탄 공격을 감행한 책임을 떠맡은 피고인을 상대로 재판이 진행되고 있다고 생각해보십시오. 여러분은 제국보안본부가 제거 공작, 즉 유대인 동료시민들에 대한 절멸 정책을 수행한 죄목으로 재판에 부쳐진 피고인이 자신의 판결을 위한 증거 조사를 직접 한다는 것은 거절하시겠지요?"[35] 또한 쉴리는 누군가 그러다가 목숨을 잃을 경우에도 상황에 따라서는 그것이 정당화될 수도 있다는 정당방위권을 적군파(RAF)와 관련지어 상기시키는 것을 받아들일 수 없었다.

극적 긴장감의 측면에서 볼 때 과도할 정도의 이러한 희생자와의 동일시와 더불어, 도덕적 엄격함으로 대표되는 '유일성 테제'는 한도를 넘어선 폭력의 유산을 떨쳐버리려는 심리학적 전략으로도 읽힐 수 있다.[36] '가해자'로 인식된 부모와의 동일시에서 벗어나기 위해서 '제2'세대는 계보학적 단절을 연출했다. 오직 그렇게만 자기 자신을 신세대이자 무고한 세대로 구분 짓고 또 정립하려 한다는 믿음 때문에 그러한 새로운 시작에는 완전히 특별한 정당성이 필요했다. 불가능한 것을 원하는 자, 즉 세대계승에서 이탈하려는 자는 아우슈비츠의 유일무이성만을 가지고 논증할 수밖에 없다. 유럽 유대인 대량학살은 문명의 단절뿐만 아니라, 68세대가 보기에는 세대 단절 혹은 도덕적인 새로운 시작을 수반하는 계보학적 종말을 표시한다. 크리스티안 슈나이더는 이러한 관련성을 설득력 있게 다음과 같이 서술했다. "'유일성 테제'가 여기서 중요한 이유는, 지식과 고통에서 얻어낸 세대적 새로운 시작의 창립 집단으로서의 의미를 제2세대에게 보증하는 완전한 도덕적 청구가 이 테제를 통해서만 이루어질 수 있기 때문이다. 유일성 테제의 견해가 무너지면, 이와 동시에 그들 자신의 자리매김에 대한 결정적인 보증 조건도 누락될 것이다."[37]

희생자와의 강박적인 동일시와 교조적으로 옹호되는 유일성 테제의 견해는 따라서 68세대의 두 가지 기억 형상들로 이해될 수 있다. 이것들의 특이점은 경험하거나 상상한 폭력의 맥락에서 개별적 주체화가 이루어졌던 세대적 상황을 통해 설명된다. 1960년대 말의 이러한 반란은 '가해자'로 인식된 부모와의 무의식적인 동일시에도 적용되었다. 30년이 지난 지금 이제 나이가 든 학생들은 사회적으로 안정된 지위를 갖추고 — 베를린 추모비의 예에서 보게 되듯이 — 동년배집단 특유의 해석 모형이 낳은 주목할 만한 결과이겠지만 "도덕적 엘리트"[38]로서 자신을 연출하고 있다.

IV.

이러한 특수한 과거 해석의 배경에서 레아 로쉬의 추모비 프로젝트에 대한 발언을 새롭게 읽어보면, 연령 특유의 기억 형상이 현재의 과거정책에 얼마나 지속적으로 영향력을 행사하고 있는지를 확인하게 된다. 가해자의 나라에 희생자의 나라에 있는 것과 비슷한 추모비가, 즉 "이러한 행위"를 기억하게 만드는 기념비가 있어야만 한다고 레아 로쉬는 표현했다. 희생자와의 관련성이나 유일성 테제의 견해가 오인할 여지없이 드러나고 있다. 동시에 여기서 요구된 "우리"가 누구를 의미하는지도 이제 분명해진다. "아직 우리 가운데" 있다고 하는 "가해자들"과는 대조적으로 이제 후세대들은 정치 세력으로 조직된다. "우리"란 "가해자"의 자식들, 즉 희생자와 동일시하는 자들이며 자신의 무죄를 주장하는 도덕적 집단이다. 추모비는 부모 세대와의 단절을 영속화해야만 하고, 도덕적으로 새로운 시작을 영구히 정립해야만 하는 것이다. "우리"가 홀로코스트를 이스라엘이나 미국에서와 마찬가지로 추모할 수 있기 위해서는 말이다. 그럼으로써 "가해자의 나라"에서 "희생자의 나라"가 되는 것이다.

이러한 주목할 만한 혼동에 직면하여 설명이 필요한 것은 1990년대에 이러한 기억 구상이 사회적으로나 정치적으로 어떻게 관철될 수 있었는가 하는 점이다. 추모비 건립에 관한 장기간의 공적 논쟁은 모순투성이기는 하다. 그럼에도 지속적으로 관련 당사자였지만 세대 단절을 통해 도덕적 이론의 여지가 없는 희생자 집단이 되어버린 이들이 제공한 정체성이, 자신들의 세대관련을 넘어서까지 성공적으로 자리 잡을 수 있게 되었다.[39] 이러한 논의를 집단적 이해 과정으로 파악한다면 이 과정과 함께 세대적 과거 구상의 사회화가 이루어진 것이라고 할 수 있다.

건축가 피터 아이젠먼의 수정된 기획안을 중요한 홀로코스트 기념비로 베를린에 실현시키자는 최종 결정에 이르기까지는 오랜 시간이 걸렸다. 시민들의 발의에서 재단 창립까지, 프린츠-알브레히트 부지에서 정부청사 부지로, 1994년 제1차 예술공모전에서 3년 후 제2차 공모까지, 헬무트 콜Helmut Kohl에서 게르하르트 슈뢰더Gerhard Schröder까지, 아이젠먼의 제1차 기획안에서 제4차 기획안까지, 통틀어서 접수된 552개의 제안들에서 1999년 6월 25일의 연방하원 결정까지, 스캔들로 확대되었던 후원금 모집에서 도덕적으로 오염된 그라피티(Graffiti)의 옹호에 이르기까지, 그리고 결국은 추모비 논쟁을 이따금 국내 정치의 이슈로 연출했던 언론매체가 보여준 상당한 정도의 관심에 이르기까지 말이다.

이러한 집단적 자기 확신에서 특징적이었던 것은 무엇보다도 베를린에 있는 프린츠-알브레히트 부지의 사용을 둘러싼 논쟁이었다. 이곳에는 민족사회주의 시기에 게슈타포 본부, 나치친위대, 제국보안본부가 자리 잡고 있었다. 1987년 이후에는 그곳에서 '테러의 지형학(Topographie des Terrors)'이라는 임시 전시회를 볼 수 있었는데, '제3제국'의 테러 주무관청들로 인해 주목을 받는 이 장소가 장기적으로 어떻게 사용되어야 하는지는 확정되지 않았었다. 바로 이곳에 유럽에서 학살당한 유대인들을 위한 추모비를 세우자는 제안 또한 비판에 부딪혔다. 즉, 과거 게슈타포 부지는 "가해자와 그들이 일했던 구조들에 대해, 오늘날까지 지속되는 이러한 구조들의 작용에 관해 생각할 수 있는 장소가 되어야만 한다"는 것이다. "추모비 하나를 세우는 것으로 이러한 과제가 해결될 수는 없다."[40)]

부지 선정을 둘러싼 갈등은 결국 다른 가능성들을 열어준 베를린 장벽의 붕괴 시점까지 중요한 논쟁점이었다. 여기서 문제가 된 것은, 베를린에 지나치게 현존하는 가해자의 역사를 어떻게 다루어야 하는가였다. 핵심적인 테러 주무관청과 다양한 가해자 그룹들을 끌어들이지 않음으로써 독일의 특수한 책임을 고려하지 않으면서도 그러한 장소에 추모비를 세우려는 의도는 희생자와의 동일시가 갖는 문제적 측면을 보여준다. 발의인들이 주장했던 바대로 유대인 희생자들을 위한 "순수한" 추모비가 "가해자의 나라"에 자연스럽게 있을 수 있는 것은 오직 민족사회주의 과거의 본질적인 부분을 소거할 때에만 가능하다. 독일에서 민족사회주의의 희생자들은 오직 부정적인 기억으로서만 상기될 수 있다.[41]

추모비 논쟁에서 두 번째 핵심적인 갈등은 시민발의인 및 재단, 독일 집시 중앙위원회(Zentralrat Deutscher Sinti und Roma) 및 다른 희생자 연맹들 간의 논쟁이었다. 문제가 된 것은, 학살당한 유럽 유대인들만을 위해서 추모비를 세우고 다른 박해자들과 학살당한 자들은 포함시키지 말자는 추모비 발의인들의 요구였다. 이에 대한 근거로 제시된 주장은 추모비는 충분히 특별하고 차별화되어야만 한다는 것이었다. '민족사회주의의 희생자들'을 일반적으로 기억했던 추모비들은 자기가 경험한 바로는 의미가 없다고 에버하르트 예켈은 생각했다. 유대인 학살은 전무후무하며 민족사회주의의 대량학살 정책의 핵심이었다는 것이다. 게다가 가장 중요한 홀로코스트 추모비는 다른 희생자 집단을 위한 다른 추모비들을 배제하는 것이 아니라고 한다.[42]

이러한 갈등은 유일성 테제의 견해를 광범위한 공적 논의의 대상으로 만들었다. 이 논의의 격렬함과 히스테리뿐만 아니라 무례함과 곤혹스러움은 추모비 논쟁이 얼마나 감정적으로 점철되었는지를 명백하게 보여주었다. 유일성 테제는 후세대 감정의 핵심을 형성하고 있다. 거기서 그들은 자신들의 자화상을 이끌어내고 홀로코스트가 갖는 해석상의 위엄에 대한 요구를 정당화하고 있는 것이다.

희생자와의 동일시와 유일성 테제는 추모비에 대한 사회적 논의뿐만 아니라 미학적 결정에도 영향을 미쳤다. 예술공모전에 출품된 두 개의 공모 텍스트는 이미 유럽 유대인에 대한 대량학살의 유일무이성을 강조하면서 이러한 견해를 절차의 전제 조건으로 만들었다.[43] 그런데 더욱 시사하는 바가 큰 것은, 선정되어서 지금은 현실화된 건축가 피터 아이젠먼의 기획안에 희생자와의 동일시가 어떻게 반영되어 있는지를 살펴보는 것이다. 1997/98년에 아이젠먼과 리처드 세라Richard Serra가 공동으로 작성한 프로젝트 설명문에는 다음과 같이 적혀 있다. "우리의 추모비는 불가해한 것, 평범한 것의 맥락에 서 있다. 이 기획안은 합리적이고 질서정연한 것으로 간주된 체제가 의도한 목표 설정을 두고 자신의 척도와 균형을 잃게 되면 인간적 이성에 대한 연계성을 상실하게 된다는 것을 암시하고 있다.…… 우리 프로젝트는 하나의 체제에 깃든, 여기서는 이성에 따른 판단 기준과 시간의 경과에 따른 그 판단 기준의 소멸에 깃든 불안정성을 명백하게 표현하고 있다……. 이것은 상실과 추모의 장소인 기억을 만들어낸다."[44]

'물결치는 석주들의 벌판(das Wogende Stelenfeld)'은 각각 가로 0.92미터, 세로 2.30미터의 약 4,000개의 콘크리트 기둥들로 처음에는 계획되었다. 높이는 7.50미터까지 변화시킬 수 있었다. 제1차 기획안에서는 수직에서 3도 정도까지 기울어졌던 석주들이 0.92미터의 간격으로 서로 떨어져 있게 되어 "바둑판 모양으로 놓인 전체 석주들 사이를 단지 한 사람씩 통과하는 것이 허용되었다".[45] 유대인 공동묘지, 특히 프라하에 있는 유대인 공동묘지와의 관련성을 아이젠먼과 세라는 직접 만들어냈다. 묘지로 덮인 그 벌판은 대량학살에 직면해서는 개별적 죽음에 대한 기억이 중지되기 때문에 당연히 의미가 더 확장되고 고양되는 것이다.

이 프로젝트 기획안은 수많은 전문가, 평론가, 관찰자에 의해 추상적이고, 개방적이며, 건축학적으로도 혁신적이라는 평가를 받았다. 이 기획안은 수백만 명의 유대인들에 대한 대량학살과 화해시키는 것이 아니라 방향감각을 탈취하는 "과감한 도전"이라는 것이다. 추모비는 위험의 감정을 발생시켜 "지금 우리는 기억으로 향하는, 또 이를 관통하는 우리 자신의 길을 찾아야만 한다"는 요구를 하고 있다고 한다.[46] 프로젝트 설명문이 문명적 충격과 불안을 상징적으로 표현했을 뿐만 아니라 이를 공간적으로 체험하도록 만드는 설득력 있는 시도로서 읽힐 수 있는 반면에, 수용자의 측면에서는 또 다른 감각적 인지가 우세했다. 이는 건축가 자신이 내놓은 논평과도 관련이 있었다. 예컨대 1998년 그는 한 인터뷰에서 다음과 같이 설명했다. "사람들은 이곳이 그들이 알고 있는 모든 다른 장소와는 다른 공간적 경험을 제공한다는 점을 알아채게 될 것이다. 우리가 만들려고 했던 것은, 길을 잃은 자리에 서 있을 때, 발밑의 바닥이 흔들릴 때, 주변으로부터 소외되었을 때 과연 어떤 느낌인지를 잠시나마 사람들에게 제공하는 것이었다."[47]

방문객은 감각적 경험을 해야 하고, 자신의 몸에서 "고독의 테러(Terror der Einsamkeit)"를 느껴야 하며, 희생자가 된다는 것이 어떤 것인지를 느껴야 한다는 것이다. 아이젠먼은 좀 더 구체적으로 설명을 했다. "50년 후에 홀로코스트에 관해 아무것도 알지 못하는 일본 여행객이 온다면, 그는 이 기념비에 발을 들여놓자마자 무언가를 느낄 것입니다. 아마도 그는 가스실로 가는 것이 어떤지를 느끼게 되겠지요."[48] 이러한 의미 부여는 추모비 전체 프로젝트에는 다소 적절하지 않을 수도 있다. '제2'세대는 상징적 표현으로서 아우슈비츠에서의 죽음에 대한 건축학적 시뮬레이션을 선택한다. 이는 오만한 태도일 뿐만 아니라, 이러한 세대적 기억 구상이 갖고 있는 경시와 부정의 잠재성을 명백하게 보여준다. 이 지점에서 많은 이들을 놀라게 했던 독일 유대인협회 회장인 파울 슈피겔Paul Spiegel의 거침없는 비판이 시작된다. 2005년 5월 10일 제막식 연설에서 그는 "가해자의 동기가 추모비 자체에 테마화되어 행위와 가해자와의 직접적인 담판이 가능했으면 좋았을 것 같았다"[49]고 밝혔다. 계속해서 그는 "학살당한 자들에 대한 추모는 구경꾼들에게는 죄와 책임에 대한 문제와 대면하는 것을 면제하고 있다"고 했다. 하지만 희생자와의 동일시뿐만 아니라 다른 희생자 집단을 엄격하게 배제한 것도 슈피겔에게는 비판적 입장 표명의 계기였다. "유감스럽게도 이러한 논의는 희생자들과 이들이 겪은 고통의 서열화라는 위험을 은폐시켰다." 두 가지 관점에서 그는 비유대인인 '제2세대'의 핵심적인 기억 형상들을 연관시켰던 것이다.

비판의 화살은 이미 이전에 피터 아이젠먼과 리처드 세라가 기획한 '물결치는 석주들의 벌판'에도 쏟아졌다. 잘 알다시피 제1차 기획안은 여러 번에 걸쳐 수정되었는데, 이 때문에 리처드 세라는 이 계획에서 손을 떼었다. 정치적 사회적 논쟁에 빚지고 있던 변경안들은 무엇보다도 부지 주변에 나무들을 심어 추모 행사를 위한 공간을 만들기로 계획했다. 때로는 도서관과 아울러 전시 센터나 연구 센터 또한 고려되었다. 그동안 제안되었던 모든 것이 지금 실현된 것은 아니지만 석주들은 높이와 개수가 축소되었고, 이는 원래 계획했던 대로 통행이 허용되었던 추모비에서 그것이 갖는 위협성을 빼앗는 결과를 낳았다. 이러한 변경 내용을 원래 이곳에서 의도했던 모방 경험과 다시금 연관시켜보면, 기억의 물리적이고 심리적 차원을 눈에 띄게 흡수하는 것이 명백하게 불가피하다고 여겼던 것이다. 즉 방문객은 석주들이 놓인 벌판을 통과하면서 스스로를 희생자라고 느끼기는 하겠지만 그 어떠한 공포도 느끼지 않게 될 것이다. 제1차 기획안이 그것의 감각적 지각에 비추어 유연해져야만 했다는 사실은 제1차 기획안의 건축학적 탁월함을 말해준다. 그렇지만 이 추모비에서 상징적 표현을 찾은 희생자와의 동일시는, 그 사이에 그저 암시된 수준 정도의 공포의 시뮬레이션을 통해 최종적으로는 하찮은 것이 되어버린다.

V.

언론의 반응이 추모비 논쟁을 대다수의 국민들에게 널리 알려 이를 통해 세대 특유의 과거 구상을 폭넓은 공론장으로 옮겨놓기는 했지만, 이 담론은 엘리트들에 의해서 전개되었다. 이들은 오늘날 실질적으로는 전쟁시기와 전후시기에 출생한 사람들로 구성되어 있다. 특히 정치, 언론매체, 노동조합, 문화 영역에서 이들은 그동안 지나치게 대표성을 갖게 되었는데,[50] 이들은 1960년대에는 원외저항운동연합을 조직했고 10년 후에는 이로부터 '68세대'라는 자화상을 기획해낸 자들이었다.[51] 여기서 중요한 것은 추모비 논쟁을 위한 핵심적인 담론 영역들인데, 이 경우 정치적인 것에 특별한 의미가 명확하게 부여된다. 왜냐하면 시민 발의인들 혹은 후원회는 처음부터 국가가 주관하고 자금을 지원하여 초지역적인 추모비를 실현하기를 원했기 때문이다. 따라서 베를린 주 같은 정치적 기관들과 연방수상, 그리고 나중에는 의회까지도 가장 진정한 뜻에서 결정적인 의미를 갖게 되었다.

1999년 6월 25일, 추모비 건립을 실행으로 옮기도록 결정해야만 했던 제14대 연방하원의 경우 국회의원의 41.1%가 — 그들의 당적이나 원내교섭단체 소속 여부를 고려하지 않는다면 — 1935년에서 1945년 사이에 출생한 자들이었다. 연령집단을 1930년에서 1950년까지의 시기로 넓혀 그 세대에 걸쳐 있는 사람들까지 고려하면 66.2%에 이른다. 의결안을 책임지고 준비하고 협의했던 관할 문화·매체위원회에는 이 세대에 속하지 않는 국회의원이 겨우 단 한 명(1952년생)밖에 없었다.[52)]

통계조사 결과 그 자체는 그다지 신빙성이 높지는 않지만, 1999년 6월 25일의 발언들에 대한 본회의 의사록을 읽고 난 후에 얻게 되는 인상을 뒷받침하기에는 충분하다.[53)] '물결치는 석주들의 벌판'에 대한 다양한 견해들을 넘어서서, 의결안을 두고 추모비의 찬성자뿐만 아니라 반대자들도 거의 일반적으로 동일한 세대에 속하는 양상을 보여주었다. 대부분의 발언자들은 자신들의 투표 태도를 세대소속성을 근거로 설명해야 한다고 판단하고 있었다.[54)] 그럼으로써 이들은 민족사회주의에 대한 집단적 기억과 회상이 적어도 독일에서는 세대적으로 구조화된 것으로 보인다는 점을 분명히 했다. 그 사이 사람들은 기꺼이 세대의 일원으로서 홀로코스트에 대해 자신의 위치를 자리매김하고 있는 것이다. 왜냐하면 이는 오염된 국가와의 관련성을 제거할 수 있는 장점 또한 지니고 있기 때문이다. 세대공동체는 전쟁시기와 전후시기에 태어난 이들에게 국가적 자리매김과는 달리 스스로를 집단으로 규정할 수 있는 가능성을 제공한다. 민족사회주의에 따라 활동했던 사회적 행위자들, 즉 가해자, 가담자, 방관자들을 굳이 함께 연관시킬 필요 없이 말이다. 세대와 함께 역사적 관련 사건에 대한 거리가 표현될 수 있다는 바로 그런 이유 때문에 세대는 가장 중요한 기억 범주가 되어버린 것이다.

추모비의 찬성자들을 옹호하며 연방하원에서 의견을 표명한 사람은 특히 볼프강 티어제Wolfgang Thierse였다. 자신의 입장을 표명하면서 그는 "유대 민족에 대한 조직화된 대량학살의 집중성" 때문에 자신은 학살당한 유대인들에게만 오로지 헌정되는 것에 찬성한다는 점을 강조했다. 특히 티어제는 피터 아이젠먼의 수정된 기획안을 선호했는데, 이 기획안이 "방문자들에게 상상할 수조차 없는 것에 대한 이해"가 생겨나는 "고독의 테러"를 불러일으키기 때문이라고 한다.[55] 유일성 테제와 시뮬레이션 효과 말고도 그에게는 "순수한 추모비의 형상 언어"가 과연 충분한지에 대한 물음이 더 중요했다. "불러일으켜야 하고 불러일으킬 수 있는 전제된 역사적 기억과 관련하여 우리는 후세대에게 과연 자신할 수 있는가?"라고 티어제는 불신의 눈초리로 질문하면서 젊은 연령층의 도덕적 무관심을 확인시켰다. "가장 낮은 목소리의 아니오라는 대답만이 적어도 가장 조심스러운 형태로 기억과 추모의 결합을 탐색하게 되는 응답으로 우리를 이끈다."[56] 이 추모비는 따라서 사료실인 '정보의 장소'를 통해 보완되어야만 한다는 것이다. 티어제는 홀로코스트에 대한 세대적 해석의 독점을 요구하고 있다. 세대적 해석의 독점은 나름대로 과거와 관련된 의미를 지속적으로 형성해내고, 필요한 도덕성과 감정이입이 그가 보기에는 확실히 결여된 젊은 연령층에게도 이를 구속력 있는 것으로 확정할 필요성에도 부합한다.

추모비의 반대자들은 내용 면에서는 완전히 상이한 차원에서 의견을 제시했다. 일부는 아이젠먼식의 기획안이 너무 추상적으로 혹은 기념비적으로 보인다는 이유로 반대 의견을 표명했고, 다른 일부는 차라리 "사람을 학살해서는 안 된다"는 비문(碑文)이 있는 소박한 추모석을 세우려고 했고, 혹은 예술적 미학적 기획안들을 표결에 붙이는 것 자체를 원칙적으로 거부하기도 했다. 하지만 이러한 주장들을 넘어서서 반대자들도 세대소속성을 끌어오고 그것에 의지했다. 이것이 의결안에 반대하는 자신들의 태도를 위해 중요하다고 느꼈던 것이다. 계획된 이 추모비를 둘러싼 10여 년이 넘는 논쟁 이후 이 담론은 그 사이 세대 특유의 관점에 의해 결정적으로 각인되었다. 대부분의 연설자들이 홀로코스트의 유일무이성에 관한 문제, 희생자 서열화에 대한 비난 그리고 예술적 미학적 형상에 대하여 의견을 표명했던 것은 우연이 아니다. 그들이 아이젠먼식의 기획안에 결국 찬성했는지 반대했는지는 우선은 부차적인 문제이며 다른 요소들에 따라서도 확실히 좌우되는 문제이다. 결정적인 것은, 홀로코스트의 기억에 관한 집단적 이해가 본질적으로는 세대 특유의 기억 형상을 통해 지배되었다는 점이다. 이러한 배경 아래서 연방하원의 결정도 다시금 다르게 읽힐 수 있을 것이다. 의결서에는 다음과 같이 쓰여 있다. "이 추모비로 우리는 학살당한 희생자들에게 경의를 표하고, 독일 역사의 상상할 수조차 없는 사건에 대한 기억이 사그라지지 않게 하며, 미래의 모든 세대들에게 결코 다시는 인권을 훼손하지 말 것이며 부단히 민주주의적 법치국가를 수호하고 법 앞에서 인간의 평등을 지키며 모든 독재정치와 전제정치에 저항할 것을 경고하고자 한다."[57]

독일 의회가 "우리"라고 했을 때, 이 말은 이 경우에는 국가적이 아닌 세대적으로 규정된 말이다. 즉 "미래의 모든 세대들"에게 민주주의적으로 깨어 있으라고 경고하는 말인 것이다. 중요한 것은 젊은 연령층에 대한 호소인데, 이는 세대공동체로서 나름의 자기 이해를 전제하고 있다. 의회는 여기서 스스로를 '제2세대'로 표명하고 있다. 이 점을 두고 동시에 드는 우려는 후세대가 과연 그러한 경고를 필요로 하는가 하는 점이다. 왜냐하면 후세대들은 – 전쟁시기나 전후시기에 태어난 이들과는 달리 – 도덕적으로 덜 확고부동하다고 인식되기 때문이다.[58] 여기서 분명히 드러나는 교육적 태도는, 자신의 자식들, 즉 '제3세대'는 비교할 만한 (희생자와의) 동일시를 세대적 자리매김을 통해서 결코 지닐 수 없으며, 따라서 독일의 과거에 대해서도 동일한 도덕적 공감(과 느낌)을 키워 나갈 수 없다는 견해와 일치한다.[59] 이는 짐작컨대 더군다나 옳은 가정이다. 이러한 차이를 당연히 결핍으로 느끼고 결손으로 평가절하하는 태도가, 자신들을 여전히 도덕적으로 공격할 수 없다고 간주하는 한 세대를 특징짓는다.

〈이영기 옮김〉

주

1) Heimrod/Schlusche/Seferens (Hg.), *Der Denkmalstreit—das Denkmal?*; Cullen (Hg.), *Das Holocaust-Mahnmal*; Jeismann (Hg.), *Mahnmal Mitte* 참조.
2) Beschlußempfehlung und Bericht des Ausschusses für Kultur und Medien vom 23. Juni 1999, Budestagsdrucksache 14/1238. Plenarprotokoll 14/18 vom 25. Juni 1999 또한 참고.
3) 위와 같음.
4) Stravginski, *Das Holocaust-Denkmal*; Kirsch, *Nationaler Mythos oder historische Trauer?*; Schmitz, "Die Kunst des Erinnerns" 참조.
5) Rosh, "Ein Denkmal im Lande der Täter", 3(강조는 원문). 2005년 5월 10일 베를린의 제막식에서 행한 로쉬의 동일한 묘사 또한 참조.
6) Halbwachs, *Das Gedächtnis und seine soziale Bedingungen*; *Das kollektive Gedächtnis* 참조.
7) Halbwachs, *Das Gedächtnis und seine soziale Bedingungen*, 121.
8) Halbwachs, *Das kollektive Gedächtnis*, 73.
9) 같은 책, 31.
10) 같은 책, 114.
11) Assmann, *Das kulturele Gedächtnis*, 30 참조.
12) Gillis, *Memory and Identity* 참조.
13) Assmann, *Das kulturelle Gedächtnis*, 39.
14) Douglas, *Ritual, Tabu und Körpersymbolik*; Turner, *Das Ritual* 참조.
15) 예를 들어 Hettling/Nolte (Hg.), *Bürgerliche Feste*; Koselleck/Jeismann (Hg.), *Der politische Totenkult*; Dörner, *Politischer Mythos und symbolische Politik*; Schmoll, *Verewigte Nation*; Schneider, *Politische Festkultur im 19. Jahrhundert*; Tacke, *Denkmal im sozialen Raum*; Hettling, *Totenkult statt Revolution* 참조.
16) Douglas, *Ritual, Tabu und Körpersymbolik*, 36 참조.
17) Nipperdey, "Nationalidee und Nationaldenkmal in Deutschland im 19. Jahrhundert", 133.
18) 코젤렉의 서문, Koselleck/Jeismann (Hg.), *Der politische Totenkult*, 10 참조.
19) Hettling, "Erlebnisraum und Ritual" 참조.
20) Geertz, *Dichte Beschreibung*, 193 참조.
21) Riedel, "Generation", 274 참조.

22) Mannheim, "Das Problem der Generationen", 530 참조.
23) Freud, *Erinnerung, Wiederholen, Durcharbeiten* 참조.
24) Faimberg, "Die Ineinanderrückung (Telescoping) der Generationen" 참조.
25) 같은 글, 133 참조.
26) 이 책에 실린 에리카 크레이치의 글 141쪽에서 재인용. 지그리트 바이겔의 글, 특히 169쪽 이하도 참조.
27) 이 책에 실린 에리카 크레이치의 글 143쪽.
28) Bergmann 외, *Kinder der Opfer—Kinder der Täter*; Schneider/Stillke/Leineweber, *Trauma und Kritik*; Bude, *Deutsche Karrieren*; *Das Altern einer Generation* 참조. 전쟁시기의 유년기의 결과에 관한 현재 논의 또한 참조. 예를 들면 Schulz/Radebold/Reulecke, *Söhne ohne Väter*.
29) Schneider, "Der Holocaust als Generationsobjekt", 68 참조.
30) Meinhof, "Aktenzeichen xy—aufgelöst", 164.
31) Pieter Bakker Shut (Hg.), *das info. Briefe von Gefangenen aus der RAF 1973-1977*, 21 참조.
32) Baumann, *Wie alles anfing*, 40.
33) Enzensberger, "Reflexionen vor einem Glaskasten", 36.
34) Kraushaar (Hg.), *Frankfurter Schule und Studentenbewegung*, 276에서 재인용.
35) Stefan Reinecke, *Otto Schily*, 179에서 재인용.
36) 여기서 중요한 것은 유일성 테제의 가정이 학문적으로 또는 도덕적으로 옳고 그르냐의 문제가 아니다. 오히려 문제가 되는 것은 유일성 테제의 가정이 어떤 기능을 행사하고 무엇을 위해 이러한 테제가 요구되는가이다.
37) Schneider, "Der Holocaust als Generationsobjekt", 71.
38) 같은 글, 72.
39) 추모비의 실현을 위해 참여했던 모든 행위자들이 스스로를 68세대보다 다수라고 이해하는지 혹은 68세대라고 간주할 수 있는지는 상당히 흥미로운 문제임에는 틀림없지만 또한 설득력이 부족하다. 위에서 언급한 기억 형상들이 더 이상 세대 특유의 것이 아니라 그 과정에서 전 사회적으로 뿌리를 내렸다는 점을 보여주는 것이 오히려 논쟁적 차원에서는 더 중요하다.
40) Stellungnahme des Aktiven Museums zur Forderung nach einem Holocaust-Mahnmal auf dem Gestapo-Gelände vom 28. April 1989, 56.
41) Koselleck, "Formen und Traditionen des negativen Gedächtnisses" 참조.
42) Jäckel, "An alle und jeden erinnern?"
43) Senatsverwaltung für Bau- und Wohnungswesen, Ausschreibung des künstlerischen Wettbewerbs vom April 1994; Senatsverwaltung für Wissenschaft, Forschung und Kultur, Ausschreibung für das engere Auswahlverfahrung vom

Juni 1997.

44) Eisenmann/Serra, "Projektentwurf", 881 이하.

45) 같은 글, 881.

46) Young, "Empfehlung der Findungskommission", 939 이하.

47) Interview mit Peter Eisenmann und Richard Serra 참조.

48) Rimscha, "Ich will einen Kunden"에서 재인용.

49) 파울 슈피겔의 연설은 독일 유대인협회의 홈페이지에서 읽을 수 있다. http://www.zentralratdjuden.de/down/RedeSpiegelDenkmal10052005.pdf.

50) Bürklin 외, Eliten in Deutschland—Rekrutierung und Integration, 특히 104 이하 참조.

51) Bude, *Das Altern einer Generation* 참조.

52) Statische Angaben zu den Parlamentsvertretern im Deutschen Bundestrag der 14. Wahlperiode 1998-2002, www.bundestag.de/mdb15/mdb14/132/1326.html 참조.

53) Plenarprotokoll 14/48 vom 25. Juni 1999 참조.

54) 예를 들어 노르베르트 라메르트Norbert Lammert, 미하엘 로트Michael Roth, 페트라 파우Petra Pau, 게르트 뮐러Gerd Müller 외 다른 이들의 발언록 참조 (Plenarprotokoll 14/48 vom 25. Juni 1999).

55) Plenarprotokoll 14/48 vom 25. Juni 1999, 4087 참조. 2005년 5월 10일 제막식 연설에서 티어제는 이를 다음과 같이 비슷하게 표현했다. "추모비는 고독, 억압, 위협의 감각적 감정적 표상을 가능하게 한다. 그것은 아무것도 강요하지 않는다." 이 연설은 다음 인터넷 페이지에서 읽을 수 있다: http://www.bundestag.de/parlament/praesidium/reden/2005/007.html.

56) Plenarprotokoll 14/48 vom 25. Juni 1999, 4087.

57) Beschlußempfehlung und Bericht des Ausschusses für Kultur und Medien vom 23. Juni 1999, Drucksache 14/1238 참조. Plenarprotokoll 14/48 vom 25. Juni 1999도 참조(강조는 필자).

58) '제3'세대 국회의원들에 관한 이러한 견해가 폄하로 이해되었다는 점은 무엇보다도 미하엘 로트의 연설이 분명히 보여주었다. 그는 젊은 연령층은 이해 과정에 거의 편입되지 못했다고 비판했다. 이와 비슷한 견해를 페트라 파우도 제시했다. Plenarprotokoll 14/48, 4098, 4104 참조.

59) Schneider, "Der Holocaust als Generationsobjekt", 70 참조.

정치적 세대와 대중매체 공론장

서독의 '45세대'

크리스티나 폰 호덴베르크Christina von Hodenberg

현대사회는 대중매체의 성장, 즉 매체 기술의 발전 및 그 정치적 문화적 의미 증가와 궤를 함께 해왔다. 따라서 정치적 세대라는 독특한 현대적 개념도 대중매체의 공론장이라는 현상과 여러모로 연관돼 있을 가능성이 농후하다. 우선 세대 명칭이 매체를 통해 구성되는 일이 잦다는 점을 들 수 있는데 — '앨리 세대'나 '골프 세대'를 생각해보라 — 이 현상은 너무나 흔해서 이런 신조어들이 기사 헤드라인을 장식하는 것 말고 어떤 사회문화적 내용을 갖고 있기나 한 것인지 의문이 들 정도이다. 다른 한편으로는 세대적 소속감이란 것은 어떤 그룹의 스스로에 대한 이해이든 혹은 외부에서의 인식이든 원칙적으로는 매체를 통해 매개된다는 점이다. 사회나 국가 내부에서 하나의 세대구상은 목표로 하는 연령층 그룹이 광범위하면 할수록 그 개념의 발생과 확산에 대중매체가 깊게 관여한다. 대중매체는 한 세대의 해석 모델을 위한 소통의 장이 되고 지배적인 해석의 유포를 촉진함으로써 더 넓은 범위의 사람들이 자신이나 다른 이들을 특정 정치세대에 포함시키도록 조장한다.

그러므로 세대 생성과 관련하여 대중매체의 역할을 철저히 연구할 필요성이 있다. 반대로 대중매체 담론을 생산하는 세대 그룹들의 역할도 살펴봐야 한다. 왜냐하면 대중매체란 인간 주체가 부재한 '토론장'이나 커뮤니케이션의 '영역' 혹은 추상적 구조 그 이상이기 때문이다. 대중매체는 특정 행위자들에 의해 만들어지고 방향이 결정되는데 이들의 활동에 세대 특유의 해석 모델이 영향을 미칠 수 있다(반드시 그래야만 하는 것은 아닐지라도). 이런 연관관계가 지금까지 연구에서 논의되지 않았던 것은 여론이나 매체에 대한 지배적 이론들에서 비롯한다. 일반적으로 여론은 행위자들의 관점보다는 사회경제적 혹은 정치적 구조와 제도 및 문화적 담론들의 관점에서 생각되어왔다. 사적 영역과 국가 권력의 중간 지대에 놓인 논거들의 시장[1] 혹은 "사회의 자기 준거적 매체"[2]로 이해되어온 것이다. 이때 관심은 원칙적으로 커뮤니케이션의 구조에 기울어진다. 즉 공적인 소통의 다양한 층위들을 밝히거나 이 영역 내부에서 개별 커뮤니케이션 범위의 집중도, 접근성, 자율성 및 연결성의 정도에 주목한다.[3] "공론장"이라는 것을 공간적으로 이해하는 만큼 대중매체는 근본적으로 "인지의 메커니즘", "합의의 장" 혹은 "반사장치"나 "연관구조들의 융합 채널"로서 연구된다.[4] 행위자들은 보통 부수적으로 다루어질 뿐이다.

매체사 연구 중 언론인 — 기자, 출판업자, 매체에 등장하는 지식인, 사진작가 — 의 중요성을 고려한 여론 개념을 기반으로 한 연구는 매우 드물다. 그러나 사실 언론인들의 영향력은 매우 크다. 그들은 대중매체 토론장으로의 접근을 규제할 뿐만 아니라 스스로가 공적인 논쟁에서 특권을 누리는 발언자들이다. 그들은 또한 사회 전체의 협의가 펼쳐질 때 사용되는 언어를 특징지으며 "토론할 가치가 있는" 주제를 정의하고 위계를 결정하는 데 영향을 미친다.[5] 그래서 기자의 직업윤리, 직장인으로서의 사회화와 그들 간의 내부 갈등에 대한 분석은 여론의 발전과 사회협의 과정의 진행을 설명해줄 수 있다. 어느 특정한 역사적 상황에서는 세대적 소속성이 언론인들의 직업활동이나 매체 내부의 진영 형성에 필요한 그들의 인식과 행동을 주도하기도 한다. 이 글은 이런 사례를 자세히 논의할 것이다. 헤게모니를 획득한 세대 특유의 해석 모델들이 1945년 이후 이른바 "45세대"라고 불린 서독 언론 엘리트 그룹에 어떻게 영향을 미치게 되었는지, 또 그럼으로써 어떻게 언론인들의 가치관뿐만 아니라 이들의 직업활동을 장기적이고 전면적으로 변화시켰는지를 보여줄 것이다.

I.

먼저 '정치적 세대'의 특성과 생성 조건에 대해 알아볼 필요가 있다. 카를 만하임의 개념과 이에 대한 헬무트 포크트Helmut Fogt[6]의 후속 연구에 기대어 여기서는 역사적 경험의 집단적 가공 작업을 실제세대의 전제 조건으로 이해하는데, 실제세대는 다시 다수의 '세대단위'로 쪼갤 수 있다. 한 정치적 세대의 핵심은 동년배집단 자체가 아니라, 더 큰 범위의 집단이 청소년기나 청년기에 공통적으로 겪은 중요한 역사적 문화적 경험에 대해 점차로 헤게모니를 획득한 해석이다. 많은 이들의 인상적인 경험 하나만으로 세대가 형성되는 것은 아니다. 이보다 결정적인 요소는 경험의 교환인데 이로부터 폭넓게 수용되는 해석 모델이 만들어지고 이 해석 모델은 다시 행동 모델로 전환된다. 행동 준칙들은 물론 상이하게 정립될 수 있지만(이는 서로 경쟁하는 '세대단위들'을 생산한다), 결국은 동일한 세대 특유의 모델에 의존한다. 이런 해석 모델은 (그룹 내부 또는 외부에서) 헤게모니를 다시 잃을 수도 있는데 이에 따라 그 모델에 상응하는 정치적 세대는 그들의 요체를 상실하게 된다. 우리가 확실히 전제할 수 있는 것은, 세대 특유의 해석 모델이 행동 결정에 지대한 영향력을 미치는 경우는 흔히 특정한 역사적 시기에 한정된다는 점이다.

이 단초에서 다음과 같은 몇 개의 결론을 도출할 수 있다. 첫째 특정 정치세대에 대한 진단은 그 구성원의 상대적인, 그러나 반드시 수량적이지는 않은 연령 동일성을 전제로 한다. 사람은 중요한 경험을 성장기에 겪기 때문이다.[7] 둘째, 세대 구성원 사이의 최소한의 공통 인자라도 발견하기 위해서는 행위자들의 자기 이해(동시대인들의 토론이나 자서전)와 결정적 경험에 대한 그들의 발언을 분석하는 일에서 시작해야 한다. 셋째, 정치세대가 전체 사회를 포괄하는 영향권을 획득해야만 하는 것은 결코 아니다. 지적 엘리트 혹은 특정 직업군으로 이루어진 정치세대는 전체 국민의 상과는 일치하지 않기가 쉽다. 그들의 동질성은 대체로 매체가 중개하는 토론에 근거하고 또 이런 토론은 상이한 소수의 대중 앞에서만 전개되기 때문이다. 또한 여러 사회 그룹의 성원들은 지배적 해석에서 행동 모델이 생성되는 그 기간에 저마다 상이한 사회화 환경에 처해 있다. 이런 이유로 한 정치적 세대의 핵심적 해석과 행동 지침은 남성적 혹은 여성적으로 편향될 수 있으며 다른 성별의 동년배를 포함하거나 혹은 배제할 수 있다.[8] 다음과 같은 점은 특히 강조되어야 하는데, 세대 특유의 해석 모델을 만들어내고 이로부터 특정 그룹들의 전형적 행동 규범을 도출했다고 해서 세대성을 개인적 혹은 사회적 발전의 유일하거나 가장 중요한 동인으로 파악해서는 안 된다는 것이다. 한 정치적 세대로의 소속성은 다른 조건 및 요인들과의 상호작용 속에서 역사적 행위에 영향을 미치는 하나의 하위 요소로 파악해야 한다.

1945년부터 1973년까지의 서독 대중매체와 여론을 조망한 연구들의 기초 자료에 근거하여[9] 다음으로는 언론 직종에서 세대 특유의 해석 모델의 영향력과 한계를 밝힐 것이다. 이를 위해 우선 매체에서의 이른바 '45세대'라는 정치세대의 존재 자체를 입증해야 할 것이다. 그들을 연대시킨 핵심이 무엇인지를 밝히기 위해 그들 세대를 각인한 역사적 경험에 대한 논쟁과 지배적 해석 모델들을 조사할 것이다. 어떻게 이 해석들로부터 행동을 주도하는 여러 신념이 생겨났으며 또 이에 따른 상이한 세대단위들이 발전했는지는 그다음 단계에서 기술할 것이다. 종국에는 세대 특유의 해석 모델이 언론인들의 직업활동 및 그 시대의 정치적 문화적 협상 과정에 어떤 영향을 끼쳤는지 밝히는 것이 관건이 될 것이다. 아울러 세대 특유의 해석 모델이 단계에 따라서 그 유효성이 있었는지도 검토할 것이다. 분석은 많은 부분 해당 연령대 언론인들의 자기 해석과 발언들에 기초하는데, 이에 대한 자료는 이들의 자서전이나 당시 언론계 실무자들 사이에서 벌어진 전문적 토론에서 찾을 수 있다. 이에 더해 대중매체 종사자, 언론계의 커리어 발전 양상, 지식인들의 네트워크에 대한 사회사적 자료와 당대 대중매체의 방송 프로그램과 텍스트도 함께 살펴본다. 민족사회주의 과거사에 대한 보도는 여기서 특별한 관심의 대상인데 매체 생산자들의 세대적 경험과 직접적으로 관련이 있기 때문이다.

II.

'45세대'는 서독 역사 관련 문헌에서는 낯선 개념이 아니다. 이들은 "회의적 세대", "고사포부대 보조원", "히틀러 청년단 세대" 등 여러 가지 이름으로 등장한다. 이들은 대략 1918년에서 1930년대 중반에 탄생했는데

이 중에서도 1920년대 출생자들이 핵심을 이룬다.[10] 이들은 공통적으로 유년기와 청소년기에 민족사회주의의 영향을 받았고, 1945년 종전을 환멸과 엄청난 변화로서 경험했다. 그러나 이들의 정치적 기본 자세와 서독 사회발전을 위한 이들의 역할에 대한 평가는 아주 상이하다. 1957년 "회의적 세대"라는 개념을 각인시켰던 헬무트 셸스키의 고전적 연구는 45세대가 드러내는 비정치성으로의 후퇴, 순응적 자세, 안전지향주의와 혁명적 이데올로기에 대한 거부를 강조했다.[11] 셸스키의 평가에 맞서 다른 이들은 이 세대를 사회민주화와 서구화의 선구자로 평가한다. A. 더크 모제스A. Dirk Moses, 얀 베르너 뮐러Jan Werner Mueller 등이 내놓은 지식 엘리트에 대한 연구는 이 연배를 권위적이고 비자유주의적인 전통을 극복하기 위해 노력한 혁신자로 소개한다.[12] 결론이 나지 않은 또 다른 문제는 나치 과거를 다루는 과정에서 45세대가 했던 역할이다. 셸스키가 이 세대의 전형적 과거극복의 형태를 "현실도피적 변종"(즉, 비정치성과 서독 재건으로의 도피)이라고 규정한 반면, 45세대가 "1950년대 후반에 일어난 과거극복작업으로의 변화를 추동한 근본적 힘"이었다는 주장도 있다.[13]

1921년에서 1932년 사이 출생한 언론인들의 자전적 언급은 종전 및 전후시기가 갖는 특별한 의미를 입증한다.[14] 그 연배의 다른 이들과 마찬가지로 이들도 첫 평화의 날들을 뜻밖에 주어진 제2의 기회라는 커다란 기적으로 경험했다. 텔레비전 방송인 디터 라트만Dieter Lattmann에게 그것은 "고요함과 내가 살아남았다는 데 대한 놀라움이었다". ≪쥐트도이췌 차이퉁≫의 보도부장 한스-울리히 켐프스키Hans-Ulrich Kempski는 "몇 번이나 죽을 고비를 넘겨본 사람들이 그러하듯 난 삶을 맘껏 즐겼다"라고 말했는가 하면, 당시 WDR(서부독일방송)의 편집인이었던 아르눌프 바링Arnulf Baring은 "우리는 모두 다시 태어난 새로운 인간이었다. 그것을 경험하지 않은 사람은 공감할 수 없고 그것을 경험한 사람은 결코 잊을 수 없다"라고 술회했다.[15] 하지만 새로운 시작, 커다란 전환점이라는 느낌이 어떤 선명한 정치적 지향성과 연결된 것은 아니었다. 그보다는 총통과 국가에 대한 믿음의 붕괴와 나치 범죄의 공개가 이들을 충격 상태로 빠뜨렸고 이로부터 조금씩 행동 원칙들이 생겨났다. 이들에게 가장 지배적이었던 감정은 속았다는 것과 이런 역사가 반복되는 것을 막아야 한다는 것이었다. 이것은 이후 이들의 경험에서 가장 강조된 측면이다. 1924년생으로 1947년부터 ≪슈피겔≫에서 일해온 레오 브라반트Leo Brawand는 다음과 같이 회상했다. "항복한 날, 그리고 이어진 그 뒤 며칠 동안 갑자기 우리가 눈을 뜨게 된 것은 아니었다.…… 하지만 난 점점 전쟁의 도화선이 된 '폴란드 용병대의 글라이비츠 송신탑 습격 사건'부터 이른바 '베를린에서의 총통의 영웅적 죽음'에 이르기까지 모두 거짓과 폭력의 끊임없는 연속이었다는 사실을 어렴풋이 깨달았다.…… 그때까지는 구체적이지 않았고 또 입 밖으로 꺼내지는 않았지만, 난 당시에 나름 확고하게 결심했다. '이런 일이 다시는 생기지 않게 하겠다. 나를 비롯한 다른 사람들이 다시는 속지 않게 하겠다'라고."[16] 1916년생 언론인 뤼디거 프로스케Rüdiger Proske는 1948년 『젊은 세대의 길』을 쓸 때 자신을 45세대 중에서도 나이 든 층으로서 히틀러를 위해 참전했던 동년배들의 대변인으로 생각했다. "열광하며 전쟁에 나간 건 우리 중 정말 소수였다. 하지만 우리는 조국, 명예, 충성, 용기, 복종을 믿었다. 이 모든 것을 민족사회주의자들이 변질시켰다. 모든 것을. 우리가 찬양했던 이들은 사형집행인이었다. 믿었던 이상을 기만당하고 빼앗긴 참담함을 우리 중 대부분이 오늘날까지도 극복하지 못하고 있다." 프로스케는 이런 환멸로부터 진실과 새롭고 진정한 해결책을 찾는 시도가 이루어져야 한다고 결론짓는다. "우리는 거짓을 증오한다.…… 거짓말을 위해 우리가 피로 그 대가를 지불한 적이 있기 때문이다."[17] WDR의 기자 카롤라 슈테른Carola Stern도 이와 유사하게 그녀의 회고록에서 말했다. 그녀는 1945년 친애하던 총통과의 관계를 마음속으로 청산했다. "회사는 부도가 났다. 창업자는 회사를 수렁에 처박은 채 도망가버렸다.…… 이건 사업의 기초부터가 제대로 안 된 거였다!" 자신의 삶을 반추하면서 그녀는 자신이 이데올로기와 그 선동자들에게 현혹되어 우매한 신봉자가 되었으며 전체주의 시스템의 붕괴 이후에는 남은 평생 그걸 극복하기 위해 노력해야 하는 "20세기의 자식들" 중 하나라고 말했다.[18]

종전 직후 지배적인 해석 유형은 기만당했다는 것이었다. 이 점에서 언론인들의 기억은 1946년에서 1950년 사이 서독 고등학교 졸업생들의 보편적인 자아상에서 벗어나지 않는다. 롤프 쇠르켄Rolf Schörken이 조사한 고등학생 500명의 이력과 독일어 작문에서도 가장 두드러졌던 것은 속았다는 감정이었다.[19] 충격은 깊었다. 1921~1925년 출생으로 젊은 나이에 전선에 나가 치명적인 상처를 입었든, 1926~1928년 출생하여 전형적인 고사포부대 보조원으로 일했든, 혹은 더 나중에 태어나 히틀러 청년단이나 보조원으로 일했든 이들의 충격은 마찬가지였다.[20] 민족사회주의가 사람들을 기만했다는 비난은 과거 이 체제에 대한 애착을 명백히 방증한다. 민족사회주의의 전형적 이상들을 그들이 믿었기에 속았다고 느낀 것이다. 즉, 일차적으로 총통의 우상화, 그다음 조국, 명예, 독일 민족성, 청년에 의한 국가의 혁신을 믿었던 것이다. 이런 정체성 모델은 1945년 이전까지 청소년의 존재를 높이 평가하고 큰 의미를 부여했다. 이것은 제3제국에 어느 정도는 거리를 두었던 것으로 얘기하는 이들에게도 해당되었다.[21] 종전이 되자 히틀러 신화의 완벽한 붕괴와 함께 정권의 잔해도 힘없이 무너져 내렸고 사기를 당했다는 진단이 입 밖으로 새어 나오기 시작했다. 더욱 힘든 것은 속았다는 감정의 전제인 민족사회주의에 대한 자신의 과거 믿음까지 함께 고백해야 한다는 것이었다. 아주 소수만이 분명하게 고백했는데 나중에 SWF(남서독방송국)의 다큐멘터리 국장이 된 볼프강 헴펠 Wolfgang Hempel도 이들 중 하나였다. "나는 마지막 날까지 작은 나치였다." 많은 이들은 호르스트 크뤼거Horst Krüger(SWF 심야프로 책임자)처럼 좀 더 간접적으로 표현했다. 그는 아돌프 히틀러 치하의 암울한 소시민 가정에서 보낸 유년시절에 대해 썼다. "내게 고통을 준 건 언제나 다른 사람들이었다. 부모, 가족, 독일인, 나치. 이 모든 건 대략적 사실이다. 하지만 나의 실패는 무엇이었나? 나는 어떤 사람이었나? 나는 무엇에 대해 책임이 있는가?"[22)]

청소년기에 습득한 민족사회주의적 신념에 대한 배신감이 45세대의 지배적 해석 모델이 되자, 이를 기반으로 여러 세대단위들이 자신들을 만들어 나갈 수 있었다. 한 가지 가능성은 자신들을 일차적으로는 희생자로 생각하고, 이상주의에 대한 환멸의 경험에서 이데올로기나 정치에 대한 금욕적 자세를 이끌어내는 것이었다. 이것이 바로 헬무트 셀스키가 내린 진단이지만 이는 특정 세대단위에만 해당한다. 속았다는 느낌에 더하여 민족사회주의와 그 범죄적 본질에 대한 자신의 과거 연관성을 통찰하게 되었을 때 위의 길을 가기는 어려웠다. 그보다는 파국의 원인을 파헤치고 다시 있을지 모를 독재로의 퇴보를 막기 위해 힘쓰는 것이 선택할 만한 길이었다. 바로 후자가 내가 관찰한 언론인 대부분에게서 관철된 태도였으며 이 연배의 매체 종사자들에게 특징적으로 나타난 사고 유형이었다. 많은 이들은 민족사회주의의 범죄에 대해 경악을 표명했고 곧이어 진정한 새 출발을 위해 기여할 것을 결심했다. 어떤 이들에게 그것은 "힘러Himmler▸와 로젠베르크Rosenberg▸▸의 피와 땅에 대한 잡소리를 청산하자"라는 신문

타이틀이었고, 어떤 이들에게는 "내 고향에서부터 제3제국의 역사 폭로하기"였으며, 또 다른 이들에게는 "민주주의를 위해 전투적 노동자"가 되는 것이었다.[23] 이런 결심들이 과연 얼마나 실천되었는가와는 별개로 구습과 적극적으로 대결하려는 의지와 민주적 미래를 성취하려는 의지가 이 세대단위의 주도 동인이었던 것은 분명하다.

연합군 점령 기간에 45세대는 이미 대중매체에서 성공할 기회를 얻었다. 경험이 일천하지만 그만큼 과거로부터 자유로웠던 이들은 연합점령군의 까다로운 탈나치화 기준에 부합하지 않는 기성 언론인들과 견줄 때 훨씬 유리했다. 이런 이유로 특히 라디오 방송, 통신사와 미군 점령지역에서 1920년대 출생 신입들의 비율이 높았다. 하지만 서독 언론에서 이 세대의 전성기는 1957년과 1963년 사이였다. 당시에 언론계에서는 광범위한 세대교체가 일어났고 비교적 젊은 45세대가 지도적 위치를 차지하게 된다. 이런 변화가 가장 일찍 그리고 뚜렷하게 일어난 것은 텔레비전이었지만 라디오와 규모가 큰 대중잡지사도 상황은 비슷했다.[24] 탈나치화의 압력만이 아니라 시장의 확장과 텔레비전의 약진이라는 언론계의 특수한 상황이 45세대 중에서도 특히 언론 엘리트들이 일찍부터 그리고 지속적으로 영향력을 행사할 수 있게 했다. 그들은 나치 역사의 부담을 안고 있는 선배들을 일찌감치 현장에서 몰아낸 뒤 언론매체 종사자에 대한 수요 증가의 이득을 누렸고, 대중적 영향력이 큰 새 영상매체에서 초창기의 방

▶ 하인리히 힘러Heinrich Himmler(1900~1945): 독일민족사회주의당 집권 시절 무장친위대와 경찰의 수장을 지낸 인물로 홀로코스트 주범 중 하나이며 패전 후 자살했다.

▶▶ 알프레트 로젠베르크Alfred Rosenberg(1893~1946): 독일민족사회주의당의 정치가이자 인종이론가. 홀로코스트의 책임자 중 하나로 패전 후 뉘른베르크 전범재판에서 사형을 언도받고 교수형에 처해졌다.

향성을 결정하는 역할을 했다.

위에 상술한 이 세대단위의 전형적 해석 모델 — 나치에게 청년시절의 이상을 기만당했다는 것과 '1933년'의 반복을 저지하겠다는 것 — 은 1960년대 초반 이래로 서독 대중매체에 뚜렷한 흔적을 남겼다(일간지에서는 늦게 나타남). 그것은 바로 새로운 직업윤리였으며 '시대비판'이라는 개념으로 알려져 1960년대 중반까지 논쟁의 대상이 된 새로운 유형의 언론 활동이다. 45세대에 의해 알려진 '시대비판적 저널리즘'은 확고한 지반을 얻으면서 서독의 1960년대 대중매체를 각인했다. '시대비판'이란 개념이 무엇인지 설명하기 전에 우선 이 배경이 되는, 45세대 언론인들이 직업인으로서 지녔던 자아상과 자신들의 정치적 위상에 대한 생각을 자세히 살펴보겠다. 이를 위해서 이상적 가치와 정치적 소명, 선후배 동료에 대한 태도, 또한 정치조직에의 참여, 나치 과거에 대한 입장과 서독 내에서 다른 지식인 진영과의 연계 등에 대한 그들의 발언을 찾아볼 것이다.

우선 45세대에서는 헬무트 셸스키가 이전 연구에서 이미 진단했듯이 전체주의적 이데올로기에 대한 불신이 발견된다. 1965년부터 SWF 방송국장이면서 ≪슈피겔≫지 편집장이었던 귄터 가우스Günter Gaus는 1930년을 기점으로 해서 3~4년 전후로 태어난 자신의 세대가 "이성을 정치적 사안의 기준점"으로 삼는 실용주의적 자세의 세대라는 것을 강조하면서 이후 등장한 68세대와는 뚜렷이 선을 그었다.[25] 가우스와 루디 두치케의 텔레비전 인터뷰는 이를 잘 보여준 예이다. 1967년 가우스는 촬영하고 있는 카메라 앞에서 루디 두치케에게 1940년생들(68세대)은 더 이상 이데올로기에 대한 불신이 없는가 묻고는, 자신을 비롯한 당시 40~50대는 탈이데올로기화의 이유가 있었노라고 부연했다.[26] 바로 '68세대'에 대한 발언을 통해 역으로 이데올로기와 거리를 둔 '45세대'의 자아상을 드러낸 것이다.

≪슈피겔≫지 사장 루돌프 아우그슈타인Rudolf Augstein(1923년생)은 시위하는 대학생들이 "환상에 넘쳐 지속적인 토론 부재의 상태에 저항"하는 것이라고 묘사했다.[27] WDR의 정치부 편집장 카롤라 슈테른은 왜 방송국의 "원외야당 돌격대"가 1970년대에 자유주의 성향의 45세대 언론인들을 공격했는지 이해할 수 없었다. 그들의 작업이 광범위한 문화 혁명을 반영하는 대신 가능한 것만 았다는 단지 그 이유로 말이다.[28] 그러나 이데올로기에 대한 불신을 비정치적 태도와 수동성으로 오인해서는 안 된다. 언론계에서 주도적이었던 세대단위는 분명히 정치적 관심이 있었고 참여적이었다.

민족사회주의 시대에 전파되었던 가치의 붕괴가 이 세대에게는 기존의 정치 이상에 대한 지속적 회의로 변모했다. 이 이상이란 것이 민족이나 국가 이념, 통치에 대한 무비판적 신뢰나 외부를 향한 폐쇄적 민족 단결이라는 개념들일 때는 더욱 그러했다. "민족이라는 개념은 연기처럼 흩어졌다"라고 SDR(남부독일방송국)의 프로그램 〈라디오 에세이〉의 편집장이자 1921년생인 헬무트 하이센뷔텔Helmut Heßienbüttel은 말했다. 1945년 이후 그에게 민족이란 "다시는 복원될 수 없는" 개념이었다.[29] 라디오와 텔레비전 방송통신원 클라우스 하르프레히트Klaus Harpprecht도 "역사에 의해 극적으로 거부되고 망가진 민족국가 개념"에는 질렸다고 하면서 "모든 권력기관이나 국가에 대해 조심성을 키우는 것"이 그들의 과제라고 말했다.[30] 다른 동료들과 유사하게 1963년 40세의 나이로 브레멘 라디오 방송국의 편집장을 지낸 해리 프로스Harry Pross는 "전체에 대한 극도로 순응주의적 관계"의 원인으로 독일 과거 역사를 꼽았다. 독일인들이 개인이나 비판을 내세우기보다 "국민, 민족, 국가 등을 찬미하고 우상화"한다면 이는 "부패한 제국 이념에 대한 애착이 남아 있기 때문"이라는 것이다. 그에 따르면

"독일인들은 괴벨스로부터 고함을 지르며 대답하는 법을 배우기 이전에 이미 '네'라는 대답을 뛰어나게 잘 했었다".[31)]

현대 독일 역사의 비극을 염두에 두었던 젊은 언론인들은 서독의 내적 민주화라는 과제를 매체에 부여했다. 이런 맥락에서 〈파노라마〉의 편집장 뤼디거 프로스케는 언론의 기능은 민주화를 장려하는 것이라고 보았다. "자유로운 분위기를 위해 언론이 기여한 점들이 있고 그중 몇 가지는 아주 훌륭하지만 아직도 권위적 국가의 요소들이 존재하고 있다."[32)] 45세대는 국가의 우상화를 비판함으로써 독일 보수주의의 특징적 전통과 결별했다. 외부의 적에 대비해 민족이 단결하고 국가를 강하게 만들어야 한다는 생각이 1950년대 공공의 합의를 이끌었다면 이제는 비판적 공론이라는 개념이 등장했다. 요아힘 페스트Joachim Fest에게 텔레비전의 정치보도 방송은 "비판을 통해 정치를 탈이데올로기화하는 것"을 의미했다. "우리에게 친숙한 국가라는 위장된 이상에는 '더러운' 정치에 대한 널리 퍼진 혐오감"만이 있었다고 그는 말했다.[33)] "반동적 행정부"에 대항하여 "새로운 국가 개념"을 관철하는 일은 언론인이자 영화인인 알렉산더 클루게 Alexander Kluge의 프로그램이기도 했다. 왜냐하면 그가 생각하기에 "국가 주권은 개인의 자유보다 우위에 있다"는 절대주의적 생각은 여전히 살아 있고 또한 공적 책임을 국가에게만 전가할 소지가 있기 때문이었다. 민주주의에서는 언론, 대학 및 사회기관과 단체들이 공적 책임의 담지자가 되어야 한다고 그는 주장했다.[34)]

45세대의 다수는 대중매체가 더 이상은 국가의 이상이 아니라 민주주의를 지지하는 역할을 해야 한다고 강조했다. 그리고 대중 동원을 이를 위한 수단으로 보았다. 즉 비판적 언론을 통해 평균적 독일인들이 비판력과 갈등 해결력, 정치적 능동성을 갖추도록 만들려고 한 것이다. 이런 생각은 특히 텔레비전 방송 제작에서 두드러졌다. 1962년부터 WDR의 편집국장을 지낸 프란츠 뵈르데만Franz Wördemann은 시청자가 기존의 소극적 태도에서 벗어나 논쟁을 하도록 유도하려 했다.[35] "우리들에게 중요한 목표 중 하나는 독일인들의 '나는 빼고'라는 자세를 청산하는 것이었다." 독일 국민이 갖고 있는 정치와 당파성을 멀리하는 자세를 고치려 했던 것이라고 1961년부터 SDR 텔레비전국 사장을 역임한 헬무트 함머슈미트Helmut Hammerschmit도 덧붙였다. 텔레비전 방송작가 롤프 슐츠Rolf Schulz도 오락방송을 "친근한 형태의 정치교육"을 위해 이용하려고 했다. "서독 주민들을 정치적으로 의식화시키고 또 사회의 의식 있는 정치적 성원으로 만들기 위해서"였다.[36] 신문 편집인 카를 뫼르쉬Karl Moersch는 텔레비전 방송국 동료인 에밀 오버만Emil Obermann과 한스 하이게르트Hans Heigert와의 시절을 "우리 젊은 세대는 우리가 새로운 민주국가를 위해 책임을 맡아야 한다는 데 의견이 일치했다"라고 회상했다.[37]

전형적 45세대 언론인들은 토론을 활성화시키고 대립하는 의견들은 공공의 장으로 끌어들이고자 했다. 이들이 판단할 때 서독은 "자유로운 의사 발언과 토론의 측면"에서 "후진국"이었으며 "라디오와 텔레비전은 이 분야의 교육을 위해 매우 적절한 수단"이었다.[38] 뵈르데만과 하르프레히트는 매체교육을 위한 과제는 "내키지 않더라도 문제점과 직면하기 그리고 동의하지 않을 권리의 연습"이라고 보았다.[39] "민주적 논쟁에 대한 관심을 일깨우는 것"이 그들의 목표였다.[40] 금기시 되는 주제를 다루기 위해, "환상을 깨뜨리고 실제 현실을 알리기 위해" 대중매체는 그 "연단"으로 이용되어야 했다.[41]

독일 민족, 국가, 공공영역 등의 전통적 개념에 대한 근본적 회의는 독재로의 복귀에 대한 두려움과 결합했다. 이 세대단위는 자신들의 해석 모델을 따라서 정치적으로 불안정한 상황을 주의 깊게 지켜보면서 서독 민주주의를 지키기 위해 노력했다. 이런 행동 모델은 종종 청소년기와 학생 시절에 이미 형성된 것이었다. 이후 영향력을 갖게 된 이 연령대의 언론인들 중 다수는 종전 이후 하노버 토론 그룹의 일원이었다. 민주국가 출범과 유럽 통합을 지지하고 재나치화에 반대하는 활동을 벌였던 이 그룹에는 당시 카를 크리스티안 카이저Carl Christian Kaiser(이후 ≪차이트≫지 편집자), 만프레드 옌케Manfred Jenke(WDR 라디오국장), 볼프강 숄버Wolfgang Scholber(≪하노버노이에 프레세≫의 편집국장)와 헬무트 리거Helmut Rieger, 안스가르 스크리베르Ansgar Skriver, 베르너 게슬러Werner Gessler와 라이마르 렌츠Reimar Lenz 같은 이들이 속해 있었다. 대체로 이 그룹은 자신들을 "민주주의의 소방관"이라고 생각하고 "청년당"을 창당하려고 노력했는가 하면 1956년에는 다음과 같은 목표를 천명했다. "실수, 오류와 유토피아를 방지하고 의식 있는 정치적 행동을 가능하게 하기 위해서 …… 사회 현실 속으로 깊이 파고든다."[42] 이와 비슷했던 것이 여러 단체의 활동이었는데 주로 국민의 기본권 준수, 인권 보장이나 서독의 이상적 서구화를 지향하는 단체들이었다. 1961년 45세대 언론인 게르하르트 슈치에스니Gerhard Szczesny가 '인도주의연합'을 창설했으며 WDR 편집자들인 카롤라 슈테른, 게르트 루게Gerd Ruge와 펠릭스 렉스하우젠Felix Rexhausen이 '독일 엠네스티 인터내셔널'을 만들고, 또한 '문화의 자유를 위한 의회(Kongreß für kulturelle Freiheit)'가 1959년 이래 젊은 언론인들의 영향으로 그 성향이 명백히 변화한 점 등은 우연이 아니다. 미국에 의해 서독에서 창설된 유럽 전 지식인들의 네트워크인 이 단체가 냉전시대의 대리자 기능에서 벗어나 서독의 서구화 기관으로 변모하자 젊은 언론인들이 모여들었다. 1960년대 초반에 목소리를 높였던 건 더 이상 정치가나 작가가 아니라, WDR이나 NDR(북부독일방송) 그리고 ≪슈피겔≫과 ≪차이트≫지의 언론인들이었다. 그들은 1950년대의 반공주의 경향을 밀어내고 정치문화의 자유화와 서독의 안정화를 이슈의 중심에 두었다.[43)]

아직 체제가 공고하지 못한 서독의 안정화와 민주주의의 강화가 45세대의 관건이었는데 이 배후에는 서독이 권위주의에 빠지지 않을까 하는 우려가 도사리고 있었다. "새 세대 언론인"의 태도에 대해 1960년 로베르트 융크Robert Jungk는 "우리가 오늘날 처한 상황은 1933년 직전과 유사"하며 "우리가 정말 절벽 끝에 서 있다"는 것을 알려야 한다고 말했다.[44)] 당시 텔레비전 교수로 널리 알려진 오이겐 코곤Eugen Kogon은 자신의 동료들에게 "불온한 일에는 저항할 것"과 라디오와 텔레비전을 통한 "긍정적이고 생산적인 가능성"을 활용할 것을 촉구했다.[45)] 많은 편집자나 기자들은 당시의 서독 상황을 바이마르 공화국의 마지막 시기, 즉 독일 최초의 민주주의 체제가 무너질 때의 역사적 상황과 비교했다.[46)] 그리고 이런 점에서 1960년대 초반 45세대 언론인들과 자유 지식인들의 조우가 이루어진다. 이 비판가들의 연대를 보여주는 좋은 예가 1961년 선거를 앞두고 발간된 책자 『대안 혹은 우리는 새로운 정부가 필요한가?』이다. 이것은 47그룹의 수장 한스 베르너 리히터Hans Werner Richter가 기획하고 마르틴 발저Martin Walser가 발행한 책자였다.[47)] 정부 교체를 외친 이 책자의 필진에는 작가만 있었던 것이 아니다. 전체 필진 20명 중 적어도 14명이 방송국과 출판계의 고정직 혹은 프리랜서 종사자였다. 12명이 1921~1932년 출생이었고 5명은 1917~1920년 출생이었다. 이들의 비판은 공통적으로 권위주의와 반공주의를 향한 것이었으며, 당시의 정치 상황이 바이마르 공화국 붕괴 이전과 유사하다는 이유로 개혁의 필요성을 설명했다.[48)]

촘촘한 인맥을 통해 45세대의 언론 엘리트들은 작가들만이 아니라 프랑크푸르트의 사회학연구소를 기반으로 한 이른바 '프랑크푸르트 학파'와도 연결되었다. 민주화와 서구화를 위해 독일 청년들을 교육하려 했던 막스 호르크하이머Max Horkheimer와 테오도르 아도르노Theodor W. Adorno는 독일 권위주의의 회귀를 막으려고 노력한다는 점에서 이들 언론인들과 뜻이 일치했다.[49] 사회학자들이 일찍이 모종의 의도를 갖고 맺어놓은 대중매체와의 인연은 1950년대 이후로 그 결실을 거두게 된다. 시작은 ≪프랑크푸르터 룬트샤우≫, ≪프랑크푸르터 알게마이네 차이퉁≫, 문화잡지 ≪프랑크푸르터 헤프테≫의 편집인 다수가 속해 있던 프랑크푸르트 네트워크였다.[50] 과거 프랑크푸르트 사회학연구소의 연구조교나 학생이었던 사람들이 1950년대부터 라디오, 텔레비전, 잡지사의 요직을 점령했던 것이다. 이들이 바로 45세대인 울리히 겜바르트Ulrich Gembardt, 폴커 폰 하겐Volker von Hagen, 롤란트 비겐슈타인Roland H. Wiegenstein과 알렉산더 클루게이다.[51] 젊은 텔레비전 프로그램 편성책임자 다고베르트 린틀라우Dagobert Lindlau는 호르크하이머와 오랜 세월에 걸쳐 긴밀한 "조언자 관계"를 유지했는데, 이는 호르크하이머가 〈레포트〉를 비롯한 여러 방송에 자주 출연하는 것으로 나타났다. 이 밖에도 BR(바이에른방송) 방송국장 클레멘스 뮌스터Clemens Münster, 한스 하이게르트Hans Heigert, 알프레드 안더쉬Alfred Andersch가 사회학자들과 긴밀한 관계를 유지했다.[52] 이렇게 호르크하이머와 아도르노는 1960년대 명실상부한 대중매체의 스타로 부상하게 된다.[53]

위에서 보듯 제2의 1933년에 대한 두려움과 서독 민주주의의 유지에 대한 염려는 45세대 언론인들로 하여금 47그룹이나 프랑크푸르트 학파와 같은 지식인 진영과 연대하게 만들었다. 민족사회주의를 대하면서 젊은 언론인들이 보인 태도 중 세대적 특성의 측면에서 짚고 넘어가야 할 점은,

그들이 히틀러 국가나 홀로코스트를 대체적으로 '속았다'라는 모토 아래서 해석했다는 점이다. 이들은 1933년 나치가 권력을 장악했던 원인을 한편으로는 바이마르 공화국 민주주의의 취약함에서, 다른 한편으로는 정치적으로 미숙한 대중이 현혹되기 쉬웠다는 데서 찾았다. 그래서 45세대는 나치 과거에 대해 비판적 보도를 시작했더라도 막상 단순 가담자나 기회주의자들에 대한 공격에서는 한 발짝 뒤로 물러났다. 그들에게는 현혹된 단순 가담자와 원래의 죄인, 즉 '진짜 범죄' 사이에 명확한 선이 존재했던 것이다. 이 해석은 두 가지 측면에서 이들의 행동에 영향을 미쳤다. 첫째는 1960년대 대중매체에서 나치 역사를 다루는 방식이었다. 둘째는 45세대가 언론계 선배들을 대할 때 조심스러웠다는 점과 상대를 정확히 조준한 폭로 방식을 피했다는 점이다. 이렇게 포스트 민족사회주의 사회의 조심스러운 침묵은 45세대가 실세를 쥐고 있을 동안에는 언론계에까지도 퍼져갔다. 이들은 민족사회주의의 이상과 청소년 조직의 매력을 경험했었기에 이에 연관되었던 선배들에게 관대하고 싶은 마음이었다. 그들이 새로운 체제를 받아들였고 민주주의의 안전을 위협하는 인물이 아닐 경우에 한해서는 말이다.

대부분의 경우 후배들은 편집장의 과거에 대해서는 막연히만 알고 있었기에 아무도 이런 침묵을 깨려 하지 않았다. 일례로 기독교 통신사(epd)의 편집장 포코 륍센Focko Lüpsen은 1937년 사장 재임 시절 나치와 연루되었던 사실뿐 아니라 회사 전체가 나치 선전을 위해 부역했던 것을 수십 년 동안 숨길 수 있었다.[54] 륍센보다 더 무거운 과거를 지닌 건 ≪벨트≫지의 사장 한스 체러Hans Zehrer였다. 같은 회사 편집자 게르트 폰 파첸스키Gert von Paczensky가 1958년에 회고한 바에 따르면 그는 "무척이나 신사적이며 현명하게 보였고 그 당시까지는 실제로 언론계의 거목으로 통하는 사람"이었다. 당시 33세의 파첸스키는 이후 체러가 "구식 초강경 보수주의자이며 민족주의자일 가능성이 높은 사람"임을 눈치챘다. 그러나 "우리 젊은 직원들은 그의 과거 행적에 대해서는 잘 알지 못했고 나중에 매체를 통해서야 알았다"는 것이다.[55] 선배들의 이전 행적이 알려졌을 때에도 45세대는 그들과 대결하기보다는 함께 일하길 원했다. 예를 들어 본의 언론인 모임에서는 토론을 할 때 모두가 과거사를 끄집어내는 일은 피했다. "젊은 세대는 때로는 '늙은 선배들'에게 화가 나 흥분하기도 했다.…… 과거극복이란 본질적으로는 세대 갈등이었다. 그러나 본격적으로 불이 붙은 적은 드물었다."[56] 심지어 나치 주제에 관해 비판적 보도를 전문으로 하는 이들조차 관대하기 일쑤였다. 볼프 리트만Wolf Littmann은 SFB(자유베를린방송국)에서 시작하여 1957년부터는 HR(헤센방송국)에서 시사 프로그램을 하다가 이후 SWF에서도 일했지만 어디서나 동일한 경험을 했다. "그것은 내가 시사방송 편집국에서 일하면서 제안할 수 있는 주제가 아니었다." 왜냐하면 그곳의 "많은 고위직 언론인들이 나치에 깊숙이 관계했었기 때문이었다". 그럼에도 리트만은 외부의 공격으로부터는 동료들을 변호했다. "누구나 어느 정도는 나치의 물이 들 수밖에 없었다. 하지만 …… 그들이 아니었다면 청취자들에게 인정받는 방송은 불가능했을 것이다." 가령 SWF에서는 방송감독이나 프로듀서의 신분이라면 "민주주의의 기본 질서"를 준수할 사람이라는 "충분한 보증"이라고 생각했다.[57] 사람들은 나치 단순 가담자들을 이해하고 용서하고 싶어 했다. 1922년생인 노르트라인베스트팔렌의 한 기자는 동료들 대다수가 "나치 시절을 경험하고 극복했으나 나치도, 그 반대편도 아닌 중간 단계의 비정치적인 사람들"이라고 묘사했다. 기회주의적으로 연루된 사람들을 "진짜 나치"와 구분했는데, 진짜 나치란 폭력적이고 범죄적인 망상가로서 시민적 건전함의 너

머에 존재한다고 생각했다.[58)]

과거 나치 연루자들의 사회로의 통합이 서독 민주주의의 안정성에 도움이 될 것처럼 보이는 동안은 45세대는 과거 폭로와 거리를 두었다. 다르게 행동할 때는 나치와의 관계가 새로운 국가에 해를 입힐 것처럼 보이는 경우였는데, 영향력이 큰 정치가나 이른바 '진짜 범인'이 문제가 될 경우였다. 이런 모습은 45세대가 매체를 통해 나치 과거를 어떻게 다루었는지에서 명백히 나타난다. "속았다"와 "민주주의의 고착"을 중심으로 한 이 세대단위의 해석 모델과 행동 모델이 그대로 반영되어 있는 것이다. 공범자나 정치적으로 현혹되었던 자들을 벌주기보다 정치적으로 계몽해야 한다는 관대함이, 그리고 서독을 '나치국가'로 깎아내리려는 시도에 저항하려는 노력이 이들 태도의 주조를 이루었다. 범인은 법정에 세우더라도 현혹되었던 대중은 책임감 있는 국민으로 재교육함으로써, 나치 역사를 다루는 작업은 서독의 민주주의를 강화하는 데 일조해야 했다.

대중매체에서 나치 범죄나 나치 범죄자들의 사회 통합에 대한 스캔들을 비판적으로 다룬 것은 1960년대에 들어서면서였다.[59)] 여기에는 텔레비전과 1960년대 중반까지 언론계에서 주도권을 잡고 있던 일부 45세대가 결정적 역할을 했다. 페터 쉬어-그리보브스키Peter Schier-Gribowski(1916년생), 틸로 코흐Thilo Koch(1920년생), 룻츠 레만Lutz Lehmann(1927년생), 볼프 리트만(1926년생), 게르트 루게(1928년생), 하인츠 후버Hienz Huber(1922년생) 등을 비롯한 이들은 이 주제와 관련된 방송들의 자막에 항상 이름이 올랐다. 원래 오이겐 코곤이나 악셀 에게브레히트Axel Eggebrecht와 같이 나치 시절 탄압받았던 일부 나이 든 작가들이 나치 과거를 자주 주제로 다루곤 했는데 이로써 이들 옆에 45세대의 이름도 나란히 서게 되었다. 방송에서 45세대의 활약은 예루살렘의 아이히만 재판을 보도하는 것 이상이었다. 그들은 제3제국에 관한 다큐멘터리를 저녁방송으로 내보냈고 정치가나 공무원들을 압박하는 보도방송을 했으며, 임박하는 나치 범죄자의 공소시효와 유대인이나 이민자들에 대한 독일인들의 거부감을 주제로 한 방송을 제작했다.[60] 첫 번째 포괄적인 텔레비전 다큐멘터리로는 아마도 1960/61년 SDR의 14부작 〈제3제국〉을 꼽을 수 있다. 이 방송은 그야말로 45세대의 프로젝트라고 할 수 있는데 작가인 하인츠 후버와 게르트 루게 말고도 프로그램을 제안한 감독 한스 바우쉬Hans Bausch와 학술고문 발데마르 베송Waldemar Besson 모두 1920년대 출생이었다.[61] 여러 점에서 이 방송은 이들의 세대적 특수성을 반영했다. 즉, 광범위한 국민과 엘리트층이 히틀러를 지지했던 사실은 축소하는 대신 나치의 선동 작업이나 폭력을 강조한 것이다. 해설에서도 "정부의 조처를 과대포장하여 민족사회주의의 요구에 발 빠르게 복종했던 사람들에게 면죄부를 주려는" 의도가 강하게 표출됐다.[62] 이 시리즈는 전체적으로 나치에 현혹되고 제압되었던 사회의 모습을 재구성하는 동시에 후세 역사의 모범이 될 소수의 히틀러 반대자들을 부각시킴으로써 "다른 독일"의 모습을 강조했다. 물론 나치의 범죄 — 유대인 학살, 집단수용소에서의 고문과 인체 실험, 점령지역 주민에 대한 테러 행위, 집단 처형, 리디체와 오라두르 쉬르 글란의 학살▸, 자의적 재판 판결 — 를 분명히 밝혔고 자료를 공개했다. 이 범죄 사실들은 연합군의 융단폭격으로 인해 독일인이 받았던 고통보다 더 큰 주의를 끌

▸ 리디체는 체코 프라하 북서부에 있는 마을로, 1942년 나치 친위대 장교의 암살을 보복하라는 히틀러의 명령에 따라 남자들은 학살되고 여자와 아이들은 집단수용소로 이송되었다. 오라두르 쉬르 글란은 프랑스 중부의 작은 마을로 1944년 레지탕스를 도왔다는 혐의로 나치 친위대가 학살을 자행했다.

었다.[63] 대중의 정치적 계몽과 서독 민주주의의 안정화라는 과제가 이 방송 기획의 배후에서 얼마나 크게 작용했는가는 기획자들의 발언이나 행동에서 뚜렷이 드러난다. 바우쉬에 따르면 이 시리즈는 "국민의 역사적 양심을 흔들어 깨우고" 민족사회주의 과거와의 대면을 기피하는 수백만 국민에게 다가가려고 했다.[64] 게르트 루게는 1961년 미국 방송인들과 함께 미국을 겨냥한 프로그램을 계획했다. 그는 새 프로그램에 〈제3제국〉 시리즈에서 발췌한 부분들을 삽입하여 "나치 범죄에 대한 독일 국민의 계몽을 위해 독일 텔레비전 방송이 이룬 성과를 외국에 알리고자" 했다.[65]

단순 가담자와 진짜 범죄자 사이에 명확한 선을 그으려는 노력은 1960년대 대중매체에서 45세대가 기획한 프로그램의 전반적 특징이었다. 이런 예가 요아힘 페스트가 1965년 7월 12일 사회를 보았던 〈파노라마〉이다. 나치 정부와 연관이 있던 국회의원 헤르만 콘링Hermann Conring[66]에 대한 이 방송에서 그는 다음과 같이 말했다.

> 우리는 단지 남의 과거를 파헤치겠다는 것이 아닙니다. 그것은 너무나 오랫동안 많은 이들이 자신의 정당성을 주장하기 위해 이용한 간편하고도 비열한 수단이었습니다. 전체주의의 행보에 동참했던 국민, 영웅보다는 그렇지 않은 이들이 대다수였으며 극히 소수만이 시민적 용기를 보여주었던 그런 국민일진대 특정 세대에 속하는 그 국민의 대다수는 분명 형식적인 충성의 맹세를 했습니다. 그러나 이 문제는 다릅니다. 이 사람은 과거 불법적 정권의 행위에 깊이 관련된 사람입니다. '범죄를 직접 저지른 건 아니지 않은가?'라는 물음은 의미가 없습니다. 범죄 행위를 명료하게 구분해내는 것이 얼마나 어려운지 우리는 모두 잘 알고 있습니다. 하지만 누군가 범죄자가 아니라는 그 사실 하나만으로 그가 국회에 적합한 인물이라고 정당화할 수

는 없습니다.…… 경제 분야든 다른 어떤 분야에서든 자신의 사적 직업활동을 하는 콘링 박사 개인에게 반감이 있는 것이 아닙니다. 그러나 그가 국민을 대표해서는 안 됩니다.[67]

나치 과거 폭로에 대한 시청자들의 거부감을 잘 알고 있던 페스트는 무차별적 탈나치화에 대한 유보적 태도와 단순 가담자로서의 대중에 대한 공감적 태도를 동시에 보여주었다. 심지어 시민적 직업생활로 도피한 사람들까지도 감내할 수 있다는 자세였다. 그러나 과거 범죄자가 전후에도 변함없이 성공가도를 달린다면 그것은 페스트에게도 한계를 넘는 일이었다. 비슷한 경우가 1963년의 〈레포트〉 방송이었다. 주제는 국가공무원으로 고위직까지 올랐던 나치 전범자들이었다. 사회자는 전쟁 직후 제대로 이루어지지 않은 탈나치화를 언급하면서 "단지 당에 가입했다는 이유로 우편배달부나 전차 차장에게 책임을 물었던" 전후와 달리, "마침내 독일 국민 전체가 뒤집어썼던 죄를 정말로 저지른 자들이 재판정에 서게 되었다. 바로 수천 명을 죽이거나 죽이라고 명령했던 남자들"이라고 말했다. 이렇게 함으로써 그는 단순 가담자와 범죄자들과의 연관성을 축소하고 평균적 독일인의 상대적 결백을 강조한 것이다.[68]

여기 텔레비전 방송의 예에서 드러난, 나치 역사 보도와 관련한 45세대 집단의 특징적 성향은 간혹 뚜렷한 예외가 존재했지만 라디오나 대중잡지에도 자리 잡고 있었다.[69] 민족사회주의를 대중매체가 어떤 방식으로 다루었는가는 이 세대단위가 보도 프로그램에 얼마나 큰 영향을 미쳤는지를 보여주는 많은 예들 중 하나이다. 실제로 45세대의 해석 모델의 영향이 당시 대중매체에 두드러지게 나타나서 동시대인들은 이를 위해 고유 명칭을 만들어낼 정도였다. 바로 '시대비판'이다. 이 개념 아래 1950년대 말과

1960년대 초반기의 언론의 타협지향주의적 요소들에 대립하는, 45세대가 추구하는 새로운 작업 방식들이 소개되고 논의되었다. '시대비판'은 주로 45세대에 의해 생산되었고, 이후 다른 매체의 전범 성격을 띠게 된 특정 매체들과 동일시되었다. 바로 ≪슈피겔≫과 초기 텔레비전 정치 매거진들이다(〈파노라마〉와 〈레포트〉).[70] '시대비판'은 1950년대 후반 이후 점점 더 언론계 엘리트들에게 퍼져나간 변화된 직업윤리를 의미했다. 이 개념은 당시 언론계 현실을 충실히 반영했다기보다는 당대의 슬로건이었고 언론인 작업 방식의 이상적 유형이었다.

앞에서 기술했듯이 45세대의 특징은 대중매체에 교육 기능을 부여했다는 점이다. 권위주의적 국가와 상부에서 지시된 타협에 맞서 대중을 동원하려는 목적이었다. 이 생각은 1950년대 대중매체의 지배적 작업 방식을 무너뜨려야 할 때는 곧바로 행동 모델로 전환되었다. 많은 45세대가 선배와 동료들의 갈등 기피, 순응주의, 친정부 성향 그리고 매체를 정부 정책의 공지기관으로 만들려는 태도를 날카롭게 비난했다. 당시 독일 언론이 안주한 "무풍지대의 안락함"을 정면으로 들이받은 것이다.[71] 텔레비전을 정치판의 "개인 사진사"로 격하시키고 비판적 보도는 그야말로 "진귀한 일"로 만든 데 대해 언론계 동료와 정치가들의 책임을 물었다.[72] 라디오도 "불편한 질문이나 불쾌한 답변이 없는 모나지 않은 방송"만 만들면서 그릇된 방향으로 나가고 있다고 비난했다. 왜냐하면 "새로이 재건하는 국가의 현실은 깊숙한 곳에 은폐된 갈등의 해결을 요구하기" 때문이었다.[73]

1950년대 초반의 '무풍'에 대한 대항 모델로서 '시대비판'은 한마디로 정치적 저널리즘을 의미했다. 이들은 대중을 겨냥한 여론 형성을 목표로 하면서 오락, 교육 그리고 일종의 소명의 요소들까지 포괄했다. 이 '시대비판'에는 또한 현대와 진보의 입김이 서려 있었다. 이는 텔레비전, 영화,

라디오 등 강력한 언론매체의 시대에 등장한 "비판의 새로운 방식"을 의미했다고 SDR 텔레비전국 국장 게르하르트 프라거Gerhard Prager는 강조했다. 이 시대비판은 이전처럼 엘리트 집단만을 겨냥한 것이 아니라 "폭넓은 대중 여론"에 도달하고자 했다.[74] 가톨릭 방송잡지 ≪라디오-서신교환≫에서는 1960년 다음과 같이 쓰고 있다. "문예란이나 정치 사설 혹은 보고문서들과 달리 시대비판적 방송은 작가와 독자 혹은 청취자와 시청자의 참여를 유도하고 싶어 했으며 또 그래야만 했다.…… 시대비판가는 주제에 관해 개인의 분명한 관점을 가져야 하며 몇 가지 측면을 다소 과장하여 강조할 수도 있다."[75] NDR 정치부 부국장 클라우스 뵐링Klaus Bölling은 '시대비판적' 방식을 다음과 같이 설명했다. "어떤 정당이나 협회 혹은 정부의 부패한 지점을 …… 꼼꼼한 조사 작업을 통해 …… 철저히 밝혀낸다." 그러고 나서는 "강도 높은 질문"을 던지는 것이다. 이에 대한 모범적 사례로서 뵐링은 BBC방송의 〈파노라마〉와 "미국의 저명한 정치 프로그램들"을 들었다.[76] 이와 유사하게 NDR 텔레비전국의 정치편집국장 뤼디거 프로스케도 "참여적 텔레비전"으로 미국의 선례를 들었다. 다큐멘터리 프로그램은 "여론을 만들고 계몽하고 경고하며 폭로하고 호소하기 위해 발언할 용기"를 가져야 한다는 것이다.[77]

라디오와 텔레비전에서는 흔히 영국과 미국의 방송물을 '시대비판적' 방식의 모델로 삼았다. 하지만 ≪슈피겔≫도 그런 모범 중 하나였다. SWF의 편집진은 1958년과 1960년에 걸쳐 ≪슈피겔≫의 성공 사례를 따라 그들의 정치방송을 '시대비판적'으로 만들고자 했다.[78] 1960년대로의 전환기에 언론의 '시대비판'을 선전한 이들은 대중에게 영향을 미치고자 했고, 자료조사 작업을 언론 활동의 일부로 정착시키고자 했으며 행정 당국에 대한 신뢰를 정부 비판적 자세로 대체하려고 노력했다. 여기에는 서구의 모델과 스캔들에 대한 열린 자세도 포함됐는데 이것 또한 ≪슈피겔≫과의 공통점이었다. 방송을 보면 마치 텔레비전과 라디오의 정치 프로그램들에 논쟁적 대화, 공격적 사회자, 아이러니와 말싸움 같은 오락적 요소를 가미하여 무게를 가볍게 한 것처럼 비쳤다. 논쟁적 대화의 방송 형태 역시 미국 언론매체의 사례를 따른 것이었다.[79] 텔레비전의 정치보도 방송은 처음부터 스캔들이 대중에게 미치는 매력을 염두에 둔 것이었다. 1957/58년 〈파노라마〉 프로그램의 파일럿 방송 사회자 요제프 뮐러-마라인Josef Müller-Marein은 "시청자들을 흥분시키고 방송을 재미있게 했기 때문에 이런 충격효과를" 추구했다고 술회했다.[80] 〈파노라마〉 프로그램이 제1방송국으로 이전되고 나서 제작진은 시청자들에게 "비판적이고 분석적이며 필요하다면 공격적인 보도"를 하겠다고 선언했다.[81] 〈파노라마〉의 인터뷰는 기자들이 자신을 이런 광범위한 활동의 선구자로서 이해하고 있었음을 반영한다. "비판이란 건 우리에게는 완전한 처녀지였다"(알베르트 크로그만Albert Krogmann), "우리는 전혀 새로운 길을 가기 위해 노력했다"(뤼디거 프로스케). 방송은 이미 형식 면에서 "낯선 요소"를 선보였는데 "언론인들은 매우 도발적이라고 느꼈다"(만프레드 옌케).[82] 자세한 사전조사와 인터뷰 대상에게 던지는 불편한 질문 및 동독에서 게스트를 초대하는 등 금기의 파괴를 통해 대중이 정치에 관심을 기울이게 하고 논쟁적 토론에 익숙해지도록 의도했다.

'시대비판'은 상당히 매력적인 모델임이 입증되었다. 선구적 양대 매체인 텔레비전의 정치보도 방송과 ≪슈피겔≫ 모두에 대해 1960년대를 통틀어 대중의 지지도가 높아졌다. 연구소 '인프라테스트'가 실시한 설문조사는 1958년과 1960년 사이 정치시사 프로그램에 대한 "지지도가 꾸준한 상승세"에 있다고 밝히면서 이로부터 "시청자 관심의 이동"을 진단했다.[83]

방송에서는 정치 프로그램들이 점점 더 좋은 시간대를 차지했다. 〈파노라마〉의 파일럿 방송에 이어 〈레포트〉(1960/62), 〈벨트슈피겔〉(1963)과 〈모니터〉(1965) 같은 프로그램들이 재빨리 도입되었다. 이런 흐름에서 인쇄매체도 예외는 아니었다. 특히 ≪슈피겔≫의 판매 성공에 힘입어 화려한 화보의 잡지들도 시사성 있는 사건을 더 많이 다루고 사설, 독자 칼럼, 독자 편지 등의 비중을 늘렸다. 정치적 메시지가 담긴 편집장의 머리말과 빌리 브란트Willy Brandt나 프란츠 요제프 슈트라우스Franz Josef Strauß 같은 고위 정치가나 혹은 스타 언론인의 초대 칼럼은 1960년대 들어오면서 잡지의 확고한 일부로 자리 잡았다. "장관에게 전화 겁시다"[84]와 같은 전화시위 캠페인들은 정치에 대한 직접적인 소통 경로가 있음을 암시하면서 판매부수를 올렸다.

'시대비판적' 매체의 성공은 많은 45세대에게, 특히 텔레비전의 경우 대중적 인기를 안겨주었고 그들을 언론계의 중진으로 끌어올렸다. 이렇게 이들의 생산물이 달성한 판매가치의 상승은 한편으로는 스스로를 시대비판의 전위라고 여긴 이들의 사명감을 강화했지만, 다른 한편으로는 목적을 비껴갈 위험이 있다는 내부 비판도 생겨났다. 요아힘 페스트는 텔레비전 정치방송의 초기에 나타난 "정치적 비판의 본질에 대한 불균형한 이해"를 거론했다.[85] 클라우스 뵐링은 〈파노라마〉의 동료들에게 "저널리즘의 의용대 정신"에 대해 경고했는데 언론인은 "직업적으로 스캔들을 좇아서는" 안 되며 "자신을 야당이라고" 생각해서도 안 된다는 것이다. 그보다는 "국가의 지반 위에" 서서 "자신을 이 국가와 동일시"할 줄 알아야 한다고 주장했다. 그는 "텔레비전 정치방송의 언론인은 참여적이어야 한다"라고 말하면서 "그러나 오직 살아 있는 민주주의를 위해 참여적이어야 한다"고 덧붙였다.[86] 이것은 뵐링이 45세대의 전형적 주장을 다시 한 번 변형한 것에 불과하다. 즉, 비판은 가능하나 그 비판은 서독의 민주주의를 강화해야지 그 존립을 위협해서는 안 된다는 것이다. 서독의 안정이 이에 대한 바로미터를 제시했다. 이 바로미터가 세대 특유의 해석 모델을 따라 참여 활동의 허용 범위를 결정했다. 이에 따르면 대중의 정치적 동원과 정부 비판은 민주주의 체제의 정당성을 부인하지 않는 한도 안에서 환영할 만한 가치를 지녔다. 이것이 바로 독일 분단과 냉전시대의 45세대와 그 이후 학생운동권 출신 언론인 세대를 가르는 중요한 경계선이다. 이데올로기와 정치적 이상, 비판의 한계와 독일연방공화국(구 서독)의 안정을 바라보는 태도에서 45세대와 68세대는 서로 갈렸던 것이다.

III.

지금까지의 내용을 종합하면 정치적 45세대의 선명한 해석 모델을 만들 수 있다. 주로 1920년대부터 1930년대 초반에 태어난 이 세대에게 1945년 종전은 기만적 환상의 와해와 인생의 전환점으로 각인되었다. 이들이 나중에 언론계에서 주도권을 쥐게 되자, 이상을 기만당했다는 당시의 지배적 해석에다가 자신들이 잘못된 길로 이끌려왔다는 인식과 민족사회주의의 범죄적 성격에 대한 인식을 덧붙이게 되었다. 이로부터 차츰 혁명적 이데올로기에 대한 회의와 민족, 국가, 통치와 합의라는 전통적 개념들을 비판적으로 검증하려는 열의 그리고 새로운 권위적 독재로 빠지는데 대한 두려움이 합쳐진 행동 유형이 발전했다. 45세대의 언론 활동은 정부 비판과 국민의 정치적 조직화를 지향했지만 이런 활동이 민주주의 체제의 안정을 위협한다고 판단되면 중단했다. 비슷한 제동 효과는 민족사회주의를 다루는 언론에서도 마찬가지로 나타났다. 그들은 나치가 저지른 범죄와 잘못된 세계상에 대해 대중을 계몽할 것을 옹호함으로써 언론보도를 진일보시켰다. 하지만 단순 가담자를 고발하거나 눈에 띠지 않고 사회에 통합된 채 살아가는 2류급 범죄자의 정체를 밝히는 데서는 사회적 정치적 안정을 위해 뒤로 물러섰다.

지금까지 언급한 대중매체 공론장에서의 행위자들은 나치에게 기만당했다는 기본 해석을 여러 형태로 표현했던 정치적 45세대 가운데 단지 하나의 세대단위일 뿐이다. 셸스키가 이들을 "회의적"이라고 일컬은 것이 원칙적으로 틀린 말은 아니다. 왜냐하면 1957년 그가 기술했듯이 이데올로기를 멀리하고 안정성을 추구하는 경향은 당시 분명히 존재했다. 그러나 셸스키의 분석은 이 세대가 전통적 가치관을 비판적으로 점검하고 서독 민주주의를 강화하며 민족사회주의 과거를 극복하기 위해 그들의 회의를 참여로 전환시켰다는 점을 간과했다.[87] 이 언론 엘리트들의 특징적인 행동방식은 이들 연령대의 국민들이 대부분 보여준 방식과는 아마도 부합하지 않을 것이다. 지식 엘리트의 기본 원칙은 그들 세대의 다수와는 매우 다른 것이었기에, 이들이 자신들만의 엘리트 세대단위를 형성했다고 이해하는 편이 더 맞을 것이다. 그러나 소수일지라도 여기 설명하는 45세대 그룹은 중요하다. 이들은 1960년대 언론계에서 혁신을 원하는 엘리트의 핵심 세력이었고 서독 대중매체 지형 변화의 원동력이었다. 그러나 세대담론의 효용성을 과장하지 않기 위해서 끝으로 이 담론의 한계점들을 짚어볼 필요가 있다.

첫째, 전형적인 45세대 편집자들의 행동은 세대적 원인에 따른 것만이 아니라 다른 다양한 개인적 조건과 동기의 결과이기도 하다는 점이다. 둘째, 1960년대 대중매체에서 비판적이고 민주적인 여론 형성을 위해 일했던 사람들이 모두 45세대인 것은 아니었다. 45세대의 전형적 이력에는 들어맞지만 위에 기술한 해석 모델과 행동 모델의 헤게모니를 거부하는 이들이 있었다. 또한 연령대는 다르지만 45세대의 목표에 공감하면서 연대를 맺은 이들이 있었다. 나치의 박해를 받았거나 나치에 대항했던 나이든 언론인(오이겐 코곤, 악셀 에게브레히트)이나 47그룹과 프랑크푸르트 학파의 구성원들이었다. 언론과의 결속에 힘입어 언론에서 이들의 위상은 향상되었다. 셋째, 위에 상술한 45세대의 계몽 활동이 1960년대 대중매체에 큰 영향을 미친 것은 사실이지만 이후에는 그 영향력을 상실했다. 이는 한편으로는 매체에서 68세대의 상승, 또 다른 한편으로는 서독 사회의 분위기가 전후시기와는 다르게 변화해갔다는 것과 관련이 있다. 무엇보다 상기해야 할 점은 정치적 45세대 말고도 서독 여론의 변화를 결정지은 다른 요소들이 있었다는 것이다. 연합점령군의 언론정책이나 냉전 막바지 세계 정치의 긴장 완화는 주요한 분기점을 이루었다. 특히 경제적 성공과 복지 증진, 그리고 더 이상 제3제국의 사회화 과정과 관련 없는 세대의 성장 등이 서독의 안정화에 기여했다. 이와 같은 조건들이 있었기에 언론의 '시대비판'이 대중적 성공을 거두고 '45'세대가 대중매체에서 영향력 있는 발언자로 부상하는 것이 가능했다. 이런 의미에서 볼 때 1960년대 45세대 언론인들의 해석 모델이 지지를 얻고 이들의 활동이 성공 모델로 부상하고 정치적 세대로서 그들 간의 결속이 공고해질 수 있었던 것은 여러 유리한 조건들이 결합한 결과였다.

〈함수옥 옮김〉

주

1) Habermas, *Strukturwandel der Öffentlichkeit*.
2) Imhof, "'Öffentlichkeit' als historische Kategorie und als Kategorie der Historie", 4.
3) 같은 글, 12 이하; Requate, "Öffentlichkeit und Medien als Gegenstände historischer Analyse", 8 이하, 15 이하 참조.
4) Mah, "Phantasies of the public Sphere"; Mäusli, "Das Radio produziert nicht nur Töne", 특히 117 이하; Imhof, "Vermessene Öffentlichkeit—vermessene Forschung?", 41 참조.
5) 최근에는 기자들을 "게이트키퍼"와 "선수"에 비교하면서 "스탠딩"이나 "프레이밍" 등 행위자를 강조하는 모델들을 갖고 연구한 사회학 논문도 있다.
6) Mannheim, "Das Problem der Generation"; Fogt, *Politische Generationen*.
7) 역사가의 연구 실무에서 중요한 유보점 하나는 연구 대상 그룹이 클수록 세대소속성을 추체험하기가 어려워진다는 점이다. 개인의 역사에 대한 조사가 불가능해지면 연구자는 종종 이를 대체할 보조수단을 강구하는데, 이런 수단에 따라서 동년배 집단이나 삶의 이력은 특정 정치세대로의 소속성을 입증하는 것이 아니라 만들어 낸다.
8) 1950~1960년대에는 언론 엘리트 중 여성이 적었고 언론계 전반에 남성적 분위기가 지배적이었다. 특히 우리가 주목하는 정치부(넓은 의미에서) 기자들은 이런 성향이 더욱 심했다, 카롤라 슈테른Carola Stern처럼 정치에 관심을 가졌던 여성 기자들이 있었으나 공고한 남성의 벽을 뚫기엔 역부족이었다.
9) 여러 연구가 있으나 여기서 다 언급할 수는 없다. 자료를 풍부히 제시한 연구로는 2006년 출간된 필자의 교수자격논문 『합의와의 결별(Abschied vom Konsens)』 참조.
10) Schelsky, *Die skeptische Generation*; Kersting, "Helmut Schelskys 'Skeptische Generation' von 1957" 참조. 케르스팅Kersting의 논문은 '45세대'에 대한 최신 연구들을 개관했다.
11) Schelsky, *Die skeptische Generation*; Kersting, "Helmut Schelskys 'Skeptische Generation' von 1957", 특히 484 이하 참조.
12) 모제스는 서독의 교수들을, 뮐러는 서독 동년배 그룹의 유명 지식인들을 연구했다. 이들은 특히 사회학자들을 주목했다. Nolte, *Die Ordnung der deutschen Gesellschaft*, 247; Bude/Neidhart, "Die Professionalisierung der deutschen Nachkriegssoziologie". 사회학자들과 비슷한 이유로 최근에는 역사학자들에게도 관심을 기울이고 있다. Longerich, "About Innocence, Normality and Absurdity".
13) Kersting, "Helmut Schelskys 'Skeptische Generation' von 1957", 488, 491.

14) 자세한 것은 Hodenberg, *Abschied vom Konsens*, Kap. 4.1 참조.

15) 라트만은 1926년, 바링은 1932년 출생했다(Schörken, *Jugend 1945*, 23에서 재인용). 켐프스키(1922년생)는 2002년 8월 3일자 ≪쥐트도이췌 차이퉁≫의 인터뷰에서 말했다. 미국 점령지역에서 일했던 통신사 기자들을 대상으로 한 설문조사에서도 이와 비슷한 언급들이 많았다. Schmitz, *DANA/DENA* 참조.

16) Schörken, *Jugend 1945*, 28에서 재인용.

17) 프로스케[이후 NDR(북부독일방송) 텔레비전 방송국장]의 발언, Proske/Weymann-Weyhe, "Wie aus dem Kriege", 794 이하.

18) 카롤라 슈테른(1925년생)은 1956년부터 신문사와 방송국에서 독일사회주의통일당(SED)을 전문으로 다루는 프리랜서 기자로 활동했다. 1960~1970년에는 출판사 편집자로 일했고 1970년부터는 WDR(서부독일방송)의 편집자로 일했다. Schörken, *Jugend 1945*, 86 이하 재인용.

19) Schörken, *Jugend 1945*, 124 이하, 140 이하.

20) 같은 책, 13 참조. Naumann, "Nachkrieg als militärische Daseinsform", 445에서 재인용.

21) 위의 프로스케와 슈테른의 인용 참조. Boll, "Jugend im Umbruch", 503 이하 참조.

22) Wolfgang Hempel(1931년생), "Ein kleiner Nazi bis zum letzten Tag", 266; Horst Krüger(1919년생), "Mein Platz ist hinter dem Vorhang der Welt".

23) Peter Schulze[1922년생, SFB(자유베를린방송국)의 TV 리포터], *Eine freie Stimme der freien Welt*; Karl-Heinz Janssen(1930년생, ≪차이트≫ 편집자), "Unterschrift: 'Der Führer'"; Proske/Weymann-Weyhe, "Wir aus dem Kriege", 797.

24) Hodenberg, "Die Journalisten und der Aufbruch zur kritischen Öffentlichkeit", 283 이하, 298 이하 참조.

25) Günter Gaus(1929년생), *Die Welt der Westdeutschen*, 71.

26) 〈Zu Protokoll〉, SWF의 TV 프로그램(3. 12. 1967).

27) Augstein, "Warum sie demonstrieren", 18.

28) Stern, *Doppelleben*, 194.

29) Schörken, *Jugend 1945*, 27 재인용.

30) Klaus Harpprecht(1927년생), "Gespräch über den Zaun", 139, 143.

31) Pross, "Eigentümlichkeiten der Meinungsbildung", 92.

32) 뤼디거 프로스케의 발언, Kogon/Sabais (Hg.), *Darmstädter Gespräch 1960*, 90.

33) 〈파노라마〉 편집국장 Joachim Fest(1926년생), "Schwierigkeiten mit der Kritik", 110.

34) Alexander Kluge(1932년생), "Instrumentarium unseres Verratsbegriffs", 110.

35) Franz Wördemann(1923년생), "Konkurrent und Sündenbock", 102 이하.

36) 헬무트 함머슈미트(1920년생)의 1976년 인터뷰, Hammerschmidt, *Zur kommunika-*

tionspolitischen Diskussion, 190; Rolf Schulz(1921년생), "Politische Bildung—aber in netter Form", 193.

37) 뫼르쉬는 1926년생, 오버만은 1921년생, 하이게르트는 1925년생이다. Moersch, "Pro und Contra", 305~315, 307 재인용.

38) 베르너 팃체Werner Titze(1909년생, SWF 정치국 편집자), 〈우리가 더 할 수 있을까?(Können wir mehr tun?)〉, 1968년 9월 15일자 연설원고(SWF 매체아카이브, 팃체의 전기), 17.

39) Wördemann, "Konkurrent und Sündenbock", 103; Harpprecht, "Gespräche über den Zaun", 144.

40) 에곤 바르Egon Bahr(1922년생, 언론인 이후 정치인), *Zu meiner Zeit*, 64.

41) 프리랜서 기자 볼프강 레온하르트Wolfgang Leonhard(1921년생)를 인용, Kogon/Sabais (Hg.), *Darmstädter Gespräch 1960*, 137.

42) 언급된 인물들은 모두 1925년에서 1931년 사이 출생했으며 스크리베르는 1934년생이다. Boll, "Von der Hitlerjugend zur Kampagne 'Kampf dem Atomtod'", 108 이하에서 재인용. 또한 97 이하, 111 이하도 참조.

43) 1959년부터 문화의 자유를 위한 의회 회원들은 다음의 45세대였다: 클라우스 하르프레히트, 게르트 루게, 위르겐 륄레Jürgen Rühle, 테오 좀머Theo Sommer, 한스 그레스만Hans Gresmann, 루돌프 발터 레온하르트Rudolf Walter Leonhardt, 프란츠 뵈르데만, 카롤라 슈테른, 레온하르트 라이니쉬Leonhard Reinisch, 롤프 벡커Rolf Becker, 볼프 욥스트 지들러Wolf Jobst Siedler. 함부르크에서는 1960년대 후반 들어 문화의 자유를 위한 의회는 '특별한 기자 서클'이라는 모임으로 변모했다. 이 단체의 지휘 아래 함부르크 지부의 회원들은 '슈피겔 스캔들'에서 정부가 취한 조처에 대항하고 베를린 지부와 마찬가지로 긴장완화 정책과 브란트 총리의 동방 정책을 지원했다. Hochgeschwender, *Freiheit in der Offensiv?*, Kap. IX, 525, 484, 492(인용 499) 참조.

44) Kagon/Sabais (Hg.), *Darmstädter Gespräch 1960*, 123.

45) 같은 책, 226.

46) 프로이센의 마지막 총리였던 오토 브라운Otto Braun과 바이마르 공화국의 몰락에 대해 나누었던 인터뷰는 라디오 기자 볼프 리트만Wolf Littmann(1926년생)에게 깊은 인상을 남겼다. Littmann, *Ton ab, Kamera läuft*, 99 참조.

47) 라인벡 출판사에서 1961년 출간한 이 책에 관해서는 Hans Werner Richter, *Briefe*, 544 이하 참조.

48) Walser (Hg.), *Die Alternative*, 117 이하. 85, 154, 99, 143 참조.

49) Albrecht, "Das Allerwichtigste ist, daß man die Jugend für sich gewinnt", 102 이하, 131; "Im Schatten des Nationalismus", 387~447, 특히 443 이하 참조.

50) Albrecht, "Die Massenmedien und die Frankfurter Schule", 220 이하.

51) 겜바르트(1919년생)는 1955/56년 사회학연구소의 조교장이었고 1961/62년 잡지 ≪마그눔≫의 편집장을 역임하고 1962년부터는 WDR 라디오국의 정치 담당 편집자가 된다. 사회학연구소의 조교를 했던 폰 하겐(1923년)은 ≪벨트≫지의 편집자와 HR(헤센방송) 국장을 거쳐 ZDF(독일제2방송)의 편집국장 대행까지 올랐다. 비겐슈타인(1926년생)은 처음에는 교회방송에서 근무하다가 1963년부터 WDR(서부독일방송) 문화 프로그램의 편집자가 된다. 아도르노의 제자였던 클루게(1932년생)는 영화인으로 입지를 굳히게 된다. Albrecht, "Massenmedien", 220 이하; 또한 Gembardt: Lebenslauf in WDR, Historisches Archiv, Personaldossier Nr. D 1038; 또한 Kluge: Rathgeb, "Odysseus am Sendemast" 참조.

52) 린틀라우는 1930년생, 뮌스터는 1906년생이다. 하이게르트(1925년생)는 1960년까지 BR(바이에른방송국) 청소년 방송의 책임자였고 1961년 BR 텔레비전국 편집장으로 승진했다. 안더쉬(1914년생)는 초창기에 HR 저녁 프로그램을 맡았다. Albrecht, "Massenmedien", 233, 241, 243 참조.

53) 두 사람은 1950년대 말부터 카를 야스퍼스나 마르틴 하이데거, 또는 헬무트 셸스키보다 훨씬 자주 라디오와 텔레비전에 출연한다. 클레멘스 알브레히트에 따르면 그들의 출연 횟수는 1,225번에 달했다. 같은 글, 228 이하.

54) Thomann, "Das Bertelsmann-Syndrom", 48 참조.

55) Lampe/Schumacher, "Das 'Panorama' der 60er Jahre", 41 이하에서 재인용. 당시 언론계에서 체러가 차지했던 확고한 위치에 관해서는 Demant, *Von Schleicher zu Springer*, 235 이하 참조.

56) 위르겐 로렌츠Jürgen Lorenz의 발언, Murmann, *Mit »C« ist ferner*, 67에서 재인용.

57) Littmann, *Ton ab, Kamera läuft*, 97, 163, 174.

58) Möding/von Plato, "Nachkriegspublizisten", 54에서 재인용.

59) 이전 텔레비전 방송에서는 비역사화되고 도덕적으로 과장된 내용들이 지배적이었다. Classen, *Bilder der Vergangenheit*, 180 이하 참조.

60) 함부르크에 있는 NDR-아카이브의 기록과 다음의 방송 목록에 근거한 것이다. Hirschfeld 외 (Hg.), *Judenverfolgung und jüdisches Leben unter den Bedingungen der nationalsozialistischen Gewaltherrschaft*; Kress, *Europäisches Judentum in den Medien*; SWF-Datenbasis der Ton- und Fernsehsendungen(WOSAD/FESAD), 바덴바덴의 SWF 방송의 역사 아카이브를 통해 자료 이용.

61) 세 번째 공동작가 아르투어 뮐러Arthur Müller는 나치 정권의 피해자였다.

62) Classen, *Bilder der Vergangenheit*, 123 참조.

63) 이는 시리즈 1, 2부를 자세히 분석한 클라센을 따름. Classen, *Bilder der Vergangenheit*, 115 이하 참조. 3부(〈나치돌격대 국가〉)는 바덴바덴의 SWF 방송

국 FESAD 기록보관소의 기록을 근거로 하여 평가했다.

64) Classen, *Bilder der Vergangenheit*, 116에서 재인용. 바우쉬는 1963년 시리즈를 재방영하면서 언론과 시청자의 반응을 함께 엮은 팸플릿을 만들어 연방공화국 총리에게 보냈다(Bundesarchiv Koblenz, Bundeskanzleramt, B 136/3455, 28. 1. 1963).

65) 연방공화국 홍보실의 텔레비전 담당자 프라이뷔터Freibüter가 1961년 7월 31일 SDR의 방송국장 바우쉬에게 말한 내용이다(Bundesarchaiv Koblenz, Bundespressamt, B 145/1340).

66) 전쟁 중 네델란드 점령지역 그로닝엔이 콘링의 관할 지역이었는데 여기에는 네델란드의 유대인 수용소가 있었다. 그는 또한 연방공화국 공로훈장을 수여받을 예정이었다(Aktenvorgang vom Juli 1965 in Bundesarchiv Koblenz, Bundeskanzleramt, B 136/3173 참조).

67) Bundesarchiv Koblenz, Bundespressamt, B 145/4703, Notiz o. Autor, o.D. [Juli 1965] 재인용.

68) 게르하르트 리벨Gerhard Riebel, 하인츠-게르트 휠제만Heinz-Gerd Hülsemann, 게오르크 호이저Georg Hueser와 빌헬름 하르스터Wilhelm Harster에 관한 보고. 사회자는 클라우스 힌리히 카스도르프Claus Hinrisch Casdorff와 헬무트 함머슈미트였다Helmut Hammerschmidt(둘 다 45세대). WDR, Historisches Archiv, Nr. 5398, "Report"(1963년 5월 27일 방송) 원고 Nr. 41.

69) ≪크빅≫의 마티아스 발덴Matthias Walden의 칼럼이나 풍자글과 1965년 ≪슈테른≫(10~14호, 또는 10, 17, 23, 45호)의 아우슈비츠 재판 시리즈를 비교해볼 것. 잡지는 텔레비전과 달리 유료 독자를 겨냥하기 때문에 부가적으로 전쟁 이전 시대나 전쟁시기에 대한 감상적 회상 욕구를 충족시키려는 경향이 있었다.

70) 좀 더 자세한 사항은 Hodenberg, *Abschied vom Konsens*, Kap. 5 참조.

71) Enzensberger(1929년생), "Journalismus als Eiertanz", 23.

72) Hammerschmidt, "Die unbequeme Wirklichkeit". 비판적인 텔레비전 보도방송에 대해서는 124, 128.

73) Zahn, *Stimme der ersten Stunde*, 344 이하. 그의 비판은 NWDR(북서독방송)의 초대 사장 아돌프 그리메Adolf Grimme를 겨냥한 것이었다.

74) Prager(1920년생, 1962년부터 ZDF의 총무국장을 지냄), "Die Wahrheit ist mehr als die Pointe", 59.

75) *Funk-Korrespondenz*, Nr. 29, 13. 7. 1960, 17.

76) Bölling, "Politisches Fernsehn: Gefahr und Auftrag", 373.

77) Proske, "Über die Fragwürdigkeit der Objektivität", 132 이하.

78) 방송감독 로타르 하르트만Lothar Hartmann은 "≪슈피겔≫ 인터뷰 보도가 지닌 고무적 성향"이나 "상황에 따라서는 말썽의 소지가 있을 수도 있는 중요한 일을 과감

히 다루는" 방식을 지지했다. 기자들은 이후 자료 조사를 위해 더 많은 시간을 줄 것과 공동작업 및 아카이브 구축을 요구했다. 함부르크의 모델을 염두에 둔 것이었다(Protokoll der Zeitfunk-Reporterkonferenz am 8. 1. 1960, 2 이하, 5, in: Historisches Archiv des SWF, 1000/66; 2년 뒤의 기자회의도 참조할 것, in: Nr. 3000/13).

79) 에밀 오버만Emil Obermann(1929년생)은 정치담화 방송 〈찬성과 반대(Pro und Contra)〉를 SDR 텔레비전에 내보냈다(Moersch, "Pro und Contra", 305 이하.

80) 뮐러-마라인이 1975년 3월 23일 프랑크푸르트의 독일방송 아카이브의 뢰비 씨에게 보낸 서신에서 인용. Staatsarchiv Hamburg, unverzeichnete NDR-Deposita, Hefte aus der Ordnerreihe »Panorama«, Regal 110 B, Feld 5, Fach 2 (Deposita-Liste 1999, 4).

81) Deutsches Fernsehen, Pressedienst Nr. 27 (1962). Magazinbeiträge im Deutschen Fernsehen, hrsg. v. Deuschen Rundfunkarchiv, Bd. II: 1966-1969, Frankfurt am Main 1973, 200에서 재인용.

82) 크로그만은 1941년생, 옌케는 1931년생이다. 1990년 인터뷰들에서 발췌. Lampe/Schumacher, *Das »Panorama« der 60er Jahre*, 249, 245, 243에서 재인용.

83) *Funk-Korrespondenz*, Nr. 17, 21. 4. 1960, 2 이하에서 재인용.

84) *Quick*, 1965, Nr. 29 이하.

85) Fest, "Schwierigkeiten mit der Kritik", 106.

86) Bölling, "Politisches Fernsehen", 368, 372 이하.

87) 셸스키가 "회의"와 "비정치화"라는 개념을, 민족사회주의와 연결을 끊고 경제 기적을 이룬 사회로의 편입을 이상화한다는 취지로 사용했기 때문에 "회의적 세대"라는 그의 개념은 현재 적합하지 않다. Boll, "Jugend im Umbruch", 494, 498, 502.

감정공동체

현대에서 나타나는 이미지와 세대

하보 크노흐Habbo Knoch

최근에 체 게바라Che Guevara는 불과 몇 개의 선만으로 스케치된 초상화의 모습을 띠고 놀랄 만한 르네상스를 경험하고 있다. 체 게바라의 이미지가 1970년대와 1980년대의 정치적인 동원에서 이미 혁명의 아이콘으로서 중요한 의미를 가졌다면, 이제는 잠복해 있던 좌파적 환경에서 나와 구제품 상점과 패션 마케팅을 지나서 일상적인 의복의 영역으로 진출한다. 이 액세서리의 유행이 지닌 지배적인 의미는 지금에 와서는 새로운 출발이라기보다는 오히려 분출이고, 정치적인 혁명이 아니라 해방된 생활양식인 듯하다. 이미지가 되어버린 체 게바라의 망령은 기껏해야 새로운 "존재의 가벼움"에 대한 소망을 드러낸다. 그 사이 머리가 희끗해진, 체 게바라의 얼굴을 처음으로 정치적인 소통의 로고로 이용했던 사람들은 이 로고의 사용을 거쳐 이제 스스로가 '세대'가 되었다. 비록 그들이 젊었을 때는 체 게바라의 정치적 목표만큼이나 그의 자유분방한 로드무비적 생활양식에 매력을 느꼈다 해도 말이다.

이처럼 체 게바라의 이미지가 어떤 이들에게는 스타일을 구성하고 탐색하는 데 필요한 하나의 구성 요소가 된다. 반면에 다른 이들은 체 게바라에게 자기 조상(祖上)의 초상진열실(Ahnengalerie)에다 한 자리를 마련해 준다. 후자의 경우에 사후적으로 감정을 불러일으키는 이미지의 힘이 나타난다. 이미지들은 감정을 고무하는 매개자로 작용할 수 있고, 감각적이고 상징적인 형태로 과거의 시간을 현재화하면서 감정의 저장소로 존재한다. 이런 이미지들에 동일시공동체(Identifikationsgemeinschaften)로서의 세대를 구성하는 토대 중 하나인 감정적 결속이 연결될 수 있다. 조상의 초상진열실에서 실제 조상들이나 이념적인 조상들의 초상은, 세대 간의 상호의존과 영향이 빚어내는 통시적이거나 공시적인 논리에 따라 함께 사유된다. 이 조상의 초상화는 추후에 다른 조상의 이미지들의 가치가 높게 평가되는 맥락에서 그 개별 이미지가 정서적인 가치를 인정받게 되었을 때 비로소 구속력 있는 중요성을 획득한다. 하지만 예외적인 이미지들의 경우엔, 비록 회고적이지만 당시에 지배했던 "사회적인 에너지"(스티븐 그린블랫Stephen Greenblatt)의 많은 부분이 계속해서 집중된다. 바로 그러한 이미지들이 이 "사회적인 에너지"를 비로소 순환시키고 영향력을 갖게 만든다.

시민계급이 귀족계급의 혈통을 전유(專有)함으로써 생겨난 세대성에 대한 이해는 20세기에 이르기까지 19세기적인 조상의 초상진열실 이미지 속에서 유지되었다. 시민계급은 세대성을 이해할 때, 성과와 연속성 구축을 통해 가족의 지속에 기여했다는 이중적인 업적을 귀족의 혈통보다 우선시한다. 성공한 인물의 초상화의 경우 이런 세대성 개념은 뚜렷이 세대성을 상징하는 이미지 안에서 그 진가를 인정받고 미래를 지향한다. 그러나 세대성을 대대로 이어지는 가족의 계승을 넘어 확장시키고, 세대성을 실체적으로 주어진 것이나 생물학적으로 결정된 것으로 보지 않으며,[1] 시간을 매개로 한 사회적인 구성과 관련된 과정적 경험의 가공이나 자기 해석 그리고 타자에 의한 규정들로 본다면, 다른 형태의 이미지들도 중요한 의미를 획득하게 된다.

대중매체 사회의 여러 조건하에서 사진의 우세는 조형예술이 지닌 상징적 차원에 덧붙여 이미지의 산업적 생산을 불러왔다. 이로써 사진에도 해당될 수 있는 뚜렷한 상징 이미지들로부터 일상적으로 사용되는 이미지로 이어지는 긴 곡선이 생겨났다. 그리고 이 일상적으로 사용되는 이미지들이 갖는 상징적 차원은 일차적으로 담론을 통해 생겨난다. '68세대'와 같은 '정치적인' 체험세대들은 특정한 이미지 관리(Bildhaushalt)와 결합되어 있다. 이는 그다지 이목을 끌지 않는 경험 공유 세대들이나, 새로운 "세대사"[2] 연구에 힘입어 현재 발견되고 있는 반어적인 소비세대들(Konsum-generationen)의 경우에도 마찬가지다. 이러한 세대들의 이미지 관리와 대중매체 사회의 이미지 흔적(Bildspur) 사이에는 피드백의 순환고리가 존재한다. 이 피드백은 특히 매체의 상업적인 관심과 사회운동들에 의한 매체 이미지의 전략적 이용을 통해 유도된다. 사회운동들과 행위자들은 매체를 통한 사회화 과정의 일부로서 자리매김되는데, 이때 공적인 매체 공간의 익명성 속에서 결속의 기회들과 동일시 가능성들이 이미지를 통해 설계되고 또 파기된다.

'세대'와 '세대성'은 그 자체가 대중매체적 성격을 띠며, 대중매체 이미지들에 힘입어 촉발된 사회적인 자기 소통의 방식들이다. 반면에 19세기의 시민적 현대에까지 영향을 끼친 계보학적인 '세대' 구상은 가족적, 역사적, 도덕적인 지식을 생물학적인 연령의 경계를 넘어 아무 갈등 없이 전달하는 것과 관련되어 있었다. 이러한 세대 이미지에서는, 작은 공간에서 이루어지는 공동체의 구어적인 전달 형식을 띤 전승의 통시적 차원이 우세했다.

대중매체의 변혁기인 1870년에서 1930년 사이에 소통 형식들이 변화하면서 전승과 소통 형식 간의 관계가 근본적으로 바뀌었다.[3] 이로써 구어적인 전승이 진부한 것으로 되어버린 것은 결코 아니다. 그러나 대중매체 시장은 특히 역사 이미지들과 관련하여 이러한 전승 형식들에 침투하여 그 형식들을 변화시켰다. 이 과정에서 대중매체가 작은 공간에서 이루어지는 직접적인 전승 형식들에 저항하는 갈등의 동력으로서만 기능한 것은 아니다. 대중매체들은 변화와 혁명 사이에서 해석과 행동의 모델들을 협상하고 전유하는 고유한 장이 되었다.

1920년대 만하임의 세대구상[4]에서는 현대적인 세대구상에서 대중 이미지들이 갖는 중요성, 다시 말해서 전승의 보수적인 면뿐 아니라 새로운 출발의 혁명적인 면에 관련된 대중 이미지들의 중요성이 미처 성찰되지 못했다. 만하임이 그의 이론의 핵심 개념들을 빌헬름 핀더의 예술가 세대 분석에서 가져왔기[5] 때문에, 만하임의 구상에서 이미지와 감정은 아직까지 본체론적이고 초개인적인 성격을 간직하고 있었다. 그의 세대단위 이미지에서는, 거기에 속한다고 간주되는 내적인 동인 안에서, 진정성으로 가정되는 것에 대한 추구와 피상적인 것으로 분류된 (매체)세계의 현실 사이에 지적인 긴장이 재발견된다.

하지만 만하임이 가설로 내세운 20세기 초 세대 형성에 관한 경험적인 검증을 위해서는, 이 세대들이 소비자와 행위자로서 대응했던 대중매체라는 참조 공간을 끌어들여야만 한다. 외부의 운명적 타격에 의해 동질화되고 강렬하게 결속된 집단으로 정의된 만하임의 세대구상이 갖는 한계에도 불구하고, 세대 형성 과정의 정서적 차원과 세대 형성 과정을 이미지로써 재현하고, 환기시키고, 생산하는 것 사이의 관계는 구체적이고도 심리학적인 의미에서 핵심적인 중요성을 띤다.

특히 대중매체 이미지들은 20세기의 세대 형성과 세대성의 특수한 과정들에 과연 어느 정도까지 기여하고 있을까? 사진 이미지들이 늘어나고 사진 이미지의 편재성이 점점 증가하면서, 각 세대들이 자기위치 및 타자의 위치를 정하는 온갖 형식이 매체들의 교류 공간에서 발생하고 그 공간의 표본 이미지에 따라 영향을 받는다고 추론할 수 있다. 파국을 경험한 20세기에는 이 매체 공간에서 대중매체가 내세우는 순교이데올로기(Martyriologie)와 분열의 체험들 간의 상호관계가 발달했다. 무엇보다도 이미지들이 갖는 제의적(kultisch) 차원은 합리적인 분석의 방법으로는 온전히 해결될 수 없는, 세대적인 위치 지정의 감정적인 부분에 주목하게 한다. 마찬가지로 이 감정적인 부분은 '객관적인' 영향 요인들과 사후적으로 공동체를 형성시키는 '주관적인' 요인의 이분법으로도 파악될 수 없다. 따라서 이 글의 근본적인 성찰은 다음과 같다. 즉 이미지성(Bildlichkeit)이 지니는 매체적 특성과 연관된 감정적인 잔재 속에 어떤 흔적이 존재하며, 바로 이 흔적이 세대 경험의 현재성(Gegenwärtigkeit)과 경험 공유 세대들이 미래에 맞이할 후시간성(Nachzeitigkeit)을 연결한다는 것이다.

I. 세대의 구별: 20세기에 이루어진 이미지에 의한 통합

20세기에 이르러 이미지가 지속적이고 어디서나 사용 가능한 기술적인 대중매체로 관철되면서, 시장이라는 공간 속에 세대가 자기위치를 정하고 세대를 그 공간에 귀속시키는 일이 고유한 법칙에 따라 촉진되었다. 그리고 이미지가 지속적으로 순환하고 시각적으로 현존함에 따라, 조상의 초상진열실에서 드러나듯이 의도된 기획으로서 존재하던 세대 형성은 그 형태나 시간을 막론하고 더 이상 허용되지 않는다. 오히려 세대 형성은 점점 더 외부 요인에 의한, 그리고 이미지 시장(Bildmarkt)의 메커니즘에 여러 모로 종속된 과정이 된다. 이때 세 개의 메커니즘이 서로 맞물린다. 강조된 상징 이미지들이 불러일으키는 정서적인 효과, 매체 이미지들이 세대의 특징들을 초개인적으로 부각한다는 사실, 그리고 세대 고유의 특징적 이미지를 정립하기 위해 매체시장을 이용하는 것이 그것이다.

1990년대 이후 "이미지가 역사를 만든다"는 슬로건은 세대구상과 마찬가지로 호황을 누리고 있다. 이미지와 세대 모두 감정을 중심에 두는바, 사진 이미지가 인상의 강렬함을 통해서라면 세대들은 실제의 혹은 상상된 공동체의 강렬함을 통해서 그렇게 한다. 사진과 세대는 서로 연결되어 있다. 말하자면 감정적으로 경험된 시간성에 구조를 부여하고, 매체를 통해 세대관계들을 시각화하여 제공한다는 점에서 그러하다. 역사를 만든다고 선전되는 선별된 '세기의 이미지들'이 매체사회에 마련해주는 것은 사진 인상들로 중첩된 하나의 고유한 시간이다.

현대적인 세대 논리를 뒷받침하면서 이 이미지들은 상징 이미지들을 통해 복잡성을 축소시키는 매체 내재적이고 여론 내재적인 방식을 반영한다. 즉 이 상징 이미지들과 더불어, 개별 이미지들이나 이미지 시퀀스뿐만 아니라 보여줄 수 있는 것의 스타일, 폭 그리고 주제 타입들이 결정된다. 이로써 세대를 특징짓는 이미지들이 나타난다. 다시 말해서 당대에 지속적인 인상을 남긴 사건들은 이 사진들을 통해 사건으로서 그리고 기억된 역사로서 환기되고 확고한 근거를 갖게 된다.

그와 동시에 사진 이미지들은 "시간고향"(W. G. 제발트)을 구현하고 또 그것을 약속한다. 사진 이미지들은 회상을 통해 체험할 수 있는 동시대적 순간들에 대한 감각적인 재산 목록을 나타낸다. 누가 그 순간들에 관여했는지 혹은 누가 나중에야 비로소 그 순간들을 의식하게 되었는지가 그 안에서 드러날 수 있다. 사진 이미지들은 근대사의 시간경험을 매체를 통한 저장으로 구조화한다. 나아가 시간을 통해, 즉 강렬한 체험에 따른 직접적인 귀속성이라는 시간 창문을 통해 참여하는 몫의 차이들을 만들어냈다. 이미지를 지각하고 사용할 때 이미지가 지니는 순전히 기술적인, 정보를 매개하는 부분은 감정적인 표현의 층위나 제의적인 효과를 통해 변형될 수 있다. 그 때문에 기억 텍스트들에서 이미지에 관해 언급할 경우 사진 혹은 인상들이 효과를 발휘하는지, 아니면 대중매체적인 장치들이나 혹은 언어 형식이 효과를 발휘하는지를 항상 구별할 수 있는 것은 아니다.[6)]

사진은 이러한 다의성에 힘입어 현대의 세대 형성에 내재적으로 작용하는 매체가 되었다. 때문에 매체 이미지들도 (또한) 세대들을 만든다. 가령 19세기 말 이후 나타나는 세대 갈등은 시각적으로 다양하게 표현된 청년숭배를 통해 하나의 이미지 지평을 획득했다. 이것은 1950년대가 되어서야 비로소 매체세계에서 소비자들의 분화로 귀결되었다. 그리고 이러한 분화는 개별적인 세대들을 차별적인 생산품이나 이미지 스타일과 연결시켰다. 이전에는 가정이나 혹은 관습적인 결혼 준비의 모습이 광고를 주도하는 이미지로 우세했다면, 특히 1960년대 이후로는 젊음이 상품시장의 주도 문화로 나타난다.[7)]

사용자 세대(Nutzergeneration)에 따른 분할은 1980년대 이후 노인층이 매력적인 목표 집단으로 발견되면서 더욱 세분화되었다. 생활의 질에 대한 요구들을 대변했던 이미지 지평들은 어떤 이념적이거나 실천적인 구속이 없는 귀속성을 나타내는 데까지 확장되었다. 매체들은 가령 1950년대 말의 "반항아들(Halbstarke)"의 경우처럼[8)] 시위 양식들을 옷이나 행동으로 상업화하여 표현함으로써 갈등을 흡수하고 또 자극하면서 조종의 기능을 떠맡았다. 나아가 매체들은 소비 영역에서 비롯된 통합 전략이나 분열의 전략을 위한 토대로서 종종 이러한 기능을 수행했다.

"미디어 세대"의 특징인 특정한 대중매체의 사용과 체험뿐만 아니라, 어떤 세대에 속한다는 자기 이해나 선언이 20세기에는 매체 전체를 구성하는 차별적인 구성 요소가 되었다. 이렇게 이미지를 통해 표현되는 메커니즘은 세대 구성원들의 "회상을 통한 증대(retrospektive Vermehrung)"(하인츠 부데)에 분명히 적합하다. 즉 세대 구성원들은 하나의 시간층을 매체를 통해 가공하는 가운데 스스로를 재발견하고 추후에 그들이 거기에 귀속됨을 선언하게 된다. 그러나 그 시대의 이미지들 속에서 향수를 느끼면서 스스로를 재발견하리라는 기대가 사후적인 이미지 생산을 유발하는 단 하나의 방식인 것은 결코 아니다.

비록 소비자의 태도가 20세기의 이미지와 세대의 관계에서 매우 중요하다고 할지라도, 세대가 이미지를 만든다는 것 역시 맞는 말이다. 문화적이고 정치적인 표현 형식들을 사용하는 능동적인 행위자들은 대중매체의 수동적인 대상만은 아니다. 그들은 매체의 전파력과 관련하여 민감한 지점에서 행동을 취했다. 가령 68운동의 슈프링거 그룹▸에 대한 반대 시위에서 알 수 있듯이, 운동집단들은 부분적으로는 분명히 조작하는 대중매체 권력에 대항하여 매체 전략을 구상한다. 몇몇의 출판 포럼들, 전복적인 전략들 혹은 폭력의 확대는 여론의 주목을 끌기 위해 매체 내재적인 규칙들을 고려한다. 이때 문제가 되는 것은 하나의 학습 과정인데, 이것은

▸ 악셀 슈프링거(Axel Springer) 그룹은 독일의 최대 언론재벌로서, 68운동 때 학생들을 동독의 사주를 받은 공산주의자로 몰아 간 당시 대표적인 보수 언론사이다. 학생들과 시민들은 이에 격분하여 서독의 여러 도시에서 슈프링거 그룹에 대한 반대 시위를 벌였고 슈프링거 그룹의 건물을 봉쇄하기도 했다.

그 자체로 세대성과 세대 특징이 변화되는 부분으로서 간주될 수 있으며, 또한 이 세대성과 세대 특징을 토론장인 대중매체의 생성과 밀접하게 연결시킨다.[9)]

세대 간 대결에서 나타나는 이미지 언어가 갈등을 조장하거나 혹은 갈등을 달래는 일부분이 됨으로써, 동시대의 매체들은 — 광고 문화의 포괄적인 이미지 공간이든 정치적으로 도구화된 시위 사진이든 간에 — 문화적인 자기 소통 과정과 문화적인 스타일 형성의 구성 요소가 된다. 그러한 이미지들 자체가 어느 정도까지 세대들의 성립을 촉진했는지는 회고적인 영향 연구의 어려움 때문에도 아직까지 거의 알려지지 않았다. 그러나 어떤 경우든 이미지로 출판된 대중매체와 시청각적인 대중매체는 세대와 관련된 감정의 저장소를 제공한다. 이것들은 다음의 사실과 연관이 있다. 즉 사회적인 자기위치 지정과 공적인 타자에 의한 규정이라는 방식으로 나타나는 세대성이 20세기에 확립되었다는 사실, 그리고 저장된 이미지를 세대와 관련하여 코드화하는 것과 마찬가지로 "미디어 세대"의 현상 역시 대중매체가 지닌 구조적 특징이라는 사실이다.[10)]

II. 정서적인 이미지들: 감정공동체로서의 세대

20세기에 형성된 **과정**(Prozeß)으로서의 세대와 그리고 **기획**(Projekt)으로서의 세대를 구별 짓는, 서로 맞물려 있는 이 세 개의 메커니즘은 감정공동체(Gefühlsgemeinschaften)로서의 '세대'라는 구상에서 한데 모인다. 만하임과 핀더부터 일리스와 부데에 이르기까지 공유된 '감정'이라는 특징은, 그것을 통해 스스로를 발견하고 상호 결속하는 출발세대(Aufbruchsgeneration)를 정의하는 중심적인 기준이다. 그에 반대되는 것이 의미(Sinn)의 구상인데, 이 구상은 현재와 그 안에서 행동하는 개인들을 포괄하는 자기 소통의 전통적인 방법들을 구현한다. 여기서 의미란 지속, 전통과 가족, 그리고 성숙된 구조들과 질서 지어진 맥락에 대한 확신에 찬 기대를 뜻한다.[11)]

의미와 감정은 상호보충적인 범주들이며, 이 범주들은 세대성의 문제와 관련하여 1800년경의 '변혁기'로 거슬러 올라간다. 거기에서 '세대'는 한편으론 세대 상호간의 주고받음과 지속적인 변화를 보증하는 것으로서, 다른 한편으론 혁명적인 출발과 과격한 변화로서 이중적으로 코드화되었다. 단지 지속적인 변화만을 허용하는 세대의 의미 범주에는 감정의 혁명적인 힘을 제어하라는 요구가 놓여 있다. 양자는 19세기의 특별히 역사적인 문제의 맥락에서 나오는 상호지시적인 측면들이다. 다시 말해서 실제로 혹은 수사적으로 동년배집단에서 확인되는바, 집적된 갈등에서 비롯하는 혁명적인 위협과 위기에 대한 시나리오가 없다면, 보존의 방식으로서 균형에 대한 강조도 없을 것이다. 그리고 전통, 충성심, 권위라는 보수적인 양식을 고수하려는 의지가 없다면, '세대'로서 형성되는 젊고 혁명적인, 공통의 신조를 지닌 신념공동체도 존재하지 않을 것이다.

1920년대 만하임의 세대 모델을 둘러싸고 많은 이들한테서는 변화와 세대의 관계가 혁명적인 세대의 원동력에 대한 희망으로 첨예화되어 나타났다. 이 희망은, 소비와 생활방식의 공동체를 통해 규정되는 또 다른 형식의 감정공동체의 유행에 대항하여 혁명적인 감정을 구제하려는 시도로도 볼 수 있다. 공유된 생활감정은 만하임이 의미하는 "세대단위"의 주요 특징이다. 하지만 세대단위로 구성되기 위해서 운명적인 작용들만 필요한 것은 아니다. 만하임이 규범으로 생각한, "물려받은 경제적 생계, 감정

내용, 그리고 입장들에 대한 새로운 세대의 적응"[12]이 전승되면서 발생하는 균열이 세대 간의 문턱을 넘어 의식되어야만 한다.

그러나 세대단위가 생성되는 것은, 이 집단이 비로소 구분 가능한 감정적인 약어(Abbreviaturen)들의 앙상블을 소유하게 될 때이다. 그 약어들 안에서 공통적인 생활양식이 감정공동체로 함께 묶이며, 이 감정공동체는 그러한 축약된 의미 부호들에서 세대 특유의 정서적 토대를 발견한다. 만하임에 따르면 "하나의 표어, 하나의 진정한 제스처, 하나의 예술작품이 지니는 심오한 '정서적인' 의미는" 바로, "사람들이 그것들과 더불어 …… 그 안에 포함된 …… 집단을 연결하는 근본 의도들을 자기 안에 받아들이고 이 의도들을 통해 집단의욕(Kollektivwollungen)과 자신을 결합하는" 데 있다.[13] 이와 관련하여 정신분석적인 세대이론은 "세대대상(Generationsobjekten)"에 관해 언급한다. 즉 세대대상이란 같은 연령집단에 속하는 개인들에게 중요한 인물이나 사건 혹은 사물을 의미하며, 이것들은 경험을 저장하고 전승 가능한 상태로 유지한다는 이유에서 기억할 만한 특성을 가지고 있다.[14]

하인츠 부데는 만하임보다 훨씬 더 분명하게, 세대를 특징짓는 요소로 감정을 주제화했다.[15] 그에 따르면 세대들은 "역사적인 과정에서 그들이 처한 상황의 독특성에 대한 감정"으로부터 출현한다. 즉 세대들은 "지금시간(Jetztzeit)을 정의해야 한다는 요구"를 동반한 혁명적인 감정으로부터 등장한다. 만하임에 따르면 세대들은, "사회적이고 역사적으로 유일무이한 상황에 갑자기 맞닥뜨렸다는 감정"을 공유한다. 감정들은 이들을 함께 묶어주고 또 이들을 동원한다. 만하임과 달리 부데는 다소 약화된 세대 개념을 제시한다. 그는 세대를, "서로 교차되고 보충하고 그리고 경쟁하는 풍부한 귀속감정을 위한" "피난항(Nothafen)"(막스 베버)으로 간주한다.

플로리안 일리스는 "골프 세대"를 위해 그 세대와 관련된 감정 저장소를 조성했다.[16] 그것은 백화점 카탈로그와 때때로 일리스 스스로가 환기시키곤 하는 가족앨범을 혼합한 것으로, 그가 만든 이 혼합은 기억의 장면들, 연속적인 광고 장면들, 생산품 설명서와 같이 대상과 결부된 이미지들을 통해 생활감정을 재구성한다. 감각적인 강조와 날카로운 구분 속에서 획득된 이 세대 '단위'는 오히려 느슨하게 결합된, 취향을 공유하는 세대로서 드러난다. 작가는 골프 세대와 이전의 영웅적인 의식을 지닌 '정치' 세대를 구분하는 동시에, 반어적으로 읽힐 수도 있는 이러한 구분 속에서 골프 세대의 동일시의 원천으로서 그 세대의 이미지를 매우 광범위하게 구성해내었다. 따라서 많은 편차에도 불구하고 동년배들에게서 상당한 재인식의 효과가 나타난다.

일리스는 임의적으로 감정에 의해 유도된 공감각적인 프로그램을 가지고 만하임의 정치세대와는 대조되는 모델을 그려낸다. "골프 세대"는 영웅적인 요구가 없고, 행동집단이나 지도적인 행위자들과도 전혀 연계되지 않은 세대이다. 그럼에도 공동체로서 골프 세대는 코드화된 감정을 동시적으로 경험하는 방식들을 그 특징으로 한다. 어느 누구도 골프 세대를 지휘하지 않으며, 또한 외부에서 보기에 이 세대가 어떠한 목표를 가지고 있다고 간주되지도 않는다. 이 세대는 심지어 세대 갈등이라는 요인으로도 정의되지 않으며, 오로지 소비주의적인 방향 설정에 따라서만 규정된다. 이 방향 설정은 소비시장의 스타일에 대한 요구 사항을 유일한 내적인 문제로 지니는 세대 내적인 구분에 높은 가치를 둔다.

이러한 소비주의적인 세대감정과 달리, "영웅적인" 세대의 표상은 본질적인 감정의 정수라는 표상에 의해 유도되었다. 세대단위들의 내적인 동인을 설명하기 위해 만하임은 핀더의 "엔텔레키(Entelechie)" 개념을 가져왔다. 핀더에 따르면 엔텔레키는 인간의 감정과 행동을 상이한 지속과 강도로 결정짓는, 내적이고 무의식적이고 자동적인 추동력이다. 이 엔텔레키 속에서 "무의식적으로 타고난 것의 힘"이 어떤 성찰보다도 앞서 표현된다고 핀더는 보았다. 그는 사회학적인 분석을 정신적인 관찰로 옮겨놓았는데, 그것은 세대가 지닌 엔텔레키를 이해하려면 "직관 가능한 것(das Anschaubare)"이 극복되어야 하기 때문이다. 생물학적인 지배 정조로 나타나는 다양한 엔텔레키의 갈등 속에서 세대들은 그들의 대략적인 감정의 윤곽을 획득한다.[17] 만하임뿐 아니라 핀더 역시, 동시대의 천재사상에서 나타나는바, 천재에게서 표현되는 무의식적인 힘에 결부된 개인의 독창적인 잠재성에 관한 표상들, 그리고 사회집단들의 내적인 "정신"에 관한 표상들을 세대로 전이시킨다.

이러한 세대구상들에서는 감정적인 약어들과 결합된, 헤게모니를 지닌 지시체계가 초역사적인 것으로 간주된 내적인 연관관계를 만들어냈다. 그리고 사회적인 질서들은 합법성에 대한 요구를 내포하는 이미지들과 결합되어 있었다. 모리스 알박스의 경우에도, "많은 사람에게 공통되는 존재 방식을 우리에게" 상기시키는 것은 무엇보다도 초개인적인 대상으로서의 이미지들이다.[18] 그에 따르면 집단이란 개별적인 인물들에 어느 정도 구속된다 할지라도 "보편적이고 그 자체로 비개인적인" "일종의 표상들과 경향들을" 형성한다. 집단은 "만약 거기에 속한 개인들이 변화한다고 해도 집단이 지니는 의미와 영향력이 보존될 정도로 충분히 보편적이고 비개인적이다".[19] 집단기억의 공통성은 동일한 표상들을 통해서가 아니라 "유사성의 이미지"라는 집단적 기억의 특성을 매개로 해서 생겨난다. 그리고 이 점에서 알박스는 만하임의 세대에 관한 서술보다는 일리스의 세대 서술에 훨씬 더 근접하고 있다.[20]

알박스에게 "집단적 사유의 핵심"[21]은 집단들이 공동으로 이미지를 관리하고 형성하는 것인데, 그는 이 이미지의 형성을 무의식적 힘이나 동력의 차원에서 집단의 사회적 실천 자체로 옮겨놓았다. 집단의 감정적인 약어들은 정신적인 표상 이미지, 상징 이미지, 기억 이미지로서 문화적으로 구성되어 개인에게 전유되고 사회적으로 재생산된다. 그런데 만약 한 사회집단의 지시체계인 이 감정적인 약어들이 기존 사회의 심층질서와 결합될 수 없는 경우에는 전승의 위기가 뚜렷하게 드러난다. 위기의 전제가 되는 해석의 모델들이 서로 결합될 수 없는 경우를 가리켜 1970년대 이후 개인심리학의 지평에서는 "분열(Dissoziation)"이라는 개념을 사용하고 있다. 이미지에 의해 지탱되는 정신적 부분질서들의 불일치로 나타나는 분열은 잔재된 감정과 갈등의 지점들을 상징화하는 것과 연결되어 있다. 이 갈등의 지점들은 분열의 뚜렷한 성격을 형성하고 또 촉진한다.

만하임의 "세대단위"와 알박스의 "사회집단들"은 물론, 이미지와 감정들로 이루어진 초개인적인 앙상블을 사용할 뿐 아니라 이것들을 견고하게 하려고 애쓴다는 점에서 기본적인 공통점을 보여준다. 한편 알박스가 이미지에 대한 감정적인 연결을 강조함에도 불구하고 무엇보다도 전승의 실천을 구속력 있는 이념들의 원동력으로서 강조하는 반면, 1920년대의 세대 수사학에서는 무의식적인 것과 성찰 이전의 것이 호황을 누렸다. 빌헬름 딩그레브Wilhelm Dingräve는 세대들 안에서 "숨겨진 현실들"이 표현된다고 보았다. 그는 1912년에서 1916년 사이에 출생한 세대집단 — 이들은 1900년에서 1908년 사이에 태어난 사람들과 많은 공통점을 가지고 있었다[22] — 에게서 외부를 향한 특이한 냉정함과 독일인에게는 일반적이지 않은 내부로 향한 강렬한 감정을 인식했다. 또한 이들한테서 감수성은 의지와 열정으로 바뀌고, 말의 지배력은 "형태, 몸짓 그리고 상징"에 대한 새로운 이해로 교체된다고 보았다.[23]

III. 가족의 지속: 사진 이미지를 통한 세대 형성

(청소년들이 주도한) 세대단위들의 감정적인 코드화는 지속이라는 세대 이미지들과 갈등관계에 놓여 있었다. 이 지속의 세대 이미지는 보수적인 전승 양식 속에서 덕망과 성공을 나타내기 위해, 19세기에 초상회화 말고도 특히 초상사진과 가족사진을 통해 확립되었다. 이 과정에서 그 자체로 순간의 매체이고 점점 더 가속화의 매체가 되었던 사진은 지속과 연속성의 전통 형식 속으로 편입되었다. 19세기 후반에 사진은 새로운 시민계급의 사회적 매체이자 재현매체로서 자리 잡았다. 좀 더 작은 명함판 사진(Carte-des-Visites-Fotografien)을 토대로 1860년대 이후부터 비로소 초상사진은 더 값싸고 널리 대중화된 교환물이 되었다. 이때 가족앨범도 생겨났다. 처음에는 표준화된 크기의 사진을 꽂기 위한 앨범이 나왔고, 나중에는 접착식 앨범이 생겨났다. 이와 동시에 우편엽서의 폭발적 증가가 시작되었는데, 우편엽서 역시 이후 몇 십 년간 초상사진의 확산과 교환에 지속적으로 기여했다.[24)]

이런 초상 이미지에는 시민계급의 세대적 요구가 다양하게 존재했다. 상류 시민계급의 거주생활을 특징짓는 장치들, 가령 기둥이나 커튼 그리고 작은 탁자들은 아틀리에에서 항상 볼 수 있는 소도구들이었다. 종종 사치스런 분위기를 나타내는 장식적인 배경을 모방했고, 이것은 바로크 시대의 초상 이미지를 떠올리게 했다. 사진앨범 자체도 드물지 않게 이미지를 구성하는 장치에 속했다. 이로써 자기 가족의 지속이 암시되었는데, 이것은 가족의 안정성이라는 기획을 귀족 족보에 담겨 있는 귀족의 과거 태생의 차원만큼 미래로 확장시킨 것이었다. 1865년 잡지 ≪사진 교류≫에 나타나 있듯이, 그러한 사진들은 "시민계급의 조상 이미지"가 될 수도 있을 것이다. 그리고 "시민적인 덕을 미래에 번식시키고 증진하는 일에 박차를 가할" 것이다.[25] 사진은 스스로 성공과 진보의 재현물이 됨으로써 사회적인 존재 방식으로서의 세대성을 받아들였다.

현대 시민의 삶에서 사진은 방향 설정의 기준점이자 시간의 대리자가 되었다. 사진은 성년식과 변화의 순간들을 이미지로 표현하고, 공적인 것과 사적인 것의 교차 지점에서 세대가 되는 과정들에 접근할 수 있게 한다. 시민계급으로 상승했던 많은 가정에서와 마찬가지로 특히 많은 사업가들은 자신을 성공의 자랑스러운 대리자로서 표현했다. 여러 세대의 초상화들이 목표로 했던 이러한 자기 표현은 전통에서 유래하는 미래적 특성을 근거 짓고 사업상 교제에서 허세를 부리도록 하는 데 오랫동안 기여했다. 독일의 유수한 기업가 가문인 크루프가에서 1920년대가 되어 비로소 사적인 사진과 공적인 사진이 뚜렷하게 분리되어 발전했다. 가족사진들은 고유의 사적인 공간을 획득했으며, 더 이상 왕가의 세도와 연속성을 외부로 표현하는 것에 우선적으로 이바지하지 않았다.

그러나 먼저 초상사진은 예술적인 질 면에서도 또 다른 특별한 강렬함을 획득했다. 사진 촬영과 현상 기술의 발전은 정서와 성격의 모사를 두고 형상화할 수 있는 더 많은 유희공간을 허용했다. 더 이상 그림의 정확성만이 아니라, 빛과 렌즈를 목표에 따라 작동시킴으로써 피사체의 얼굴 표현이나 변화무쌍한 거동과 함께 분위기를 만들어낼 수 있었다. 이로써 많은 이미지들이 정해진 규정의 딱딱함에서 벗어났고, 사진에서 그리고 아틀리에 사진에서도 감정을 더 많이 표현할 수 있는 길이 열렸다. 1900년을 전후한 시기에 더 많은 아버지들이 예전보다 더욱 친밀한 모습으로 자신을 연출할 준비가 되어 있었다. 통과의례와 상관없이 생겨난 아동의 사진들도 증가했다. 세대와 왕조의 연속성, 미래에 대한 낙관론과 역사의식 그리고 (상류) 시민계급의 사적 공간에 대한 요구는 세기 전환기가 도래했다고 해서 사라진 것은 물론 아니었다. 그러나 사진은 점점 감정적인 인상들을 포착할 수 있는 순간매체로 발전했다.

1차 세계대전과 더불어 군인 사진은 가족적이면서 집단을 형성하는 세대의 초점 그 자체가 되었다. 가족에게 우편으로 전달되고 동료 군인들과 상징적으로 연결된 채, 군인 사진은 통시적인 세대성의 원칙들을 공시적인 세대성의 원칙들과 결합시켰다. 우편엽서나 혹은 더 작은 크기의 사진으로 그것은 가족들을 따라다니고 그렇게 해서 가족의 걱정과 책임을 공공연하게 드러냈다. 군인들은 이 사진들을 고향과의 연결로서, 말하자면 그들의 가족과 집을 수호하는 제의적인 방패로서 이용했다. 군인의 초상사진과 함께 삶의 무상성과 불확실성도 분열적 체험으로서 사회 안으로 들어왔다. 국가적 책임을 지는 자로서 사진 찍힌 사람은 곧 이어서는 가시적인 세대 운반자로서만 존재할 수 있었다. 특히 사진 촬영 후에 곧 사망한 사람들의 이미지에는 제의적인 특성이 부가되었다. 그 이미지들은 그 인물과의 직접적인 연결을 상징적으로 표현했다.

IV. 파국을 경험한 세대들: 희생자숭배와 분열체험

인생에서 변화의 순간들을 포착한 가족화라든지 상실을 표현하는 도상들만이 아우라에 싸인 세대성을 표현할 수 있는 것은 아니다. 1870년대 이래로 사진 역시 분명하게 초감각적인 것의 주도 매체가 되었다. 특히 망령이 된 사람의 사진은 죽은 이와의 감정적인 연결을 표현했다. 거기에서는 이미 고인이 되어 “망령”으로 나타난 자식들과 함께, 여전히 살아 있는 그들의 어머니들을 볼 수 있었다. 다른 사진들은 고인이 된 시어머니들과 함께 며느리들을 보여주거나 혹은 고인들과의 영적인 회합을 보여주었다. 망령이 된 사람의 사진에서 새로운 매체는 아우라적인 힘들로 충전되었고, 이는 예술작품의 제의적 가치에 비견할 만했다. 그렇지만 새로운 매체는 초월적 환상을 위해 그 속에 현대의 매혹적인 전기 에너지를 투입했다.[26)]

현대 기술에 대한 이러한 제의적인 투사는 집단 형성의 전(前)성찰적 특성과 신화적인 고양을 가리킬 뿐만 아니라 집단 형성이 죽음의 시각적 연출과도 밀접하게 연결됨을 드러낸다. 발터 베냐민Walter Benjamin과 지그프리트 크라카우어Siegfried Kracauer는 대중사진에 대한 비평에서 아우라적인 것과 실체적인 것의 상실을 한탄했다.[27)] 이와 유사한 방식으로 1931년 악셀 에게브레히트는 '사진이 피상성의 승리를 의미한다'고 비판했다. 그에 따르면 초상사진은 점점 더 그 특성과 정확성을 상실했기 때문에 무엇보다도 화보잡지의 사진들은 개성의 보편적인 상실을 재현한다. 또한 사진이라는 매체는 피상적으로 보고 느끼도록 현혹하고 이로써 동시대 인간을 "유혹하는" "대단한 기만"을 뒷받침한다는 것이다.[28)] 이에 상응하는 것은 무엇보다도, 사진은 어떠한 전통도 만들어내지 못하며 반대로 전통을 파괴한다는 베냐민의 생각이다. 왜냐하면 사진은 그 단조로움으로 인해 감정적 결속의 저 깊은 곳에 있는 심층들을 자극하지 못하기 때문이다. 알려진 바와 같이 베냐민은, 오로지 "멀리 떨어져 있거나 이미 시들어버린 사랑을 기억하는" 개인적인 "제의(Kult)" 속에서 "이미지의 제의가치"를 위한 "마지막 도피처"를 보았다.[29)]

스냅사진으로 불리는 순간포착 사진은 기술적으로 19세기 말부터 가능해졌고 1920년대에는 대중적으로 확산되기 시작했다. 그런데 이 순간사진은, 영화와 더불어 대도시 경험과 전선 경험에서 베냐민이 발견한 "충격"의 원리에 따라 감각적인 지각세계를 변형시켰다. 무엇보다도 전쟁과 더불어, 하지만 근본적으로는 산업적인 노동세계에서의 재앙들과 "신경과민"의 경험을 통해서, 표상의 원리와 자아 연속성의 트라우마적인 파괴 자체가 주제로 부각되었다. 여기에서 심리학적인 트라우마 이론은 트라우마적인 장애를 묘사하기 위해 사진 매체를 사용하게 되었다. 불일치의 경험과 메커니즘의 힘에 대한 증대되는 의식을 통해 무의식에도 점점 더 많은 의미가 부여되었다. 정신분석 말고도, 무엇보다 이미지를 대중을 조종하는 도구로 간주했던 당시 부상하던 대중심리학도 무의식을 강조했다. 가령 귀스타브 르 봉Gustave Le Bon은 다음과 같이 말했다. "대중들은 대략 잠자는 이의 상태에 있다. 그의 사고 능력은 순간적으로 정지되어 있어서 그의 정신에 이미지들이 매우 강력하게 떠오르는데, 그러나 숙고를 하기 시작하면 그 이미지들은 금방 사라지게 될 것이다."[30)]

혁명과 청소년운동에서 활성화되었던 것처럼, 성공의 재현이라는 의미에서 그리고 갈등의 세대성이라는 의미에서, 소망했던 세대의 설립이 이루어졌다. 또한 이와 더불어 파국적 경험을 통한 세대 형성의 방식이 확립되었다. 물론 이 세대 형성이 지닌 사회적으로 역동적인 논리들은 아직 파악되지 못했다. 그래서 공동체 체험의 토대가 될 감정적인 약어들을 재수용함으로써 이러한 해석의 공백을 제거하려고 시도했다. 이 감정적인 약어들은 해체된 시민적인 안정성에 대한 보상을 표현했다. "운명적 경험"을 동반한 만하임의 세대구상은, "성공 이미지"의 시민적 환경에 소속되지 못한 것과 그리고 파국 이후의 체험에서 나타나는 충격적인 고독함 사이의 긴장관계를 맺는다. 만하임이 말하는 "운명적 경험"에서는 그러한 경험을 가공하는 지평으로서, 파국적인 것과 트라우마적인 것뿐만 아니라 무의식의 귀환도 재발견된다. 이와 함께 만하임의 세대구상의 대략적인 윤곽이 드러난다. 즉 그것은 체험의 강렬함과 경험의 불연속성 사이에 존재하는, 널리 확산되어 있는 지적인 분열 감정의 표현이다.

현대 매체에서 진정성과 깊이에 대한 공허한 추구는, 늦어도 1920년대부터는 모든 것을 평준화해버리는 대중매체의 희생자라는 자기 이미지와 연관되었으며, 이때부터 시위운동 안에는 희생자라는 자기 이미지가 내재하게 된다. 희생자라는 함의에 담긴 낭만주의적인 요소는 훨씬 먼 과거로 거슬러 올라간다. 이것은 시위운동 자체에 이미 포함되어 있던 요소로서 1800년경을 전후한 변혁기에 일어난 자유혁명의 산물이다. 1920년대 말 영웅적인 세대 표상의 원천이었던 정치적인 청년성에 대한 현대적인 숭배는 처음부터 언어 이미지들과 밀접하게 연결되어 있었으며, 또한 청년들의 순교이데올로기에서 나타나는 이미지 언어와도 연결되어 있었다.

혁명의 희생자가 지닌 순교자 이미지에서 희생자들의 죽음은 유한성으로부터 벗어났다. 그들에 관한 순수한 묘사에는 이미 그들을 모든 불쾌한 것에서 해방시키는, 미래 세대를 겨냥한 기억이 형성되어 있었다.[31] 새로운 출발의 영웅들로서 그들은 새로운 인간의 이상을 구현했는데, 이것은 19세기의 첫 30여 년 이후 이상화된 젊은 남성성을 표현하는 육체 언어 속에서 계승되었다.[32] 혁명가들에 대한 제의적인 숭배와 세대성에 대한 영웅적인 이상상은 19세기의 혁명문학에 힘입어 계속 장려되었다. 조형예술에서도 정치적인 세대교체를 새로운 방식으로 농밀하게 주제화하였다. 프랑스 7월 혁명 중에 파리의 바리케이드를 표현한 들라크루아의 그림은 무엇보다도 젊은 반란자들을 보여준다. 물론 이들이 유난히 젊다거나 이 젊은이들이 특별히 혁명적이지는 않았다고 할지라도 말이다.

젊은 남자들을 그린 그림에서는 추진력과 강한 감정 표현이 공존했는데, 이것은 의지력이나 강한 육체와 동일시되었다. 감정이 강조된 관철하는 힘이라는 초시대적인 이상상은 고대와 르네상스의 미적 이상을 지향하는 동시에 낭만적이고 영웅적인 특징을 띠었다고 할 수 있는데, 이 이상상과 연결된 것은 무엇보다도 후기 이탈리아 파시즘에서 시각적으로 표현된 청년신화였다.[33] 젊음은 새로운 국가의 힘을 표현하는 시각적인 메타포로서 영속화되어 제시되었다. 특히 이전에 파시즘적 혁명을 위한 혁명적 제스처 속에서 활성화되었던 혁명의 분위기는 여기서 국가의 상징적인 재현으로 방향이 바뀌었다.

마찬가지로 혁명의 순교이데올로기와 낭만적인 세대상에서 또 다른 이미지 전통이 생겨났다. 1차 세계대전까지만 해도 전쟁에서의 죽음으로 인한 무상함을 낭만적인 동지애라는 주제와 의미 있게 연결하려는 시도가 이루어졌다. 동지의 희생에 대한 기억은 초월적이 되어 드물지 않게 가족을 형성하는 지평 안으로 편입되었다. 군인들과 부모는 전사한 군인을 영원히 젊은 모습으로 상기시키는 낭만화된 기억과 연결되었다. 이에 덧붙여 전쟁터에서의 죽음의 장면들이 아틀리에에서 모방되었다. 이러한 수백만의 군인 초상화를 통해, "잃어버린 세대"는 가족의 공간을 규정지을 수 있는 추가적인 기억의 목록을 획득했다. 그러나 진지전으로의 이행과 그것의 기술적인 잔혹함과 더불어 사정이 달라졌다. 즉 과거에 터무니없는 환상을 지닌 많은 자원병들을 전쟁터로 내몰았던, 젊은 죽음을 낭만적으로 미화해온 이 노선은 — 그 발생 빈도에 따라 판단해보건대 — 의미를 창출할 수 있는 설득력을 대폭 상실했다.

그러나 사진과 관련하여 볼 때 세대성이 단지 낭만적인 영웅화를 통해 시각적으로 표현되고 공적인 의식 속에 뿌리내린 것은 아니었다. 특히 1930년대의 사회비판적인 사진과 1950년대의 인본주의적인 사진에서 많은 사진작가들은, 사회적인 곤경을 증명하기 위해 19세기 시민계급의 가족 초상을 인용했다. 물론 여기에서는 여러모로 남자들이, 전통적인 초상화가 보여주던 성공에 대한 기대의 좌절을 나타내는 대표자로서 희생자 역할을 차지했다. 무엇보다도 스페인 내전 이래로 일그러진 가족 이미지로 나타나는 세대성은 시위 그림이라는 매체에서 하나의 표현 형식을 발견했다. 이 표현 형식은 현대 대중매체의 극적인 효과에 부합했으며 세대관계의 핵심 국면을 매체를 통해 전달했다. "극단의 세기(Jahrhundert der Extreme)"에 핵가족에서 나타난 세대 상호간의 관계는 감정적이고 감각적인 경향을 띠고 있었다. 그러나 그 관계는 또한 파국적인 시대에 시민적 삶의 질서의 무상성을 시각적으로 표현하는 기본 틀이 되었다. 그것과 연관된 세대성의 시각적 차원은 파괴된 전체성 혹은 불안정한 전체성이라는 특징을 띠고 있었다.

V. 신화적인 희생자 이미지: 1968년, 제의적인 순간의 귀환

나치 범죄와 전쟁 이후 서독에서는, 대중매체가 전달해온 순교이데올로기의 서구적 전통이 의미의 형성과 부인을 서로 연결해야만 하는 역설적인 도전에 직면해 있었다. 영웅적인 전쟁 이미지와의 공식적인 재결합은 없었다. 특히 시민들이 경험하는 새로운 형태의 대중적 고통이 여기에 기여했다. 이와 같이 연속성 대신에 상실이, 그와 더불어 2차 세계대전과 전후의 시기에 사회질서 내부에 존재했던 빈자리가 다양한 사진과 언어적 비유의 주제였다. 가령 집으로 돌아오는 젊은 군인들에게 자기 아들의 사진을 내밀지만 넘쳐나는 귀향자들 속에서 주목받지 못하는 근심에 찬 어머니들에 관한 소재에서 그러한 상실과 빈자리들이 묘사되었다. 볼프강 보르헤르트Wolfgang Borchert는 귀향자들의 운명을 "이별 없는 세대"의 경험이라고 극단적으로 선언했다. 그는 끊임없는 새로운 만남과 상실 혹은 이별에 대한 심리적 억압 사이의 불균형이 이 세대의 특징이라고 보았다. 자기 세대의 구성원끼리만 결속시키고 다른 세대 사람들과는 결합시키지 못하는 이 낯선 감정을 통해, 그 세대는 "결속과 깊이가 없는 세대"가 되어버렸다는 것이다.[34]

1945년 이후 세대가 경험했던 파국 그리고 세대가 기대하는 새로운 시작은, 여러 면에서 초월적 가치에 대한 인본주의적이거나 기독교적인 성격을 띤 새로운 수용 및 새로운 본질에 대한 추구와 연관되었다.[35] 그럼에도 교육학적인 자유의 이상은 여러모로 질서가치의 회복으로 축소되었다. 하지만 대중매체는 마침 자라나는 세대들에게는 세계로 통하는 관문이었고, 늦어도 1950년대 말 이후로는 소비 스타일의 진열실이기도 했다. 이미지 매체에 대한 상이한 태도들 역시 "68년"의 시위로 귀결된 세대 간 분열에 속했다. 1961년 귄터 안더스Günther Anders는 이미지의 홍수로 인한 "기계적인 소아화(maschinelle Infantilisierung)"를 비판했다. 즉, 이미지는 순전히 피상적인 것으로서 인간을 "수동적으로 만들고" "이데올로기화하며", "어린애처럼 유치하게 만든다". 하지만 이처럼 이미지가 없는 세계를 순수하게 비어 있는 것으로 해석하는 것은 이 이미지들의 세계를 충만으로 체험하는 세대의 경험과는 모순된 것이었다.

그럼에도 안더스의 비판은 이미 현대의 매체세계에서 이미지의 변화된 정치적 기능을 환기시켰다.

> 언젠가 핵폭탄의 폭발을 집으로 전송된 이미지로서 …… 따뜻하게 난방을 한 자신의 방에서 체험한 사람은 이제부터는 핵 상황에 관해 듣게 될 모

든 것을 언젠가 집에서 보았던 …… 이러한 집안 사건과 연관 짓게 될 것이고, 이로써 사태를 스스로 파악하고 이 사태에 대해 적합한 입장을 취할 수 있는 능력을 빼앗기게 될 것이다.[36)]

비록 안더스가 본질과 피상의 이중성에 사로잡혀 있었다고 할지라도, 여기에서 이미 1960년대의 갈등이 전개되는 또 하나의 역학이 인식될 수 있었다. 즉 정치적인 진술은 대중매체를 통한 그것의 재현에 영향을 끼쳐야만 했고, 매체 이미지로 전달됨으로써 사건을 결국은 정상상태로 되돌리는, "집안 사건들"(위의 인용 참조 _ 역자)이 지닌 기존의 정상화 메커니즘(Normalisierungsmechanismen)을 극복해야만 했던 것이다. 이로써 정치적인 상황의 변화를 목표로 한 세대 갈등은 매체 전략을 개발할 수밖에 없었다. 무엇보다 베노 오네조르크의 사진의 예에서 이 전략들을 살펴볼 수 있다.

특히 1960년대에 시위운동들이 보여준, 강렬한 감정을 증명하는 표현력이 강한 모티프에 대한 추구는 한편으론 사물사진(Sachfotografie)이 극적인 계기로 전환된 것에서 비롯되었다. 다른 한편 그러한 추구는 가치가 공고화된 이전 10년 동안에 생겨난, 정서적 경향을 띤 가족 이미지와 세대 이미지의 대립쌍이자 일그러진 거울로 간주될 수 있었다. 1950년대 서독에서 사진은 저 "반항아들"을, 국가의 재건 광고가 선전하는 이상적인 가족 이미지와 대조를 이루는 젊은 반란자들로서 폭로해야만 했다. 10년 후에 가판대 신문과 다양한 출판매체들이 이 모델로 되돌아갔다. 그 매체들은 시위 대학생들의 사회적 고립 상황을 특히 나치시대의 반유대적인 선동 이미지들과 유사한 캐리커처를 통해 입증하려고 했다.[37)] 특별히 ≪빌트≫지와 다른 가판대 신문들은 시위 대학생들을 반란자로 낙인찍는 전쟁의 수사학을 고수했다.

이 이미지는 1967년 6월 2일 이란 팔라비 왕의 방문에 반대하는 베를린 시위 보도에도 영향을 주었다. ≪베를리너 모르겐포스트≫는 베노 오네조르크의 죽음에도 불구하고 "악명 높은 소요자들" 그리고 "공산주의적인 시가전"을 운운했다. 시위 다음 날 ≪빌트≫는 "유혈 폭동: 1명의 사상자"라는 헤드라인 아래 피를 흘리는 경찰 한 명의 사진과 대학생들이 실행할지도 모르는 "나치돌격대의 방법"을 환기시키면서 시위를 보도했다. 반유대적인 폭력에 대한 반유대주의적 설명 모델의 전통에 따라 ≪베를리너 차이퉁≫은 6월 5일 이 사건의 책임을 시위하는 자들 자신에게 전가했다. "소요를 일으킨 급진주의자들이 경찰을 자극했다. 이제 베노 오네조르크는 이 테러의 희생자가 되었다."

오네조르크의 죽음에서 시작된 사람들의 동원에는 시위 네트워크 내부의 사회적인 소통이 대중매체보다 적극적이면서 훨씬 더 많은 몫을 담당했다. 적어도 세 명의 사진작가들과 한 명의 카메라맨이 죽어가는 오네조르크가 누워서 최초의 응급조치를 받는 현장에 있었다. 그 때의 진행 과정을 뚜렷하게 보여주는 특별한 사진 시리즈는 없는 것처럼 보였다. 그 사이에 귀도 크놉Guido Knopp에 의해 "세기의 사진"으로 격상된 위르겐 핸셸Jürgen Hänschel의 사진은 오네조르크와 함께 그의 옆에 무릎을 꿇고 카메라 쪽을 쳐다보는 프리데리케 하우스만Friederike Haussmann을 보여주고 있다. 물론 그의 사진이 이 상황을 담은 유일한 사진은 아니다. 하지만 도움을 청하는 순간을 포착했다는 이유에서 감정이 가장 잘 농축되어 표현된 사진이다. 그러나 오네조르크가 간호사의 처치를 받고 마침내 들것에 실려 응급차로 옮겨지는 단계에서 찍힌 사진들이 수적으로는 더 많이 존재한다. 출판 에이전시를 통해 팔리고 특히 ≪프랑크푸르터 룬트샤우≫의 특별호에서 사용되었던 사진들은 핸셀의 사진이 아니라 이 사진들이었다.

반면 시위운동의 매체들은 아직까지 국가적인 도움의 행위자나 도구들을 담지 않은 핸셀의 사진을 사용했다. 최초로 6월 4일 ≪진실≫지에 실린 이 사진은 1967년 6월 ≪FU 슈피겔≫의 특별호 표지에 실렸다. 이 사진은 불필요한 부분을 과감하게 잘라내고 오네조르크와 하우스만의 상체와 얼굴로만 제한하여 보여주었고 더 이상 코멘트도 없었다. 늦어도 그다음 해에 슈프링거 그룹에 반대하는 캠페인에서 이 사진이 시위 포스터의 4분의 1을 차지하게 되면서, 이와 같이 부분 편집된 사진이 시위 도상학의 주요한 구성 부분이 되었다. ≪슈피겔≫은 6월 2일 이후에 발행된 두 번째 호에서 이미, 시위와 오네조르크의 죽음을 보도하기 직전 페이지에 바로 이 편집된 사진을 사용했다. 하지만 6월 5일자 이 신문의 상단에는 토론회에서 루디 두치케를 둘러싸고 있는 대학생들의 사진이, 하단에는 시위자들을 끌고 가는 경찰들 사진이 타이틀 사진으로 실렸다. 한편 이 신문의 제1면은 "베를린의 반항적인 대학생들"이라는 문장에 의해 두 부분으로 나뉘어 있었는데, 이 문장은 위의 두 사진 중 어느 것도 그것을 증명하는 자료가 될 수 없도록 의식적으로 고안된 것이었다.

이러한 사진 편집을 통해서 사진이 지닌 감정의 밀도가 뚜렷이 부각되었다. 하우스만과 오네조르크는 "과격한 대학생들"이라는 상투적인 모습에 전혀 부합하지 않았던 것이다. 두 사람의 모습은 아무 관련 없는 사람들에 대한 베를린 경찰의 무차별 행동이라는 테제를 시각적인 면에서 강하게 부각시켰다. 이 사진의 순교이데올로기적인 성격은 비록 그 구체적인 이미지 흔적이 관찰자들에게 현존하지는 않았을지라도 "그리스도에 대한 애도"라는 기독교적인 이미지 전통에 기대고 있었다. 하지만 죽은 희생자들의 이미지는 당시 출판물에서 정보 가치로 사용되지 않았다. 물론 그 사진들이 특정한 상황 속에서 정체성을 확인하는 아이콘으로 사용되었거나 혹은 죽어가는 사람들과 죽은 사람들에게 감정적인 동행이나 애도의 표시를 베푸는 경우엔 사정이 달랐다. 하우스만의 시선과 태도에서 표현되는 것과 같은 염려와 간호의 문화적인 코드는 시위 도상학의 구성 부분이 되었고, 이로써 정서적인 의미와 초월적인 흔적이 이미지의 제의적 기능으로서 학생운동의 집단기억 속으로 수용되었다. 그리고 학생운동은 개별 이미지가 보여주는 사태보다는 오히려 감정적인 코드화를 통해 다양하게 연결될 가능성을 품고 있었다.

이런 맥락에서 볼 때 사진 촬영의 순간적 특성, 선택된 편집 그리고 대학생 잡지의 사진 배치는 이제 더 강력한 동원력을 갖게 된 학생운동 안으로, 순교이데올로기적인 동일시를 불러일으키는 지속적인 이미지 흔적을 전파했다. 볼프강 크라우스하르Wolfgang Kraushaar가 보기에 이 사진은 68운동의 "도상학적인 기폭제"였다.[38] 이미지와 그것의 사용은, 이 시기에는 물론 그 구체적인 사진에서만 연유하지 않는 분노의 맥락에 기여했다. 그러나 그 사건 직후에 그 안에서 포착된 순간은 제의적으로 고양되고 시위에 대한 정치적인 논증 속에 편입될 수 있었다. 그 순간은 감정적인 근본 흔적을 포착했는데, 이 흔적 위에서 이후 몇 주 동안 국가의 탄압성이 힘주어 부각되었다. 가령 1967년 7월의 ≪베를리너 마누스크리프테≫에는 다음과 같이 실려 있었다. "6월 2일은 통제 전략의 정점이었다. 앞으로 통치자들은 반대하는 대학생 세력을 없앤다는 그들의 목표를 내적인 통합을 통해 달성하려고 할 것이다."[39]

베를린을 넘어 학생운동의 공적인 중요성이 날로 증가함에 따라, 여론에서는 시위운동 내부의 여러 상이한 태도에 의해 요구되는 동시에, 우상화, 특히 루디 두치케의 우상화에도 상당 부분 저항할 수 있는 동일시 인물들에 대한 필요성이 생겨났다.[40] 어쨌든 텍스트와 이미지, 논증과 감정, 폭력이 동반된 행동과 행동의 위력 간의 관계는 시위운동에서 엄청난 긴장관계 속에 놓여 있었다. 바로 1967년 6월과 7월에, 학생운동의 방향 설정에 관한 암묵적인 갈등에서 대립적 균열들이 노출되었다. 이미지를 환기하고 충동의 힘을 강조했던 마르쿠제의 테제들과 그의 언어는 그것이 쉽게 감정적으로 윤색될 수 있다는 이유 때문에도 매력적이었다. 가령 그는 베트남 전쟁을 그 무엇보다도 분명하게 아우슈비츠에서의 나치 범죄와 연결시켰다.[41] 동시대에 귄터 그라스Günter Grass 역시 나치 범죄의 이미지들을 시간 속으로 다시 불러 오는 이 흔적을 따라 갔다. 1960년대 말에 그는 여러 진술을 통해 가령 비아프라에서의 기아 대참사에 주목하게 했고 그것에 관한 이미지들을 나치 범죄에 대한 기억과 함께 환기시켰다.[42]

그러나 사진이 1968년 초 이후 시위 플래카드에 등장하게 되면서, 사진은 시위문화 자체에서도 더 많은 공간을 차지하게 되었다. 특히 2월의 국제 베트남 회의에 대한 참여 호소는 전쟁 희생자들을 표현하는 플래카드와 연결되어 있었다. 이 플래카드 중 어떤 것에서는, 전면이 텍스트로 덮인 장면에서 한 군인이 공산주의 그룹에 속한 한 구성원의 배를 칼로 가르는 모습을 볼 수 있다.[43] 베트남 전쟁에 반대하는 데모에서는 산발적으로 그림 플래카드가 발견되었다. 그러나 극적인 효과를 낳는 주제의 매체로서 행사 플래카드들이 발달했는데, 마침내 1970년대에 (특히 반핵운동의 맥락에서) 이 플래카드에는 데모를 진압하는 경찰의 대응이 시각적으로 묘사되었다.

이미지로 표현된 다양한 모티프들에서 이러한 이미지 언어를 통해 순교이데올로기에 따른 희생자의 도상학이 계속해서 나타났다. 1967년 초 이미 코뮨 I(Kommune I)이 경찰의 일제 검거 장면에서 수립했던 이 희생자의 도상학은 그러나 오네조르크의 경우에는 자기신화적인 근거를 지니게 되었다. 동시에 여기서는 이미지의 차원에서 현재의 강압적인 국가만이 문제가 되지는 않았다. 어떤 사진은 또한 벽에 기대 선 발가벗은 남자와 여자들을 묘사했는데, 이와 동시에 이 사진은 수많은 출판물에서 나치 시대의 전체주의적 경찰국가에 대한 동의어가 되었다. 이로써 시위운동의 도상학은 이미 수년 동안 문화적인 기억 속에 확고하게 자리 잡았던 나치 범죄의 이미지들과 조기에 연결되어 있었다. 이와 더불어 시각적인 지평에 힘입어 감정적인 토대가 마련되어 있었다. 그리고 이것의 목표는 시위의 핵심적인 문제인 국가와 사회에 의한 강압을 구체적으로 그려내고, 이중적인 희생의 상징성을 통해 자기 고유의 범주를 넘어 이 문제를 연결 가능한 것으로 만드는 것이었다.

68세대의 "바탕이 되는 감정"은 그러한 이미지들에서 자신의 표현을 발견했다. 즉, "민족사회주의의 몰록(Moloch)을 물리쳤다는 것은 단지 착각일 뿐이라는 불안에 찬 환상"[44]이 그것이다. 긴급조치법, 파시즘의 수사학, 그리고 국가의 강압성에 대한 고발은 현재적이거나 역사적인 연상들을 도구화하도록 만들었는데, 그것은 두려움의 대상인 이러한 사태의 복귀를 방지하기 위한 것이었다. 심리역학적인 독해 방식으로 보면 대참사 이후 두 번째 세대에 속하는 상당히 많은 사람들의 행동에서, 스스로가 윗세대의 파괴적인 요소들을 물려받았다는 감정에 근거한 내입대상(Introjekt)▸에 대한 속박이 표출되었다. 크리스티안 슈나이더Christian Schneider에 따르

▸ 내입대상이란, 정신분석학에서 외부적 현실이나 대상 등을 합체 모델에 따라 정신적인 내부로 가져오는 과정을 가리키는 내입(Introjektion)을 통해 내부로 들어 온 대상이나 대상의 특성을 뜻한다.

면, 이러한 내입대상은 "68세대"를 무의식적으로 형성하는 것으로서 간주된다. 그리고 나치 과거에 대한 해석의 독점을 관철하려는 68세대의 집요한 노력은 이에 기반을 두고 있었다는 것이다.

지금까지 나치 범죄와의 대결이 차후의 시위 세대의 태도에 어떻게 영향을 끼쳤는지 그 단초들을 살펴보았다.[45] 적지 않은 이들이 자신의 정치적인 참여 계기를, 개인적인 견해를 앞세우는 당대 흐름에 거슬러 나치 범죄의 사진을 보았던 1960년 전후의 시기에서 찾는다. 나치 범죄를 정치적으로 전유하는 과정에서 나치 범죄의 역사적 차원은 오늘날 문제가 되고 있는 가치의 갈등과 시스템 갈등의 첨예화 뒤로 물러났다. 그럼에도 불구하고 다른 한편으론 나치 범죄의 역사적 차원이 점점 더 독립성을 띤 참고자료 및 합법성의 계기로서 존재했으며, 이것은 적군파 테러리스트들의 정당성 변호 담론에까지 이른다. 정치적으로 참여했던 사람들 가운데서는 순교이데올로기를 통해 매개된 나치시대와의 부정적인 결속이 특별한 함의로서 널리 확산되어 있었고, 이 부정적인 결속은 또한 그들을 구별 짓는 특징이었다. 이 특징으로 인해 그들은, 1950년대 말 이래로 전개된 탈형식화의 진행 속에서 일반적으로 확립된 사회의 주도 가치인 젊음, 새로운 자립성, 그리고 젊은이들의 독특한 문화 형식들과 구분되었다.[46]

VI. 요약: 세대 이미지와 현대의 제의적 흔적

세대를 형성하는 매체적 조건들은, 보도의 강렬함이나 매체세계 내 정세의 변화, 그리고 그와 결부된 배치 전략들의 변화의 측면에서만 이해되어서는 안 된다. 이미지는 감정적인 약어들의 운반자이고 감정 기호들을 매개한다. 이미지들은 다양한 연결이 가능하고 지속적이며 사람들을 동원하는 능력이 있다. 또한 동일시 과정에서 이미지의 정보 가치를 넘어서는 코드화를 추가적으로 연결시킨다. 거꾸로 이미지들은 감정의 잔여분을 사회적인 결속의 계기로서 저장한다. 이러한 제의적 흔적은 사진 이미지가 우세해지는 변화 과정과 더불어 전혀 사라지지 않았다. 그것이 비록 아우라 상실에 대한 베냐민의 비판에서 나타나는 염려였음에도 말이다. 물론 이러한 제의적인 흔적을 감정적으로 동원하는 형식은 변화했다. 이것은 그에 상응하는 이미지들이 더 이상 인간 상호적인 공간과 개인적인 공간에서 발휘하는 소통 기능을 통해서만이 아니라, 점점 더 매체적인 감정의 저장소로서 자신의 위력을 펼침으로써 이루어졌다.

1920년대의 세대이론은 이미 사태의 공통점이나 공동의 목표를 넘어서는, 감정에 근거한 동일시의 중요성을 인식하고 강조했다. 이 이론은 물론 이러한 작용에 대한 이해의 범위를 사회 형식들로 제한했는데, 이 사회 형식들은 폐쇄적 집단으로서 세대단위들을 중심에 놓았다. 이 이론은 세대단위들이 내부에서 비롯되는 공통적인, 말하자면 정신적인 에너지에 정향되어 있을 것이라고 생각했다. 사진 이미지가 대중매체로 되면서 생겨났던 동일시 메커니즘의 변화들이 여기서는 아직 나타나지 않았다. 초개인적인 실체에 관한 가정(假定)은 현대적 삶의 피상성 저편에서 본질적인 것을 물질화하고 있는데, 그럼에도 이러한 가정은 세기 전환기 이래로 사진, 기억 그리고 세대를 바라보는 시각을 특징지었다. 실현 가능성이 있는 무언가 본질적인 것에 대한 추구를 맴도는 이러한 담론 안에, 핀더나 만하임에게서 나타나는 세대적인 의지의 단순한 정립을 극복하기 위한 열쇠가 놓여 있다. 그러나 이 가정은 동시에 사회집단과 시위집단의 공동체적인 요소들에 포함되어 있는 감정적인 흔적을 환기한다. 이 가정은 그 안에서 이질성이 결합하는 기존과 이후의 동일시 방식들에 대한 연결 가능성을 만들어낸다.

이러한 도상학적인 연결 가능성과 감정의 자기 전승이 세대적 특징을 목적론적으로 계속 연장하는 것으로 귀결되는 것은 결코 아니다. 그러나 그것은 세대들을 단지 사후에 주장된 구성물로 간주하고자 하는 사유의 단초들을 상대화한다. 개별적인 경우에서는, 무엇보다도 기술적이고 정신적인 대상물로서 동일시를 형성하고 사람들을 동원하는 이미지들을 통해 어떻게 감정적인 에너지가 시위집단과 운동들과 동년배집단으로 이루어진 사회조직 안으로 이식되었는지 더 정확하게 규정되어야 할 것이다. 그리고 이 감정적인 에너지가 어떻게 결속력을 유지하거나 또는 재가동될 수 있는 가능성으로 남게 되었는지도 더 정확하게 밝혀져야 할 것이다. 거기에는 어떠한 신화적인 본질의 표상이 존재하는 것이 아니며, 다만 감정을 전달하는 기호 담지자가 없이는 현대사회의 통합이 이루어지지 않는다는 사실이 드러난다.

시간적 간격의 분할에 대한 현대적인 이해 과정에서 '세대들'이 차이를 지닌 공동체들로 형성된다는 사실은, 본질적으로 사진 이미지나 기술적 이미지의 대중적인 확산을 통해 설명되어야 한다. 이때 사진 이미지나 기술적 이미지는 순간적이고 역사적인 사건들에 대한 매체적인 참조대상이 된다. 차별성의 생산은 현대의 상업적인 대중매체성의 기본적인 처리 방식이다. 왜냐하면 '뉴스'뿐만 아니라 '상품'도 차이에 대한 지각과 의식을 전제로 하기 때문이다. 이러한 처리 방식이 20세기의 세대 수사학에 상당 부분 영향을 끼쳤다. 구별의 과정들은 스스로가 시장 법칙에 대한 양가적인 구속에 내맡겨져 있다는 것을 의식하는, 고유한 문화적인 확인 수단들을 필요로 한다. 한편 모든 구별은 광범위한 효과를 위해 대중매체의 피드

백이 필요하다. 그러나 다른 한편으론 바로 이 지점에서 모든 구별은 다음과 같은 위험, 즉 자신의 특수한 동력에서 벗어나 내부의 유사화(Verähnlichung) 메커니즘에 대항하는 차별화로서 더 이상 인지되지 못하는 위험에 굴복하게 된다.

사회적인 운동들이 이러한 양가성의 지배 속에 있는 까닭에 이 운동들의 이미지 문화에는 앞을 향해 달리는 향수가 내재되어 있다. 이 향수는 내면에 응고된 정신적인 이미지들과 문화적으로 재생산된 기술적인 이미지들의 공동작용에서 영양을 공급받는다. 그리고 이 향수는, 공동체를 형성하는 진정한 원천들이 매체의 대상이 되는 그 순간에 그 특수성이 끝난다는 사실에 관해서도 알고 있다. 동년배집단 내부에서 발생하는 회상을 통한 차이 형성은 이미지와 결부된, 앞을 향해 달리는 향수의 경험에 기초한다. 그리고 이 회고적인 차이 형성에 힘입어 동시대의 특수한 태도에 대한 가깝고 먼 거리가 측정된다. 시각적으로 표현되는 차이들의 지각과 형상화를 통해 — 사회적인 집단들 속에서, 소비 이미지들을 통해, 매체시장에서 — 세대적인 공동체 형성에서 작용하는, 흔히 무의식적인 내적 정서의 특성이 분석될 수 있다. 다시 말해서 이러한 분석은 감정과 결부된 내입대상들의 도움으로 이루어지는데, 이것들의 다양한 형태와 강도는 또한 세대 유형과 세대성이 형성되는 과정을 서로 구별할 수 있게 해준다. 이로써 '세대사'는 역사학을 제의적인 흔적으로 되돌려 보낸다. 이 제의적인 흔적은 즉물성에 의한 '탈주술화'를 모면했으며, 이제 즉물성의 보충적인 부분으로서 재발견되어야 할 것이다.

〈박은주 옮김〉

주

1) Reulecke, "Einführung: Lebensgeschichte des 20. Jahrhunderts—im 'Generationencontainer'" 참조.
2) 베른트 바이스브로트Bernd Weisbrod가 이끄는 괴팅엔 대학의 독일연구재단(DFG: Die Deutsche Forschungsgemeinschaft)의 대학원 강의 과목명이 바로 "세대사"이다("Generationengeschichte: Generationelle Dynamik und historischer Wandel im 19. und 20. Jahrhundert"). Weisbrod, "Generation und Generationalität in der Neueren Geschichte" 참조. '세대사' 개념에 관해서는, Schneider, "Noch einmal 'Geschichte und Psychologie'" 참조.
3) Knoch/Morat (Hg.), *Kommunikation als Beobachtung*; Föllmer (Hg.), *Sehnsucht nach Nähe* 참조.
4) Mannheim, "Das Problem der Generationen".
5) Pinder, *Das Problem der Generationen in der Kunstgeschichte Europas*.
6) Jana Hensel의 성공적인 소설 *Zonenkinder*를 예로 들 수 있다.
7) Siegfried, "'Trau' keinem über 30?"; "Draht zum Westen" 참조.
8) Maase, *Bravo Amerika* 참조.
9) Knoch, "Bewegende Momente" 참조,
10) Schulz/Grebner (Hg.), *Generationswechsel und historischer Wandel* 참조; Reulecke (Hg.), *Generationalität und Lebensgeschichte im 20. Jahrhundert*.
11) Müller/Rüsen (Hg.), *Historische Sinnbildung*.
12) Mannheim, "Das Problem der Generationen", 538.
13) 같은 글, 545.
14) Christopher Bollas, Schneider, "Der Holocaust als Generationsobjekt", 59에서 재인용.
15) Bude, *Generation Berlin*, 51~68.
16) Illies, *Generation Golf*.
17) Pinder, *Das Problem der Generationen*, 147.
18) 같은 책, 128.
19) Halbwachs, *Das Kollektive Gedächtnis*, 116.
20) 같은 책, 76.
21) 같은 책, 75.
22) 미하엘 빌트가 조사한 범죄자 그룹의 대다수가 후자의 세대집단, 즉 "전쟁 중 청소년기를 보낸 세대" 출신이다(Wildt, *Generation des Unbedingten* 참조). 이 범죄

자들의 거리두기 태도와 그들의 정서와 관련하여 빌트가 시도한 상대화, 즉 "운명의 경험"을 "제도"와 "전쟁"이라는 범주들을 통해 상대화하여 "매체성"이라는 범주로 확장하는 것은 시사하는 바가 많을 것이다(1920년대에 대해서는, Morat, "Die schmerzlose Körpermaschine und das zweite Bewußtsein" 참조).

23) Dingräve, *Wo steht die junge Generation?*, Jena 1931(Schriften der 'Tat'), 22.
24) Hartewig, "Der sentimentalische Blick"; Breymayer, "Geordnete Verhältnisse" 참조.
25) Breymayer, "Geordnete Verhältnisse", 41에서 재인용.
26) 새로운 매체에서 나타나는 아우라화에 대해서는, Knoch, "Die Aura des Empfangs" 참조.
27) Benjamin, *Kleine Geschichte der Fotografie*; Kracauer, "Die Photographie".
28) Eggebrecht, "Die Rolle der Photographie".
29) Benjamin, *Das Kunstwerk im Zeitalter seiner technischen Reproduzierbarkeit*, 148.
30) Le Bon, *Psychologie der Massen*, 43.
31) Baczko, "Der Revolutionär", 257 참조.
32) Mosse, *Das Bild des Mannes* 참조.
33) Malvano, "Jugendmythos im Bild" 참조.
34) Borchert, *Das Gesamtwerk*, 59.
35) Schildt, *Zwischen Abendland und Amerika* 참조.
36) Anders, "Maschinelle Infantilisierung", 630.
37) Rabehl, "Medien".
38) Kraushaar, "Denkmodelle der 68er-Bewegung".
39) 익명 저자, *Berliner Manuskripte*, Juli 1967(www.glasnost.de/hist/apo).
40) Christoph Jünke, "Sind Sie Rudi Dutschke?".
41) Tauber, "Herbert Marcuse: Auschwitz und My Lai?" 참조.
42) Grass, *Essays, Reden, Briefe, Kommentare*, u.a. 225, 353 참조.
43) Kraushaar, *Frankfurter Schule und Studentenbewegung*, Bd. 1: *Chronik*, 299에 실린 삽화 참조.
44) Schneider, "Holocaust als Generationsobjekt", 64.
45) Knoch, *Tat als Bild*, 853~933 참조.
46) Siegfried, "Vom Teenager zur Pop-Revolution"; Großbölting, "Bundesdeutsche Jugendkulturen zwischen Milieu und Lebensstil" 참조.

참고문헌

»A Symposium on Ambivalence in Intergenerational Relationships«, in: *Journal of Marriage and the Family* 64 (2002), S. 557–601.

Abraham, Nicolas. »Aufzeichnungen über das Phantom. Ergänzungen zu Freuds Metapsychologie«, in: *Psyche* 45 (1991), S. 691–698.

Aktives Museum. »Stellungnahme des Aktiven Museums zur Forderung nach einem Holocaust-Mahnmal auf dem Gestapo-Gelände vom 28. April 1989«, in: Bürgerinitiative Perspektive Berlin e.V., *Ein Denkmal für die ermordeten Juden Europas. Dokumentation 1988–1995*, Berlin 1995, S. 54–58.

Albrecht, Clemens. »›Das Allerwichtigste ist, daß man die Jugend für sich gewinnt‹. Die kultur- und bildungspolitischen Pläne des Horkheimer-Kreises bei der Remigration«, in: ders. u.a., *Die intellektuelle Gründung der Bundesrepublik. Eine Wirkungsgeschichte der Frankfurter Schule*, Frankfurt am Main/New York 1999, S. 97–131.

Ders. »Die Massenmedien und die Frankfurter Schule«, in: ders. u.a. (Hg.), *Die intellektuelle Gründung der Bundesrepublik. Eine Wirkungsgeschichte der Frankfurter Schule*, Frankfurt am Main/New York 1999, S. 203–246.

Ders. »Im Schatten des Nationalismus. Die politische Pädagogik der Frankfurter Schule«, in: ders. u.a. (Hg.), *Die intellektuelle Gründung der Bundesrepublik. Eine Wirkungsgeschichte der Frankfurter Schule*, Frankfurt am Main/New York 1999, S. 387–447.

Althaus, Claudia. *Erfahrung denken. Hannah Arendts Weg von der Zeitgeschichte zur politischen Theorie,* Göttingen 2000.

Alexander, Jeffrey C. u.a. (Hg.) *Cultural Trauma and Collective Identity*, Berkeley u.a. 2004.

Anders, Günther. »Maschinelle Infantilisierung. Thesen für ein Rundgespräch über Massenmedien«, in: *Merkur* 15 (1961), S. 627–635.

Andersch, Alfred. »Das junge Europa formt sein Gesicht« (*Der Ruf,* Nr. 1 vom 15. 8. 1946), in: *Der Ruf. Unabhängige Blätter für die junge Generation*, München 1976.

Ders. »Notwendige Aussage zum Nürnberger Prozeß« (*Der Ruf,* Nr. 1 vom 15. 8.

1946), in: *Der Ruf. Unabhängige Blätter für die junge Generation*, München 1976.
Anderson, Benedict. *Imagined Communities. Reflections on the Origins and Spread of Nationalism,* London 1983.
Andresen, Sabine. *Mädchen und Frauen in der bürgerlichen Jugendbewegung. Soziale Konstruktion von Mädchenjugend,* Neuwied 1997.
Dies. »›Ins Klare, ins Reine, ins Hohe.‹ Zur generationalen Deutung von Mädchen in der bürgerlichen Jugendbewegung«, in: Luise Winterhager-Schmid (Hg.), *Erfahrung mit Generationendifferenz*, Weinheim 2000, S. 151–170.
Ankum, Katharina von (Hg.) *Women in the Metropolis. Gender and Modernity in Weimar Culture,* Berkeley 1997.
Arendt, Hannah. *Vita activa oder Vom tätigen Leben*, München 2005.
Dies. »Bertolt Brecht«, in: dies., *Men in Dark Times*, San Diego/London/New York 1970, S. 207–249.
Dies. *Über die Revolution*, München 1966.
Dies. *Elemente totaler Herrschaft*, Frankfurt am Main 1958.
Assmann, Jan. *Religion und kulturelles Gedächtnis,* München 2004.
Ders. *Das kulturelle Gedächtnis. Schrift, Erinnerung und politische Identität in frühen Hochkulturen,* München 2002.
Attias-Donfut, Claudine. *Sociologie des générations. L'empreinte du temps,* Paris 1988.
Augstein, Rudolf. »Warum sie demonstrieren«, in: *Der Spiegel*, Nr. 26, 19. 7. 1967, S. 18.
Autsch, Sabine. »Haltung und Generation. Überlegungen zu einem intermedialen Konzept«, in: *Bios* 13 (2000), S. 163–181.

Baczko, Bronislaw. »Der Revolutionär«, in: François Furet (Hg.), *Der Mensch der Romantik*, Frankfurt am Main 1998, S. 252–305.
Bahr, Egon. *Zu meiner Zeit*, München 1996.
Bakker Schut, Pieter H. (Hg.) *das info. Briefe von Gefangenen aus der RAF 1973–1977. Dokumente,* Hamburg 1987.
Baltes, Paul B. »Über die Zukunft des Alterns. Hoffnung mit Trauerflor«, in:

Margret Baltes/Leo Montada (Hg.), *Produktives Leben im Alter*, Frankfurt am Main 1996, S. 29–68.

Barclay, David. *Frederick William IV and the Prussian Monarchy 1840–1861,* Oxford 1997.

Barthes, Roland. *Die helle Kammer. Bemerkung zur Photographie,* Frankfurt am Main 1985.

Bauman, Zygmunt. *Flaneure, Spieler und Touristen. Essays zu postmodernen Lebensformen,* Hamburg 1997.

Ders. *Dialektik der Ordnung. Die Moderne und der Holocaust,* Hamburg 1989.

Baumann, Bommi. *Wie alles anfing*, Frankfurt am Main 1977.

Becher, Ursula A. »Zwischen Autonomie und Anpassung – Frauen, Jahrgang 1900/1910 – eine Generation?«, in: Jürgen Reulecke (Hg.), *Generationalität und Lebensgeschichte im 20. Jahrhundert*, München 2003, S. 279–294.

Benjamin, Walter. *Das Kunstwerk im Zeitalter seiner technischen Reproduzierbarkeit,* in: ders., Illuminationen. Ausgewählte Schriften I, Frankfurt am Main 1977, S. 136–169.

Ders. *Kleine Geschichte der Fotografie,* in: ders., Gesammelte Schriften, Bd. 2, Frankfurt am Main 1977, S. 368–385.

Benninghaus, Christina. *Die anderen Jugendlichen. Arbeitermädchen in der Weimarer Republik,* Frankfurt am Main 1999.

Dies. »Verschlungene Pfade – Auf dem Weg zu einer Geschlechtergeschichte der Jugend«, in: dies./Kerstin Kohtz (Hg.), *»Sag mir, wo die Mädchen sind ...«. Beiträge zur Geschlechtergeschichte der Jugend*, Köln 1999, S. 9–32.

Dies. »Stolpersteine auf dem Weg ins Leben. – Die Arbeitsmarktsituation weiblicher Jugendlicher nach der Berufszählung von 1925«, in: *Tel Aviver Jahrbuch für deutsche Geschichte* (1992), S. 227–242.

Bergmann, Martin S./Jucory, Milton E./Kestenberg, Judith S. (Hg.) *Kinder der Opfer – Kinder der Täter? Psychoanalyse und Holocaust,* Frankfurt am Main 1995.

Bessel, Richard. »The ›Front Generation‹ and the Politics of Weimar Germany«, in: Mark Roseman (Hg.), *Generations in Conflict: Youth Revolt and Generation Formation in Germany 1770–1968*, Cambridge 1995, S. 121–136.

Ders. *Germany after the First World War,* Oxford 1995.

Best, Heinrich. »Geschichte und Lebensverlauf. Theoretische Modelle und empirische Befunde zur Formierung politischer Generationen im Deutschland des 19. Jahrhunderts«, in: Andreas Schulz/Gundula Grebner (Hg.), *Generationswechsel und historischer Wandel*, München 2003, S. 57–69.

Bion, Wilfred R. *Transformationen*, Frankfurt am Main 1997.

Ders. *Lernen durch Erfahrung*, Frankfurt am Main 1990.

Ders. *Attention and Interpretation*, London 1970.

Bleuler, Eugen. »Die Ambivalenz«, in: Universität Zürich (Hg.), *Festgabe zur Einweihung der Neubauten*, Zürich 1914, S. 95–106.

Ders. »Zur Theorie des schizophrenen Negativismus«, in: *Psychiatrisch-Neurologische Wochenschrift* 12 (1910), Heft 18: S. 171–176, Heft 19: S. 184–187, Heft 20: S. 189–191, Heft 21: S. 195–198.

Bley, Wulf u.a. *Das Jugendbuch vom Weltkrieg*, Stuttgart/Berlin/Leipzig 1935.

Blücher, Viggo Graf. *Die Generation der Unbefangenen. Zur Soziologie der jungen Menschen heute,* Düsseldorf 1966.

Blüher, Hans. *Wandervogel. Geschichte einer Jugendbewegung,* 2 Bde., Berlin 1912.

Blumenberg, Hans. *Lebenszeit und Weltzeit*, Frankfurt am Main 1986.

Blumer, Herbert. *Symbolic Interactionism. Perspective and Method,* Engelwood Cliffs (NJ) 1969.

Bock, Karin. »Generationsbeziehungen im Kontext der Kinder- und Jugendhilfe«, in: Cornelia Schweppe (Hg.), *Generation und Sozialpädagogik. Theoriebildung, öffentliche und familiale Generationenverhältnisse, Arbeitsfelder,* Weinheim/München 2002.

Bock, Petra/Koblitz, Katja (Hg.) *Neue Frauen zwischen den Zeiten*, Berlin 1995.

Boehm, Christopher. »Ambivalence and Compromise in Human Nature«, in: *American Anthropologist* 91 (1989), S. 921–939.

Bogen, Steffen/Thürlemann, Felix. »Jenseits der Opposition von Text und Bild. Überlegungen zur Theorie des Diagramms und des Diagrammatischen«, in: Alexander Patschovsky (Hg.), *Die Bildwelt der Diagramme Joachims von Fiore*, Ostfildern 2003, S. 1–22.

Bohleber, Werner. »Die Entwicklung der Traumatheorie in der Psychoanalyse«, in:

Psyche 54 (2000), S. 797–839.

Ders. »Trauma, Identifizierung und historischer Kontext. Über die Notwendigkeit, die NS-Vergangenheit in den psychoanalytischen Deutungsprozeß einzubeziehen«, in: *Psyche* 51 (1997), S. 958–995.

Ders. »Das Fortwirken des Nationalsozialismus in der zweiten und dritten Generation nach Auschwitz«, in: *Babylon. Beiträge zur jüdischen Gegenwart*, 1990, S. 70–83.

Böhnisch, Lothar. »Generation und Modernisierung. Zur gesellschaftlichen und sozialstaatlichen Transformation einer pädagogischen Kategorie«, in: Cornelia Schweppe (Hg.), *Generation und Sozialpädagogik. Theoriebildung, öffentliche und familiale Generationenverhältnisse, Arbeitsfelder*, Weinheim/München 2002, S. 67–81.

Bohnsack, Ralf/Schäffer, Burkhard. »Generation als konjunktiver Erfahrungsraum. Eine empirische Analyse generationsspezifischer Medienpraxiskulturen«, in: Günter Burkart/Jürgen Wolf (Hg.), *Lebenszeiten. Erkundungen zur Soziologie der Generationen*, Opladen 2002, S. 249–273.

Boll, Friedhelm. »Von der Hitlerjugend zur Kampagne ›Kampf dem Atomtod‹. Zur politischen Sozialisation einer niedersächsischen Studentengruppe«, in: Bernd Weisbrod (Hg.), *Von der Währungsreform zum Wirtschaftswunder. Wiederaufbau in Niedersachsen*, Hannover 1998.

Ders. »Jugend im Umbruch vom Nationalsozialismus zur Nachkriegsdemokratie«, in: *Archiv für Sozialgeschichte* 37 (1997), S. 482–520.

Böllert, Karin. »Generationen«, in: Hans-Uwe Otto/Hans Thiersch (Hg.), *Handbuch Sozialpädagogik/Sozialarbeit*, Neuwied 2001, S. 660–664.

Bölling, Klaus. »Politisches Fernsehen: Gefahr und Auftrag«, in: *Rundfunk und Fernsehen* 11 (1963), S. 365–374.

Borchert, Wolfgang. *Das Gesamtwerk*, Reinbek 1982.

Borens, Raymond. »›... Vater sein dagegen sehr‹«, in: *Zeitschrift für psychoanalytische Theorie und Praxis* 8 (1993), S. 19–31.

Bourdieu, Pierre. *Was heißt sprechen? Die Ökonomie des sprachlichen Tausches*, Wien 1990.

Ders. »Sozialer Raum und ›Klassen‹«, in: ders., *Sozialer Raum und »Klassen«.*

Leçon sur la leçon. Zwei Vorlesungen, Frankfurt am Main 1985, S. 7–46.

Brakensiek, Stefan, »Welche Erfahrungen begründen eine Generation? Prosopographische Befunde aus der Übergangszeit vom Ancien Régime zum 19. Jahrhundert«, in: Andreas Schulz/Gundula Grebner (Hg.), *Generationswechsel und historischer Wandel*, München 2003, S. 43–55.

Brand, Carolin. *Generationenbeziehungen in Familien mit psychisch Kranken,* Diplomarbeit, Konstanz 2004.

Brecht, Bertolt. *Flüchtlingsgespräche,* in: ders., Gesammelte Werke, Bd. 14, Frankfurt am Main 1967, S. 1381–1515.

Breuer, Hans. »Das Teegespräch«, in: *Wandervogel. Monatsschrift für deutsches Jugendwandern* 6 (1911), Heft 2, S. 31–38.

Breymayer, Ursula. »Geordnete Verhältnisse. Private Erinnerungen im kaiserlichen Reich«, in: Kunst- und Ausstellungshalle der Bundesrepublik Deutschland (Hg.), *Deutsche Fotografie. Macht eines Mediums 1870–1970,* Köln 1997, S. 41–52.

Broszat, Martin (Hg.) *Zäsuren nach 1945. Essays zur Periodisierung der deutschen Nachkriegsgeschichte,* München 1990.

Büchner, Peter. »Generation und Generationsverhältnis«, in: Heinz Hermann Krüger/Werner Helsper (Hg.), *Einführung in die Grundbegriffe und Grundfragen der Erziehungswissenschaft*, Opladen 1995, S. 237–246.

Bude, Heinz. »Qualitative Generationsforschung«, in: Uwe Flick/Ernst von Kardoff/Ines Steinke (Hg.), *Qualitative Forschung. Ein Handbuch*, Reinbek 2002, S. 187–194.

Ders. *Generation Berlin*, Berlin 2001.

Ders. »Generationen im 20. Jahrhundert. Historische Einschnitte, ideologische Kehrtwendungen, innere Widersprüche«, in: *Merkur* 54 (2000), S. 567–579.

Ders. »Die Politik der Generationen«, in: *Gewerkschaftliche Monatshefte* 49 (1998), S. 689–694.

Ders. *Das Altern einer Generation. Die Jahrgänge 1938–1948,* Frankfurt am Main 1995.

Ders. *Deutsche Karrieren. Lebenskonstruktionen sozialer Aufsteiger aus der Flakhelfer-Generation,* Frankfurt am Main 1987.

Burkart, Günter/Wolf, Jürgen (Hg.) *Lebenszeiten. Erkundungen zur Soziologie der Generationen,* Opladen 2002.

Burkhardt, Amelie. *Die Bedeutung des Begriffs »Ambivalenz« im Diskurs und Handlungsfeld von Psychotherapeuten,* Arbeitspapier Nr. 41 des Forschungsschwerpunktes »Gesellschaft und Familie« der Universität Konstanz, 2002.

Dies. *Generationenambivalenzen in Familien mit einem psychisch kranken erwachsenen Kind,* Dissertation, Konstanz 2005.

Bürklin, Wilhelm u.a. *Eliten in Deutschland,* Opladen 1997.

Cassirer, Ernst. *Versuch über den Menschen. Einführung in eine Philosophie der Kultur,* Frankfurt am Main 1990.

Chauvel, Louis. »Les rapports entre les générations«, in: Yves Michaud (Hg.), *Université de tous les savoirs: Qu'est-ce que la société?,* Paris 2001, S. 525–535.

Cherry, Conrad (Hg.) *God's New Israel. Religious Interpretations of American Destiny,* revised and updated edition, New York 1998.

Childers, Thomas. *The Nazi Voter: the Social Foundations of Fascism in Germany 1919–1933,* Chapel Hill 1983.

Christensen, Pia Haudrup. »Difference and Similarity. How Children's Competence is Constituted in Illness and Its Treatment«, in: Ian Hutchby/Jo Moran-Ellis (Hg.), *Children and Social Competence. Arenas of Action,* London 1998, S. 187–201.

Classen, Christoph. *Bilder der Vergangenheit. Die Zeit des Nationalsozialismus im Fernsehen der Bundesrepublik Deutschland 1955–1965,* Köln 1999.

Cohler, Bertram J. »The Experience of Ambivalence Within the Family. Young Adults ›Coming Out‹. Gay or Lesbian and Their Parents«, in: Karl Pillemer/Kurt Lüscher (Hg.), *Intergenerational Ambivalences. New Perspectives on Parent-Child Relations in Later Life,* Oxford, 2004, S. 255–284.

Ders./Grunebaum, Henry U. *Mothers, Grandmothers and Daughters. Personality and Childcare in Three-Generation Families,* New York 1981.

Conway, Moncure Daniel. *The Life of Thomas Paine,* 2 Bde., London 1996 (Reprint der Ausgabe von 1892).

Corsten, Michael. »Biographie, Lebenslauf und das ›Problem der Generationen‹«, in: *Bios* 14 (2001), S. 32–59.

Cournut, Jean. »Ein Rest, der verbindet. Das unbewußte Schuldgefühl, das entlehnte betreffend«, in: *Jahrbuch der Psychoanalyse* 22 (1988), S. 67–98.

Croner, Else. *Die Psyche der weiblichen Jugend*, 5. Aufl. (mit einem Nachtrag: »Zur Psyche der Mädchen aus einfacheren Volksschichten«), Langensalza 1930.

Cullen, Michael S. (Hg.) *Das Holocaust-Mahnmal. Dokumentation einer Debatte,* Zürich 1999.

Dallinger, Ursula. »Der Konflikt zwischen familiärer Pflege und Beruf als handlungstheoretisches Problem«, in: *Zeitschrift für Soziologie* 27 (1998), S. 94–112.

Daniel, Ute. *Kompendium Kulturgeschichte. Theorien, Praxis, Schlüsselwörter,* Frankfurt am Main 2001.

Dies. »Generationengeschichte«, in: dies., *Kompendium Kulturgeschichte,* S. 330–345.

Demant, Ebbo. *Von Schleicher zu Springer. Hans Zehrer als politischer Publizist,* Mainz 1971.

Deutsches Rundfunkarchiv (Hg.) *Magazinbeiträge im Deutschen Fernsehen,* Bd. II: 1966–1969, Frankfurt am Main 1973.

Dilthey, Wilhelm. *Über das Studium der Geschichte der Wissenschaften vom Menschen, der Gesellschaft und dem Staat* (1875), in: ders., Gesammelte Schriften, Bd. V, Stuttgart 1964, S. 31–73.

Dingräve, Leopold (= Eschmann, Ernst Wilhelm). *Wo steht die junge Generation?*, Jena 1931.

Doerry, Martin. *Übergangsmenschen*, Weinheim 1989.

Domansky, Elisabeth/Heinemann, Ulrich. »Jugend als Generationserfahrung: Das Beispiel der Weimarer Republik«, in: *Sozialwissenschaftliche Informationen für Unterricht und Studium* 13 (1984), S. 14–22.

Dörner, Andreas. *Politischer Mythos und symbolische Politik. Der Hermannmythos: zur Entstehung des Nationalbewußtseins der Deutschen,* Reinbek 1996.

Douglas, Mary. *Ritual, Tabu und Körpersymbolik. Sozialanthropologische Studien in Industriegesellschaft und Stammeskultur,* Frankfurt am Main 1986.

Dowe, Dieter (Hg.) *Jugendprotest und Generationenkonflikt in Europa im 20. Jahrhundert. Deutschland, England, Frankreich und Italien im Vergleich,*

Bonn 1986.

Drewitz, Ingeborg. *Gestern war heute. 100 Jahre Gegenwart,* Düsseldorf 1978.

Dückers, Tanja. »Der nüchterne Blick der Enkel. Wie begegnen junge Autoren der Kriegsgeneration? Ein Gespräch mit Tanja Dückers«, in: *Die Zeit*, Nr. 19, 30. April 2003, S. 42.

Ecarius, Jutta (Hg.) *Was will die jüngere mit der älteren Generation? Generationenbeziehungen und Generationenverhältnisse in der Erziehungswissenschaft,* Opladen 1998.

Eckstaedt, Anita. *Nationalsozialismus in der zweiten »Generation«. Psychoanalyse von Hörigkeitsverhältnissen,* Frankfurt am Main 1989.

Edmunds, June/Turner, Bryan S. *Generations, Culture and Society*, Buckingham 2002.

Eggebrecht, Axel. »Die Rolle der Photographie« (1931), in: Albert Kümmel/ Petra Löffler (Hg.), *Medientheorie 1888-1933,* Frankfurt am Main 2002.

Eickhoff, Friedrich-Wilhelm. »Identification and its Vissitudes in the Context of the Nazi Phenomenon«, in: *Internationales Jahrbuch der Psychoanalyse* 67 (1986), S. 33-44.

Eisenman, Peter/Serra, Richard. »Projektentwurf«, in: Heimrod/Schlusche/Seferens (Hg.), *Der Denkmalstreit—das Denkmal?*, S. 881-882.

Eissler, Kurt R. »Die Ermordung von wie vielen seiner Kinder muß ein Mensch symptomfrei ertragen können, um eine normale Konstitution zu haben?«, in: *Psyche* 17 (1960), S. 241-291.

Eliacheff, Caroline/Heinich, Nathalie. *Mères—filles. Une relation à trois*, Paris 2002.

Elias, Norbert. *Studien über die Deutschen. Machtkämpfe und Habitusentwicklung im 19. und 20. Jahrhundert*, Frankfurt am Main 1989.

Ders. *Über die Zeit*, Frankfurt am Main 1985.

Elkar, Rainer S. »Young Germans and Young Germany: Some Remarks on the History of German Youth in the late 18th and in the first Half of the 19th Century«, in: Mark Roseman (Hg.), *Generations in Conflict. Youth Revolt and Generation Formation in Germany 1770-1968*, Cambridge 1995, S. 69-91.

Ders. Junges Deutschland in polemischem Zeitalter. Das schleswig-holsteinische Bildungsbürgertum in der ersten Hälfte des 19. Jahrhunderts. Zur Bildungsrekrutierung und politischen Sozialisation, Düsseldorf 1979.

Engler, Wolfgang. *Die Ostdeutschen. Kunde von einem verlorenen Land,* Berlin 1999.

Enzensberger, Hans Magnus. »Reflexionen vor einem Glaskasten«, in: ders., *Politik und Verbrechen. 9 Beiträge* (1964), Frankfurt am Main 1997.

Ders. »Journalismus als Eiertanz. Beschreibung einer Allgemeinen Zeitung für Deutschland« (1962), in: ders., *Einzelheiten I*, Frankfurt am Main 1971.

Eschenbach, Wolfram von. *Parzival*, Berlin 1879.

Eyerman, Ron/Turner, Bryan S. »Outline of a Theory of Generations«, in: *European Journal of Social Theory* 1 (1998), S. 91–106.

Faimberg, Haydée. »Dem Zuhören zuhören: Historische Wahrheiten und Verleugnungen«, in: Werner Bohleber/Sibylle Drews (Hg.), *Die Gegenwart der Psychoanalyse – die Psychoanalyse der Gegenwart*, Stuttgart 2001.

Dies. »Die Ineinanderrückung (Telescoping) der Generationen. Zur Genealogie gewisser Identifizierungen«, in: *Jahrbuch der Psychoanalyse* 20 (1987), S. 114–142.

Ferree, Myra M. u.a. *Shaping Abortion Discourse. Democracy and the Public Sphere in Germany and the United States,* New York 2002.

Fest, Joachim. *Die unbeantworteten Fragen. Notizen über Gespräche mit Albert Speer zwischen Ende 1966 und 1981*, Reinbek 2005.

Ders. »Schwierigkeiten mit der Kritik. Die demokratische Funktion der Fernsehmagazine«, in: Christian Longolius (Hg.), *Fernsehen in Deutschland*, Bd. I, Mainz 1967, S. 105–110.

Fischer, Josepha. »Probleme der heutigen weiblichen Jugendführung«, in: *Das junge Deutschland* 26 (1932) S. 403–411.

Flex, Walter. *Der Wanderer zwischen beiden Welten*, München 1966.

Fogt, Helmut. *Politische Generationen. Empirische Bedeutung und theoretisches Modell,* Opladen 1982.

Föllmer, Moritz (Hg.) *Sehnsucht nach Nähe. Interpersonale Kommunikation in Deutschland seit dem 19. Jahrhundert,* Stuttgart 2004.

Forte, Dieter. *In der Erinnerung*, Frankfurt am Main 1998.

Ders. *Der Junge mit den blutigen Schuhen,* Frankfurt am Main 1995.

Ders. *Das Muster*, Frankfurt am Main 1992.

Franck, Georg. *Ökonomie der Aufmerksamkeit*, München 1998.

Freud, Sigmund. *Erinnern, Wiederholen, Durcharbeiten* (1914), in: Ders., Studienausgabe, 10 Bde., Ergänzungsband, hrsg. v. Alexander Mitscherlich/ Angela Richards/James Strachey, Frankfurt am Main 2000, S. 206–215.

Ders. *Das Ich und das Es* (1923), in: ders., Gesammelte Werke, Bd. 13, Frankfurt am Main 1999.

Ders. *Massenpsychologie und Ich-Analyse* (1921), in: ders., Gesammelte Werke, Bd. 13, Frankfurt am Main 1999.

Ders. *Die Verneinung* (1925), in: ders., Gesammelte Werke, Bd. 14, Frankfurt am Main 1999.

Ders. *Über Deckerinnerungen* (1899), in: ders., Gesammelte Werke, Bd. 1, Frankfurt am Main 1977, S. 531–554.

Ders.: *Zeitgemäßes über Krieg und Tod* (1915), in ders., Gesammelte Werke, Bd. 10, Frankfurt am Main 1999.

Ders. *Totem und Tabu* (1912/13), Frankfurt am Main 1962.

Frevert, Ute. *Die kasernierte Nation. Militärdienst und Zivilgesellschaft in Deutschland,* München 2001.

Dies. »Soldaten, Staatsbürger. Überlegungen zur historischen Konstruktion von Männlichkeit«, in: Thomas Kühne (Hg.), *Männergeschichte – Geschlechtergeschichte. Männlichkeit im Wandel der Moderne*, Frankfurt am Main 1996, S. 69–87.

Dies. »*Mann und Weib, und Weib und Mann«. Geschlechter-Differenzen in der Moderne,* München 1995.

Friedländer, Saul. *Kitsch und Tod. Der Widerschein des Nazismus,* München 1984.

Fromm, Erich. *Arbeiter und Angestellte am Vorabend des Dritten Reichs. Eine sozialpsychologische Untersuchung,* hrsg. v. Wolfgang Bonß, Frankfurt am Main 1980.

Gaddini, Eugenio. »*Das Ich ist vor Allem ein Körperliches«. Beiträge zur*

Psychoanalyse der ersten Strukturen, Tübingen 1998.

Gaschke, Susanne. »Sterbenslangweilig. Frauen um die 35«, in: *Die Zeit,* 14. 3. 2002.

Gauchet, Marcel. *Die Erklärung der Menschenrechte. Die Debatte um die bürgerlichen Freiheiten 1789,* Reinbek 1991.

Gaus, Günter. *Die Welt der Westdeutschen. Kritische Betrachtungen,* Köln 1986.

Geertz, Clifford. *Dichte Beschreibung. Beiträge zum Verstehen kultureller Systeme,* Frankfurt am Main 1991.

Ders. »Blurred Genres«, in: *American Scholar* 49 (1980), S. 165–179.

Gerth, Hans H. *Bürgerliche Intelligenz zum 1800. Zur Soziologie des deutschen Frühliberalismus,* Göttingen 1976.

Gestrich, Andreas. *Vergesellschaftung des Menschen. Einführung in die Historische Sozialisationsforschung,* Tübingen 1999.

Geyer, Michael. »Eine Kriegsgeschichte, die vom Tod spricht«, in: *Mittelweg* 4 (1995), Heft 2, S. 57–77.

Giesen, Bernhard. »Generation und Trauma«, in: Jürgen Reulecke (Hg.), *Generationalität und Lebensgeschichte im 20. Jahrhundert*, München 2003, S. 59–71.

Gillis, John R. »Memory and Identity: The History of a Relationship«, in: ders. (Hg.), *Commemorations. The Politics of National Identity*, Princeton 1994, S. 3–24.

Ders. *Youth and History: Tradition and Change in European Age Relations, 1770 to the Present,* New York/London 1981.

Gläser, Ernst. *Jahrgang 1902*, Frankfurt am Main/Berlin 1986.

Göckenjan, Gerd. *Das Alter würdigen. Altersbilder und Bedeutungswandel des Alters,* Frankfurt am Main 2000.

Goethe, Johann Wolfgang von. *Maximen und Reflexionen*, in: Goethes Werke, hrsg. von Heinrich Kurz, Bd. 12, 1870.

Grass, Günter. *Essays, Reden, Briefe, Kommentare*, Werkausgabe in 10 Bänden, Bd. 9, Darmstadt 1987.

Grebner, Gundula. »Kultureller Wandel und Generationswechsel. Bologner Notare vom 11. zum 12. Jahrhundert«, in: Andreas Schulz/dies. (Hg.), *Generationswechsel und historischer Wandel*, München 2003, S. 25–41.

Griese, Hartmut M. *Sozialwissenschaftliche Jugendtheorien. Eine Einführung,*

Weinheim/Basel 1982.

Großbölting, Thomas. »Bundesdeutsche Jugendkulturen zwischen Milieu und Lebensstil. Forschungsstand und Forschungsperspektiven«, in: *Mitteilungsblatt des Instituts für soziale Bewegungen* 31 (2004), S. 59–80.

Grotum, Thomas. *Die Halbstarken*, Frankfurt am Main/New York 1994.

Grubrich-Simitis, Ilse. »Vom Konkretismus zur Metaphorik. Gedanken zur psychoanalytischen Arbeit mit Nachkommen der Holocaust-Generation – anläßlich einer Neuerscheinung«, in: *Psyche* 38 (1984), S. 1–28.

Gründel, E. Günther. *Die Sendung der Jungen Generation. Versuch einer umfassenden revolutionären Sinndeutung der Krise,* München 1932.

Habermas, Jürgen. *Strukturwandel der Öffentlichkeit. Untersuchungen zu einer Kategorie der bürgerlichen Gesellschaft,* Frankfurt am Main 1990.

Haffner, Sebastian. *Geschichte eines Deutschen. Die Erinnerungen 1914–1933,* Stuttgart/München 2000.

Ders. *Anmerkungen zu Hitler*, München 1978.

Hage, Volker. »Gespräch mit Winfried G. Sebald«, in: *Akzente* 50 (2003), S. 35–50.

Hagemann, Karen. »Heimat – Front. Militär, Gewalt und Geschlechterverhältnisse im Zeitalter der Weltkriege«, in: dies./Stefanie Schüler-Springorum (Hg.), *Heimat – Front. Militär und Geschlechterverhältnisse im Zeitalter der Weltkriege*, Frankfurt am Main 2002, S. 13–52.

Dies. »Venus und Mars. Reflexionen zu einer Geschlechtergeschichte von Militär und Krieg«, in: dies./Ralf Pröve (Hg.), *Landsknechte, Soldatenfrauen und Nationalkrieger. Militär, Krieg und Geschlechterordnung im historischen Wandel*, Frankfurt am Main 1998, S. 13–48.

Halbwachs, Maurice. *Das Gedächtnis und seine sozialen Bedingungen,* Frankfurt am Main 1985.

Ders. *Das kollektive Gedächtnis,* Frankfurt am Main 1985.

Hamm, Birgit. *Generation Ally Lifestyl*e *Guide*, Frankfurt am Main 2003.

Hammerschmidt, Helmut. *Zur kommunikationspolitischen Diskussion. Reden und Aufsätze 1965–1976,* Berlin 1978.

Ders. »Die unbequeme Wirklichkeit. Zur Situation der kritischen Fernseh-

Berichterstattung«, in: *Rundfunk und Fernsehen* 9 (1961), S. 124–130.

Hardtwig, Wolfgang. »Krise der Universität, studentische Reformbewegung (1750–1819) und die Sozialisation der jugendlichen deutschen Bildungsschicht. Aufriß eines Forschungsproblems«, in: *Geschichte und Gesellschaft* 11 (1985), S. 155–176.

Harpprecht, Klaus. »Gespräche über den Zaun. Transatlantische Reflexionen«, in: Bruno Heck (Hg.), *Widerstand, Kirche, Staat. Eugen Gerstenmaier zum 70. Geburtstag*, Frankfurt am Main 1976, S. 146–169.

Hartewig, Karin. »Der sentimentalische Blick. Familienfotografien im 19. und 20. Jahrhundert«, in: Klaus Tenfelde (Hg.), *Bilder von Krupp. Geschichte und Fotografie im Industriezeitalter*, München 1994, S. 215–240.

Harvey, Elizabeth. »Gender, Generation and Politics: Young Protestant Women in the Final Years of the Weimar Republic«, in: Mark Roseman (Hg.), *Generations in Conflict. Youth Revolt and Generation Formation in Germany 1770–1968*, Cambridge 1995, S. 184–209.

Hausen, Karin. »Die Nicht-Einheit der Geschichte als historiographische Herausforderung. Zur historischen Relevanz und Anstößigkeit der Geschlechtergeschichte«, in: Hans Medick/Anne-Charlott Trepp (Hg.), *Geschlechtergeschichte und Allgemeine Geschichte. Herausforderungen und Perspektiven*, Göttingen 1998, 15–56.

Dies. »Die Polarisierung der ›Geschlechtscharaktere‹ – Eine Spiegelung der Dissoziation von Erwerbs- und Familienleben«, in: Werner Conze (Hg.), *Sozialgeschichte der Familie in der Neuzeit Europas*, Stuttgart 1976, S. 363–393.

Hegel, Georg Wilhelm Friedrich. *Die Vernunft in der Geschichte*, hrsg. v. Johannes Hoffmeister, Hamburg 1955.

Heidegger, Martin. »Der deutsche Student als Arbeiter. Rede bei der feierlichen Immatrikulation 25. November 1933«, in: ders., *Reden und andere Zeugnisse eines Lebensweges 1910–1976* (Gesamtausgabe, Bd. 16), Frankfurt am Main 2000.

Ders. *Beiträge zur Philosophie (Vom Ereignis)* (Gesamtausgabe, Bd. 65), Frankfurt am Main 1994.

Ders. *Einführung in die Metaphysik,* Tübingen 1987.

Ders. *Die Selbstbehauptung der deutschen Universität. Das Rektorat 1933/34,* Frankfurt am Main 1983.

Ders. *Sein und Zeit*, Tübingen 1953.

Heimrod, Ute/Schlusche, Günter/Seferens, Horst (Hg.) *Der Denkmalstreit–das Denkmal? Die Debatte um das »Denkmal für die ermordeten Juden Europas«. Eine Dokumentation,* Berlin 1999.

Hempel, Wolfgang. »›Ein kleiner Nazi bis zum letzten Tag‹. Meine frühe Jugend in der Nazizeit und das Kriegsende«, in: Franz-Werner Kersting (Hg.), *Jugend vor einer Welt in Trümmern. Erfahrungen und Verhältnisse der Jugend zwischen Hitler- und Nachkriegsdeutschland*, Weinheim u.a. 1998, S. 263–269.

Henft, G., u.a. Ambivalenz, Belastung, Traumatisierung. Zeithistorische Erfahrung und Biographie, Projektantrag 2004.

Hensel, Jana. *Zonenkinder*, Reinbek 2002.

Hepp, Corona. *Avantgarde. Moderne Kunst, Kulturkritik und Reformbewegungen nach der Jahrhundertwende,* München 1987.

Herbert, Ulrich. »Drei politische Generationen im 20. Jahrhundert«, in: Jürgen Reulecke (Hg.), *Generationalität und Lebensgeschichte im 20. Jahrhundert*, München 2003, S. 95–114.

Ders. (Hg.), *Nationalsozialistische Vernichtungspolitik, 1939–1945. Neue Forschungen und Kontroversen,* Frankfurt am Main 1998.

Ders. *Best. Biographische Studien über Radikalismus, Weltanschauung und Vernunft, 1903–1989,* Bonn 1996.

Herrmann, Ulrich. »Der unaufhaltsame Aufstieg um 1940 Geborener in einer ›Generationen‹-Lücke«, in: Jürgen Reulecke (Hg.), *Generationalität und Lebensgeschichte im 20. Jahrhundert*, München 2003.

Ders. »Das Konzept der ›Generation‹. Ein Forschungs- und Erklärungsansatz für die Erziehungs- und Bildungssoziologie und die historische Sozialisationsforschung«, in: ders. (Hg.), *Jugendpolitik in der Nachkriegszeit. Zeitzeugen, Forschungsberichte, Dokumente*, Weinheim 1993, S. 99–117.

Ders. »Der ›Jüngling‹ und der ›Jugendliche‹. Männliche Jugend im Spiegel polarisierender Wahrnehmungsmuster an der Wende vom 19. zum 20. Jahrhundert in Deutschland«, in: *Geschichte und Gesellschaft* 11 (1985), S. 205–216.

Hettling, Manfred/Ulrich, Bernd (Hg.) *Bürgertum nach 1945*, Hamburg 2005, S. 255–283.

Hettling, Manfred. *Totenkult statt Revolution. 1848 und seine Opfer,* Frankfurt am Main 1998.

Ders. »Erlebnisraum und Ritual. Die Geschichte des 18. März 1848 im Jahrhundert bis 1948«, in: *Historische Anthropologie* 5 (1997), S. 417–434.

Ders./Nolte, Paul (Hg.) *Bürgerliche Feste*, Göttingen 1993.

Heyse, Hans. *Idee und Existenz*, Hamburg 1935.

Higonnet, Margaret R./Higonnet, Patrice L.-R. »The Double Helix«, in: dies. (Hg.), *Behind the Lines. Gender and the Two World Wars*, New Haven 1987, S. 31–47.

Himmelfarb, Gertrude. *The Roads to Modernity. The British, French and American Enlightments,* New York 2004.

Hirschfeld, Gerhard u.a. (Hg.) *Judenverfolgung und jüdisches Leben unter den Bedingungen der nationalsozialistischen Gewaltherrschaft.* Tondokumente und Rundfunksendungen, Bd. 2/1: 1947–1990, bearb. v. Felix Kresing-Wulff, hrsg. im Auftrag der ARD, Potsdam 1997.

Hitlers politisches Testament. Die Bormann-Diktate vom Februar und April 1945. Mit einem Essay von Hugh R. Trevor-Roper und einem Nachwort von André François-Poncet, Hamburg 1981.

Hochgeschwender, Michael. *Freiheit in der Offensive? Der Kongreß für kulturelle Freiheit und die Deutschen,* München 1998.

Hodenberg, Christina von. *Abschied vom Konsens. Eine Geschichte der massenmedialen Öffentlichkeit in Westdeutschland 1945–1973,* Habilitationsschrift, erscheint Göttingen 2006.

Dies. »Die Journalisten und der Aufbruch zur kritischen Öffentlichkeit«, in: Ulrich Herbert (Hg.), *Wandlungsprozesse in Westdeutschland. Belastung, Integration, Liberalisierung 1945–1980*, Göttingen 2002, S. 278–311.

Hofmannsthal, Hugo von. »Der Dichter und unsere Zeit« (1907), in: Ders., *Ausgewählte Werke in zwei Bänd*en, hrsg. v. Rudolf Hirsch, Bd. 2, Frankfurt am Main 1961.

Hölderlin, Friedrich. Gesammelte Werke, hrsg. v. Paul Ernst, Jena/Leipzig 1905.

Hondrich, Karl Otto. »Katalysator Katastrophe. Betrachtungen über den Generationenkonflikt«, in: *Frankfurter Allgemeine Zeitung*, 19. 12. 2002, S. 8.

Honig, Michael-Sebastian. »Muß Kinderpolitik advokatorisch sein? Aspekte generationaler Ordnung«, in: Andreas Lange/Wolfgang Lauterbach (Hg.), *Kinder in Familie und Gesellschaft zu Beginn des 21sten Jahrhunderts*, Stuttgart 2000, S. 265–288.

Ders. *Entwurf einer Theorie der Kindheit*, Frankfurt am Main 1999.

Höpflinger, François. *Generationenfrage. Konzepte, theoretische Ansätze und Beobachtungen zu Generationenbeziehungen in späteren Lebensphasen,* Lausanne 1999.

Hörisch, Jochen (Hg.) *Mediengenerationen*, Frankfurt am Main 1997.

Hrdy, Sarah Blaffer. *Mother Nature. Natural Selection and the Female of the Species,* London 2000.

Hüchtker, Dietlind. »Der Gebrauch von Erfahrung. Ein Beitrag zur ›Erfahrungsdiskussion‹ am Beispiel von frauenpolitischer Publizistik aus Ostmitteleuropa in der zweiten Hälfte des 19. Jahrhunderts«, in: *Feministische Studien* 21 (2003), S. 300–310.

Hüppauf, Bernd. »Schlachtenmythen und die Konstruktion des ›Neuen Menschen‹«, in: Gerhard Hirschfeld/Gerd Krumeich (Hg.), *Keiner fühlt sich hier mehr als Mensch ...Erlebnis und Wirkung des Ersten Weltkriegs*, Essen 1993, S. 43–84.

Hume, David. *Ein Traktat über die menschliche Natur,* Hamburg 1989.

Illies, Florian. *Generation Golf zwei*, München 2003.

Ders. *Generation Golf*, Berlin 2000.

Imhof, Kurt. »›Öffentlichkeit‹ als historische Kategorie und als Kategorie der Historie«, in: *Schweizerische Zeitschrift für Geschichte* 46 (1996), S. 3–25.

Ders. »Vermessene Öffentlichkeit–vermessene Forschung? Vorstellung eines Projekts«, in: ders. u.a. (Hg.), *Zwischen Konflikt und Konkordanz. Analyse von Medienereignissen in der Schweiz der Vor- und Zwischenkriegszeit*, Zürich 1993, S. 11–60.

»Interview mit Peter Eisenman und Richard Sierra«, in: *taz*, 20. 1. 1998.

Jäckel, Eberhard. »An alle und jeden erinnern?«, in: *Die Zeit*, 7. 4. 1989.

Jaeger, Hans. »Generationen in der Geschichte. Überlegungen zu einer umstrittenen Konzeption«, in: *Geschichte und Gesellschaft* 3 (1977), S. 429–452.

Jaide, Walter. *Generationen eines Jahrhunderts,* Opladen 1988.

Janssen, Karl-Heinz. »Unterschrift: ›Der Führer‹«, in: *Die Zeit*, 5. 4. 2001, S. 88.

Jeismann, Michael (Hg.) *Mahnmal Mitte. Eine Kontroverse*, Köln 1999.

Jekeli, Ina. *Ambivalenz und Ambivalenztoleranz,* Osnabrück 2002.

Jelavich, Peter. »›Girls and Crisis‹: The Political Aesthetics of the Kickline in Weimar Berlin«, in: Michael S. Roth (Hg.), *Rediscovering History. Culture, Politics, and the Psyche*, Stanford 1994, S. 224–239.

Jones, Larry Eugene. »German Liberalism and the Alienation of the Younger Generation in the Weimar Republic«, in: Konrad J. Jarausch/ders. (Hg.), *In Search of a Liberal Germany: Studies in the History of German Liberalism from 1789 to the Present,* Oxford 1989, S. 287–321.

Jörg Thomann. »Das Bertelsmann-Syndrom«, in: *Frankfurter Allgemeine Zeitung*, 25. 6. 2002, S. 48.

Junge, Matthias. *Ambivalente Gesellschaftlichkeit. Die Modernisierung der Vergesellschaftung und die Ordnungen der Ambivalenzbewältigung,* Opladen 2000.

Jünger, Ernst. *Der Kampf als inneres Erlebnis,* in: ders., Sämtliche Werke, Abt. II, Bd. 7, Stuttgart 1980.

Ders. *Der Arbeiter. Herrschaft und Gestalt,* Hamburg 1932.

Jungwirth, Nikolaus/Kromschröder, Gerhard (Hg.) *Die Pubertät der Republik. Die 50er Jahre der Deutschen*, Reinbek 1983.

Jünke, Christoph. »›Sind Sie Rudi Dutschke?‹. Vor 30 Jahren: Ein Attentat und die antiautoritäre Revolte«, in: *Junge Welt*, 11. 4. 1998.

Kahl, Ernst. *Geprüfte Generation*, Berlin 1930.

Kant, Immanuel. *Idee zu einer allgemeinen Geschichte in weltbürgerlicher Absicht,* in: ders., Werke, Akademie-Textausgabe, Bd. VIII, Berlin 1968.

Ders. *Über den Gemeinspruch: Das mag in der Theorie richtig sein, taugt aber nicht für die Praxis,* in: ders., Werke, Akademie-Textausgabe, Bd. VIII, Berlin 1968.

Ders. *Über Pädagogik*, in: ders., Vermischte Schriften und physische Geographie. Sämtliche Werke, Band VIII, hrsg. v. Karl Vorländer, Leipzig 1922, S. 189–251.

Karl, Willibald. *Jugend, Gesellschaft und Politik im Zeitraum des Ersten Weltkrieges,* München 1973.

Kater, Michael H. »Generationskonflikt als Entwicklungsfaktor in der NSBewegung vor 1933«, in: *Geschichte und Gesellschaft* 11 (1985), S. 217–243.

Ders. »Bürgerliche Jugendbewegung und Hitlerjugend in Deutschland von 1926 bis 1939«, in: *Archiv für Sozialgeschichte* 17 (1977), S. 127–174.

Kaufmann, Franz-Xaver. »Generationenbeziehungen und Generationenverhältnisse im Wohlfahrtsstaat«, in: Kurt Lüscher/Franz Schultheis (Hg.), *Generationenbeziehungen in »postmodernen« Gesellschaften,* Konstanz 1993, S. 95–108.

Kershaw, Ian. *Hitler 1936–1945*, Stuttgart 2000.

Kersting, Franz-Werner. »Helmut Schelskys ›Skeptische Generation‹ von 1957. Zur Publikations- und Wirkungsgeschichte eines Standardwerkes«, in: *Vierteljahrshefte für Zeitgeschichte* 50 (2002), S. 465–495.

Kessel, Martina. »The ›Whole Man‹: The Longing for a Masculine World in Nineteenth-Century Germany«, in: *Gender & History* 15 (2003), S. 1–31.

Dies. *Langeweile. Zum Umgang mit Zeit und Gefühlen in Deutschland vom späten 18. bis zum frühen 20. Jahrhundert,* Göttingen 2001.

Dies. »Geduld und Ungeduld im 19. Jahrhundert«, in: Manfred Hettling/Stefan-Ludwig Hoffmann (Hg.), *Der bürgerliche Wertehimmel. Innenansichten des 19. Jahrhunderts*, Göttingen 2000, S. 129–148.

Keupp, Heiner. *Identitätskonstruktionen. Das Patchwork der Identitäten in der Spätmoderne,* Reinbek 1999.

Kilian, Eveline. »Generation«, in: Ralf Schnell (Hg.), *Metzler Lexikon Kultur der Gegenwart. Themen und Theorien, Formen und Institutionen seit 1945,* Stuttgart 2000, S. 177–179.

Kirsch, Jan-Holger. *Nationaler Mythos oder historische Trauer? Der Streit um ein zentrales »Holocaust-Mahnmal« für die Berliner Republik,* Köln 2003.

Kittsteiner, Heinz D. »Die Form der Geschichte und das Leben der Menschen«, in: ders., *Out of Control. Über die Unverfügbarkeit des historischen Prozesses*,

Berlin 2004, S. 150–164.

Ders. »Heideggers Amerika als Ursprungsort der Weltverdüsterung«, in: ders., *Out of Control. Über die Unverfügbarkeit des historischen Prozesses*, Berlin 2004, S. 165–192.

Ders. »›Iconic turn‹ und ›innere Bilder‹ in der Kulturgeschichte«, in: ders. (Hg.), *Was sind Kulturwissenschaften? 13 Antworten*, München 2004.

Ders. *Mit Marx für Heidegger – mit Heidegger für Marx,* München 2004.

Ders. »Vom Nutzen und Nachteil des Vergessens für die Geschichte«, in: ders., *Out of Control. Über die Unverfügbarkeit des historischen Prozesses*, Berlin 2004, S. 217–251.

Ders. »Die Stufen der Moderne«, in: Hertha Nagl-Docekal/Johannes Rohbeck (Hg.), *Geschichtsphilosophie und Kulturkritik*, Darmstadt 2003, S. 91–117.

Ders. »Karl Marx. 1968 und 2001«, in: Richard Faber/Erhard Stölting (Hg.), *Die Phantasie an die Macht? 1968 – Versuch einer Bilanz*, Berlin 2002, S. 216–237.

Ders. »Deutscher Idealismus«, in: Etienne François/Hagen Schulze (Hg.), *Deutsche Erinnerungsorte*, Bd. 1, München 2001.

Ders. *Listen der Vernunft. Motive geschichtsphilosophischen Denkens,* Frankfurt am Main 1998.

Klaus, Georg/Buhr, Manfred. »Generationstheorie«, in: dies. (Hg.), *Philosophisches Wörterbuch*, Bd. 1, Berlin 1970, S. 451–454.

Klein, Markus. »Gibt es die Generation Golf? Eine empirische Inspektion«, in: *Kölner Zeitschrift für Soziologie und Sozialpsychologie* 55 (2003), S. 99–115.

Ders. »Wieviel Platz bleibt im Prokrustesbett? Wertewandel in der Bundesrepublik Deutschland zwischen 1973 und 1992 gemessen anhand des Inglehart-Index«, in: *Kölner Zeitschrift für Soziologie und Sozialpsychologie* 47 (1995), S. 207–230.

Kleist, Ursula von. »Die neue Frau«, in: *Großdeutsche Blätter* 5 (1928), S. 160.

Klönne, Irmgard. *»Ich spring in diesem Ringe«. Mädchen und Frauen in der deutschen Jugendbewegung,* Pfaffenweiler 1990.

Kluge, Alexander. »Instrumentarium unseres Verratsbegriffs«, in: *Merkur* 17 (1963), S. 107–112.

Knellessen, Olaf. *Ambivalenz und Doppelbindung. Eine Untersuchung des psychoanalytischen Ambivalenzbegriffes,* Salzburg 1978.

Knirck, Erich. *Die neue Generation. Probleme moderner Bildungsarbeit,* Düsseldorf 1959.

Knoch, Habbo/Morat, Daniel (Hg.) *Kommunikation als Beobachtung. Medienwandel und Gesellschaftsbilder 1880–1960,* München 2003.

Knoch, Habbo. »Die Aura des Empfangs. Modernität und Medialität im Rundfunkdiskurs der Weimarer Republik«, in: Habbo Knoch/Daniel Morat (Hg.), *Kommunikation als Beobachtung. Medienwandel und Gesellschaftsbilder 1880–1960*, München 2003, S. 133–158.

Ders. »Bewegende Momente. Dokumentarfotografie und die Politisierung der westdeutschen Öffentlichkeit vor 1968«, in: Bernd Weisbrod (Hg.), *Die Politik der Öffentlichkeit – die Öffentlichkeit der Politik. Politische Medialisierung in der Geschichte der Bundesrepublik*, Göttingen 2003, S. 97–122.

Ders. *Die Tat als Bild. Fotografien des Holocaust in der deutschen Erinnerungskultur,* Hamburg 2001.

Knoche, Elsbeth. »Die jüngste Mädchengeneration. Versuch einer psychologischen Überschau und eines pädagogischen Ausblicks«, in: *Das junge Deutschland* 24 (1930), S. 394–400.

Koebner, Thomas/Janz, Rolf-Peter/Trommler, Frank (Hg.) »*Mit uns zieht die neue Zeit«. Der Mythos Jugend*, Frankfurt am Main 1985.

Kogon, Eugen/Sabais, Heinz Winfried (Hg.) *Darmstädter Gespräch 1960. Der Mensch und seine Meinung*, Darmstadt 1961.

Kohli, Martin/Szydlik, Marc (Hg.) *Generationen in Familie und Gesellschaft,* Opladen 2000.

Kohli, Martin. *The Problem of Generations. Family, Economy, Politics*, Public Lectures, No. 14, Collegium Budapest/Institute for Advanced Study, 17. 4. 1996.

Ders. »Moralökonomie und ›Generationenvertrag‹«, in: Max Haller/Hans-Joachim Hoffmann-Nowotny/Wolfgang Zapf (Hg.), *Kultur und Gesellschaft, Verhandlungen des 24. Deutschen Soziologentags, des 11. Österreichischen Soziologentags und des 8. Kongresses der Schweizerischen Gesellschaft für*

Soziologie in Zürich 1988, Frankfurt am Main/New York 1989, S. 532–555.

Ders. »Die Institutionalisierung des Lebenslaufs. Historische Befunde und theoretische Argumente«, in: *Kölner Zeitschrift für Soziologie und Sozialpsychologie* 37 (1985), S. 1–29.

Koschnick, Hans. Vorwort zu H. Lorenz, *Kriegskinder,* München 2003.

Koselleck, Reinhart. »Formen und Traditionen des negativen Gedächtnisses«, in: Volkhard Knigge/Norbert Frei (Hg.), *Verbrechen erinnern. Die Auseinandersetzung mit Holocaust und Völkermord*, München 2002, S. 21–32.

Ders. *Zeitschichten*, Frankfurt am Main 2000.

Ders. Historik und Hermeneutik, in: ders., *Zeitschichten*, S. 97–118.

Ders. »Der Einfluß der beiden Weltkriege auf das soziale Bewußtsein«, in: Wolfram Wette (Hg.), *Der Krieg des kleinen Mannes. Eine Militärgeschichte von unten*, München 1992, S. 324–343.

Ders. *Vergangene Zukunft*, Frankfurt am Main 1979.

Ders. »›Erfahrungsraum‹ und ›Erwartungshorizont‹ – zwei historische Kategorien«, in: ders., *Vergangene Zukunft. Zur Semantik geschichtlicher Zeiten*, Frankfurt am Main 1979.

Ders. »Geschichte, Geschichten und formale Zeitstrukturen«, in: ders., *Vergangene Zukunft,* S. 130–143.

Ders. »Historia Magistra Vitae. Über die Auflösung des Topos im Horizont neuzeitlich bewegter Geschichte«, in: ders., *Vergangene Zukunft,* S. 38–66.

Ders. »Neuzeit«, in: ders., *Vergangene Zukunft,* S. 300–348.

Ders./Jeismann, Michael (Hg.) *Der politische Totenkult. Kriegerdenkmäler in der Moderne,* München 1994.

Kracauer, Siegfried. »Die Photographie«, in: ders., *Das Ornament der Masse. Essays*, Frankfurt am Main 1963, S. 21–39.

Kränzl-Nagl, Renate/Riepl, Barbara/Wintersberger, Helmut (Hg.) *Kindheit in Gesellschaft und Politik. Eine multidisziplinäre Analyse am Beispiel Österreichs*, Frankfurt am Main/New York 1998.

Kraushaar, Wolfgang. *Frankfurter Schule und Studentenbewegung. Von der Flaschenpost zum Molotowcocktail 1946 bis 1995,* CD-ROM-Ausgabe, Hamburg 2003.

Ders. »Denkmodelle der 68er-Bewegung«, in: *Aus Politik und Zeitgeschichte*, B 22–23/2001, S. 14–27.

Ders. *Frankfurter Schule und Studentenbewegung. Von der Flaschenpost zum Molotowcocktail 1946 bis 1995.* Bd. 1: *Chronik*, Hamburg 1998.

Krauss, Werner. »Das Ende der Generationsgemeinschaft (1946/47)«, in: Manfred Naumann (Hg.), *Literaturtheorie, Philosophie und Politik*, Berlin/ Weimar 1984, S. 399–409.

Kress, Peter. *Europäisches Judentum in den Medien,* Bd. 1/1, 2/1: *Ton- und Filmdokumente zur jüdischen Religion, Kultur und Geschichte in den Beständen des Südwestfunks Baden-Baden 1951–1998,* Baden-Baden 1999.

Krüger, Horst. »Mein Platz ist hinter dem Vorhang der Welt«, in: *Die Welt*, 21. 8. 1976.

Kullmann, Katja. *Generation Ally. Warum es heute so kompliziert ist, eine Frau zu sein,* Frankfurt am Main 2002.

Kurzlechner, Werner. »Die Gestapo-Elite als Generationseinheit. Eine biographische Analyse der politischen Sozialisation Himmlers, Heydrichs und Bests«, in: Andreas Schulz/Gundula Grebner (Hg.), *Generationswechsel und historischer Wandel*, München 2003, S. 121–147.

Lampe, Gerhard/Schumacher, Heidemarie. *Das »Panorama« der 60er Jahre. Zur Geschichte des ersten politischen Fernsehmagazins der BRD,* Berlin 1991.

Lang, Frieder R. »The Final Task in Midlife. Ambivalence and the Quality of Adult Children's Relationships with their Old-Aged Parents«, in: Karl Pillemer/ Kurt Lüscher (Hg.), *Intergenerational Ambivalences. New Perspectives on Parent-Child Relations in Later Life,* Amsterdam 2004, S. 183–206.

Laplanche Jean/Pontalis, Jean-Bertrand. *Das Vokabular der Psychoanalyse*, Frankfurt am Main 1972.

Laqueur, Walter Z. *A History of the German Youth Movement*, New Brunswick 1984.

Latzel, Klaus. »Die Soldaten des industrialisierten Krieges. ›Fabrikarbeiter der Zerstörung‹? Eine Zeugenbefragung zu Gewalt, Arbeit und Gewöhnung«, in: Rolf Spilker/Bernd Ulrich (Hg.), *Der Tod als Maschinist. Der industrialisierte*

Krieg 1914–1918, Bramsche 1998, S. 125–141.

Lautmann, Rüdiger. »Ambivalenzen der Verrechtlichung. Die gleichgeschlechtlichen Partnerschaften im Gesetzgebungsverfahren«, in: *Zeitschrift für Frauenforschung* 14 (1996), S. 121–128.

Le Bon, Gustave. *Psychologie der Massen*, Stuttgart 1982.

Lebovici, Serge. Vorwort, in: *Kinderanalyse* 1, 1993.

Legendre, Pierre. »Die Bresche. Bemerkungen zu der institutionellen Dimension der Shoah«, in: *Tumult. Schriften zur Verkehrswissenschaft* 26 (2001).

Ders. *Das Verbrechen des Gefreiten Lortie. Abhandlungen über den Vater,* Freiburg 1998.

Lehmann, Gerhard. *Die Deutsche Philosophie der Gegenwart,* Stuttgart 1943.

Leisering, Lutz. »Wohlfahrtsstaatliche Generationen«, in: Martin Kohli/Marc Szydlik (Hg.), *Generationen in Familie und Gesellschaft*, Opladen 2000, S. 59–76.

Lethen, Helmut. *Verhaltenslehre der Kälte. Lebensversuche zwischen den Kriegen,* Frankfurt am Main 1994.

Lettke, Frank (Hg.) *Erben und Vererben. Gestaltung und Regulation von Generationenbeziehungen,* Konstanz 2003.

Ders. »Pflegen wollen, sollen, müssen oder dürfen? Zur Ambivalenz der Generationenbeziehungen im Alter«, in: Andreas Motel-Klingenbiel/Hans-Joachim von Kondratowitz/Clemens Tesch-Römer (Hg.), *Lebensqualität im Alter*, Opladen 2002, S. 71–94.

Ders./Klein, David. »Methodological Issues in Assessing Ambivalences in Intergenerational Relations«, in: Karl Pillemer/Kurt Lüscher (Hg.), *Intergenerational Ambivalences. New Perspectives on Parent-Child Relations in Later Life*, Oxford 2004, S. 85–113.

Ders./Lüscher, Kurt. »Generationenambivalenz. Ein Beitrag zum Verständnis von Familie heute«, in: *Soziale Welt* 53 (2003), S. 437–466.

Leuzinger-Bohleber, Marianne u.a. (Hg.) »*Forschen und Heilen« in der Psychoanalyse. Ergebnisse und Berichte aus Forschung und Praxis,* Stuttgart 2002.

Levine, Donald N. *The Flight from Ambiguity. Essays in Social and Cultural Theory,* Chicago 1985.

Liebau, Eckart. »Generation – ein aktuelles Problem?«, in: ders. (Hg.), *Das Generationenverhältnis. Über das Zusammenleben in Familie und Gesellschaft*, Weinheim 1997, S. 15–37.

Ders. (Hg.) *Das Generationenverhältnis*, Weinheim/München 1997.

Ders./Wulf, Christoph (Hg.) *Generation. Versuche über eine pädagogischanthropologische Grundbedingung,* Weinheim 1996.

Liegle, Ludwig. »Kinderpolitik durch Erziehung. Das Wohl des Kindes aus pädagogischer Sicht«, in: *Protokolldienst Evangelische Akademie Bad Boll* 17/1997, S. 33–45.

Ders./Lüscher, Kurt. »Das Konzept des ›Generationenlernens‹«, in: *Zeitschrift für Pädagogik* 50 (2004), S. 38–55.

Lindner, Rolf. »Kulturtransfer. Zum Verhältnis von Alltags-, Medien- und Wissenschaftskultur«, in: Wolfgang Kaschuba (Hg.), *Kulturen – Identitäten – Diskurse. Perspektiven europäischer Ethnologie*, Berlin 1995, S. 31–44.

Linton, Derek S. *Who has the Youth has the Future. The Campaign to Save Young Workers in Imperial Germany 1870–1914,* Cambridge 1991.

Ders. »Between School and Marriage, Workshop and Household: Young Working Women as a Social Problem in Late Imperial Germany«, in: *European Historical Quarterly* 18 (1988) S. 387–408.

Litt, Theodor. *Das Verhältnis der Generationen ehedem und heute,* Wiesbaden 1947.

Littmann, Wolf. *Ton ab, Kamera läuft. Reportage über Reportagen,* Bayreuth 1984.

Locke, John. *Über die Regierung* (The Second Treatise of Government), Stuttgart 1999.

Loewenberg, Peter. »The Psychohistorical Origins of the Nazi Youth Cohort«, in: *American Historical Review* 76 (1971), S. 1457–1502.

Longerich, Peter. »About Innocence, Normality and Absurdity. Dealing with the Nazi Past in Postwar Germany«, Vortrag am Center for European Studies der Universität Berkeley, 20. 4. 2004.

Lorenz, Hilke. *Kriegskinder. Das Schicksal einer Generation,* München 2003.

Lorenz-Meyer, Dagmar. »The Ambivalences of Parental Care among Young German Adults«, in: Karl Pillemer/Kurt Lüscher (Hg.), *Intergenerational*

Ambivalences: New Perspectives on Parent-Child Relations in Later Life, Oxford 2004, S. 225–252.

Loux, Françoise. *Das Kind und sein Körper in der Volksmedizin. Eine historisch-ethnographische Studie*, Stuttgart 1980.

Löwith, Karl. *Von Hegel zu Nietzsche*, Stuttgart 1964.

Ders. *Mein Leben in Deutschland vor und nach 1933. Ein Bericht*, hrsg. v. Reinhart Koselleck u. Ada Löwith, Stuttgart 1986.

Lüscher, Kurt. »Conceptualizing and Uncovering Intergenerational Ambivalence«, in: Karl Pillemer/Kurt Lüscher (Hg.), *Intergenerational Ambivalences. New Perspectives on Parent-Child Relations in Later Life*, Oxford 2004, S. 23–62.

Ders. Kinderpolitik. »Mit Ambivalenzen verantwortungsbewusst umgehen«, in: Hans Oswald/Harald Uhlendorff (Hg.), *Wege zum Selbst. Soziale Herausforderungen für Kinder und Jugendliche*, Stuttgart 2003, S. 321–343.

Ders. »Die Ambivalenz von Generationenbeziehungen. Eine allgemeine heuristische Hypothese«, in: Martin Kohli/Marc Szydlik (Hg.), *Generationen in Familie und Gesellschaft*, Opladen 2000, S. 138–161.

Ders. »Kinderpolitik konzipieren«, in: Matthias Grundmann/Kurt Lüscher (Hg.), *Ökologische Sozialisationsforschung*, Konstanz 2000, S. 333–364.

Ders. »Generationenbeziehungen – Neue Zugänge zu einem alten Thema«, in: ders./Franz Schultheis (Hg.): *Generationenbeziehungen in postmodernen Gesellschaften*, Konstanz 1993, S. 17–47.

Ders. »The Social Reality of Perspectives. On G. H. Meads Potential Relevance for the Analysis of Contemporary Societies«, in: *Symbolic Interaction* 13 (1990), S. 1–18.

Ders. »Familie und Familienpolitik im Übergang zur Postmoderne«, in: ders./ Franz Schultheis/Michael Wehrspaun (Hg.), *Die »postmoderne« Familie. Familiale Strategien und Familienpolitik in einer Übergangszeit*, Konstanz 1988, S. 15–36.

Ders./Lettke, Frank. »Intergenerational Ambivalence. Methods, Measures, and Results of the Konstanz Study«, in: Karl Pillemer/Kurt Lüscher, (Hg.), *Intergenerational Ambivalences. New Perspectives on Parent-Child Relations in Later Life*, Oxford 2004, S. 153–179.

Ders./Liegle, Ludwig. *Generationenbeziehungen in Familie und Gesellschaft,* Konstanz 2003.

Ders./Pajung-Bilger, Brigitte. *Forcierte Ambivalenzen. Ehescheidung als Herausforderung an die Generationenbeziehungen unter Erwachsenen,* Konstanz 1998.

Ders./Pillemer, Karl. »Intergenerational Ambivalence. A New Approach to the Study of Parent-Child Relations in Later Life«, in: *Journal of Marriage and the Family* 60 (1998), S. 413–425.

Maase, Kaspar. »Das Messer an der Kehle. Einbildungskraft, Generationenambivalenz und Jugendmedienschutz vom 18. zum 20. Jahrhundert«, in: *Schweizerisches Archiv für Volkskunde* 101 (2005), S. 1–19.

Ders. »Der Banause und das Projekt schönen Lebens. Überlegungen zu Bedeutung und Qualitäten alltäglicher ästhetischer Erfahrung«, in: *Kulturation* 1/2004 (im Internet: www.kulturation.de).

Ders. »Jenseits der Massenkultur. Ein Vorschlag, populäre Kultur als repräsentative Kultur zu lesen«, in: Udo Göttlich/Winfried Gebhardt/Clemens Albrecht (Hg.), *Populäre Kultur als repräsentative Kultur. Die Herausforderung der Cultural Studies*, Köln 2002, S. 79–104.

Ders. *BRAVO Amerika. Erkundungen zur Jugendkultur der Bundesrepublik in den fünfziger Jahren*, Hamburg 1992.

Mackenroth, Gerhard. »Die Reform der Sozialpolitik durch einen deutschen Sozialplan«, in: Albrecht, G. (Hg.), *Verhandlungen auf der Sondertagung in Berlin, 18. und 19. April 1952. Schriften des Volkes für Sozialpolitik* NF, Bd. 4, Berlin 1952, S. 39–89.

Mah, Harold. »Phantasies of the Public Sphere. Rethinking the Habermas of Historians«, in: *The Journal of Modern History* 72 (2000), S. 153–182.

Malvano, Laura. »Jugendmythos im Bild: Der italienische Faschismus«, in: Giovanni Levi/Jean-Claude Schmitt (Hg.), *Geschichte der Jugend.* Bd. 2: *Von der Aufklärung bis zur Gegenwart*, Frankfurt am Main 1996, S. 309–342.

Mannheim, Karl. »Das Problem der Generationen (1928)«, in: ders., *Wissenssoziologie. Auswahl aus dem Werk*, eingeleitet und herausgegeben von Kurt H.

Wolff, Neuwied/Berlin 1964, S. 509–565.

Manow, Philip. »Individuelle Zeit, institutionelle Zeit, soziale Zeit. Das Vertrauen in die Sicherheit der Rente und die Debatte um Kapitaldeckung und Umlage in Deutschland«, in: *Zeitschrift für Soziologie* 27 (1998), S. 193–211.

Marías, J. »Generations«, in: David L. Sills (Hg.), *International encyclopedia of the social science*, New York 1968, S. 88–92.

Marshall, Thomas H. *Bürgerrechte und soziale Klassen. Zur Soziologie des Wohlfahrtsstaates,* Frankfurt am Main/New York 1992.

Marx, Karl. *Der achtzehnte Brumaire des Louis Bonaparte*, in: ders./Friedrich Engels, Werke, Bd. 8, Berlin/DDR 1972, S. 111–207.

Matthes, Joachim. »Karl Mannheims ›Das Problem der Generationen‹ neu gelesen. Generationen – ›Gruppen‹ oder ›gesellschaftliche Regelung von Zeitlichkeit‹?«, in: *Zeitschrift für Soziologie* 14 (1985), S. 363–372.

Matzke, Frank. *Jugend bekennt: So sind wir!*, Leipzig 1930.

Mäusli, Theo. »Das Radio produziert nicht nur Töne«, in: *Schweizerische Zeitschrift für Geschichte* 46 (1996), S. 105–123.

Mayer, Anne-Kathrin/Filipp, Sigrun-Heide. »Perzipierte Generativität älterer Menschen und die Qualität der Eltern-Kind-Beziehung«, in: *Zeitschrift für Soziologie der Erziehung und Sozialisation* 24 (2004), S. 166–181.

McAdams, Dan P./Logan, Regina L. »What is Generativity?«, in: Ed de St. Aubin/Dan P. McAdams/Kim Tae-Chang (Hg.), *The Generative Society. Caring for Future Generations*, Washington, DC 2002, S. 15–31.

Mead, George Herbert. »Genesis der Identität und die soziale Kontrolle« (1913), in: Ders., *Gesammelte Aufsätze*, Bd. 1, hrsg. v. Hans Joas, Frankfurt am Main 1980, S. 299–329.

Ders. »Die soziale Identität« (1925), in: Ders., *Gesammelte Aufsätze*, Bd. 1, hrsg. v. Hans Joas, Frankfurt am Main 1980, S. 241–252.

Ders. *The Philosophy of the Present*, Chicago 1932.

Meinhof, Ulrike Marie. »Aktenzeichen xy – aufgelöst«, in: dies., *Die Würde des Menschen ist antastbar*, Berlin 1990, S. 161–165.

Merten, Roland. »Über Möglichkeiten und Grenzen des Generationenbegriffs für die (sozial-)pädagogische Theoriebildung«, in: Cornelia Schweppe (Hg.), *Ge-*

neration und Sozialpädagogik. Theoriebildung, öffentliche und familiale Generationenverhältnisse, Arbeitsfelder, Weinheim 2002.

Merton, Robert K. *Sociological Ambivalence and Other Essays,* New York 1976.

Ders. *Social Theory and Social Structure,* New York 1964.

Meuser, Michael. *Geschlecht und Männlichkeit. Soziologische Theorie und kulturelle Deutungsmuster,* Opladen 1998.

Meyrowitz, Joshua. *Die Fernsehgesellschaft. Wirklichkeit und Identität im Medienzeitalter,* Weinheim 1987.

Mitscherlich, Alexander. *Auf dem Weg zur vaterlosen Gesellschaft*, München 1963.

Mitscherlich, Alexander/Mitscherlich, Margarete. *Die Unfähigkeit zu trauern*, Stuttgart/Hamburg 1967.

Mitterauer, Michael. *Sozialgeschichte der Jugend*, Frankfurt am Main 1986.

Möding, Nori/Plato, Alexander von. »Nachkriegspublizisten: eine erfahrungsgeschichtliche Untersuchung«, in: Peter Alheit/Erika M. Hoerning (Hg.), *Biographisches Wissen. Beiträge zu einer Theorie lebensgeschichtlicher Erfahrung*, Frankfurt am Main 1989, S. 38–69.

Moersch, Karl. »Pro und Contra«, in: Hermann Fünfgeld (Hg.), *Von außen besehen. Markenzeichen des Süddeutschen Rundfunks*, Stuttgart 1998, S. 305–315.

Mohler, Armin. *Die Konservative Revolution in Deutschland 1918–1932. Ein Handbuch,* Darmstadt 1994.

Mommsen, Hans. »Generationskonflikt und Jugendrevolte in der Weimarer Republik«, in: Thomas Koebner/Rolf-Peter Janz/Frank Trommler (Hg.), *»Mit uns zieht die neue Zeit«. Der Mythos Jugend*, Frankfurt am Main 1985, S. 50–67.

Morat, Daniel. »Die schmerzlose Körpermaschine und das zweite Bewußtsein. Ernst Jüngers ›Über den Schmerz‹«, in: *Jahrbuch zur Kultur und Literatur der Weimarer Republik* 6 (2001), S. 181–234.

Moser, Tilman. *Dämonische Figuren. Die Wiederkehr des Dritten Reiches in der Psychotherapie,* Frankfurt am Main 1997.

Moses, A. Dirk. »The Forty-Fivers. A Generation between Fascism and Democracy«, in: *German Politics and Society* 17 (1999), S. 94–126.

Mosse, George L. *Das Bild des Mannes. Zur Konstruktion der modernen Männlichkeit,* Frankfurt am Main 1997.

Ders. *The Crisis of German Ideology. Intellectual Origins of the Third Reich,* New York 1964.

Muchow, Hans Heinrich. *Jugend und Zeitgeist. Morphologie der Kulturpubertät,* Reinbek 1962.

Mueller, Jan-Werner. *Another Country. German Intellectuals, Unification and National Identity,* New Haven 2000.

Müller, Hans Dieter. »Hoch über Grab und Gram und Tod und Qual«, in: *Der Spiegel*, 19. 8. 1964, S. 32–49.

Müller, Hans-Rüdiger. »Das Generationenverhältnis. Überlegungen zu einem Grundbegriff der Erziehungswissenschaft«, in: *Zeitschrift für Pädagogik* 45 (1999), S. 787–805.

Müller, Klaus E./Rüsen, Jörn (Hg.) *Historische Sinnbildung. Problemstellungen, Zeitkonzepte, Wahrnehmungshorizonte, Darstellungsstrategien,* Reinbek 1997.

Müller, Sven Oliver. *Die Nation als Waffe und Vorstellung. Nationalismus in Deutschland und Großbritannien im Ersten Weltkrieg,* Göttingen 2002.

Murmann, Heinz. *Mit »C« ist es feiner. Der Deutsche Presseclub Bonn von 1952 bis heute,* Bonn 1997.

Nash, L. L. »Concepts of existence. Greek origins of generational thought«, in: *Daedalus* (1978), Heft 107, S. 1–21.

Naumann, Klaus. »Nachkrieg als militärische Daseinsform. Kriegsprägungen in drei Offiziersgenerationen der Bundeswehr«, in: ders. (Hg.), *Nachkrieg in Deutschland,* Hamburg 2001, S. 444–471.

Nedelmann, Birgitta. »Ambivalenz als vergesellschaftendes Prinzip«, in: *Simmer Newsletter* 2 (1992), S. 36–56.

Neidhart, Friedhelm. »›Tätige Skepsis‹. Die Nachkriegsgeneration deutscher Soziologen«, Vortrag vom 28. 4. 1996 (im Internet: http://www.mpi-fgkoeln.mpg.de/ak/laudatio.html).

Niethammer, Lutz. »Sind Generationen identisch?«, in: Jürgen Reulecke (Hg.), *Generationalität und Lebensgeschichte im 20. Jahrhundert*, München 2003, S. 1–16.

Ders. *Kollektive Identität. Heimliche Quellen einer unheimlichen Konjunktur,*

Reinbek 2000.

Nietzsche, Friedrich. *Jenseits von Gut und Böse,* in: ders., Kritische Gesamtausgabe, Bd. 5, hrsg. v. Giorgio Colli u. Mazzino Montinari, München 1988.

Nipperdey, Thomas. »Nationalidee und Nationaldenkmal in Deutschland im 19. Jahrhundert«, in: ders., *Gesellschaft, Kultur, Theorie*, Göttingen 1976, S. 133–173.

Nolte, Paul. *Die Ordnung der deutschen Gesellschaft. Selbstentwurf und Selbstbeschreibung im 20. Jahrhundert,* München 2000.

Nora, Pierre. »Generation«, in: ders. (Hg.), *Realms of Memory*, Bd. 1: *Conflicts and Divisions*, New York 1996, S. 499–531.

Nullmeier, Frank. »Über eine neuerliche Rentenreform. Positionen und Denkweisen in der Alterssicherungspolitik«, in: *Kritische Justiz* 30 (1997), S. 261–276.

Ott, Hugo. *Martin Heidegger. Unterwegs zu seiner Biographie,* Frankfurt am Main/New York 1988.

Paine, Thomas. *Dissertation on First Principles of Government,* in: The Writings of Thomas Paine, Volume III 1791–1804, collected and edited by Moncure Daniel Conway, London 1996 (reprint of the 1895 edition), S. 256–277.

Ders. *Rights of Man,* in: The Writings of Thomas Paine, Volume II 1779–1792, collected and edited by Moncure Daniel Conway, London 1996 (reprint of the 1894 edition), S. 258–400.

Parker, Rozsika. *Mother Love – Mother Hate. The Power of Maternal Ambivalence,* New York 1995.

Pauser, Susanne/Ritschl, Wolfgang. *Wickie, Slime und Paiper. Das Online-Erinnerungsalbum für die Kinder der siebziger Jahre,* Reinbek 2000.

Peukert, Detlev. *Die Weimarer Republik. Krisenjahre der klassischen Moderne* (Neue Historische Bibliothek, hrsg. von Hans-Ulrich Wehler), Frankfurt am Main 1987.

Ders. *Jugend zwischen Krieg und Krise. Lebenswelten von Arbeiterjungen in der Weimarer Republik,* Köln 1987.

Ders. *Grenzen der Sozialdisziplinierung. Aufstieg und Krise der deutschen*

Jugendfürsorge von 1878 bis 1932, Köln 1986.

Pillemer, Karl/Lüscher, Kurt (Hg.) *Intergenerational Ambivalences: New Perspectives on Parent-Child Relations in Later Life,* Amsterdam 2004.

Ders./Suitor, J. Jill. »Explaining Mothers' Ambivalence Toward Their Adult Children«, in: *Journal of Marriage and the Family* 64 (2002), S. 602–613.

Pinder, Wilhelm. *Das Problem der Generationen in der Kunstgeschichte Europas,* Berlin 1928.

Planert, Ute (Hg.) *Nation, Politik und Geschlecht. Frauenbewegungen und Nationalismus in der Moderne,* Frankfurt am Main 2000.

Platt, Kristin/Dabag, Mihran (Hg.) *Generation und Gedächtnis. Erinnerungen und kollektive Identitäten,* Opladen 1995.

Plessner, Helmuth. »Nachwort zum Generationsproblem (1949/1966)«, in: ders., Gesammelte Schriften X, Frankfurt am Main 1985, S. 107–120.

Ders. *Die verspätete Nation*, Stuttgart 1959.

Prager, Gerhard. »Die Wahrheit ist mehr als die Pointe. Über Rundfunk- und Fernsehkritik« (1957), in: ders., *Reden und Aufsätze über Film, Funk, Fernsehen*, Hamburg 1963, S. 55–60.

Proske, Rüdiger. »Über die Fragwürdigkeit der Objektivität. Anmerkungen zum Thema Dokumentarsendungen«, in: Christian Longolius (Hg.), *Fernsehen in Deutschland*, Bd. I, Mainz 1967, S. 129–134.

Ders./Weymann-Weyhe, Walter. »Wir aus dem Kriege. Der Weg der jüngeren Generation«, in: *Frankfurter Hefte* 3 (1948), S. 792–798.

Pross, Harry. »Eigentümlichkeiten der Meinungsbildung« (1961), in: ders., *Politik und Publizistik in Deutschland seit 1945. Zeitbedingte Positionen*, München 1980, S. 84–93.

Rabb, Theodore K. *The Struggle for Stability in Early Modern Europe*, New York 1975.

Rabehl, Bernd. »Medien«, in: Christiane Landgrebe/Jörg Plath (Hg.), *68 und die Folgen*, Berlin 1998, S. 69–74.

Radebold, Hartmut. *Abwesende Väter und Kriegskindheit. Fortbestehende Folgen in Psychoanalysen,* Göttingen 2004.

Ras, Marion E.P. de. *Körper, Eros und weibliche Kultur. Mädchen im Wandervogel und in der Bündischen Jugend 1900–1933,* Pfaffenweiler 1988.

Rathgeb, Eberhard. »Odysseus am Sendemast«, in: *Frankfurter Allgemeine Zeitung*, 14. 2. 2002.

Reese, Dagmar. »The BDM Generation: a Female Generation in Transition from Dictatorship to Democracy«, in: Mark Roseman (Hg.), *Generations in Conflict. Youth Revolt and Generation Formation in Germany 1770–1968*, Cambridge 1995, S. 227–246.

Reinecke, Stefan. *Otto Schily. Vom RAF-Anwalt zum Innenminister,* Hamburg 2003.

Remarque, Erich Maria. *Im Westen nichts Neues*, mit Materialien und einem Nachwort von Tilman Westphalen, Köln 2003.

Renn, Heinz. »Lebenslauf–Lebenszeit–Kohortenanalyse. Möglichkeiten und Grenzen eines Forschungsansatzes«, in: Martin Kohli (Hg.), *Biographie und soziale Wirklichkeit*, Stuttgart 1984, S. 261–297.

Requate, Jörg. »Öffentlichkeit und Medien als Gegenstände historischer Analyse«, in: *Geschichte und* Gesellschaft 25 (1999), S. 5–32.

Reulecke, Jürgen (Hg.) *Generationalität und Lebensgeschichte im 20. Jahrhundert*, München 2003.

Ders. »Einführung: Lebensgeschichten des 20. Jahrhunderts–im ›Generationen-container‹? «, in: ders. (Hg.), *Generationalität und Lebensgeschichte im 20. Jahrhundert*, München 2003, S. VII–XVI.

Ders. »Jugendprotest–ein Kennzeichen des 20. Jahrhunderts? «, in: ders., *»Ich möchte einer werden so wie die ...« Männerbünde im 20. Jahrhundert*, Frankfurt am Main/New York 2001, S. 29–34.

Ders. »Generationen und Biografien im 20. Jahrhundert«, in: Bernhard Strauß/Michael Geyer (Hg.), *Psychotherapie in Zeiten der Veränderung. Historische, kulturelle und gesellschaftliche Hintergründe einer Profession*, Opladen 2000, S. 26–40.

Ders. »The Battle for the Young: Mobilising Young People in Wilhelmine Germany«, in: Mark Roseman (Hg.), *Generations in Conflict: Youth Revolt and Generation Formation in Germany 1770–1968*, Cambridge 1995, S. 92–104.

Ders. »Männerbund versus Familie. Bürgerliche Jugendbewegung und Familie in

Deutschland im ersten Drittel des 20. Jahrhunderts «, in: Thomas Koebner/Rolf-Peter Janz/Frank Trommler (Hg.), »*Mit uns zieht die neue Zeit«. Der Mythos Jugend*, Frankfurt am Main 1985, S. 199–223.

Richter, Hans Werner. *Briefe*, hrsg. v. Sabine Cofalla, Berlin 1997.

Ricoeur, Paul, *Zeit und Erzählung*, Bd. III: *Die erzählte Zeit*, München 1991.

Riedel, Manfred. »Generation«, in: Joachim Ritter/Karlfried Gründer (Hg.), *Historisches Wörterbuch der Philosophie*, Bd. 3, Darmstadt 1974, Sp. 274–277.

Ders. *Wandel des Generationenproblems in der modernen Gesellschaft*, Düsseldorf/Köln 1969.

Riklin, F. »Mitteilungen. Vortrag von Prof. Bleuler über Ambivalenz«, in: *Psychiatrisch-Neurologische Wochenschrift* 12 (1910/1911), S. 405–407.

Rimscha, Robert von. »Ich will einen Kunden«, in: *Tagesspiegel*, 14. 6. 1998.

Rintala, Marvin. »Political Generations«, in: David L. Sills (Hg.): *International Encyclopedia of the Social Science*, VI, New York 1968, S. 92–96.

Ders. *The Constitution of Silence. Essays on Generational Themes,* Westport/London 1979.

Rorty, Richard. *Kontingenz, Ironie und Solidarität*, Frankfurt am Main 1989.

Rosa, Hartmut. »Wider die Unsichtbarmachung einer ›Schicksalsmacht‹. Plädoyer für die Erneuerung der Kapitalismuskritik«, in: *Berliner Debatte Initial* 15 (2004), S. 81–90.

Rose, Ulrich. »Der Staatsanwalt, der den Auschwitz-Mördern den Prozeß machte«, in: *Badische Zeitung*, 22. 8. 1995.

Roseman, Mark (Hg.) *Generations in Conflict. Youth Revolt and Generation Formation in Germany 1770–1968,* Cambridge 1995.

Rosenhaft, Eve. »Restoring Moral Order on the Home Front: Compulsory Savings Plans for Young Workers in Germany 1916–19«, in: Frans Coetzee/Marilyn Shevin-Coetzee (Hg.), *Authority, Identity and the Social History of the Great War*, Oxford/Providence 1995.

Rosenmayr, Leopold. »Generationen. Zur Empirie und Theorie eines psychosozialen Konfliktfeldes«, in: Martin Teising (Hg.), *Altern. Äußere Realität, innere Wirklichkeiten. Psychoanalytische Beiträge zum Prozess des Alterns*, Opladen 1998, S. 17–44.

Ders. »Szenarien und Institutionen. Sexualität, Partnerschaft und Familie älterer Menschen«, in: Paul B. Baltes/Jürgen Mittelstraß (Hg.), *Zukunft des Alterns und gesellschaftliche Entwicklung*, Berlin 1992, S. 461–491.

Ders. *Die späte Freiheit. Das Alter, ein Stück bewußt gelebten Lebens,* Berlin 1983.

Rosenthal, Gabriele (Hg.) *Die Hitlerjugend-Generation. Biographische Verarbeitung der Vergangenheit als Vergangenheitsbewältigung,* Essen 1986.

Rosh, Lea. »Ein Denkmal im Lande der Täter«, in: Bürgerinitiative Perspektive Berlin e.V., *Ein Denkmal für die ermordeten Juden Europas. Dokumentation 1988–1995*, Berlin 1995, S. 3–7.

Rousseau, Jean-Jacques. *Emil oder Über die Erziehung* (1762), Stuttgart 1993.

Rudorf, Stephanie (2004). *Generationenambivalenzen in Familien mit einem substanzabhängigen erwachsenen Kind,* Diplomarbeit, Konstanz.

Rüegg, Walter (Hg.) *Kulturkritik und Jugendkult*, Frankfurt am Main 1974.

Rusinek, Bernd A. »Krieg als Sehnsucht. Militärischer Stil und ›junge Generation‹ in der Weimarer Republik«, in: Jürgen Reulecke (Hg.), *Generationalität und Lebensgeschichte im 20. Jahrhundert*, München 2003, S. 127–144.

Sackmann, Reinhold. *Konkurrierende Generationen auf dem Arbeitsmarkt. Altersstrukturierung in Arbeitsmarkt und Sozialpolitik,* Opladen 1998.

Ders. »Das Deutungsmuster ›Generation‹«, in: Michael Meuser/Reinhold Sackmann (Hg.): *Analyse sozialer Deutungsmuster*, Pfaffenweiler 1992, S. 199–216.

Schäfer, Burkhard. *Generationen. Medien. Bildung*, Opladen 2003.

Schelsky, Helmut. *Die skeptische Generation. Eine Soziologie der deutschen Jugend,* Frankfurt am Main/Berlin/Wien 1975.

Schildt, Axel. »Nachwuchs für die Rebellion – die Schülerbewegung der späten 60er Jahre«, in: Jürgen Reulecke (Hg.), *Generationalität und Lebensgeschichte im 20. Jahrhundert*, München 2003, S. 229–251.

Ders. *Zwischen Abendland und Amerika. Studien zur westdeutschen Ideenlandschaft der 50er Jahre,* München 1999.

Schilling, René. »*Kriegshelden*«. *Deutungsmuster heroischer Männlichkeit in Deutschland 1813–1945,* Paderborn 2002, S. 295–315.

Schmersahl, Katrin. »Die Demokratie ist weiblich. Zur Bildpolitik der NSDAP am

Beispiel nationalsozialistischer Karikaturen in der Weimarer Republik«, in: Gabriele Boukrif u.a. (Hg.), *Geschlechtergeschichte des Politischen. Entwürfe von Geschlecht und Gemeinschaft im 19. und 20. Jahrhundert*, Münster/Hamburg/London 2002, S. 141–174.

Schmitt, Carl. *Glossarium. Aufzeichnungen der Jahre 1947–1951*, hrsg. von Eberhard Freiherr von Medem, Berlin 1991.

Ders. »Das Zeitalter der Neutralisierungen und Entpolitisierungen«, in: ders., *Der Begriff des Politischen*, Berlin 1979.

Schmitt, Sabine. *Der Arbeiterinnenschutz im deutschen Kaiserreich. Zur Konstruktion der schutzbedürftigen Arbeiterin,* Stuttgart 1995.

Schmitz, Johannes. *DANA/DENA. Nachrichtenagentur in der amerikanisch besetzten Zone Deutschlands 1945–1949*, Dissertation, München 1987.

Schmitz, Michael. »Die Kunst des Erinnerns. Das Berliner Holocaust-Denkmal im Fokus von nationaler Identität und universaler Abstraktion«, in: *Geschichte in Wissenschaft und Unterricht* 55 (2004), S. 726–743.

Schmoll, Friedemann. *Verewigte Nation. Studien zur Erinnerungskultur von Reich und Einzelstaat im würtembergischen Denkmalkult des 19. Jahrhunderts*, Tübingen/Stuttgart 1995.

Schneider, Christian. »Der Holocaust als Generationsobjekt. Generationengeschichtliche Anmerkungen zu einer deutschen Identitätsproblematik«, in: *Mittelweg 36* 13 (2004), Heft 4, S. 56–73.

Ders. »Noch einmal ›Geschichte und Psychologie‹. Generationengeschichte als Modell psychohistorischer Forschung, in: *Mittelweg 36* 6 (1997), Hefte 2 u. 3.

Ders./Stillke, Cordelia/Leineweber, Bernd. *Trauma und Kritik. Zur Generationengeschichte der Kritischen Theorie,* Münster 2000.

Schneider, Ute. *Politische Festkultur im 19. Jahrhundert. Die Rheinprovinz von der französischen Zeit bis zum Ende des Ersten Weltkrieges (1806–1918)*, Essen 1995.

Schörken, Rolf. *Jugend 1945. Politisches Denken und Lebensgeschichte*, Opladen 1990.

Scholz, Gerold. *Die Konstruktion des Kindes. Über Kinder und Kindheit,* Wiesbaden 1994.

Schönberger, Bianca. »Mütterliche Heldinnen und abenteuerlustige Mädchen. Rotkreuz-Schwestern und Etappenhelferinnen im Ersten Weltkrieg«, in: Karen Hagemann/Stefanie Schüler-Springorum (Hg.), *Heimat–Front. Militär und Geschlechterverhältnisse im Zeitalter der Weltkriege*, Frankfurt am Main 2002, S. 108–127.

Schuler, Thomas. »Der Generationenbegriff und die historische Familienforschung«, in: Peter-Johannes Schuler (Hg.), *Die Familie als sozialer und historischer Verband*, Sigmaringen, S. 23–41.

Schultze, Peter. *Eine freie Stimme der freien Welt. Ein Zeitzeuge berichtet*, Berlin/Bonn 1995.

Schulz, Andreas/Grebner, Gundula (Hg.) *Generationswechsel und historischer Wandel* (Historische Zeitschrift, Beihefte, Bd. 36), München 2003.

Dies. »Generation und Geschichte. Zur Renaissance eines umstrittenen Forschungskonzepts«, in: dies. (Hg.), *Generationswechsel und historischer Wandel* (Historische Zeitschrift. Beihefte, Bd. 36), München 2003, S. 1–23.

Schulz, Andreas. »Individuum und Generation–Identitätsbildung im 19. und 20. Jahrhundert«, in: *Geschichte in Wissenschaft und Unterricht* 52 (2001), S. 406–414.

Schulz, Martin/Rodebold, Hartmut/Reulecke, Jürgen. *Söhne ohne Väter. Erfahrungen der Kriegsgenerationen*, Berlin 2004.

Schulz, Rolf. »Politische Bildung–aber in netter Form. Ein Vorschlag zur Praxis demokratischer Bewußtseinsbildung«, in: Christian Longolius (Hg.), *Fernsehen in Deutschland*, Bd. I, Mainz 1967, S. 191–202.

Schulze, Gerhard. *Die Erlebnisgesellschaft*, Frankfurt am Main 1992.

Schütze, Yvonne, »Relations Between Generations«, in: Neil J. Smelser/Paul B. Baltes (Hg.), *International Enceclopedia of the Social and Behavioral Sciences*, Amsterdam 2001, S. 6053–6055.

Schweppe, Cornelia (Hg.) *Generation und Sozialpädagogik. Theoriebildung, öffentliche und familiale Generationenverhältnis, Arbeitsfelder,* Weinheim/ München 2002.

Scott, Joan. »The Evidence of Experience«, in: *Critical Inquiry* 17 (1991), S. 773–797.

Sebald, Winfried G. *Die Ausgewanderten*, Frankfurt am Main 2000.

Ders. *Luftkrieg und Literatur*, München 1999.

Seifert, Ruth. »Identität, Militär und Geschlecht. Zur identitätspolitischen Bedeutung einer kulturellen Konstruktion«, in: Karen Hagemann/Stefanie Schüler-Springorum (Hg.), *Heimat – Front. Militär und Geschlechterverhältnisse im Zeitalter der Weltkriege*, Frankfurt am Main 2002, S. 53–66.

Senatsverwaltung für Bau- und Wohnungswesen Berlin. »Ausschreibung des künstlerischen Wettbewerbs vom April 1994«, in: Heimrod/Schlusche/Seferens (Hg.), *Der Denkmalstreit – Das Denkmal?*, S. 171–216.

Senatsverwaltung für Wissenschaft, Forschung und Kultur Berlin. »Ausschreibung für das engere Auswahlverfahren vom Juni 1997«, in: Heimrod/Schlusche/Seferens (Hg.), *Der Denkmalstreit – Das Denkmal?*, S. 833–842.

Sereny, Gitta. *Am Abgrund. Gespräche mit dem Henker. Franz Stangl und die Morde von Treblinka,* München 1995.

Sheehan, James J. *German History 1770–1866*, Oxford 1989.

Siegfried, Detlef. »Draht zum Westen. Populäre Jugendkultur in den Medien 1963 bis 1971«, in: Monika Estermann/Edgar Lersch (Hg.), *Buch, Buchhandel und Rundfunk. 1968 und die Folgen*, Wiesbaden 2003, S. 83–109.

Ders. »›Trau' keinem über 30‹? Konsens und Konflikt der Generationen in der Bundesrepublik der langen sechziger Jahre«, in: *Aus Politik und Zeitgeschichte* B 45/2003, S. 25–32.

Ders. »Vom Teenager zur Pop-Revolution. Politisierungstendenzen in der westdeutschen Jugendkultur 1959 bis 1968«, in: Axel Schildt/Detlef Siegfried/Karl Christian Lammers (Hg.), *Dynamische Zeiten. Die 60er Jahre in den beiden deutschen Gesellschaften*, Hamburg 2000, S. 582–623.

Silver, Alfred S. »A Psychosemiotic Model: An Interdisciplinary Search for a Common Structural Basis for Psychoanalysis, Symbolformation, and the Semiotic of Charles S. Peirce«, in: James S. Grotstein (Hg.), *Do I Dare Disturb the Universe? A Memorial to Wilfred R. Bion*, London 1988.

Simon, Fritz B. »Beyond Bipolar Thinking. Patterns of Conflict as a Focus for Diagnosis and Intervention«, in: *Family Process* 37 (1998), S. 215–232.

Smelser, Neil J. »Psychological Trauma and Cultural Trauma«, in: Jeffrey C.

Alexander u.a. (Hg.), *Cultural Trauma and Collective Identity*, Berkeley u.a. 2004, S. 31–59.

Ders. »The Rational and the Ambivalent in the Social Sciences«, in: *American Sociological Review* 63 (1998), S. 1–16.

Smith-Rosenberg, Caroll. »›Meine innig geliebte Freundin!‹ Beziehungen zwischen Frauen im 19. Jahrhundert«, in: Claudia Honegger/Bettina Heintz (Hg.), *Listen der Ohnmacht. Zur Sozialgeschichte weiblicher Widerstandsformen*, Frankfurt am Main 1984, S. 242–277.

Sombart, Nicolaus. *Die deutschen Männer und ihre Feinde. Carl Schmitt – ein deutsches Schicksal zwischen Männerbund und Matriarchatsmythos,* München 1991.

Sparschuh, Vera. »Der Generationenauftrag. Bewußtes Erbe oder ›impliziertes Wissen‹? Karl Mannheims Aufsatz zum Problem der Generationen im Kontext seines Lebenswerkes, in: *Sociologica Internationalis* 38 (2000), S. 219–243.

Speer, Albert. *Erinnerungen*, Berlin 1969.

Spengler, Oswald. *Gedanken*, ausgewählt v. Hildegard Kornhardt, München 1941.

Spitzer, Alan B. *The French Generation of 1820*, Princeton 1987.

Ders. »The Historical Problems of Generations«, in: *American Historical Review* 78 (1973), S. 1353–1385.

Stachura, Peter. *The German Youth Movement 1900–1945: An Interpretative Documentary History*, London 1981.

Ders. *Nazi Youth in the Weimar Republic*, Santa Barbara 1975.

Stambolis, Barbara. *Der Mythos der jungen Generation. Ein Beitrag zur politischen Kultur der Weimarer Republik*, Bochum 1984.

Staudinger, Ursula M./Baltes, Paul B. »Gedächtnis, Weisheit und Lebenserfahrung im Alter. Zur Ontogenese als Zusammenwirken von Biologie und Kultur«, in: Andreas Dörner/Elke van der Meer (Hg.), *Das Gedächtnis. Probleme. Trends. Perspektiven*, Göttingen u.a. 1995, S. 433–484.

Steiner, George. *Grammatik der Schöpfung*, München/Wien 2001.

Stern, Carola. *Doppelleben. Eine Autobiographie*, Köln 2001.

Stoehr, Irene. »Staatsfeminismus und Lebensform. Frauenpolitik im Generationenkonflikt der Weimarer Republik«, in: Dagmar Reese u.a. (Hg.),

Rationale Beziehungen? Geschlechterverhältnisse im Rationalisierungsprozeß, Frankfurt am Main 1993, S. 105–141.

Storfer, Albert Josef. »Zur Sonderstellung des Vatermordes. Eine rechtsgeschichtliche und völkerpsychologische Studie« (1911), in: *Luzifer-Amor. Zeitschrift zur Geschichte der Psychoanalyse*, Heft 4, S. 156–177.

Stravginski, Hans-Georg. *Das Holocaust-Denkmal. Der Streit um das »Denkmal für die ermordeten Juden Europas« in Berlin (1988–1999)*, Paderborn 2002.

»Die jungen Mädchen von heute«, in: *Süddeutsche Monatshefte* 29 (1931/32), Heft 4.

Sünkel, Wolfgang. »Generation als pädagogischer Begriff«, in: Eckart Liebau (Hg.), *Das Generationenverhältnis. Über das Zusammenleben in Familie und Gesellschaft*, Weinheim 1997, S. 195–204.

Sykora, Katharina u.a. (Hg.) *Die Neue Frau. Herausforderung für die Bildmedien der Zwanziger Jahre,* Marburg 1993.

Tacke, Charlotte. *Denkmal im sozialen Raum. Nationale Symbole in Deutschland und Frankreich im 19. Jahrhundert*, Göttingen 1995.

Tauber, Zvi. »Herbert Marcuse: Auschwitz und My Lai?«, in: Dan Diner (Hg.), *Zivilisationsbruch. Denken nach Auschwitz*, Frankfurt am Main 1988, S. 88–98.

Tenbruck, Friedrich H. *Jugend und Gesellschaft*, Freiburg 1965.

Thébaud, Françoise. »Der Erste Weltkrieg. Triumph der Geschlechtertrennung«, in: dies. (Hg.), *Geschichte der Frauen,* Bd. 5: *20. Jahrhundert*, Frankfurt am Main 1995, S. 33–91.

Therborn, Göran. »Entangled Modernities«, in: *European Journal of Social Theory* 6 (2003), S. 293–305.

Theweleit, Klaus. *Männerphantasien*, Bd. 1: *Frauen, Fluten, Körper, Geschichte,* Basel 1977.

Thiel, Rudolf. *Die Generation ohne Männer*, Berlin 1932.

Thomann, Jörg. »Das Bertelsmann-Syndrom«, in: *Frankfurter Allgemeine Zeitung*, 25. 6. 2002.

Thomson, David. *Selfish Generations? How Welfare Grows Old*, Cambridge 1996.

Thomas, Hans (i.e. Hans Zehrer). »Absage an den Jahrgang 1902«, in: *Die Tat*, 21. Jg. 1929/30, S. 740–748.

Trivers, Robert L. »Parent-Offspring Conflict«, in: *American Zoologist* 14 (1974), S. 249–264.

Trommler, Frank. »Mission ohne Ziel. Über den Kult der Jugend im modernen Deutschland«, in: Thomas Koebner/Rolf-Peter Janz/ders. (Hg.), *»Mit uns zieht die neue Zeit«. Der Mythos Jugend,* Frankfurt am Main 1985, S. 14–49.

Turner, Victor. *Das Ritual. Struktur und Anti-Struktur*, Frankfurt am Main 1989.

Ulrich, Bernd/Benjamin Ziemann (Hg.) *Krieg im Frieden. Die umkämpfte Erinnerung an den Ersten Weltkrieg,* Frankfurt am Main 1997.

Uhle, Reinhard. »Über die Verwendung des Generationen-Konzepts in der These von der 89er-Generation«, in: Eckart Liebau/Christoph Wulf (Hg.), *Generation. Versuche über eine pädagogisch-anthropologische Grundbedingung*, Weinheim 1996, S. 77–89.

Usborne, Cornelie. »The New Woman and Generation Conflict: Perceptions of Young Women's Sexual Mores in the Weimar Republic«, in: Mark Roseman (Hg.), *Generations in Conflict. Youth Revolt and Generation Formation in Germany 1770–1968*, Cambridge 1995, S. 137–163.

Vismann, Cornelia. »Legendre: Historiker, Psychoanalytiker, Jurist«, in: *Tumult. Schriften zur Verkehrswissenschaft* 26 (2001), S. 41–44.

Vondung, Klaus (Hg.) *Das wilhelminische Bildungsbürgertum. Zur Sozialgeschichte seiner Ideen,* Göttingen 1976.

Wackwitz, Stephan. *Ein unsichtbares Land. Ein Familienroman*, Frankfurt am Main 2003.

Wallach, Glenn. *Obedient Sons. The Discourse of Youth and Generations in American Culture, 1630–1860*, Amherst 1997.

Walser, Martin (Hg.) *Die Alternative oder Brauchen wir eine neue Regierung?*, Reinbek 1961.

Walzer, Michael. *Exodus und Revolution*, Frankfurt am Main 1995.

Weigel, Sigrid. »Generation, Genealogie, Geschlecht. Zur Geschichte des Generationskonzepts und seiner wissenschaftlichen Konzeptionalisierung seit Ende des 18. Jahrhunderts«, in: Lutz Musner/Gotthart Wunberg (Hg.), *Kulturwissenschaften. Forschung – Praxis – Positionen*, Wien 2002, S. 161–190.

Dies. »Zeugnis und Zeugenschaft, Klage und Anklage. Zur Differenz verschiedener Gedächtnisorte und -diskurse«, in: Jakob Tanner/Sigrid Weigel (Hg.), *Gedächtnis, Geld und Gesetz. Vom Umgang mit der Vergangenheit des Zweiten Weltkriegs*, Zürich 2002, S. 39–62.

Dies. »Télescopage im Unbewußten. Zum Verhältnis von Trauma, Geschichtsbegriff und Literatur«, in: Elisabeth Bronfen/Birgit R. Erdle/Siegfried Weigel (Hg.) *Trauma – Zwischen Psychoanalyse und kulturellem Deutungsmuster*, Köln 1999, S. 51–76.

Dies. »Shylocks Wiederkehr. Die Verwandlung von Schuld in Schulden oder: Zum symbolischen Tausch der Wiedergutmachung«, in: dies./Birgit R. Erdle (Hg.), *50 Jahre danach. Zur Nachgeschichte des Nationalsozialismus*, Zürich 1995, S. 165–192.

Weisbrod, Bernd. »Generation und Generationalität in der Neueren Geschichte«, in: *Aus Politik und Zeitgeschichte*, B 8/2005, 21. 2. 2005, S. 3–9.

Westphalen, Tilman. »Ein Simplicissimus des 20. Jahrhunderts. Nachwort«, in: Erich Maria Remarque, *Im Westen nichts Neues*, mit Materialien und einem Nachwort von Tilman Westphalen, Köln 2003, S. 265–279.

Whaley, Joachim. »The Ideal of Youth in late 18th-century Germany«, in: Mark Roseman (Hg.), *Generations in Conflict. Youth Revolt and Generation Formation in Germany 1770–1968*, Cambridge 1995, S. 47–68.

Wierling, Dorothee. »Wie (er)findet man eine Generation? Das Beispiel des Geburtsjahrgangs 1949 in der DDR«, in: Jürgen Reulecke (Hg.), *Generationalität und Lebensgeschichte im 20. Jahrhundert*, München 2003, S. 217–228.

Wildt, Michael. »Konsumbürger. Das Politische als Optionsfreiheit und Distinktion«, in: Manfred Hettling/Bernd Ulrich (Hg.), *Bürgertum nach 1945*, Hamburg 2005, S. 255–283.

Ders. *Generation des Unbedingten. Das Führungskorps des Reichssicherheitshauptamtes*, Hamburg 2002.

Wingen, Max/Korff, Wilhelm. »Generation«, in: Görres-Gesellschaft (Hg.), *Staatslexikon*, Bd. 2, Freiburg 1986, S. 873–886.

Winterhager-Schmid, Luise (Hg.) Erfahrungen mit Generationendifferenz, Weinheim 2000.

Dies. »›Groß‹ und ›klein‹. Zur Bedeutung der Erfahrung mit Generationendifferenz im Prozeß des Heranwachsens«, in: dies. (Hg.), *Erfahrung mit Generationendifferenz*, S. 15–37.

Wohl, Robert. *The Generation of 1914*, Cambridge (Mass.) 1979.

Wördemann, Franz. »Konkurrent und Sündenbock. Zur Kritik an politischen Fernsehsendungen«, in: Christian Longolius (Hg.), *Fernsehen in Deutschland*, Bd. I, Mainz 1967, S. 99–104.

Young, James E. »Empfehlung der Findungskommission«, in: Heimrod/Schlusche/Seferens (Hg.), *Der Denkmalstreit – das Denkmal?*, S. 939–940.

Zahn, Peter von. *Stimme der ersten Stunde. Erinnerungen 1913–1951,* Stuttgart 1991.

Zehrer, Hans. siehe Thomas, Hans.

Zerubavel, Eviatar, *Time Maps. Collective Memory and the Social Shape of the Past*, Chicago/London 2003.

Ziemann, Benjamin. »Das ›Fronterlebnis‹ des Ersten Weltkrieges – eine sozialhistorische Zäsur? Deutungen und Wirkungen in Deutschland und Frankreich«, in: Hans Mommsen (Hg.), *Der Erste Weltkrieg und die europäische Nachkriegsordnung. Sozialer Wandel und Formveränderung der Politik*, Köln 2000, S. 43–82.

Zima, Pierre V. *L'ambivalence romanesque. Proust, Kafka, Musil,* Paris 1980.

Zinnecker, Jürgen. »›Das Problem der Generationen‹. Überlegungen zu Karl Mannheims kanonischem Text«, in: Jürgen Reulecke (Hg.), *Generationalität und Lebensgeschichte im 20. Jahrhundert*, München 2003, S. 33–57.

Ders. »Das Deutungsmuster Jugendgeneration. Fragen an Karl Mannheim«, in: *Jahrbuch Jugendforschung*, Bd. 2, Opladen 2002, S. 61–98.

Ders. u.a.: *null zoff & voll busy. Die erste Jugendgeneration des neuen Jahrhunderts*, Opladen 2002.

기고자(수록순)

울리케 유라이트(Ulrike Jureit)
역사학자. 함부르크 학술문화진흥재단 초빙교수. 함부르크 사회문제연구소 연구원.

미하엘 빌트(Michael Wildt)
역사학자. 전 함부르크 사회문제연구소 연구원으로 '폭력의 이론과 역사' 연구. 현 베를린 훔볼트 대학교 역사학과 교수.

하인츠 부데(Heinz Bude)
사회학자. 카셀 대학교 사회학과 교수, 함부르크 사회문제연구소 '독일연방공화국 사회' 분과장.

M. **라이너 렙지우스**(M. Rainer Lepsius)
사회학자. 하이델베르크 대학교 사회학과 교수 역임. 막스 베버 전집 편집위원.

쿠르트 뤼셔(Kurt Lüscher)
사회학자. 콘스탄츠 대학교 사회학과 교수 역임. 베른 대학 교수, 노스캐롤라이나대학 채플힐 캠퍼스 객원 부교수 역임.

에리카 크레이치(Erika Krejci, 1936~2013)
심리학자, 정신분석가. 독일정신분석연맹 정신분석가훈련과정 지도.

지그리트 바이겔(Sigrid Weigel)
문예학자, 문화학자. 베를린 공과대학교 독문학과 교수. 베를린 문화 및 문학 연구 센터 소장.

크리스티나 베닝하우스(Christina Benninghaus)
역사학자. 독일 빌레펠트 대학교 역사학과 및 역사연구대학원 강사 역임. 현재 케임브리지 대학교 학문사 및 학문철학 분과에서 제휴 연구를 수행 중이며, 독일 기센 대학교에서 역사를 가르치고 있다.

마크 로즈먼(Mark Roseman)

역사학자. 인디애나 대학교 역사학과 교수로서 특히 유대 연구가 중점 분야이다.

하인츠 디터 키트슈타이너(Heinz Dieter Kittsteiner, 1942~2008)

역사학자. 프랑크푸르트(오데르) 비아드리나 유럽대학교 비교유럽근대사 교수 역임.

카스파 마제(Kaspar Maase)

문화학자, 독일 민속학자. 튀빙엔 대학교 루트비히 울란트 연구소 경험문화학 교수 역임.

크리스티나 폰 호덴베르크(Christina von Hodenberg)

역사학자. 프라이부르크 대학교 강사와 캘리포니아 버클리 대학교 초빙교수 역임. 현 런던 퀸메리 대학교 유럽사학과 교수.

하보 크노흐(Habbo Knoch)

역사학자. 독일 니더작센 주의 추모지 재단 사무국장, 괴팅겐 대학교 역사학과 강사 역임. 현 쾰른 대학교 현대사 교수.

옮긴이(수록순)

박희경
성균관대학교 초빙교수. 독일 베를린 자유 대학교 및 프라이부르크 대학교에서 독문학, 철학, 연극학, 언어학 수학. 문학박사.

김연수
이화인문과학원 조교수. 독일 쾰른 대학교에서 독문학, 교육학, 철학 수학. 문학박사

탁선미
한양대학교 독어독문학과 교수. 독일 프라이부르크 대학교에서 독문학, 철학, 언어학 수학. 문학박사.

구연정
중앙대학교 DAAD-독일유럽연구소 연구전담교수. 베를린 훔볼트 대학교 문화학과 박사.

서유정
한국외국어대학교 독일어과 교수. 독일 본 대학교에서 독문학, 독어학, 비교종교학, 비교문학 수학. 문학박사.

목승숙
이화여자대학교 강사. 이화여자대학교, 독일 본 대학교 및 베를린 훔볼트 대학교에서 독문학, 노어노문학, 폴란드어 수학. 문학박사.

오순희
서울대학교 독어독문학과 교수. 독일 뒤셀도르프 대학교에서 독문학, 독어학, 일반언어학 수학. 문학박사.

정윤희
동덕여자대학교 교양학부 교수. 연세대학교에서 독문학 수학. 문학박사.

이숙경

상명대학교 학술연구교수. 독일 지겐 대학교, 오스트리아 비인 및 그라츠 대학교에서 독문학, 철학, 연극학 수학. 문학박사.

이영기

중앙대학교 강사. 독일 에어랑엔-뉘른베르크 대학교에서 독문학, 철학, 사회학 수학. 문학박사.

함수옥

이화여자대학교·중앙대학교 강사. 스위스 취리히 대학교와 독일 베를린 공과대학교에서 독문학 수학. 문학박사.

박은주

연세대학교·인천대학교 강사. 연세대학교에서 독문학 수학. 문학박사.

한울아카데미 1728
'세대'란 무엇인가?
카를 만하임 이후 세대담론의 주제들

엮은이 | 울리케 유라이트 · 미하엘 빌트
옮긴이 | 박희경 · 김연수 · 탁선미 · 구연정 · 서유정 · 목승숙 · 오순희 · 정윤희 ·
이숙경 · 이영기 · 함수옥 · 박은주
펴낸이 | 김종수
펴낸곳 | 도서출판 한울

초판 1쇄 인쇄 | 2014년 9월 19일
초판 1쇄 발행 | 2014년 10월 6일

주소 | 413-120 경기도 파주시 파주출판도시 광인사길 153 한울시소빌딩 3층
전화 | 031-955-0655
팩스 | 031-955-0656
홈페이지 | www.hanulbooks.co.kr
등록번호 | 제406-2003-000051호

Printed in Korea.
ISBN 978-89-460-5728-9 93330(양장)
ISBN 978-89-460-4919-2 93330(반양장)